峰丛洼地（广西弄岗国家级自然保护区）

峰林谷地（大新县堪圩乡）

峰林平原（扶绥县东罗镇）

孤峰平原（贵港市大岭乡）

热带岩溶季雨林（广西弄岗国家级自然保护区）

热带岩溶季雨林（大新县蚬木天然林）

次生季雨林（天等县任豆天然林）

次生季雨林（龙州县木棉疏林）

吊丝竹林（德保县大旺乡）

芸香竹林（广西弄岗国家级自然保护区）

青天葵

地枫皮

剑叶龙血树灌丛（龙州县金龙乡）

海南蒲桃

草丛

裸岩

蚬木人工林（中国林业科学研究院热带林业实验中心）

柚木人工林（天等县驮堪乡）

降香黄檀（中国林业科学研究院热带林业实验中心）

海南菜豆树（中国林业科学研究院热带林业实验中心）

任豆人工林（天等县驮堪乡）

香椿人工林（德保县巴头乡）

台湾相思人工林（崇左市江州区）

麻楝（中国林业科学研究院热带林业实验中心）

翻白叶树（中国林业科学研究院热带林业实验中心）

苦楝人工林

大果人面子（中国林业科学研究院热带林业实验中心）

柚木（中国林业科学研究院热带林业实验中心）

番荔枝（崇左市江州区）

山黄皮（龙州县武德乡）

山黄皮盐渍品加工（龙州县武德乡）

任豆×桂牧1号杂交象草（天等县驮堪乡）

林牧复合经营——杂交牛养殖（天等县驮堪乡）

构树×玉米混农复合经营（靖西县三合乡）

霸王花（田阳县那坡镇）

杂交竹

毛金银花

广西壮族自治区林业科学研究院
中国林业科学研究院热带林业实验中心
广西壮族自治区利用外资林业项目办公室

广西热带岩溶区

林业可持续发展技术

主编 ◎ 梁瑞龙　黄开勇

中国林业出版社

图书在版编目(CIP)数据

广西热带岩溶区林业可持续发展技术/梁瑞龙，黄开勇主编. —北京：中国林业出版社，2010.10

ISBN 978-7-5038-5962-5

Ⅰ.①广… Ⅱ.①梁…②黄… Ⅲ.①岩溶地貌-地区-林业经济-可持续发展-研究-广西 Ⅳ.①F326.276.7

中国版本图书馆CIP数据核字(2010)第193941号

出版发行 中国林业出版社(100009 北京西城区德内大街刘海胡同7号)

网址 http://lycb.forestry.gov.cn 电话：(010)83224477-2028

E-mail：cfphz@public.bta.net.cn

经销 全国新华书店

印刷 北京画中画印刷有限公司

版次 2010年11月第1版

印次 2010年11月第1次

开本 787mm×960mm 1/16

印数 1~1500册

印张 21

字数 507千字

定价 80.00元

《广西热带岩溶区林业可持续发展技术》
编 委 会

序

岩溶地区的可持续发展，事关生态安全、事关经济社会发展全局、事关全面建设小康进程，是生态文明建设的重要内容，是恢复和改善岩溶地区生态环境的迫切需要，是稳步推进西部大开发战略和巩固成果的必然要求，党和国家越来越予以重视。不但是国务院批复实施了《岩溶地区石漠化综合治理规划大纲(2006~2015年)》，而且中国共产党在十七届三中全会上也明确提出了“加强石漠化治理，促进生态修复”的要求。可以说，我国岩溶地区的综合治理工作，已经进入了一个更加务实、更加自觉的阶段。

当前，国内外形势给林业发展带来了新的机遇和挑战。从国际上看，森林和林业问题日益政治化和国际化，已成为国际政治博弈的重要内容。从国内看，保障和改善民生、提高农业综合生产能力、落实国家区域发展战略、应对全球气候变化等，都对林业建设提出了新的更高要求。2009年6月中央林业工作会议的召开，进一步明确了林业工作的重要地位、重要使命和重要任务，林业的内涵不断丰富，发展空间不断扩展，林业发展面临着千载难逢的历史机遇。大力开展科研工作，组织开展技术攻关，推广应用现有的成熟技术和人工造林模式，对于深入贯彻科学发展观、切实按照国家林业局“发展现代林业、建设生态文明、促进科学发展”的总体要求，做好岩溶地区的林业可持续发展工作，尤其是完成胡锦涛总书记关于“大力增加森林碳汇，争取到2020年森林面积比2005年增加4000万hm^2，森林蓄积量比2005年增加13亿m^3”的庄严承诺，意义重大。

广西的岩溶面积达9.58万km^2，在这些区域内主要居住着各少数民族，经济稍欠发达，加上群众生态意识比较淡薄，各种不合理的土地资源开发活动频繁，导致土地石漠化面积逐年扩展，水土流失严重，生态环境恶化，生物多样性锐减，自然灾害频发，是我国最严重的石漠化地区之一，已经严重制约当地经济社会的发展。因此，加快岩溶地区的石漠化防治工作，重建和改善生态环境，最终达到社会和谐与可持续发展，刻不容缓。

为了贯彻中央西部大开发战略和国家林业发展“东扩、西治、南用、北休”的重要部署，以生态效益优先，实现生态、经济、社会三大效益协调发展，构建和谐社会，广西壮族自治区林业厅在充分调查论证的基础上，于2003年提出利用世界银行贷款建设“广西综合林业发展和保护项目”的项目建议，得到国家发展和改革委员会批准，并于2007年1月正式启动实施。有别于往期实施的世行贷款林业项目，“生态林培育和管护”作为本次世行贷款林业项目实施的主要内容之一，目标是通过采取行之有效的种植、补植、封育和管护等多种营林技术措施，在珠江流域范围内营造大约1.8万hm^{2}的多功能防护林，同时促进10万hm^{2}喀斯特地区的森林更新和植被恢复。

《广西热带岩溶区林业可持续发展技术》一书，是编者根据多年的调查与定位试验研究结果，并结合世界银行贷款“广西综合林业发展和保护”项目中生态林培育与管护子项目的实施计划和科技培训计划而组织编写的。该书从实际出发，针对广西热带岩溶地区的现状，紧紧围绕岩溶地区生态环境面临的突出矛盾和问题，以实现可持续发展为目标，对热带岩溶区山地的封山育林、人工造林、农林复合经营以及近自然林经营技术作了翔尽介绍和探讨。它的正式出版发行，不仅对提高广西综合林业发展和保护项目的实施效果，而且对集体林权改革后帮助岩溶地区逐步构建一个功能稳定、结构合理的森林生态系统，建立起可持续发展的生态环境，因地制宜发展地方特色经济，促进当地农民增收致富具有重要意义。

值该书付梓面世之际，在对作者表示衷心的祝贺之余，更多的是感谢！故欣为之序。

广西壮族自治区林业厅

2010年08月08日

前　言

岩溶亦称喀斯特，是地壳中可溶岩在水的溶蚀作用和伴随的机械作用下所形成的特殊地貌。中国是世界上岩溶面积最广、类型最多、最复杂的国家之一，全国岩溶面积达137万km^2，占国土总面积的14.27%。其中广西岩溶面积达9.58万km^2，占全区土地总面积的40.5%，84个县市有碳酸盐岩出露，是我国岩溶地貌发育最典型、分布最广的地区之一。在这些地区，由于人口超载和经济社会落后的双重压力，致使生态环境严重退化，大面积基岩裸露，最近几年石漠化面积在以每年约2%的速度扩展。而相对于其他地区，广西的热带岩溶区热量更充足，降水量更多，植被若遭破坏，更容易形成石漠化。

由于岩溶地区特殊的地质环境和脆弱的生态系统，全球生态学家已把“岩溶”作为世界性的难题给予极大关注，加强生态建设，维护生态安全，已经成为21世纪人类面临的共同主题。中国也把生态建设作为一项基本国策，在2000年1月党中央、国务院印发的《关于转发国家发展计划委员会〈关于实施西部大开发战略初步设想的汇报〉的通知》(中发[2000]2号)文件中明确指出，西部大开发要以生态环境保护和建设为根本点和切入点。在2007年10月召开的党十七大会议中首次提出了“建设生态文明”。2008年10月党的十七届三中全会决议更是明确提出了“加强石漠化治理，促进生态修复”的要求。

为从根本上遏制我国石漠化土地扩展，改善和优化岩溶地区的生态状况，实现区域生态、经济、社会的协调和可持续发展，国务院于2008年2月批复实施了由国家发展和改革委员会、国家林业局等6部门联合提出的《岩溶地区石漠化综合治理规划大纲(2006~2015年)》，总体目标是到2015年，完成石漠化治理面积约7万km^2，新增林草植被面积822.65万hm^2，其中人工造林188.21万hm^2，植被覆盖度提高7.8个百分点，每年减少土壤侵蚀量2.8亿t等。加快和促进岩溶区尤其是石漠化地区的林业建设和可持续发展，已经是恢复和改善岩溶地区生态环境的迫切需要，是保护我们美好家园和生存空间、维护国土生态安全的迫切需要，更是改善当地生产生活条件、帮助各族群众脱贫致富、促进区域经济社会协调发展、稳步推进西部大开发战略和巩固成果的迫切需要。

为有效扩大和恢复广西热带岩溶区的森林植被，编者根据多年调查与定位试验研究的结果，并结合世界银行贷款“广西综合林业发展和保护”项目中生态林培育与管护子项目的实施计划和科技培训计划，撰写《广西热带岩溶区林业可持续发展技术》一书，详细阐述了广西热带岩溶区自然地理与经济环境、石漠化形成、危害及防治以及林业可持续发展对策，同时也对热带岩溶区山地的封山育林、人工造林、农林复合经营以及近自然林经营技术作了介绍和探讨。此外，还对95种适合热带岩溶区种植的材用、油脂、干鲜果、饲料、纤维、森林蔬菜、药用、竹藤以及生态与园林树种的形态特征、分布范围、生物学特性与适生生境、栽培技术和主要用途进行了描述，以供科研、教学及生产单位和有关人员参考。

本书在策划、资料收集、编著和出版过程中，得到了广西弄岗国家级自然保护区、崇左市林业科学研究所、龙州县林业局、大新县林业局、天等县林业局及田阳县林业局等单位的大力支持，这是本书得以顺利出版的重要保障，编者对此表示衷心的感谢！

由于水平有限，不足之处在所难免，诚请各位读者批评指正。

编者

2010年7月8日

目 录

下篇 各 论

Preface

Karst is a kind of special landform shaped from soluble rock in crust eroded by water and affected by mechanical action. China is one of the world's most widely - covered, complicated and diversified Karst countries. Karst in China covers an area of 1370000 km^2, accounting for 14.27% of total national territory. Karst in Guangxi Zhuang Autonomous Region covers an area of 95800 km^2, accounting for 40.5% of total territory of Guangxi. There are 84 counties in Guangxi with exposed carbonate rock, making Guangxi one of China's widely - distributed regions with the most typical Karst landform development. In these counties, due to overloaded population and backward economic and social conditions, ecological environment has been degrading seriously and large area of base rock has been exposed. In recent years desertification area has expanded at the speed of 2% annually. Compared with other areas, tropical Karst areas in Guangxi abound with heat and rainfall, if vegetation is destroyed, desertification would easily occur.

The unique geological condition and fragile eco - system in the Karst areas have drawn a lot of attention from the ecologists around the world. Strengthening the efforts in ecology construction and maintaining ecology security have become an acknowledged theme facing human beings in the 21st century. China also takes ecological construction a basic national policy. In a document delivered by the Party and the State Council in January, 2000, it pointed out that special attention should be given to the protection and construction of ecological environment in the Go - West Campaign. In the 17th CPC National Congress held in October, 2007, "constructing ecological civilization" has been proposed for the first time. In the third Plenary Session of the 17th CPC Central Committee in October, 2008, "strengthening the administration of the stony desertification, promoting ecological recovery" was clearly proposed.

To curb the expansion of stony desertification, improve & optimize the eco - system in Karst areas, realize the collaborated and sustainable development of ecology, economy and society, in February 2008 the State Council approved the "Program Guidelines for Comprehensive Management of Desertification in Karst Areas (2006 -

2015)" proposed by NDRC, SFA and other 4 departments, aiming to, by 2015, alleviate the stony desertification of about 70000 square kilometers, increase the total area of green grass of 8226500 hm^2 (among which plantation takes up 1882100 hm^2), increase the vegetation coverage rate by 7.8%, decrease the total amount of soil erosion by 280 million tons, etc. Accelerating and promoting the construction and sustainable development of Karst area, especially stony desertification has been an urgent necessity for both recovering & improving the ecology in Karst areas, improving the living conditions for the local people, helping the residents shake off poverty and achieve prosperity, promoting the social and economic coordinated development, steadily implementing the strategy of developing the west regions as well as consolidating the achievements.

To effectively enlarge and recover forest vegetation in Guangxi tropical Karst areas, by incorporating the implementation plan and training plan in the World Bank project Guangxi Integrated Forestry Development and Conservation Project, editors compiled ***Forestry Sustainable Development Techniques in Guangxi Tropical Karst Areas*** based on many years' research achievements in investigation and location tests. This book elaborates geographical and economic environments in Guangxi tropical Karst areas, desertification formation, hazard and prevention, as well as forestry sustainable development strategies. This book also introduces and makes discussion on mountain closure, plantation, agro – forestry management and near – nature forest management techniques in tropical Karst mountainous areas. In addition, this book describes timber usage, oil, dry fruits, fodder, fiber, forest vegetable, medical use and ecology of 95 plants suitable for growing in tropical Karst areas, for providing reference to related units and personnel.

In the process of planning, document collection, compilation and publication of this book, great supports from Guangxi Nonggang State Nature Reserve, Chongzuo Forestry Research Institute, Longzhou County Forestry Bureau, Daxin County Forestry Bureau, Tiandeng County Forestry Bureau and Tianyang County Forestry Bureau, etc., make the publication of this book possible and heartfelt appreciation goes to them.

Owing to the limitations of editors' ability, mistakes and errors are inevitable. Your comments are appreciated.

Editor

July 8th, 2010

Contents

PART TWO SUB – PANDECT

上篇　总　论

第1章

广西热带岩溶区自然地理与经济环境

岩溶又称喀斯特(Karst)，是地壳中可溶岩(广西为碳酸盐岩)在受水的溶蚀作用和伴随机械作用所形成的各种地貌，如石芽、石沟、石林、峰林、落水洞、漏斗、喀斯特洼地、溶洞、地下河等。在喀斯特地貌发育地区，地面往往奇峰林立，地表水系比较缺乏，但地下水系却比较发达。明代《徐霞客游记》中的《粤西游日记》在描述广西上林县城时写道："三里砖城，周回大三里。东西皆石山排列，自后营分支南下，中有土山一支，至此而尽，又起一圆泡，以城环之。参府即倚泡建牙。城久颓，且无楼橹，陆公特增缉雉堞，创三门楼。南门之外，又建南楼，以壮一方之形势。又前，则东西二溪交于汇水桥……"，其中"石山"指岩溶山区。世界岩溶面积约4000万km^2多，占陆地面积的25%左右。中国是世界上岩溶面积最广、类型最多、最复杂的国家之一，全国岩溶面积137万km^2，占国土总面积的14.27%。广西岩溶面积达9.58万km^2，占全区总面积的40.5%，84个县市有碳酸盐岩出露，其中岩溶面积占15%以上的县市有62个，主要分布在桂中、桂西南和桂西北，是我国喀斯特地貌发育最典型、分布最广的地区之一。

由于岩溶地区特殊的地质环境和脆弱的生态系统，全球生态学家已把"岩溶"作为世界性的难题给予极大的关注。广西热带地区位于广西南部，东起容县南部，沿大容山南坡经兴业、横县和邕宁区的北部、武鸣盆地，沿右江谷地百色西部为止，包括广西南部的玉林市、北海市、钦州市、防城港市、崇左市及南宁市、百色市的部分，合计41个县、区(市)，土地总面积约852.4万hm^2，占广西总面积的36.01%；岩溶面积296.8万hm^2，占本区土地总面积的34.8%。其中13个县岩溶面积占该县土地面积1/3以上，5个县岩溶面积占该县土地面积80%以上，广西热带地区西部大多为石山区。广西热带岩溶地区热量丰富，降水充沛，植物种类丰富，具有丰富物产和独特自然景观。然而，岩溶地区地质环境脆弱性大，敏感度高，且面临人口超载和经济社会落后的双重压力，致使生态环境严重退化，出现了大面积基岩裸露，形成了岩溶荒漠化，即石漠化。广西热带岩溶区相对亚热带岩溶区，温度更高，暴雨更多，植被若遭破坏，更容易形成石漠化。因此，广西热带岩溶山区也为我国最严重的石漠化地区之一。

1.1　地质

广西陆地起源古老，地层发育较全，结构复杂，母岩多种多样。据地史研究，早在 10 多亿年前，广西曾是一片浩瀚的海洋，元古代中期桂北“四堡运动”后，九万大山、大苗山、天平山一带地壳隆起，开始成为“江南古陆”的一部分；自古生代寒武纪末至中生代三叠纪末，又经过“郁南运动”、“加里东运动”、“印支运动”和海水侵退变迁，广西现代陆地全部上升出海面，地层发育由海相沉积转为陆相沉积。现代地表从出露地质时期看，自远古代至第四纪各时期均有出露，但以古生代泥盆纪、石炭纪和中生代三叠纪为主，寒武纪以前的桂北“江南古陆”、“云开古陆”次之，侏罗纪至第三纪沉积红色岩系和第四纪红土在桂南丘陵台地和谷地、盆地也有分布。从出露母岩种类看，沉积岩占绝对优势；各时期侵入的岩浆岩面积小于陆地总面积的 10% 。

1.1.1　地层

广西热带地区地层发育齐全，自元古界至第四系均有分布，以古生界最为发育，其中的泥盆系分布最广。广西热带地区地层按沉积特征可分三大发展阶段：前泥盆纪为地槽型沉积，泥盆纪—中三叠世为准地台型沉积，晚三叠世—新生代为陆缘活动带盆地型沉积。广西热带地区石灰岩最早在 10 亿年前的前震旦纪就有沉积，但主要地质时代为寒武纪、晚古生代的泥盆纪、石炭纪、二叠纪和中生代的三叠纪，此外，在丹洲群、震旦纪、奥陶纪、侏罗纪和第三纪均有厚度不大的石灰岩夹层。各地质时代的石灰岩累计总厚度为 20500m。各主要地质时代的石灰岩发育情况如下。

1.1.1.1　泥盆系

广西热带地区泥盆系分布广泛，地层发育良好，为海相沉积的碳酸盐岩、碎屑岩、泥质岩及硅质岩，以碳酸盐岩为主，分上、中、下统。厚 595 ~ 6778m，形成于 3.54 亿 ~4.10 亿年，时代为晚古生代。岩性因岩相变化大，各地有所不同。下统黄猄山组为白云质灰岩和灰岩，厚 150 ~ 1000m。中统北流组为灰岩夹白云质灰岩和泥质灰岩，厚 58 ~ 980m；东岗岭组为灰岩夹白云质灰岩，厚 125 ~ 709m。上统融县组为质纯灰岩，厚 300 ~ 1800m。

1.1.1.2　石炭系

广西热带地区石炭系分布广泛，地层发育良好，以海相碳酸盐岩为主，分上、中、下统。厚 85 ~ 6675m，形成于 2.95 亿 ~ 3.54 亿年，时代为晚古生代。下统岩关阶为灰岩夹泥质灰岩，厚 231 ~ 1448m。大塘阶为灰岩夹灰岩、含燧石灰岩，厚 375 ~ 1387m。中统大埔组为白云岩夹灰岩、白云质灰岩，厚 20 ~ 704m；黄龙组为灰岩夹白云质灰岩，厚 60 ~ 790m。上统马平群为灰岩夹白云质灰岩，厚 32 ~ 1679m。与下伏泥盆系一般呈整合接触，仅龙州县武德、扶绥县大陵等地呈平行不整合接触。

1.1.1.3 二叠系

广西热带地区二叠系地层发育完整，为海相、海陆交互相碎屑岩、泥质岩、碳酸盐岩、硅质岩及海底基性火山岩。厚385~7164m，形成于2.50亿~2.95亿年，时代为晚古生代。分上下统，下统栖霞阶为灰岩、含燧石灰岩、泥质灰岩，厚15~688m；茅口阶为灰岩夹白云质灰岩，厚0~932m；上统合山组为灰岩、含燧石灰岩，厚0~543m；长兴组为灰岩、泥质灰岩，厚20~103m。与下伏石炭系一般呈整合接触，局部为平行不整合接触。上下统之间大都为平行不整合接触，少数为整合接触。钦州一带，上二叠统以角度不整合伏于下二叠统乃至志留系不同层位之上。

1.1.1.4 三叠系

有上、中及下统，上统主要分布于十万大山地区，分为平垌组和扶隆坳组。为海陆交互相—陆相沉积，为一套砾岩、砂岩与泥岩交替互层。与下伏地层呈不整合接触。厚725~7052m，形成于2.06亿~2.27亿年，时代为中生代。

中、下统主要分布于桂西、桂西南，下统为浅海相碳酸盐岩、碎屑岩夹中基性火山岩，中统为海陆相陆缘碎屑浊积岩、浅海台地相碳酸盐岩。下统马脚岭组为灰岩、泥质灰岩，厚10~749m；北泗组为灰岩、白云岩，厚37~659m。中统果化组为灰岩、白云质灰岩，厚1057~1395m。与下伏二叠系呈整合接触。厚376~5400m，形成于2.27亿~2.50亿年，时代为中生代。

1.1.2 构造运动

由地球内力引起岩石圈的变位、变形以及海洋底的增生和消亡的作用称构造运动。构造运动产生褶皱、断裂等各种地质构造，引起海、陆轮廓的变化、地壳的隆起和拗陷以及山脉、海沟的形成等，是使地壳不断变化发展的最重要的一种地质作用，引起地震活动、岩浆活动和变质作用。晚第三纪以来的构造运动在地貌、地物上保存较好，人们称之为新构造运动；晚第三纪以前发生的构造运动叫古构造运动；人类历史时期到现在所发生的新构造运动称为现代构造运动。广西构造运动频繁，计有21次，其中以四堡、广西、东吴、印支运动及燕山运动最为强烈，具有造山运动性质。

1.2 地貌

岩溶地貌是可溶岩岩性、地质构造及岩溶水作用的综合反映。广西热带岩溶地貌包括四种类型：峰丛洼地、峰林谷地、峰林平原、孤峰平原。其中峰丛洼地多系中、低山地形，属典型的山地地貌；峰林平原中的边缘峰丛（或称峰林峰丛）和邻近山地一带的峰林谷地也大多为低山——山丘地形，构成广西热带岩溶山区（通称石山地区）的主体，且大多分布在桂西南少数民族聚居地带，集“老、少、边、山、穷”于一体，地形崎岖，交通不便，经济落后。

1.2.1 热带岩溶地貌特点

1.2.1.1 岩溶化发育程度差异，造就了山高坡陡、河谷深切的地貌景观

广西热带岩溶区其岩溶化发育程度由西部的中幼期过渡到东部的晚期，整个区域山丘密布，相对高差悬殊。广西热带岩溶区西部的靖西、德保，平均海拔高度约 800m；岩溶区东端，海拔高度 40 ~ 80m；岩溶区的腹地，相对高差在 100 ~ 800m。热带岩溶区地表垂直景观分明，当地群众称“十里不同天，数步不同土”，这些特点给生物与植被的多样性和食物链的复杂性等提供了良好的基础条件，但同时也增加了林业工作的难度。

1.2.1.2 地表岩溶形态特征典型，造就了区域地面崎岖不平的立体景观

典型的地表岩溶形态，造就了崎岖不平的山丘微地貌景观。广西热带岩溶区，气候湿热，年均降水量 1000 ~ 2000mm，年均气温在 20℃ 以上。处于该条件下的碳酸盐岩石，在强烈的岩溶作用下，山丘表层形成石牙、小石林、石丛、溶隙、溶沟、溶痕、溶盘、溶孔、溶洞（穴）等微形态组合型地貌景观。形态突出向上者称为正地形，向下深陷者谓为负地形，正负地形犬牙交错，崎岖不平，给植物生长、水分保持增加了很大的难度，尤其在原生植被遭严重破坏后，恢复程序则是从碳酸盐岩物理风化起步，继之低等植物地衣等附生，逐步演变到种子植物，历时需数十年之久。同时，岩溶地貌给人们的交通及农事活动等带来了很多困难。

1.2.1.3 地面岩溶化速率快，成土速度慢，土地石漠化程度高

广西热带岩溶区基岩为质地坚硬的纯碳酸盐岩石，并以古生代石灰岩发育最为典型。此类岩石的物理风化作用弱，但化学溶蚀风化作用强，成土速度慢，侵蚀速率高。研究资料表明，每千年典型碳酸盐类岩石的侵蚀残余物只有 2.47mm，形成 1cm 厚的土层约需 4000 年。但在坡度为 20° 的坡耕地，若无植被覆盖或覆盖度小于 30%，8h 内降雨达到 80mm，一场暴雨可冲走土层 2mm，也就是说 1000 年形成的土层可被一场暴雨冲光。

岩溶坡地土层极薄，在未开垦条件下，一般只有 20 ~ 30cm 厚，缓坡（< 15°）地也很少超过 1m，一旦被垦为农地，若无水土保持措施，表土便很快被侵蚀殆尽，呈现出石漠化景观，远望是一片童山濯濯，令人心焦。

1.2.1.4 地表地下景观奇特，自然风光等旅游资源丰富

广西热带岩溶区，由于发育深度差异等原因，造就了大量的地表、地下独特的岩溶地貌景观风景区，如武鸣伊岭岩、靖西通灵大峡谷、大新德天瀑布、明仕田园风光等，这些风景名胜鬼斧神工，天地造化，极具观赏价值。

1.2.2 广西热带岩溶区主要地貌类型

1.2.2.1 单体岩溶地貌形态

(1)峰林、峰丛及孤峰

岩溶地区的石灰岩山峰，多数高而尖，崖峭壁陡，形似塔楼，被称之为峰林。峰林是在热带炎热多雨的条件下，深厚的纯灰岩，经长期大气降水的强烈溶蚀而形成的典型岩溶地貌形态。峰林尚处于幼年时期，发育不够成熟，山峰之间只是在顶部彼此分离，但基部仍相互连接着，各个山峰的相对高度也不过几十米，这样的峰林称其为峰丛。峰林发育进入了晚期，山峰之间已溶蚀出一片片平地，甚至山峰只呈星点状兀立在开阔的平原上，相对高度也多不过百米，这样的山峰就叫做孤峰。

(2)洼地

封闭负地形，岩溶洼地底部较平坦，覆盖着松散沉积物。形状多样，取决于峰丛山体形状及排列方式，多为等轴形或长条形，长轴直径多在200m以下，大的可达500m。不少洼地土壤肥沃，或生长茂密森林，或为良好的农田和村庄所在地。洼地中常有地下河天窗、消水竖井，边缘有岩溶洞穴，有时见有地下河明流。

(3)岩溶漏斗

又称溶斗、斗淋等，是指规模较小的封闭状洼地，形状多呈漏斗状，直径一般为几米到几十米，深小于直径，凹地底部常堆积有黏土与碎石，但厚度不大。

(4)石芽与石林

岩溶地区还可见到次一级的石灰岩突起，高多不过几米，形多似犬牙状，被称为石芽。它们多发育在厚层状的纯灰岩地区，也是在潮湿温暖的气候条件下，大气降水沿着岩层中的垂直裂隙溶蚀而成的。石芽之间的低槽叫做溶沟，有些石芽的高度可达很高，有时竟有50多米高，称其为石林。

(5)陡崖

高几十米到几百米，坡度80°~90°。

(6)峰顶

面积一般很小，溶蚀强烈，地表尖石林立。由于终日阳光照射，水分蒸发强烈，保水性差，十分干旱炎热。

1.2.2.2 岩溶地貌组合类型

(1)峰丛洼地

峰丛洼地，俗称“弄”，在广西热带西部地区分布普遍。特点是石山山体巨大，山峰成丛，连绵不绝，山势险重，峰丛海拔可达1000m以上，相对高差可达600m。峰丛洼地内洼地规模一般相对较小，形态上常呈圆形或多边形，个别为长条形。前者直径一般在100~300m，后者长达800~1000m，宽300m左右。洼地中常有岩溶漏斗、落水洞等微地貌形态。由于多组方向构造裂隙发育，含 CO_2 的雨水及地下水以垂直下渗运动为主，水流迅速，循环条件良好，对碳酸盐岩的溶蚀作用而形成峰丛深切洼地的地貌形态。峰丛洼地地貌发育对洼地水文状况有很大影响，地表汇流或河川往往因封闭洼地落水洞存在而潜入地下，成为伏流，许多农田因此而缺水，土壤冲刷流失因此有所加速，石灰岩风化后的残留黏性土，也随径流而冲入地下，结果造成石芽、溶沟遍生，石漠化面积不断扩大。而在暴雨季节，由于地形封闭，地下河流量限制，峰丛洼地极易积水，形成洪涝灾害，“天晴三日旱，一雨便成灾”，是该地貌类型的真实写照。生态环境急剧恶化，给当地群众的生产生活带来极大困难，严重阻碍了区域经济的发展。因此，保证排水系统畅通、保护山林植被，对这些地区具有重要意义。森林，特别是地被物可以起到地表冲流的过滤和沉淀作用，不致淤塞漏斗和截断地下伏流。

(2)峰林谷地

峰林谷地的特点是石山如林，一排排一列列，或断或续伸展，峰林之间成为长条状谷地或成为比较宽阔的溶蚀洼地。峰林谷地的峰丛密度相对较小，通常每 10 ~ 20 个/km^2。峰丛间的谷地、洼地，平均约 5 个/km^2。谷地规模一般长 3 ~ 4km，宽 200 ~ 500m，底部平坦，两壁陡直。谷地中有季节性或长年性的地表水流，成为地下暗河的泄水通道。沿谷地两侧常见溶洞，洞体形态一般简单。谷地地表缺水，但地下水丰富，是岩溶石山区重要的水稻、玉米产地。所处地形海拔较低，谷地较宽，交通较方便，工农业生产条件相对较好。峰林谷地，在广西热带地区的龙州、大新、江州区、扶绥、隆安、武鸣等地均有分布。

(3)峰林平原

峰林低矮，比高一般在 50 ~ 100m，底部宽阔平坦，有地表水系出露。峰林平原是一种基岩平原，下部有近水平的小起伏石灰岩基岩面，上面覆盖溶蚀残余红土或冲积砂砾，残丘与孤峰丛平原上突起，平原边缘为山地或丘陵陡坡所限定。因频繁暴雨和高温，河水时常泛滥，溶蚀作用强烈，最易扩展成这种溶蚀平原。峰林平原面积可达数百平方千米，如柳州、来宾一带，广西热带地区的扶绥、武鸣等地，也有规模较小的峰林平原。广西热带峰林平原区高温，干旱缺水，如扶绥县为广西典型旱区。

(4)孤峰平原

岩溶孤峰平原，又称残山平原，由于长期的岩溶作用，已被夷为大片平原地貌，在平原中残留有零星的孤峰、残山，其特点是石山分散，一个、二个或三个、四个成群分布于溶蚀平原之上。溶蚀平原上土层覆盖较深，地面开阔，耕地较多而平坦，地表河系发育，灌溉条件优越，是岩溶区农业最发达的地区。据统计，玉林、贵港各 400km^2 多，其石峰密度，玉林一带为 0. 36 座/km^2，贵港一带为 0. 25 座/km^2。石峰都比较矮小，平均高度玉林一带为 70. 5m，贵港一带为

69m；玉林一带最高达180m，最低30m左右，一般多在40～90m；贵港一带最高达153m，最低仅30m左右，一般多在30～50m。在钦州、灵山等地的碳酸盐岩地层也被严重剥蚀，仅残留小片的峰林或峰簇，典型的峰林谷地、峰林平原、峰丛洼地已不复存在，在平原及盆地内堆积了中生代内陆湖盆地及第四纪陆相残积物。

1.2.3 热带岩溶不同地貌类型的演化

目前的岩溶地貌形态，是岩溶地貌发育、演化过程中某一阶段地表形态的呈现，是动态演化过程中某一瞬间形态。岩溶形态的形成与演化不是静止孤立的，随着时间和空间的运动而变化。岩溶地貌形态演化的动力是富含CO_2和其他酸性物质的运动水，演化的方向和空间分布受地质构造和构造运动性质所支配。任美锷等(1983)指出岩溶发育受溶蚀——侵蚀和溶蚀两个基准面的控制，岩溶地貌的发育有一定的演变顺序，即从一个原始的规则的构造面或一个上升的微起伏剥蚀面开始发育，到前期的漏斗、落水洞、洼地发育，地表水几乎全部转化为地下水，但主河仍可存在；演变中期，由于地下河顶板的塌落，地下河向地表河转化，大量溶蚀洼地和谷地发育。由于不透水层广泛出露，或地面高度接近侵蚀基准面，喀斯特发育到了后期，地表演化成泛滥平原，平原上分布了孤峰、残丘，喀斯特现象逐渐消失。广西热带地区西南部的天等、靖西一带为演变中期岩溶地貌，而北流、玉林、黎塘一带则为发育后期的岩溶地貌。或者说，岩溶地貌的发育序为：峰丛洼地——峰林谷地——峰林平原——孤峰(残丘)平原。受地质构造运动的影响，喀斯特演化有时是多旋回的，不同旋回阶段的岩溶地貌可以迭加在一起，出现前期、中期和后期岩溶地貌同时并存的现象。

对于岩溶地貌发育序列，有些学者根据桂林地区峰林与峰丛在同一地区同时出现的现象，提出了岩溶峰丛洼地与峰林平原是具有不同特征、差异巨大的两种类型。峰丛洼地和峰林平原，两者在组合形态、发育条件、演化方式、作用过程、洞穴形态及成因类型等多方面都有质的重大差异(朱德浩，1984)。并且认为，岩溶峰丛与岩溶峰林地貌从一开始就按各自的规律进行演化与发育。以峰丛洼地中雏形洼地的形成和峰林平原中脚洞的出现(伴随地表线状水流的消失)为界，峰林平原按“平原的整体下降，石峰坡面平等后退”的演化方式进行演化，而峰丛洼地则是洼地不断加深，多边形洼地不断扩大，石峰高度下降甚少，峰洼高差不断加大。到一定阶段，洼地底部高度的下降和洼地面积的增大都趋于相当稳定。峰丛洼地和峰林平原之间不存在演化系列。

1.3 气候

1.3.1 广西热带气候

广西热带地区年平均气温19.1～22.0℃，最冷月(1月)平均气温10.9～

13.9℃，最热月(7 月)平均气温 25.1 ~ 28.4℃，年积温 6269.2 ~ 8300.0℃，月均温大于或等于 22℃的月份 4 ~ 5 月开始，9 ~ 10 月结束，夏季长达 5 ~ 7 个月，春秋相接，没有气候学上的冬季，但在冬天寒潮影响下，可出现短暂的寒冷天气，绝对最低气温 -2℃。年雨量 1100 ~ 2000mm，季节分配不均匀，降雨多集中在 4(或 5) ~ 9 月，雨季有 5 ~ 6 个月，月雨量在 100mm 以上，约占全年雨量 80% 左右；11 月至翌年 3 月雨量在 50mm 以下，旱季长达 5 个月，冬雨尤少，只占年降雨量的 5% ~ 7%；其余 1 ~ 2 个月为过渡的月份，月雨量 50 ~ 100mm。可见，干湿季交替鲜明，但雨热同季，有利于热带植物的生长；而旱冷同期，月平均相对湿度一般不低于 75%，可缓和旱季给水困难的矛盾。

广西热带是不同于海南岛热带的准热带，属热带北部边缘地区，是热带向亚热带的过渡带。关于广西热带、亚热带划分的意见颇多分歧。李治基等(1964)根据植被地理分布的规律，将广西气候带划分为热带和亚热带，亚热带再划分南亚热带和中亚热带两个亚带，并指出广西热带处于热带的北缘，与典型热带不同，故称它为北热带。广西热带地区气候特点表现为太阳辐射较强、暖热气候与温凉气候并存，降水丰富但时空分布不均等特点。

1.3.1.1 太阳辐射较强、日照较多、热量丰富

广西热带地区大部分地方太阳辐射量较多，桂南沿海地区总辐射为 4080 ~ 5368kJ/(cm^2·a)，是广西太阳辐射最强的地方；左右江河谷、南宁盆地等广大地区总辐射为 4254 ~ 4823kJ/(cm^2·a)；山区辐射较少，靖西、德保、那坡等海拔较高的地区，总辐射少于 4300kJ/(cm^2·a)。广西热带地区太阳辐射季节分配不均匀，夏季较多，占年总辐射量的 31% ~ 33%；冬季较少，仅占总量的16% ~ 18%。广西热带地区日照时数较多，大部地区年日照 1600h 以上，右江河谷、明江河谷的一些地方超过 1900h，是广西日照最多的地方之一。但靖西、那坡等地年日照不及 1600h。全年中夏季日照最多，占年总量的 29% ~ 34%；冬季最少，仅占 15% ~ 19%；春季少于秋季，分别占 18% ~ 28% 和 26% ~ 32%。年日照百分率，右江、明江河谷较大，均在 40% 以上，靖西、那坡等地只有 35%。全年中夏、秋两季日照率较大，冬、春两季较小。日均温≥10℃的日数，在桂东南沿海地区，持续日数为 335 ~ 360d，其积温 7500 ~ 8300℃，是广西热量最丰富的地区；在河谷、盆地地区持续 315 ~ 350d，其积温为 7000 ~ 8000℃；在海拔较高的地区一般持续 290 ~ 315d，积温为 6000 ~ 7000℃，热量条件仍是比较好的。

1.3.1.2 暖热气候与温凉气候并存

广西热带地区，桂南沿海地区、河谷、盆地地区的气候及石灰岩山地的气候截然不同。桂南沿海地区年均气温 22.0 ~ 23.0℃，是广西年均温最高、气候最暖热的地方。1 月是最冷月，月均温为 13.0 ~ 15.5℃，极端最低气温各地均在 -2.0℃以上，日最低气温≤0℃的寒冷天气，许多地方未曾出现，出现者年平均

也不足0.1d，冬季甚为温暖。月均温≥22℃持续期长达6～7个月，是广西夏季持续期最长的地区。7月是最热月，月均温28.0～29.0℃；极端最高气温多在37.0～38.0℃；由于近海，日最高气温≥35℃的炎热天气少见，年平均多为1～2d，只有个别地方达3.8d，是广西除海拔较高地区之外的炎热天气最少的地区；日最高气温≥40℃的酷热天气，未见记录，是广西夏无酷暑的地区之一。

左、右江河谷，南宁盆地等广大地区，年平均气温21.0～22.0℃，高温年份为22.0～23.0℃，低温年份为20.5～21.5℃。1月最冷月，月均温为12.5～14.0℃；日最低气温≤0℃的寒冷天气少见，各地年平均不及1d；极端最低气温多在-2.0℃以上，整个冬季是比较温暖的。7月是最热月，月均温在28.0～28.5℃；日最高气温≥35℃的炎热天气，各地均在10d以上，百色、崇左最多，分别为44.0d和38.9d，龙州、宁明、田东也较多，分别为29.6d、29.0d和27.4d，南宁为16.5d。极端最高气温均在38.5℃以上，左、右江河谷和南宁盆地中的多数地方都有≥40℃的记录，是广西酷热天气最集中的地区，其中百色为42.5℃，是广西的最高记录。

那坡、靖西属桂西六韶山区，年平均气温18.5～20.5℃，高温年份19.5～21.5℃，低温年份均在20℃以下；日最高气温≥35℃的炎热天气非每年都有，年平均不及2.5d；极端最高气温不超过38.0℃，那坡仅35.5℃，是广西夏季最凉爽的地区之一。1月是最冷月，月均温为11.0～12.0℃；日最低气温≤0℃的寒天气不常见，年平均1.0～3.0d；极端最低气温为-4.0～-1.0℃，冬季气候仍然比较温和。

1.3.1.3 降水丰富，但时空分布不均

广西热带地区年降雨量多在1100～2800mm，防城区那梭3000mm以上，桂东南降雨量较丰富，在1600mm以上，左、右江河谷是广西著名的少雨地区，在1100～1400mm。

降雨年际间分配不均，以左、右江河谷为例，少雨年份降雨量在1000mm以下，崇左最少，只有600mm多；多雨年份在1600mm以上；多雨年降雨量为少雨年降水量的2倍左右，个别地方近3倍，雨量年际变化甚为明显。季度间，夏季降水多，占年总量的50%～56%，冬雨特少，仅占年总量的5%～7%，夏湿冬干十分明显；春雨多于秋雨，分别占年总量的20%～25%和17%～20%。年降水天数，桂南沿海地区多在135～180d；左、右江河谷，南宁盆地等地区在120～160d，六韶山区多在160～180d。雨日最少年份，各地均在150d以下，田阳为103d(1969年)，上思仅100d(1958年)；雨日最多年份，各地多在150d以上，靖西达210d(1959年)。夏季雨日最多，占年总量的32%～38%；冬季雨日最少，仅占年总量的15%～20%；春季多于秋季，分别占年总量的24%～30%和14%～22%，变化明显。

1.3.2 热带岩溶地特殊气候

与地带性土壤——酸性砖红壤、赤红壤区比较，热带岩溶山地由于特殊的地形、裸露的岩石、复杂的地下岩溶洞穴等影响，形成了特殊的小气候环境，主要表现为强烈变化的温湿度，严重缺乏的水资源，以及地形地貌与植被严重影响岩溶山地小气候。

1.3.2.1 岩溶环境下小气候

岩溶环境小气候，主要表现两个方面，一是不同群落演替阶段小气候变化；二是岩溶区微地形小气候变化。邓艳等(2004)对龙州县弄岗自然保护区不同演替阶段植被群落的小气候研究表明：

(1)各演替阶段群落的光照强度日变化呈中午高，早晚低的单峰曲线。由于裸岩完全暴露在日光下，光照强度在任何时间，任何高度都是最大的，可达到118600 lx。草丛群落阶段由于有草本的遮蔽，光照强度次之，但仍然高达111600 lx。灌丛群落阶段由于总盖度比先锋群落阶段和亚顶级群落阶段的高，因此其光照强度和振幅最小。先锋群落阶段的灌木层盖度(90%)比亚顶级群落阶段的大(25%)，先锋群落的光照强度峰值和振幅均比亚顶级群落的小。

(2)每个演替阶段群落不同高度的气温日变化特征呈不对称的单峰曲线，气温上升的速度慢，下降的速度快。演替早期的裸岩、草本和灌丛气温受植被影响小，变化剧烈，演替后期的先锋和亚顶级群落具有浓密的林冠，阻挡了太阳辐射，降低了风速，削弱了空气热量交换，林内升温和降温比较缓和，气温的日振幅及峰值也相应小一些。

(3)在先锋和亚顶级群落阶段中，由于风速降低，乱流交换作用减弱，林下土壤枯枝落叶蒸发、林冠的蒸腾作用及截流降水的物理蒸发所挥发出的水汽能较长时间停留在近地层和高层空气中，增加了林内空气的相对湿度(表 1-1)。

表 1-1 不同演替阶段群落空气相对湿度比较 %

裸岩	草本群落	灌丛群落	先锋群落	亚顶级群落	备注
44.58	75.92	81.75	98.71	95.96	资料来源，邓艳等(2004)

从灌木、草本到裸岩，反映了石漠化的加剧程度。石漠化越严重，植被覆盖程度越差，岩石裸露面积越大，小气候的变化规律越反常，气候条件越差。究其原因：一是裸露岩面的热传导率大，地面温度不但随着太阳光直射迅速增加，而且随着大气环流的降温而迅速降温，造成最大的极端温度和温度日较差或年较差；二是石漠化严重地区，水分漏失也很严重，空气湿度低，造成干旱缺水环境。

灌丛和草丛的群落结构简单，生态调节功能有限；常绿落叶阔叶混交林或常绿阔叶林群落结构相对复杂，物种多样性较高，改善生态环境及生态调节的功能明显要优于灌丛和草丛群落，所以在岩溶植被恢复重建过程中，要实现岩溶生态系统良性循环的目标，在参照区域顶级群落的前提下，需要构建与常绿落叶阔叶混交林或常绿阔叶林相似的具有多层结构的植物群落。小气候条件是植物生长发育的重要影响因素，岩溶植被恢复和重建时除考虑区域气候条件、土壤特性等环境条件的差异外，同时也需充分考虑不同立地条件的小气候特征，根据小气候的差异采取有针对性的恢复措施，构建具有复层结构的植物群落。例如，石荒漠阶段植被的盖度极低、光照强、气温高、水分条件差，环境条件比较恶劣，在进行植被恢复时首先需要构建先锋群落，可播种一些速生、抗逆性强的灌草植物，使之形成灌草群落，待小生境得到改善后再种植乔木植物，逐步形成较为稳定的乔灌草群落；草丛阶段小环境有了一定的改善，但光照和气温仍然较高，可选择耐旱、喜光的植物进行种植，依据物种多样性原理和生态位原理，进行乔灌藤草植物的混交，优化植物物种的配置，构建具有多层结构的植物群落；灌丛阶段已经形成较为荫蔽的小环境，部分乔木植物开始入侵定居，但大量的藤刺植物影响乔木植物的生长，可采取积极适度的人为干扰措施，去除部分藤刺植物，同时适当增加种源，促使植被迅速恢复。广西热带岩溶山地降雨量丰富，气候温暖，有许多适应干热岩溶石山石穴土甚至石缝都能生长的树种或经济植物，如任豆(*Zenia insignis*)、南酸枣(*Choerospondias axillaris*)等，科学造林，在石漠化治理中能使植被直接从裸岩或草丛成为阔叶林。

另一方面，岩溶山地的地形地貌很复杂，生境的异质性程度极高，不同地段、不同坡向、坡位的小生境水热条件均存在差异，洼地底部日照时间短，空气湿度大，温度日较差小，植物生长环境较优越；而峰顶终日阳光照射，蒸发强烈，保水性差，十分干旱炎热，温度日较差大，植物生长环境严酷。生境的异质性严重影响植被演替过程，甚至成为植被演替的主导因子，也严重影响岩溶区人工植被恢复措施。

1.3.2.2 岩溶水环境

广西热带岩溶区年降雨资源丰富，但时空分配不均。河谷深切、山丘地表崎岖多孔，强烈的渗漏造成坡地严重缺水，农林业生产旱灾严重，降雨资源利用效率很低。岩溶区丰富的降雨资源(6～9月)至地表后的再分配特点是流动快，渗漏大，坡地表面难产流，雨水多潜入盲谷和河流。据有关资料，在南方碳酸盐岩出露的46.9万km^2的范围内，共有2836条地下河系，总长度13919km，总流量达1482m^3/s。碳酸盐岩节理、裂隙发育，岩溶率高达19.2%，渗透系数一般大于0.5，甚至0.8～0.9(如广西天等县)。岩溶区的土地被群众称为“筛子地”，常常是“山下流水哗哗，山上旱死庄稼”。若逢旱季，不少地方的群众吃水要下河沟去背，一天至多两个来回，“背水要比淘金难，凹河上下九曲湾，半天背来一背水，一跤摔倒水变泪”。当地民众称“十天不雨即旱，一场暴雨成灾”、“旱灾一大片，水淹一条线”。

1.3.3 热带岩溶地灾害气候

1.3.3.1 干旱

虽然广西热带地区降水亦较丰富，但由于岩溶地区地表缺乏植被和土壤，渗漏严重，地表水很快转入地层深处，岩溶地区地表因严重缺水而造成干旱。干旱不但危害林木正常生长发育，造成减产，而且还造成人畜饮水困难，影响山区群众的正常生活。

1.3.3.2 洪涝

广西热带岩溶地区的洼地、谷地和盆地常有落水洞和漏斗与地下河相连通，当降水量超过落水洞、漏水洞的消水能力，排泄不通畅时，常发生洪涝，且多为内涝。5 ~8 月降水集中，降雨强度大，常造成洪涝，尤以 6 ~7 月出现频率最高。与其他岩溶地区相比，广西热带岩溶区出现洪涝机会最多，出现频率达 70% ~90%，平均每年出现洪涝 1.5 ~2.0 次。

1.4 岩石

广西热带地区石灰岩的化学组成复杂多样，不同性质的石灰岩风化发育形成的地貌和土壤的理化性质及其肥力有明显的差异，给林业生产带来巨大的影响。因此，研究不同石灰岩性质对土壤和林业生产的影响，对改善石山区的生态环境，因地制宜安排农、林、牧业生产，繁荣山区经济，人民脱贫致富具有重要意义。

1.4.1 广西热带地区石灰岩的类型和性质及其地理分布

广西热带地区石灰岩由于生成的地理环境的差异，其成分性质各异。按其成分组成和特点可分为三类：即纯质石灰岩（含白云质灰岩）、夹硅质石灰岩（含燧石灰岩）、夹砂页岩或火成岩类石灰岩（含泥质灰岩）。

1.4.1.1 纯质石灰岩的性质及其地理分布

纯质石灰岩多生成于泥盆纪、石炭纪和二叠纪，尤以中泥盆系东岗岭组灰岩和上泥盆系融县组灰岩最为典型。矿物组成中方解石含量高达 80% ~90%，且含有白云石、菱铁矿、菱镁矿、菱锰矿等，其中 CaO 含量达 55% 左右，成分和结构较均一，CaO/MgO >10。通常碳酸盐岩中酸不溶物含量较低，多数碳酸盐岩酸不溶物含量不超过 10%，纯灰岩和纯白云岩酸不溶物含量甚至低于 5%。由此类石灰岩为广西热带岩溶区最主要的石灰岩，都安——龙州一线以西的峰丛区，天等——隆安——平果之间，龙州——大新之间有大片出露。纯质石灰岩在广西热带岩溶孤峰平原区也广泛分布。

纯质石灰岩是地表常见矿物中最容易遭受溶蚀的一类矿物，其溶解速率往往是硅酸盐矿物的几百倍甚至上万倍。纯质石灰岩沉积物的初始孔隙度一般可达40%～70%，但经过成岩作用的压实和石化作用后，孔隙度通常减少到不足5%，各时代地层白云岩的孔隙度为4%左右，石灰岩约为2%。若石灰岩孔隙度较高，则持水性较好，地下水位埋藏浅时，岩溶双层结构带来的负面环境效应和石漠化问题就不会很严重。东南亚、中美洲等地新生界碳酸盐岩分布区岩溶地下水水位埋藏浅，地表植被茂盛，土壤保存比较厚实，这也是中国南方岩溶地区石漠化较东南亚、中美洲岩溶地区严重的根本原因。

由于刚脆的岩石力学性质，在各种构造应力作用下，石灰岩岩层中易形成大量大规模的节理、断裂或破碎带，形成风化薄弱带，为岩溶的发育奠定了基础。这些构造薄弱带的岩石将被优先风化，逐渐形成大量的岩石裂隙和洞穴系统。风化一方面使基岩面强烈起伏，在水平距离数米的范围内，基岩面高差可达数米，甚至十几米以上；基岩面低洼的地方必将堆积或残积更多的土壤。另一方面，风化还使得风化（或溶蚀）作用并不完全集中在地表或近地表附近进行，在岩层深度也可以进行，从而降低了地表或近地表风化成土的有效性，风化残积土粒也分散在不同深度部位，降低了地表土层的厚度。

纯质石灰岩具有很多与结晶岩类不同的风化成土特征。如具有明显的两阶段风化成土特征；风化壳剖面往往由全风化土层构成，通常缺失或者不发育半风化过渡带；岩——土界面清晰且突变等。纯质石灰岩易溶和酸不溶物含量较低的特点决定了其风化成土过程的特殊性：酸不溶物含量低，原岩风化形成残积土层必将产生巨大的体积缩小的变化，早期形成的残积土在重力作用下不断向下塌陷，使纯质石灰岩成土过程具有典型的非等体积塌陷风化作用；而溶蚀速率高，一方面可以提高风化成土速率，另一方面可以保证风化的形成和进一步发展。研究表明，在酸不溶物含量为4%的白云岩上，形成1m厚的土层需要风化约13m厚的岩石。纯质石灰岩的快速溶蚀，使得风化壳常常没有明显的半风化带，只在风化壳底部有一层数厘米到十几厘米厚的岩粉层。由于岩粉层中原岩结构已遭完全破坏，形成了松散的砂状层，具有较高的孔隙度，是雨水下渗的主要运移通道，也是风化壳物理力学性质上的薄弱带。纯质石灰岩这种特殊的岩——土界面接触关系也是上部土壤易于发生微距离或短距离移动的重要原因。

1.4.1.2 夹硅质石灰岩的性质及其地理分布

夹硅质石灰岩主要是二叠纪形成，此外奥陶纪、泥盆纪、石炭纪和三叠纪均有产出，但以二叠系台沟相沉积的栖霞阶为典型。岩石成分和结构不均，CaO含量相对减少，MgO和SiO_2含量较高，硅质（或燧石）灰岩含硅质5%～25%。夹硅质石灰岩在广西热带地区各地均有分布，其中又以天等县最为集中分布，为石漠化治理的重点和难点。

夹硅质灰岩地貌类型与较纯的石灰岩比较，同样有峰丛洼地、峰林谷地和溶蚀平地，石山山腰和山顶部位裸岩峭壁比比皆是，但山坡的坡麓和坡腰较长，坡度较小，多为 20°～35°，在高温多雨的热带季风气候影响下风化淋溶剥蚀强烈，形成的风化壳比纯石灰岩的风化壳深厚得多，堆积在山腰以下常达 1m 至几米，远看有如“山穿裙”。风化壳中大部分为大小不等的硅粒或燧石粒，大于 1mm 的颗粒达 50% 以上。石灰岩夹硅质岩类的岩石除含有大量的硅酸钙外，还有较多的硅粒和燧石，这些物质抗风化能力较强，除少量以碳酸等形式淋溶流失外，大部分硅粒和燧石留下来形成深厚的风化壳。在这种风化壳上发育形成的土壤虽仍属石灰土，但它与较纯的石灰岩风化发育的石灰土在性质上有显著的差别。一般较纯石灰岩风化发育的土壤质地黏重，表土层多属中性，心土层为微碱性；而夹硅质石灰岩类荒山荒地的土壤质地较粗而轻，属砂砾质土，表土层呈酸性，心土和底土呈中性至微碱性。石灰岩夹硅质岩类荒山荒地生产障碍因素较多，植树难生，种植作物产量低，做牧场草质差。这类石山目前绝大部分仍是旱生型稀疏灌木草丛，常见的植物种类有高山榕（*Ficus altissima*）、余甘子（*Phyllanthus emblica*）、番石榴（*Psidium guajava*）、石芒草（*Arundinella nepalensis*）、香茅草（*Cymbopogon caesius*）、华须芒草（*Andropogon chinensis*）、白茅草（*Imperata cylindrica* var. *major*）等。

1.4.1.3　夹砂页岩或火成岩类石灰岩的性质及其地理分布

石灰岩夹砂页岩或火成岩类石灰岩指泥质灰岩、石灰岩夹砂页或火山岩，以下三叠系的马脚岭组和北泗组灰岩夹细砂岩、页岩、酸性熔岩（如流纹斑岩、花岗斑岩等）为典型，并包括石灰岩上覆盖薄层砂页岩、熔岩及第四纪沉积物等。这类岩石的化学成分很复杂，除了有石灰岩的化学成分外，还有砂页岩或酸性溶岩或第四纪沉积物的化学成分，泥质灰岩含方解石达 50% 外，含泥质达 5%～50%。石灰岩夹砂页岩或火成岩构成的石山面积在广西热带地区分布较少，且大部分属埋藏灰岩，约有 15% 出露，主要分布在桂西南的平果、隆安、扶绥、江州区一带。

1.4.2　不同石灰岩类型对林业生产影响

石灰岩土是发育于碳酸盐岩（主要是灰岩）风化物形成的一类土壤，按理化性质分为黑色石灰土、棕色石灰土、红色石灰土（含复钙红黏土）等类型。石灰岩类型的化学组成不同，其风化发育形成的地貌和土壤的理化性质与肥力差异明显，给林业生产带来巨大的影响。

1.4.2.1　纯质石灰岩风化发育形成的地貌和土壤特点及其合理利用

广西热带石灰岩层厚质纯，节理裂隙极为发育。在高温多雨的热带气候条件下，植物生长旺盛，溶蚀作用特别强烈。据计算，石灰岩的溶蚀量为 100～300$m^3/(km^2 \cdot a)$，是我国喀斯特地区溶蚀流失最严重的地区之一。强烈的溶蚀作用使石灰岩层形成了许多由地表到地下的通道，溶孔、溶隙和溶洞等。降水通过这些通道由地表迅速转入地下，地表严重缺水。人类的不合理的经济活动太强，加剧了水土流失。在未开垦的石灰岩山区，地表植被生长良好，能截留相当一部分的降水于地表土层之中，如龙州弄岗自然保护区的季雨林生长茂密，覆盖率达 80%，谷地中除上升泉形成的溪流之外，不少地方，如陇防、陇马、陇秀、企鸟、陇拉、陇水等地还有耐旱的池塘。该保护区的相对湿度也比周围垦区略高 20%。但广西热带岩溶农业耕种区的森林植被一般都被破坏殆尽，洼地、谷地及其周围山坡裸露。一方面不能截留降水，另一方面白天灰岩吸热，洼地和谷地增温，土壤中水分的蒸发加快，加剧了水分的损失，石灰岩区无雨即旱。据调查，由于森林植被的破坏，本区大部分耕地灌溉困难，人畜饮水困难，群众生活长期贫困。

纯质石灰岩构成的石山山体高大坡陡，节理发达，山峰林立，悬崖峭壁常见。纯质石灰岩因含可溶性的 CaO 多，不可溶性的成土物质很少，在广西热带高温多雨的环境条件下进行的风化溶蚀过程中，在石山顶部和中上部的岩窝石缝处的残积物或排水不良的低洼槽谷中的残积或坡积物发育形成黑色石灰土，呈零星分布；山腰以下至坡麓的圆形洼地或谷地边缘的残积——坡积物发育形成棕色石灰土；山麓坡地及峰林、孤峰平原区的相对突起部位，发育成红色石灰土。

黑色石灰土，主要特点是有机质和钙质含量丰富，具有良好的团粒或核粒状结构，呈中性至微碱性反应，自然肥力高，土体发生层次分化很不明显，土体构型一般为 A—R 相，土体浅薄，分布呈零散不连片，且山高坡陡，不适宜垦殖，只宜封山育林，保护现有植被。种源缺乏地应补播、补植，发展水源林和水土保持林，绿化石山，恢复和保护生态环境。造林宜选用喜钙质而耐旱的植物种类，如芸香竹(*Monocladus amplexicaulis*)、毛金银花(*Lonicera hypoglauca*)、海南菜豆树(*Radermachera hainanensis*)、青冈栎(*Quercus glauca*)、任豆、吊丝竹(*Dendrocalamus minor*)等。

棕色石灰土，主要特点是土体的厚度受地形影响大，一般大于 50cm，陡坡地少于 50cm，洼地或谷地则可达 100cm 或更厚。土壤发生层次明显，多为 A—B—C 相。A 层的有机质含量一般达 3% ~7%，具核粒状或小块状结构、pH 为中性，质地较黏重。在坡麓地带和洼地、谷地中多已开垦为农用地，是石灰岩山地土壤肥力较高的旱地土壤，一般种植玉米、花生、豆类、麻类、甘蔗、红薯等作物。由于坡地水土流失严重，农民常用片石干砌挡土墙，建成等高梯地，进行等高种植，防止水土流失。地边或坡面上，适于蚬木(*Excentrodendron hsienmu*)、金丝李(*Garcinia paucinervis*)、肥牛树(*Cephalomappa sinensis*)、望天树(*Parashorea chinensis*)、台湾相思(*Acacia confusa*)、木棉(*Bombax malabaricum*)、山黄皮(*Clausena anisum-olens*)、海南蒲桃(*Syzygium cumini*)、龙眼(*Dimocarpus longan*)、荔枝(*Litchi chinensis*)、扁桃(*Mangifera persiciformis*)、木波罗(*Artocarpus *heterophyllus*）、青冈栎、麻栎（*Quercus acutissima*）、海红豆（*Adenanthera pavonina*）、石山樟（*Cinnamomum saxatile*）、构树（*Broussonetia papyrifera*）、海南菜豆树、任豆、苦楝（*Melia azedarach*）、石栗（*Aleurites moluccana*）、麻竹（*Dendrocalamus latiflorus*）、吊丝竹等树种生长，也可栽植象草（*Pennisetum purpureum*），发展混牧林业。

红色石灰土，形成历史悠久，在热带炎热的生物气候条件下，土壤受到强烈的淋溶作用，盐类大量淋失甚至殆尽，为盐基不饱和土壤，呈中性至微酸性反应，pH 值为 5.5 ~ 7.0。这种石灰土受到热带生物气候条件的影响较深，表现出明显的脱硅富铝作用，在发育阶段上已趋于地带性土壤砖红壤或赤红壤特征。红色石灰土分布于峰林谷地、峰林平原及孤峰平原的低洼台地，地势较宽阔，为岩溶石山主要农业生产区，农业生产较为发达，规模种植有水稻、玉米、甘蔗、桑叶（*Morus alba*）等，林业生产有龙眼、木波罗、乌榄（*Canarium pimela*）、山黄皮等经济树种，扶绥县广西东门林场规模种植桉树（*Eucalyputus*），具极高生产力。

1.4.2.2　夹硅质岩类石灰岩风化形成的地貌和土壤特点及其合理利用

广西热带地区夹硅质灰岩主要是中——薄层灰岩夹薄层硅质岩或燧石，石灰岩厚度为 5 ~ 20cm，硅质岩厚度通常不超过 5cm，成夹层分布。硅质灰岩的溶蚀强度远比纯质石灰岩弱，硅质岩极难溶蚀而成为隔水层，妨碍岩溶水的活动。硅质灰岩在溶蚀过程中，石灰岩部分的溶蚀残积物和硅质岩碎屑物堆积在山坡上，形成直形坡为主的溶蚀丘陵地貌，碎屑物堆积在丘陵坡面的中、下段，从上而下厚度逐渐增大，由数米到十米左右，坡角和它的内摩擦角相当，约 30° ~ 45°，丘顶出露陡峭的基岩，与石灰岩区的塔状峰林形成鲜明的对比。夹硅质岩类石灰岩风化壳大部分为抗风化能力强的硅粒，胶结力弱，水分易渗透，暴雨冲刷极易造成冲沟和崩塌，使石灰岩山区发生严重沟蚀和崩岗，常造成倒房、毁地等灾害。

夹硅质灰岩发育形成的土壤属酸性棕色石灰土，或称硅质粉土，土壤有机质含量少，质地多属砂砾质壤土，上、下层酸碱度差异大，表土呈酸性，心土和底土呈中性至微碱性，母岩附近呈碱性，土壤干旱瘦瘠，目前绝大部分是荒丘草坡，只适于耐旱、耐瘠、耐酸、耐钙质的农作物和树种生长，如木薯、旱藕、饭豆、红薯等农作物和台湾相思、大叶相思（*Acacia auriculaeformis*）、任豆、新银合欢（*Leucaena leucocephala* 'Salvador'）、构树、枇杷（*Eriobotrya japonica*）、番石榴、余甘子、肥牛树、矮柱花草（*Stylosanthes humilis*）、胡枝子（*Lespedeza bicolor*）、铺地木蓝（*Indigofera endecaphylla*）等树种生长。

夹硅质灰岩地水土流失形式以深切沟蚀为主，砾石粗重，占比例大，坡面上有荒草生长，片状流水难以侵蚀搬运坡面物质，片蚀现象不严重。但是，坡面植被一旦被破坏，或因人工开挖出现切坡，沟蚀便立即开始，坡面水流首先带走裸露土层中的细粒物质，引起地面塌陷，形成凹地，流水集中于凹地，能量增大，冲刷搬走砂砾，形成切沟，继续发展扩大便成冲沟。大新县榄圩、土湖一带的夹硅质灰岩山坡上的树枝状沟谷相间分布，表明其严重的沟蚀现象。此外，天等县宁干、向都、把荷、上映，武鸣县陆斡，江州区罗白等地都规模分布夹硅质灰岩，沟蚀、崩岗严重。

1.4.2.3 夹砂页岩或火山岩类石灰岩风化形成的地貌和土壤特点及利用

这类岩石风化发育形成的地貌类型为石山缓坡丘陵，顶部为石灰岩挺拔出露的小山峰，山腰以下覆盖砂页岩或火山岩、第四纪红土等风化残积物，形成缓坡丘陵，石灰岩露头石常见于岭顶、岭脊和沟谷之中，形似“奶头山”，而与纯质石灰岩、夹硅质岩类石灰岩的高大石山丘陵明显区别。

这类石山缓坡丘陵上发育的土壤为红色石灰土和复钙红黏土。红色石灰土的主要特点是土体厚薄不一，因坡度大小和部位而异，在山峰和山坡上为 30 ~ 60cm，坡脚或谷地可厚达 1m，剖面构型 A—B—C 相，土壤质地黏重呈棕红色为主，pH 值为酸性，土体自上而下 pH 值逐渐增加至微酸性甚至中性，表土有机质含量 2.00% ~4.05%，阳离子代换量 15 ~20cmol(+)kg^{-1}土，黏土矿物以高岭石为主。复钙红土主要特点与红色石灰土相似，利用上也一致，许多专家将它们均归为一类，称红色石灰土。由于其土壤中下部土层常有暗褐色的铁锰淀积物，甚至形成硬的铁锰弹丸，因此，有人将它当作地带性的赤红壤或红壤土。

红色石灰土(含复钙红黏土)主要缺点是黏、酸、瘦，土层浅薄的山地受石灰岩溶蚀的复钙过程较强烈，上、下层的 pH 变化大，适于耐旱、耐瘠、耐酸又耐钙质的农作物和树种生长，若土层深厚(1m 或 lm 以上)，适于喜酸性的树种生长，如油茶(*Camellia oleifera*)、千年桐(*Vernicia montana*)、马尾松(*Pinus massoniana*)、桉树、火力楠(*Michelia macclurei*)、红荷木(*Schima wallichii*)等。开垦作农用地时，注意多施用有机肥和秸秆还地，改善土壤耕作性状，合理配施化肥，培肥土壤。

1.5 土壤

1.5.1 石灰岩成土作用

石灰岩土壤的形成和发育，是碳酸盐类岩石经长期溶蚀、风化过程和生物的富集过程的结果。石灰岩土的形成，一方面受碳酸盐类岩石的控制，碳酸盐岩母岩的形成时代不同，岩石化学成分、矿物成分、岩石的结构构造及孔隙度等不同，进而影响到岩石的溶蚀、风化作用的强度，所提供成土物质的数量及性质也就不同。另一方面则受植被生物富集作用的影响，当植被较发育时，有利于生物累积，使土层有机质累积增多，腐殖质层加厚，并以大量的植物枯枝落叶和死亡根系归还土壤，提高肥力。而当植被不发育时，所归还土壤的枯枝落叶残落物将大大减少，生物积累作用能力降低，导致土壤有机质减少，土壤结构破坏，土壤侵蚀作用增强，甚至造成严重水土流失。此外，微生物的活动则直接参与岩石溶蚀及土壤矿物分解、转化作用。所以，母岩、岩溶作用、植被、微生物与土壤的形成间具有密切的相关性。

1.5.1.1　岩溶成土物质来源

碳酸盐类岩石按其化学成分和矿物成分的组成及其变化差异，可以分为以碳酸钙为主的石灰岩、白云质石灰岩；以碳酸钙镁为主的白云岩、灰质白云岩；以及含硅质结核或含有多种杂质(如砂质、泥质、炭质等)的灰岩或白云岩。在不同时代和不同的岩性中，不仅矿物组成、化学成分和结构构造有所差异，而且它们的孔隙度、渗透率和溶解性能等也不相同。所以，这些因素不同程度地影响着岩溶发育及成土物质的供给。

质钝灰岩成分主要为碳酸盐钙，含量达 90% ~98%，不溶残余物含量较少，为 0.956% ~2.408%，所能提供的溶蚀残余成土的物质相对较少。而泥质灰岩除含有 60% ~80% 的碳酸钙以外，还含有较多的不溶残余物(5% ~9%)，岩性较软，抗风化力弱，所提供的成土风化残余物相对于纯灰岩多。石灰土的成土物源，主要来自碳酸盐类岩石中的溶蚀残余物质，如黏土、二氧化硅、铁、锰氧化物、有机质及残余的磷酸盐等。碳酸盐类岩石中不溶残余物较少，且以微小的颗粒分散于岩石中，易被水带走，致使岩溶地区的成土物质贫乏，成土速度慢，所形成的石灰土土壤较浅薄。

1.5.1.2　石灰岩溶蚀成土过程

碳酸盐岩石的矿物成分主要以方解石、白云石及铁镁白云石等易溶矿物组成，有时含有少量泥质成分，化学组分以 CaO、MgO 为主。因此，成土过程主要表现为化学溶蚀过程，即大气降水在下渗过程中所溶解的大气中 CO_2，植物根系呼吸、分泌的 CO_2有机酸，土壤微生物活动及土壤有机质分解所产生的 CO_2，从而形成具有侵蚀能力的碳酸水对碳酸盐岩溶解过程。在这个作用过程中，使碳酸盐岩(灰岩和白云岩)发生溶解，形成钙、镁离子，并随水流失，其化学反应式为：

$$CaCO_3 + CO_2 + H_2O \longrightarrow Ca^{2+} + 2HCO_3^-$$

$$CaMg(CO_3)_2 + 2CO_2 + 2H_2O \longrightarrow Ca^{2+} + Mg^{2+} + 4HCO_3^-$$

而碳酸盐岩中所含的不溶组分，如黏土矿物、碎屑矿物、有机质及微量的重矿物等则残留下来聚积成土。碳酸盐岩中能风化成土的不溶杂质含量较低(除泥灰岩外)，一般在 3% 以下(表 1-2)。研究结果表明，若要形成 1m 厚的石灰土土壤至少需要风化剥蚀数十米，甚至数百米的碳酸盐岩母岩，平均形成 1m 的土壤层需要溶蚀 25 ~667m 不等的基岩，土壤形成的时间则需要 10 万 ~320 万年。因此，在碳酸盐岩分布区的峰林、峰丛山地上，土壤零星、浅薄、基岩裸露率高，石灰土土壤多见于岩溶洼地、谷地和溶沟、溶缝之中。

表 1-2 不同岩溶地区平均形成 1m 石灰土所需溶蚀母岩的厚度和时间

地点	碳酸盐岩母岩比重 (g/cm^3)	土壤容重 (g/cm^3)	溶蚀率 (mm/a)	碳酸盐母岩的不溶物含量(%)	形成 1m 石灰土需溶蚀母岩的厚度(m)	岩溶发育和石灰土的形成时间 (万年)	备注
广西弄岗	2.87	1.66	0.12 ~ 0.30	0.15	667	130 ~ 320	韦启番，1983
贵州茂兰	2.70	1.35	0.50	1.00	50	10	毛志忠，1987
广西贵港	2.60	1.90	0.10 ~ 0.30	2.466	25	25 ~ 85	袁道先，1988
广西桂林	2.75	1.78	0.12 ~ 0.30	0.942	63.28	21.1 ~ 52.7	张美良，1994

1.5.2 广西热带岩溶地区石灰土类型及演变特征

岩溶石山区土壤的形成，深受碳酸盐岩母岩及长期岩溶作用的影响，且具有独特的成土过程。碳酸盐类岩石的溶蚀、风化剥蚀残余物，在成土过程中，其碳酸盐盐基的积聚、淋溶反映了成土发生过程中的泛域性和地带性的特征。在广西热带地区，由碳酸盐类岩石经溶蚀、风化剥蚀产生的残坡积物发育形成的土壤，考虑到成土的地球化学环境背景，一般统称为石灰土土壤。根据土壤的颜色、黏土矿物组成、盐基饱和度、淋溶程度、胶粒、pH 值及分布状况等，将岩溶地区的石灰土土壤划分为黑色石灰土、棕(褐)色石灰土和红色石灰土等亚类。不同亚类的石灰土反映了不同的成土发育阶段和水平，同时也反映了不同的生物、地貌、水热状况等成土条件。

1.5.2.1 广西热带岩溶地区石灰土主要类型

(1)黑色石灰土

黑色石灰土是一种富含碳酸钙和腐殖质的土壤。广泛分布于广西热带石灰岩山区，常见于岩溶石山山地顶部、岩隙或坡麓谷地排水不畅的低洼地。岩隙和山顶，常有乔木或灌丛覆盖，枯枝落叶甚多，洼地则主要为高草群落。这类石灰土分布区由于保存有较好的自然植被及植物枯枝落叶层残积，土体中碳酸钙淋溶较微弱，常以假菌丝体、白色粉末或结核等形式出现于剖面中，有机质含最高达 8% ~10%。土色暗黑，质地黏重，团粒和核粒构造发达。黏土矿物以伊利石为主，仅有少量蛭石和蒙脱石；黏粒的硅铝率高，为 2.4 ~ 2.6；氧化钾也高达 3%；而游离氧化铁较低，为 1% ~9%；土体部分化学组分中 CaO 含量高达 5% ~10%。土壤呈碱性至微碱性，pH 值 7.5 ~ 8.5，属于石灰土中相对年幼的土壤。

(2)棕(褐)色石灰土

土壤呈棕色、黄(褐)棕色，也称黄棕土、褐色石灰土，主要见于岩溶石山山麓及坡面上。由于这些地带排水良好，土壤中碳酸钙淋溶作用较明显，交换性阳离子减少，盐基饱和度下降，碳酸钙含量为 1% ~2%，有机质 1% ~3%，多数呈中性至微碱性反应，pH 值 6.5 ~7.5。黏土矿物以蒙脱石和蛭石为主，次为高岭石，伊利石仅在底层土体中残存。黏粒硅铝率约为 1.8，氧化钾含量低，一般为 0.49% ~0.82%，游离氧化铁约为 10%。淀积层中常有豆粒状铁、锰结核。该类石灰土在高温多雨和干湿交替变化的气候条件下，继碳酸钙淋失后，铁锰氧化物也有移动淀积，且已开始有一定程度的脱硅富铝化作用。

(3)红色石灰土

土壤呈红色、棕红色，有红火泥土之称，主要见于岩溶山地的山麓坡地及峰林、孤峰平原区的相对突起部位，且排水良好。这种石灰土形成历史悠久，在热带炎热的生物气候条件下，土壤受到强烈的淋溶作用，盐类大量淋失甚至殆尽，为盐基不饱和土壤，呈中性至微酸性反应，pH 值为 5.5 ~7.0。土壤中矿物的化学风化淋溶强烈，黏粒的硅铝率为 1.3 ~1.5。黏土矿物以高岭石为主，仅有少量蒙脱石，并出现有少量的赤铁矿和三水铝石，游离氧化铁高达 18% 左右。这种石灰土由于受到热带生物气候条件的影响较深，表现出明显的脱硅富铝作用，在发育阶段上已趋于地带性土壤砖红壤或赤红壤特征。

红色石灰土在广西热带地区的江州区、扶绥县、龙州县、武鸣县等地分布较为普遍，在峰林谷地、峰林平原、残峰平原等较宽阔处，往往有季节性溪沟，甚至有河流流过，溪沟两侧分布有 2 ~4 级缓丘状红土台地，每级高差 10 ~20m。因此，高出当地主沟谷或河床 20 ~80m。台地上红色石灰土土厚度为 0.5 ~3m，局部可达 10m。下伏灰岩漏水严重，红土长期干燥，心土层切面常见松散的“饭团状”结构，心土层下面常有豆粒状铁锰结核层。这种红土在水中的崩解速度快，抗蚀力低，红土台地上片蚀明显，一般片蚀深度为 10 ~20cm，大者可达 70cm 以上，片蚀的速度为 1 ~1.6cm/a。由于烈日暴晒，冲沟沟壁上土壤极其干燥，遇雨时吸水膨胀容易裂开形成土块，从沟壁上落下，使沟壁不断后退，冲沟逐渐扩大，形成崩岗。

1.5.2.2　岩溶地区石灰土土壤的演变特征

黑色石灰土一般形成于岩溶石山峰体的中上部、岩(缝)隙或局部低凹处，溶蚀作用所形成的微地形及局部低凹处(或洼地)有助于水分的滞留，且排水不畅，加之植被的枯枝落叶等物的积聚，土壤中腐殖化作用较强，腐殖质积累量高。同时，黑色石灰土土壤中的矿物风化程度不高，云母类矿物脱钾作用不深，黏土矿物以伊利石为主，仅有少量蒙脱石和蛭石，黏粒的硅铝率也高。在宁明县明江，黑色石灰土平均 SiO_2/Al_2O_3 为2.27，说明黑色石灰土是最年轻的土壤。如果在条件许可，排水状况变好，淋溶和氧化作用加强，黏土矿物进一步脱钾，云母类矿物分解，蒙脱石和高岭石增多，可以向棕(褐)色石灰土演化。

棕(褐)色石灰土，形成于山麓坡地或微呈凸起的山间洼谷地，所处环境较黑色石灰土排水良好。土壤中的矿物风化淋溶较明显，云母类矿物脱钾作用比较深刻，黏土矿物组成以蒙脱石为主，次为蛭石以及少量的高岭石，伊利石仅在底层土体中残存。黏粒的硅铝率下降较明显，约为1.8。随着成土作用的演变，土壤的酸度将逐渐提高，蒙脱石和蛭石将进一步风化淋溶而形成高岭石，棕色石灰土将演化为红色石灰土。此外，从地形地貌分布上看，棕色石灰土向红色石灰土的演变过程，还从侧面佐证了岩溶地貌是由峰丛演化为峰林的渐变过程。

红色石灰土主要分布于岩溶区开阔地，略呈起伏的剥蚀状或夷平面、石芽平地和峰林平原区，流水淋溶作用强烈，脱钾脱硅的富铝化作用明显。黏土矿物除以高岭石为主外，仅有极少量的蒙脱石和蛭石，并出现有少量的赤铁矿和三水铝石。黏粒的硅铝率大大降低，为1.3～1.5。所以，岩溶区红色石灰土的出现，表明经历了强烈的地表流水运积和淋积作用，同时也证明了流水作用形成的峰林、孤峰平原岩溶地貌与红色石灰土土壤演化过程的一致性。

1.5.3 广西热带石灰土土壤肥力

广西热带岩溶区，特殊的岩溶地形条件以及富钙的地球化学背景导致了偏碱环境，岩溶地区土壤锌等营养元素有效性降低；高温多雨、雨季集中，土壤淋溶强烈，土层薄，质地黏，保水、保肥性差，土壤养分较缺乏，经济树种及农作物产量偏低。因此，必须通过合理施肥，培肥地力，以提高栽培植物产量和品质。

1.5.3.1 广西热带岩溶石灰土土壤肥力特点

富钙的土壤地球化学背景使石灰土土壤胡敏酸与高浓度、高活性的钙结合形成较稳定的胡敏酸钙，导致石灰土中有机质的累积。与同纬度的红壤相比，石灰土的平均有机质含量比同纬度红壤提高了44%，而在岩溶区普遍存在的棕色石灰土，平均有机质含量比同纬度红壤提高了45%，有机质在岩溶生态系统土壤的形成和演化过程中具有重要作用。而且石灰土普遍偏黏性，在有机质含量较高情况下有利于形成较好的团粒结构，供水供肥能力较好；反之其团粒结构就失去稳定性，土壤有效水含量和抵御水土流失能力降低。

谭宏伟等(2006)研究表明，棕色石灰土速效钾含量降至30～32mg/kg时，作物难以吸收土壤中的K，严重限制作物生长，施K肥有利于维持土壤K素平衡。棕色石灰土缓效钾含量与缓效钾可释放量不能正确反映土壤对当季作物的供K能力，但能较正确反映土壤持续供K能力。广西热带岩溶地区农田生态系统棕色石灰土主要养分限制因子为土壤缺K，且P、S、B、Zn不足。研究表明，棕色石灰土通过增施K肥能显著提高作物高产，玉米高产施肥管理中施K肥量150～

450kg/hm^{2}有明显增产效果。

陈桂芬等(2007)对南宁、武鸣、隆安等地岩溶地区土壤微量元素分布的研究表明：①广西岩溶区土壤缺 B、Zn 严重，93.8% 的样品 B 含量低于 0.25mg/kg，56.3% 的样品 Zn 含量低于 0.5mg/kg，属极低水平，而又以热带岩溶区最为缺乏，3 个点 11 个土壤样品，B 含量仅 0.12mg/kg，Zn 含量仅 0.43mg/kg；②土壤剖面中有效微量元素的含量从表层至底层逐渐减少，呈明显的递减性分布。微量元素在表层中的富集，一方面可能与施肥有关，如元素 Cu 施下土壤后，因移动性差而富集在土壤表层；另一方面由于植物根系的吸收富集和植物的吸收归还，使某些元素从土壤底层向上迁移而在表层积累。

1.5.3.2　地形地貌与土壤肥力

在不同地貌条件下，水热条件的再分配是完全不同的，进而影响到岩溶发育过程及土壤发生发展过程。岩溶发育在很大程度上受地表水和渗透条件影响，而这两者又常受地貌条件(如坡度、坡向、切割密度和深度等)的影响。在地形比较平缓的地方，地表径流流速缓慢，下渗量大，有利于岩溶发育，提供成土的溶蚀残余物也较多，土壤的流失量少，土层较深厚。反之，地形坡度大，径流流速快，成土溶蚀残余物少，土壤流失量也大，土层较浅薄。在不同地貌部位上，由于气候和水文条件不同，岩溶的发育程度不同，因而土壤的形成条件和发生层也不相同，如广西弄岗石灰土在不同地貌部位上的分布厚度是不相同的，石灰土从峰丛顶部向槽谷洼地加厚。见表 1-3。

表 1-3　广西弄岗石灰土在不同地形部位上的分布厚度、pH 值及 $CaCO_3$ 含量

地形部位	土层厚度(cm)	pH 值	$CaCO_3$ 含量(%)	备注
峰丛顶部	9	7.9	17.60	
峰丛上部	50	7.76	3.40	
峰丛中部	45	7.12	0.59	
峰丛中下部	50	7.50	0.33	韦启番，1983
峰丛坡麓	>100	6.58	0.15	
槽谷中部	>100	7.92	0.63	
槽谷中部最低处	>100	8.12	84.90	

从石灰土土壤的发生层次和类型看，具有垂向的分带性。在峰丛中上部到顶部，为黑色石灰土，属 A—D 层次；峰丛中部到坡麓为棕(褐)色石灰土，属 A—AB—D 层次；岩溶洼(谷)地或槽谷(洼)地，土层较发育，为红色石灰土，属 A—B—(B1)—D 层次。所以，石灰土土壤的发生与岩溶地貌的发展具有密切的关系。此外，地貌条件还影响着土壤的有机质及营养物质的含量和持水性等。

1.5.3.3 植被对岩溶土壤肥力的影响

岩溶地区的植被，对于岩溶的发育及其成土过程有着重要影响，主要表现在：①植物根系对碳酸盐岩母岩产生的机械破坏作用、化学分解作用及腐殖质富集作用，并能产生大量的游离 CO_2。当大气降水落到地面，通过植被的枯枝落叶层或腐殖质层时，使下渗水中含大量的碳酸和有机酸，促进了溶蚀作用，增加伴随成土的物质。②植被能增加空气湿度和降水、截留径流，减弱地表径流流速，增强水的下渗作用，促进地下岩溶的发育。③植被的枯枝落叶残余物是土壤腐殖质和其他营养物质的来源，能促使土壤肥力提高，残落物在分解过程中释放出有机和无机养料，又为植物所吸收。这样进行的生物循环有利于土壤肥力的提高和积累，有利于植物的生长。此外，植物的根系还具有固结、熟化土壤、增加土壤有机质含量等的能力。

1.5.3.4 人工耕作对岩溶土壤肥力的影响

大量研究表明，土地利用方式对岩溶地区土壤有机碳、全氮、全磷、全钾、速效钾和 pH 值有重要影响。蒋勇军等(2006)研究发现，林地、未利用地转变为耕地后，土壤有机质、全氮、全磷含量大幅降低，全钾、速效钾含量增加，pH 明显升高。自然坡地和撂荒地的土壤有机碳、全氮、碱解氮和 C/N 明显高于人工林地和耕地。各土地利用类型的 pH 值普遍呈弱酸性，对于自然坡地和撂荒地而言可能与较高的有机质积累有关，对于耕地和退耕地而言可能与耕作以及施用化肥有关。强烈耕作会加速腐殖质的矿化，促进 H^+ 的释放，而施用尿素等含氨基化肥会造成硝化作用的增强，引起 H^+ 离子的释放，降低土壤 pH 值。

尽管耕地每年都要施用一定数量的农家肥，但是耕地的有机碳和全氮、碱解氮等养分含量显著低于其他利用类型，说明耕地土壤养分的流失较为严重，可能与强烈的耕作和作物移出有关。大量研究表明，耕作特别是翻耕和作物移出可以造成土壤有机质的显著降低。同时土壤有机质的降低又会影响土壤的团粒结构，使土壤抵御侵蚀、淋溶的能力降低，耕地进入逐步退化的恶性循环。

1.6 水文

岩溶山地的水文生态特性，与非岩溶山地的常态地貌存在明显的区别，热带岩溶区的双层水文结构及水文生态效应很特殊，也很强烈、很明显。强烈的岩溶作用形成了岩溶山地特有的地下网络，小河流(特别是溪流为主的地表水文网)发育不良，导致水土资源空间配置失调，地表水几乎全部转化为地下水。同时，在岩溶山地的浅表层存在一层溶蚀裂隙发育的表层岩溶带，带厚 3 ~ 10m，使雨水滞流，并可形成表层间歇泉，支撑起其上覆的生态系统，并与生态系统一起对岩溶水文系统进行调蓄。与非岩溶山地常态地貌的水文效应相比，岩溶生态系统除植被、土壤、地被物对水分的调节外，表层岩溶带的调蓄功能具有重要意义。

广西热带岩溶地区岩溶地质环境的特殊性，使大气降水快速渗入地下，造成地表水(河流)极不发育，地表严重干旱缺水，而丰富的岩溶地下水资源又未能充分而有效地开发利用，加上土少地薄，保水能力差，以及耕作粗放，因此粮食产量低。自然环境十分脆弱的岩溶区人口迅速增长，群众上山毁林开荒，进一步加剧了水土流失和岩溶石山的石漠化过程。

1.6.1　岩溶山地水文地质特征

当雨水降落在裸露岩石上，由于岩石的裂隙较多，降雨很快渗入地下管道。当降雨强度大于岩石裂隙入渗强度时，部分降雨形成地面径流，大部分渗入地下，形成地下径流。当地下径流流入较大的岩溶洞穴和管道时，流速较大，形成快速地下径流，通常经过地下管道汇集于岩溶泉口，排泄入河道。当地下径流流经细小裂隙和较小的孔洞和管道时，流速较慢，形成慢速地下径流，逐步汇集到较大的洞穴和管道中再排入河道。另有一部分地下径流进入岩石裂隙深部或蓄于地下溶洞附近的细小裂隙中，洪水过后，这些裂隙水，慢慢流出，形成基流。

雨水落在土壤覆盖的表面上，并满足表层土壤空隙的贮存后，一部分形成地面径流，一部分渗入地下。渗入土壤的水流，按岩溶流域的特点，当土壤覆盖层较薄时，水分渗入下层的岩石裂隙中，形成地下径流，同样根据其渗入裂隙的大小和流经管道的大小，可分成快速地下径流、慢速地下径流和基流，与上述雨水降落在裸露岩石上形成的地下径流类同。当覆盖土壤较厚，岩石埋藏较深时，产汇流规律与一般非岩溶流域产汇流规律相同，即形成壤中流、浅层地下径流和深层地下径流。

广西热带岩溶发育的地貌基本特点属于桂西峰丛洼地向桂南峰丛谷地、桂东南孤峰平原各地依次过渡。海拔高程和地下水位，由桂西向东依次降低，地面标高由海拔1000m降至低于100m。地表水系由发育不完整(只有干流)向地表水系发育完整过渡。广西热带西部地区是我国岩溶发育最强烈，岩溶水最丰富的地区。

1.6.2　岩溶水资源的基本类型

岩溶水资源指赋存和运移于岩溶含水介质中在质和量上均保证能为人类所利用的地下水，它由补给量和储存量两部分组成。补给量的大小虽和降雨有关，但岩溶贮水体的透水性能却起着决定性的作用。因此，从水资源的评价和利用角度出发，根据岩溶水所处的地质、水文条件及地貌形态等内容，将岩溶水资源划分为暗河(地下河)型、裂隙—溶洞型、溶隙网络型三类。

1.6.2.1　暗河(地下河)型

广西热带岩溶区的桂西南峰丛山区地下河系非常发育，此类岩溶水分布广泛。暗河型岩溶水主要特征如下：

(1)近似地表水系的地下水文网

暗河系是在岩溶地块中发育有类似地表水系的地下水流通道系统，贮水空间主要是宽大洞穴和岩溶管道，空间上分布极不均一，河间地块往往是严重的贫水区。暗河在平面上的展布受地质构造制约，但暗河作为地表水系的支流，在雨季往往因排泄不畅或地表水倒灌而引起洼地内涝。

(2)垂直分带性

地下河系统可划分出岩溶水的包气带、水位季节变动带和饱水带这样完整的水动力系统。包气带厚度巨大，通常是几十至两三百米，水位季节性变幅在几十至百米左右。饱水带的洞穴发育、含水系统的富水性极不均一。此外，地下水均保持较大的埋深，一般为20～50m，有的则深达100m以上。

(3)水文动态变化剧烈

水位、水量、水质均是如此。暗河坡降较大，水流迅速，快速流占总径流量的绝大部分，两者呈二次曲线关系。水位和流量对降雨反应灵敏，洪峰滞后期只有1～2天，最快反应在雨后仅2h即可达到峰值；雨后数日又大幅度衰减，到一定程度后达到相对稳定。

(4)具有管渠水力学性质

与通常多孔介质含水层的地下水不同，暗河型岩溶水不是渗流式的层流，不符合达西定律，而是紊流，具有管渠水力学性质。暗河型岩溶水主要接受大气降水或地表水体通过落水洞、竖井、天窗等直接灌入补给，且含水介质极不均一，调蓄能力差，且水质易受污染。

岩溶峰丛区地下暗河水资源的利用主要是开发地下河，不是开凿管井，并应注意水资源的保护。

1.6.2.2 裂隙—溶洞型

分布于峰林谷地、峰林平原、孤峰平原。裂隙—溶洞型岩溶水不像暗河型那样具有完整的垂向水动力分带系统，也不像渗流，而是介于两者之间。裂隙—溶洞型岩溶水具有水库式的贮水体，贮水空间是由裂隙、溶洞和溶隙组成的岩溶网络系统，透水性能良好，具有较大的储存量，地下水位埋深一般小于10m，季节性变化幅度在2～5m内。当雨季来临，地表水通过峰体脚洞流入含水层，一两场大雨之后水位便可达到地表。由于水力坡降小，地下水运动缓慢，补给分散和难以形成集中流动等特点，此类岩溶水之饱水带含水层与暗河型比较，无论在洞穴发育、空间分布及富水性等方面都要相对均匀得多。地下水的排泄方式可以是岩溶泉，但主要是地下径流。地下水流具有区域性统一的水位，在人工流场条件下可出现水位等幅下降式的水压传导，形成降落漏斗。因而具有较强的调蓄作用和导水性能，其水资源的增长取决于补给程度。

1.6.2.3 溶隙网络型

此类型主要存在于一些构造带或岩性差异带附近的岩溶汇水盆地中，表现为岩溶化程度普遍较高。岩溶作用扩溶结果，形成一个由密集溶隙为主，辅以少量洞穴的网络状岩溶强径流带，接近于多孔介质的层状富水带。与前两种类型相比，该径流带也具有明显的系统性，有主流和支流，但没有明确的河道。它与两侧弱径流区之间并不存在截然的分界线，而是逐渐过渡的。岩层的富水性和导水性能强，水动力场宏观上具渗流性质，含水介质连续，但各向异性明显。由于纵向水力坡度平缓，地下水流慢速流为主，慢速流与总径流呈线性关系，因此溶隙网络岩溶水资源调蓄能力强，常成为圈定大中型水源地的远景区。

1.6.3　岩溶区洪涝灾害及防治对策

1.6.3.1　广西热带岩溶区洪涝灾害特点

洪涝灾害包括洪水泛滥和雨水贮积于地表而产生的涝灾，洪涝灾害主要分布于沿江两岸的低洼地带和峰丛洼地内。在沿江两岸，由于干流洪水漫淹河堤而造成洪灾，或者由于河水位升高而致使支流河水排泄不畅而积水成涝。

广西热带岩溶山地最主的水文地质灾害为洼地积水。在峰丛洼地内，洼地内的积水通常仅仅依靠天窗或漏斗向地下排泄，一旦山洪暴发，排水不畅而积水成涝，在有地下河与地表河相连的洼地内，地表河流水位的升高，地表水的倒灌，致使地下河水面比降下降甚至成负比降，地下水沿天窗或漏斗上涌而造成洼地内积水成涝。岩溶石山洪涝灾害的分布范围往往比较小，并零散，特别是在峰丛山地区。内涝的谷洼地分布着当地最主要的耕地和村庄，因此洪涝灾害直接威胁到群众的生活甚至生存。根据 1949 ~ 1994 年各个县资料分析，广西岩溶地区洪涝灾害具有明显的地域分布规律，其灾度呈现明显的五个高值区和五个低值区，其中处热带地区的靖西、天等、平果为高值区，应加强防范。广西热带岩溶地区洪涝灾害具有如下特点。

(1) 洪涝频繁，一雨即涝

热带岩溶区特别是峰丛山区，植被覆盖率低，光秃秃的石山几乎随处可见，一遇暴雨，易发生山洪，大量的山洪汇集于洼地内，而大多数的峰丛洼地内没有地表水系更无排涝设施，积水只能依靠消水洞缓慢向地下排泄。对于大多数洼地来说，日降水量大于 50mm 即可发生涝灾。

(2) 洪涝灾害周期性与多发性

在每年的汛期，特别是 5 ~ 8 月降水量较大时，有些岩溶洼地必然出现内涝，导致周期性的季节性受淹，这种内涝一年可发生 1 ~ 4 次，多者达 7 次或 8 次，雨后即通过地下河管道逐渐消退，淹没时间长短不一，短者只有几天，长者可达 3 个月之久，有时被称为季节性岩溶湖。因受水文网的控制，不同的岩溶洼地一年内发生内涝的次数和淹没时间虽然不同，但在每年的雨季重复出现则相似。

(3) 灾害所造成的社会财产相对损失率高，灾后恢复难，救灾难度大

洪涝灾害涉及范围内的经济发展水平不高，粮食产量较低，单位面积的社会

财产损失值与发达地区相比较小。但是，若与人均国民生产总值和老百姓自身生活水平及承灾能力相比，其损失值是相当大的，即相对损失率高。灾害分布范围零散，交通不方便，救灾工作受到很大的限制，救灾人员无法及时到达，救灾物资无法及时送到。

(4)次生灾害相随

洪涝灾害伴随其他灾害，加重了灾情。在岩溶地区特别是硅质灰岩区，山洪暴发经常伴随泥石流的发生，而泥石流的发生大大加重了灾情，致使灾后的恢复更加困难，甚至造成农田的永久性破坏。硅质灰岩区，原始植被已被破坏，而由于硅质灰岩区土壤质地的特殊性，植被的恢复相对较难，一旦遭遇山洪，坡面上的溶蚀残积物易被坡面径流冲刷搬运，形成泥石流，在坡麓和谷地堆积。

(5)易造成人员伤亡事故

山洪的突出性强，而老百姓防灾意识薄弱，居民点布局不合理，房屋又多为泥坯构建，当遭遇大的洪涝灾害时，易发生房屋倒塌、人员伤亡等事故。

1.6.3.2　岩溶区洪涝灾害防治对策

从当地的实际情况出发，岩溶区洪涝灾害防治应以非工程措施为主，工程措施为辅，主要应抓好以下几个方面：

(1)提高群众水患意识，使洪泛区的居民保持灾情观念

岩溶石山区群众文化素质较低，各项工作和生产的安排未能考虑洪涝灾害的影响，突出表现在房屋建在洪泛区内，尽管多次受到洪涝灾害的袭击，但依然存在侥幸心理，没有相应的防洪涝措施。对水文预报认识不足，对水文工作者的提前通报置之不理。

(2)封山育林，绿化荒山

资料表明，$1hm^2$森林的根系每天能吸收 70～100t 水，森林可减少全年径流量的 30%～60%，降水量在 60mm 以下的情况，林区一般不发生径流。目前由于老百姓生态意识薄弱和烧柴、放牧等实际问题没有很好的解决，封山育林政策往往不能很好的落实。据研究，森林覆盖率达到 50% 左右，就基本上能够防御洪涝灾害。事实证明，在广西热带岩溶地区经过 20 年左右的封山育林，森林覆盖率可达 50% 左右，即可以发挥涵养水源的作用。天等县龙茗乡江南村，对石山封山育林 25 年，森林覆盖率由 0 增加到 45.62%，山脚下泉水又恢复常年流水。

(3)灾害防治规划与社会和经济发展规划相结合

目前，广西热带岩溶区的经济发展基本上处于自然与半自然状态，靠天吃饭，等待政府救济，这种局面必须彻底改变。在改变之前，必须做好全面规划，将持续发展的观念引入规划之中，将灾害的防治规划贯穿于规划之中，尤其是城镇规划和农村居民点规划。在岩溶地区应特别强调人与自然的协调，建立适合于该地区持续发展的模式，在人类居住环境相对较差且很难改变的地方，异地安置

既是灾害防治的必须，又是生态环境恢复与重建的必须，也是社会和经济发展的必须。

(4)定期或不定期检查与清理消水洞

在岩溶地区，很多涝区的积水完全依靠消水洞排泄，消水洞被堵，常是雨季产生涝灾的主要原因。在雨季来临之前，有关部门应组织群众检查与清理消水洞。

(5)工程措施排洪除涝

工程措施主要应用在两个方面，一是地表河和地下河河道整治工程。岩溶地区的河床多为石质河床，不可避免地存在"瓶颈"断面，这种断面同样存在于地下河和消水洞中，在"瓶颈"断面上游，易产生洪涝灾害。二是在重要的集镇区，修建防洪堤坝和排涝工程。

1.7　植被

石灰岩生态系统是一相对脆弱的系统，岩石坚硬，风化困难，成土过程漫长，土壤覆盖程度较低；由于石灰岩特殊的溶蚀性质，其节理性强，裂隙多，持水性差。森林植被是这一系统的重要组成部分和绿色屏障，起到保持水土、涵养水源、调节气候的功能。一旦森林植被遭破坏，石山便失去了绿色屏障，原有的浅薄土层很快就会流失殆尽，生态系统的水热调节功能大大降低，生态环境恶化，自然灾害频繁，农林业生产条件日趋恶劣，生产效益不断降低，当地群众加重对自然生物资源的依赖，造成生态系统的恶性循环。

由于历史和社会经济原因，广西热带岩溶石山地区长期处于一种封闭、生产力水平低下状态，单一农业生产方式和对自然资源不合理的、掠夺式的开发利用，石山生态系统超负荷运转，森林植被受到严重破坏，面积急剧减少。据资料考究和实地调查，20 世纪 50 年代初期，广西石山区森林覆盖率尚有 35%，许多地区可见到莽莽森林，到 1985 年，广西石山区森林覆盖率仅为 12.9%，其中还包括石山区范围内的土山植被，纯石山的植被覆盖率更低。目前所知，保存较好的广西热带岩溶石山植被已所剩无几，仅在一些偏远、地理环境比较隔绝、交通极不便利的地区或自然保护区，如龙州、天等、大新、隆安、那坡等县的局部地区仍保留有间断分布、具一定面积的热带岩溶石灰岩森林，村寨附近的"风水山"、"神山"保留有小面积的较好森林植被，多数地方的森林植被都遭到严重破坏，有的山岭几乎光秃。但自 2000 年开始，广西实施退耕还林、生态公益林建设等措施，广西热带岩溶区森林得到了迅速恢复，但森林质量普遍较差，多为人工营建的任豆林、竹林及天然藤刺灌丛。

1.7.1 广西岩溶地区森林生态特征

1.7.1.1 生境基岩裸露，土体浅薄与岩溶森林的石生性

岩溶生境中由于基岩大面积裸露，土层浅薄，土被不连续，仅在石隙、石缝间有稍厚的土壤分布。岩溶森林植物对生境中这一特点的长期适应，从而表现出明显的石生性，即适宜在岩溶环境生长的特性，这种特性最突出的表现是根系对基岩具较强的穿窜能力和附生能力。树木的根系常沿基岩裂隙、石缝发育，巨大的根系则以扁平或扭曲状附着于基岩上生长。林下植物则有不少是直接附着于基岩上生长的，均表现出较强的石生性。

1.7.1.2 生境保水性差，生境干旱与岩溶森林的旱生性

岩溶生境中，由于基岩大面积裸露，土体浅薄，加以地表裂隙及地下溶蚀的管道、洞穴均很发育，岩溶生境的保水性较差。降水除部分成为地表径流流失外，大部分水分沿溶蚀缝、隙、洞等通道渗入地下，生境变得十分干旱。岩溶森林植物对干旱生境产生一系列适应性特征，称为旱生性。在形态结构上表现为叶片革质、小形、角质层发达，有的种类叶片退化为刺，有的种类茎叶肉质肥厚等等，在生活型上则出现以落叶或休眠状态来渡过漫长干旱的种类。

1.7.1.3 土壤富含钙离子与岩溶森林的适钙性

岩溶生境中，在碳酸盐岩幼年风化壳上发育的土壤多为钙质土，土体中钙质丰富，钙离子含量在土壤表层可达 1000～2000mg/kg。同时，碳酸盐岩的可溶性，使岩溶水也是碳酸钙镁型水，土壤和水环境的富钙性使岩溶森林的种类组成中，出现大量的适钙植物。尤其是根系较深、直接受母质化学性质影响的高大乔木，一般多具适钙特性，有的成为典型的钙质土指示植物，并成为典型的钙质土森林群落。

以土壤——基质条件作为重要指标，按岩溶植物与其土壤环境及基质条件的生态关系，可将植物划分为 4 个生态类型，即专性钙土植物、喜钙植物、随遇植物及厌钙植物。

(1)专性钙土(嗜钙)植物

专性钙土植物是指植物对碳酸盐岩基质及钙质土具有专一性，只生长在这种生境，而不见于他种土壤——基质生境。因此这类植物的出现，就指示了碳酸盐岩基质和钙质土生境，如蚬木、金丝李等。显然，专性钙土植物是起源于岩溶生境的区系成分。

(2)喜钙植物

喜钙植物对钙质土有较高的选择性，常在典型的岩溶生境中繁衍，生长势旺盛，成为岩溶森林的主要成分。这类植物在酸性土或其他基质的生境上，种群则发育不良，虽偶有分布，但绝不会成为群落的优势成分，如任豆、海南菜豆树、石山樟等。植物在生理上表现出对钙元素的需要，对钙有较强的富集作用。因此

可以认为喜钙植物也是起源于岩溶生境的植物区系，只是在生长的演化历史中扩展到其他土壤——基质生境。

(3)厌钙植物

厌钙植物是在钙质土或碳酸盐岩基质生境中生长不良的植物，其中有不少是人们所熟悉的酸性土植物，如杉木(*Cunninghamia lanceolata*)、马尾松、铁芒箕(*Dicranopteris linearis*)等。这类植物在岩溶森林中出现较少，虽有出现，但也绝不会成为优势植物。可见厌钙植物是岩溶植物区系的外来成分，是从非岩溶生境扩散或偶然迁入并适应的生态类型。

(4)随遇植物

随遇植物是指对岩溶生境的钙质土、碳酸盐岩基质或酸性土并无严格选择，在植物地理学意义上没有明显的地域空间界限，在生理上并不表现明显的嗜钙或厌钙特性的植物。它们在岩溶森林群落中的出现有较大的"随意性"，如南酸枣、香椿(*Toona sinensis*)、麻竹等。这类植物的起源有两种可能：或者起源于岩溶生境，或者起源于酸性土生境，然后在较长的演化过程中，逐渐侵入相对立的另一生境。这类植物在岩溶森林中出现较多。

周运超(1997)通过对植物叶中 Ca、Mg 元素含量的分析，以 Ca、Mg 含量为指标，进行聚类，采用欧氏距离的最短系数作为分类依据，对贵州岩溶石灰岩地区 30 种植物进行归类，以最短距离 0.3 为标准，可以将 30 个树种划分为 4 大类，其命名为嗜钙型、喜钙型、随遇型、厌钙型，根据这一结果可以定义如下：

嗜钙型——含 Ca + Mg 4.0% 以上，即使生长在其他环境(如酸性土)，也能吸收 4.0% 以上 Ca + Mg；

喜钙型——含 Ca + Mg 3.0% ~4.0%，生长在其他环境(如酸性土)，也能吸取大量的 Ca + Mg，以满足生长必须；

随遇型—— Ca + Mg 1.4% ~2.5%，生长于不同的环境，体现出有差别的营养特性；

厌钙型——含 Ca + Mg 1.3% 以下，无论其生长在何种环境均只吸取少量 Ca + Mg 营养，很少因土壤含量高而大量吸收。

1.7.1.4　小生境组合复杂多样与岩溶森林生态类型的多样性

生境的不均一性，导致了小生境组合多样复杂的特点。往往在不大的空间内，常常会出现多种性质不同的小生境，如岩石裸露，气温变化剧烈的极度干旱贫瘠的小生境；岩溶负地形(如洼地、竖井、落水洞等)中间歇性积水或湿度较大的潮湿小生境；岩石裸露面积大，植被覆盖差的阳性小生境；植被覆盖度大，或负地形中阳光难于直射的阴性小生境等等。小生境组合的复杂多样，导致岩溶森林生态类型与组成成分复杂多样。

广西热带岩溶石灰岩地区植物群落结构一般可分为乔木层、灌木层、草本层，层间植物较发达，有较多的藤本植物和附生植物。但在山麓、山腰、山顶和崖壁4种不同的地段，因水分、光照和土壤条件的差异，植物种类组成及群落外貌结构明显不同。在山麓，由于积累的土层较厚，或多靠近溪流，光照时间稍短，光照强度也不如山顶强烈，因此只要植物能忍耐一定限度的钙离子胁迫，植被就能良好发育。原生植被终年常绿，季相不明显。群落盖度大(90%以上)，常绿树种多，有一定数量的喜湿和耐阴种类，典型的石灰岩地区特有种类数量较少。乔木层的种类往往较高大，草本层发达，地被层主要由苔藓植物和一些凋落物组成，层间植物主要是鸡血藤(*Millettia dielsiana*)、风车藤(*Hiptage benghalensis*)、单叶铁线莲(*Clematis henryi*)、光叶蛇葡萄(*Ampelopsis brevipedunculata* var. *maximowiczii*)和攀缘在树上的伏石蕨(*Lemmaphyllum carnosum*)、江南星蕨(*Microsorium fortunei*)等。

在山腰，土层浅薄，保水能力较差，岩石裸露，光照较强，光照时间较长，植被表现出明显的旱生性质，落叶树种显著增多，叶质较革质化、树皮多光滑或片状剥落，群落盖度较小，乔木层不高，许多种类呈小乔木状。灌木层和草本层种类稀少，地被层不发达，仅有少量苔藓植物生存，但附生植物较发达。

山顶光照强、全天受太阳直射，岩石裸露，几乎没有土层，十分干旱，加上山顶风大，原生植被为高度4～5m以下山顶矮林。群落分两层，即乔木层和灌木层，群落盖度较大。草本植物中偶尔见到一些禾本科(Gramineae)种类，植物具有明显的旱生特征，如树皮较厚、叶硬并革质化或叶型变小，茎具刺。植物受强紫外线辐射影响，常多分枝，矮化并呈丛生状。

在裸露的石灰岩崖壁上，陡峭的石壁很难积存土层，光照强度大，但光照时间较短，生长着一类特殊的石生植物群落，主要种类有圆叶乌桕(*Sapium rotundifolium*)、榕树(*Ficus microcarpa*)等，常将其发达的根系深入到石缝中，其营造的小生境中有少量的草本植物。

1.7.2 广西热带岩溶区植物的区系组成特点

从植物区系的角度来看，广西热带岩溶区主要由印度——马来西亚植物区系区中越边境植物区系州和东亚植物区系区中国——日本植物区系省黔滇桂植物区系州的种类成分所组成(吴征镒，1979)。广西热带是我国具国际意义的生物多样性关键地区——桂西南石灰岩地区的中心部分，而且是我国三大植物特有现象中心之一——桂西南、滇东南区域的主要范围(王献溥等，1994、1995)。所以，物种丰富而独特，生态系统多种多样，石灰岩季节性雨林是其顶极类型(王献溥等，1997、1998)。据统计，广西岩溶地区共记载有高等植物4200多种，其中约200种为本区石灰岩山地所特有，如此高的特有种比例在其他地区是极为少见的(许兆然，1993；方瑞征等，1995)。特有种较集中的种属为荨麻科(Urticaceae)、芸香科(Rutaceae)、苦苣苔科(Gesneriaceae)、姜科(Zingiberaceae)、山茶科

(Theaceae)植物和苏铁属(*Cycas*)、秋海棠属(*Begonia*)、兜兰属(*Paphiopedilum*)和凤仙花属(*Impatiens*)植物。

石灰岩地区植物需要适应石灰岩干旱、高钙的环境，具有一系列共同的形态结构和生理、生态特征及适应性组合。这些植物具有适应石生环境的发达根系，在石缝中的穿透能力很强，耐旱、耐贫瘠，并能在钙质土中生长。这里的大多数木本植物都有此特点，尤其以山顶及崖壁矮林植物最为显著，如榕树、任豆、圆叶乌桕等植物均可抱石而生。许多植物种类具刺或叶小型化，以防止植物体内水分的过度蒸腾。林中约有20%的种类具刺，如黄牛木(*Cratoxylum ligustrinum*)、山石榴(*Randia spinosa*)等。

多浆液植物在草本层中占有一定的比例。如伏石蕨、五萼冷水花(*Pilea boniana*)、落地生根(*Kalanchoe pinnata*)、牛耳朵(*Chirita eburnea*)等有较肥厚的叶片；槲蕨(*Drynaria fortnei*)、肿足蕨(*Hypodematium crenatum*)等蕨类植物则有较粗壮的根状茎；槲蕨还有用于收集枯枝落叶和涵养水分的基生不育叶；半柱毛兰(*Eria corneri*)有肉质的球茎。这些特征对于适应石灰岩地区的环境有重要作用。叶表多革质化或密被白色绒毛，可反射强光、加快散热以减少水分蒸腾。如铁榄(*Mastichodendron wightianum*)、阴香(*Cinnamomum burmannii*)、秀丽海桐(*Pittosporum pulchrum*)、九里香(*Murraya paniculata*)等叶表光滑，被有蜡质或革质化；被毛的种类有牛耳朵、任豆、麻楝(*Chukrasia tabularis*)等，气孔多分布于叶背。

与本地的地带性常绿阔叶林植被相比，群落中落叶种类明显增多。如青檀(*Pteroceltis tatarinowii*)、朴树(*Celtis sinensis*)、紫弹朴(*Celtis biondii*)、圆叶乌桕、麻楝、红背山麻杆(*Alchornea trewioides*)、海红豆、小栾树(*Koelreuteria minor*)、任豆、鸡血藤等，这些树种通过落叶的生态习性减少水分蒸发以适应旱季。

1.7.3　广西热带岩溶地区主要植被类型

广西热带岩溶区地带性植被为季节性雨林，分布在海拔700m以下区域。上升至海拔700时，变化为含热带成分的常绿落叶阔叶混交林。人工植被，石山钙质土上主要有任豆林、香椿林、肥牛树林、木棉疏林、吊丝竹林等适生钙质环境的树种；岩溶峰丛谷地、峰丛平原、孤峰林原等底部平缓地块，近年规模营造了龙眼林、柑橘(*Citrus*)林、桉树林等经济果木林及速生丰产林。

1.7.3.1　暖性落叶阔叶林

暖性落叶阔叶林在海拔 >700m 的岩溶区域有分布。与暖温带地带性植被——落叶阔叶林性质不同，广西热带岩溶区的落叶阔叶林是该地区的代表性植被——常绿落叶阔叶混交林破坏后形成的，种类组成为热带区系成分，与暖温带落叶阔叶林显然不同。热带岩溶地区的暖性落叶阔叶林虽然常见，类型不少，但破坏严重，各地保存极少，分布星散，面积小，能保存完好的群落面积更小，主要类型有：青檀林、黄连木(*Pistacia chinensis*)林、岭南酸枣(*Spondias lakonensis*)林、小栾树林。

1.7.3.2　常绿落叶阔叶混交林

常绿落叶阔叶混交林是作为垂直带谱在热带海拔 >700m 的地方有分布。由于破坏严重，保存面积较少，常常是作为片断分布于岩溶区村庄后山等“风水山”。主要类型包括：青冈栎岭南酸枣林、青冈栎黄连木林、青冈栎小栾树林、铁屎米(*Canthium dicoccum*)短萼仪花(*Lysidice rhodostegia*)青冈栎林、短萼仪花石山樟林、榕树小栾树林等。

1.7.3.3　季节性雨林

季节性雨林是广西热带地带性植被，热带岩溶区代表性植被也叫季节性雨林，但岩溶区季节性雨林的种类组成与地带性季节性雨林完全不同，所以还是地域性植被。由于热带岩溶地区季节性雨林的区系成分为热带性质，以常绿种类为主，组成植被类型的性质确是一种季节性雨林，所以命名为季节性雨林。从热带岩溶区植被性质与亚热带不同可以看出，岩溶植被虽然是一种地域性植被，但带有地带性的烙印。广西热带岩溶区季节性雨林受到较严重破坏，面积不大、零散分布，弄岗自然保护区等还保存有较完好岩溶季节性雨林。广西岩溶区季节性雨林有如下主要群落类型。

(1)蚬木林

蚬木林是广西热带岩溶地区最有代表性的类型，弄岗自然保护区蚬木林的类型最多，有蚬木肥牛树群落、蚬木金丝李群落、蚬木铁屎米群落、蚬木小栾树群落、蚬木枝辣柿(*Diospyros siderophylla*)群落、蚬木闭花木(*Cleistanthus sumatranus*)群落、蚬木石山山竹子(*Garcinia bracteata*)群落等。热带北缘的岩溶地区，出现一些比较耐寒的热带种类与蚬木组成群落，如田阳县的蚬木石山樟群落和蚬木大叶朴树(*Celtis philippinensis*)群落；在海拔较高的地方还出现一些亚热带种类与蚬木组成群落的优势，如田阳县海拔 700m 地方有蚬木青冈栎群落，海拔 >750m 有蚬木榕树黄连木群落。由于封山管护，龙州、大新、天等、田阳、武鸣等地还有小片蚬木纯林。

(2)肥牛树林

肥牛树林也是广西热带岩溶地区最有代表性的类型，且经常与蚬木混生。但肥牛树林分布范围、群落类型均不及蚬木林，主要分布在天等、龙州、大新等地。

(3)东京桐林

东京桐(*Deutzianthus tonkinensis*)林是北热带岩溶山地典型的季节性雨林，对热量条件要求较高，多分布于北热带南缘的岩溶洼地，如龙州弄岗自然保护区。

(4)海南风吹楠林

以典型热带树种海南风吹楠(*Horsfieldia hainanensis*)为优势的类型分布范围

和生境与东京桐林相同，但海南风楠林数量比东京桐林少。海南风吹楠成为优势的类型主要分布于龙州弄岗自然保护区。

(5)望天树林

以典型热带树种、龙脑香科(Dipterocaceae)的望天树为优势的类型在广西热带岩溶地区有分布，分布范围比海南风吹楠林广，可向北延伸至南亚热带都安县和巴马县的岩溶山地。其中望天树海南风吹楠群落分布在龙州县；望天树乌榄群落分布在那坡县；望天树无忧花(*Saraca asoca*)群落分布在田阳县。

(6)无忧花林

无忧花林是极具代表性的季节性雨林，岩溶地区和砂页岩地区均有分布。岩溶区有无忧花网脉核实(*Drypetes perreticulata*)群落，无忧花海南风吹楠群落和无忧花羽叶白头树(*Garuga pinnata*)弄岗金花茶(*Camellia longgangensis*)群落，均分布在弄岗保护区内。

1.7.3.4　次生季雨林

次生季雨林是季节性雨林破坏后演替的一个阶段，以落叶阔叶树为主，未恢复到以常绿树或常绿落叶树共占优势的阶段，由于它是次生的，所以称为次生季雨林。包括的主要类型有：海南蒲桃林、木棉疏林、任豆林、顶果木(*Acrocarpus fraxinifolius*)林，弄岗保护区内还有小面积翻白叶树(*Pterospermum heterophyllum*)林、广西芒木(*Eriolaena kwangsiensis*)林、簕档(*Zanthoxylum avicennae*)林、岭南酸枣林、刺桐(*Erythrina orientalis*)林、肖韶子(*Dimocarpus confinis*)林。

1.7.3.5　竹林

广西热带岩溶区的竹林类型和面积均不多，仅有麻竹林、吊丝竹林、油簕竹(*Bambusa lapidea*)林、鸡窦簕竹(*B. funghomii*)林等类型。麻竹在村屯周边广为种植，麻竹是我国当前最高大的大型竹之一，为当地最主要笋材两用竹种。吊丝竹耐干旱瘠薄，甚至石山山顶石缝中都能生长成竹，为广西热带岩溶地区最主要的经济竹种，各地都有不同规模种植。

1.7.3.6　藤刺灌丛

藤刺灌丛是广西热带岩溶区分布最广的植被类型，是岩溶季节性雨林被反复破坏后形成的。许多岩溶山地的植被恢复重建，较大程度上是改造藤刺灌丛。常见的主要有番石榴灌丛、假鹰爪(*Desmos chinensis*)黄藤(*Daemonorops margaritae*)灌丛，香港鹰爪(*Artabotrys hongkongensis*)、茶条木(*Delavaya yunnanensis*)灌丛，副萼翼核果(*Ventilago calyculata*)、咀签(*Gouania leptostachya*)灌丛，矮棕竹(*Rhapis humilis*)灌丛，剑叶龙血树(*Dracaena cochinchinensis*)灌丛，鸡爪簕(*Randia sinensis*)灌丛，畏芝(*Cudrania cochinchinensis*)灌丛，广西紫麻(*Oreocnide kwangsiensis*)灌丛，羽叶金合欢(*Acacia pennata*)、岩柿(*Diospyros dumetorum*)灌丛，鸡嘴簕(*Caesalpinia sinensis*)灌丛。

1.7.3.7 草丛

岩溶地区的草丛分布面积广，但类型较少，常见的主要有扭黄茅(*Heteropogon contotus*)草丛、纤毛鸭咀草(*Ischaemum ciliare*)草丛、龙须草(*Eulaliopsis binata*)草丛、类芦(*Neyraudia reynaudiana*)草丛、白茅草丛、臭根子草(*Bothriochloa intermedia*)草丛、飞机草(*Eupatorium odoratum*)草丛、紫茎泽兰(*E. adenophorum*)草丛等类型。

1.7.4 植被演替规律

广西热带岩溶植被演替的主要阶段包括：石荒漠阶段、草丛阶段、藤刺灌丛阶段、落叶阔叶林(次生季雨林)阶段以及常绿落叶阔叶混交林(季节性雨林)阶段。

1.7.4.1 石荒漠阶段

岩溶地区形成裸岩的主要方式有两种，一种是砍伐，另一种是耕种。一般坡地的森林受破坏的主要方式是砍伐，开阔的、土层较厚的圆洼地的森林受破坏的主要方式是耕种。岩溶地区土壤盖度小，土层薄，保水性差，原生植被遭到毁坏后，极易造成水土流失甚至石漠化。如果被破坏成裸岩后，恢复起来相当困难。

石荒漠阶段植被的覆盖度极低，甚至没有植被覆盖，岩石裸露面积很大，一般在80%以上，土壤盖度低，厚度小。少数地方已有飞机草、紫茎泽兰入侵，高度约1.5m。

1.7.4.2 草丛阶段

撂荒地、裸岩荒山在没有人为干扰的情况下，首先是一年生草本定居，如白花丹(*Plumbago zeylanica*)、胜红蓟(*Ageratum conyzoides*)等，然后一些喜光、耐旱、抗逆性强的草本植物，例如飞机草、紫茎泽兰、蔓生莠竹(*Microstegium vagans*)、白茅草等，能够适应裸岩石山的恶劣环境相继侵入定居，并形成优势群落。

1.7.4.3 藤刺灌丛阶段

草丛群落发展到一定时期，群落环境条件由于草本植物与恶劣的环境发生了能量与物质的交换而得到一定的改善，一些喜光的阳性灌木藤本植物出现，例如假鹰爪、山石榴、鸡爪筋、斜叶澄广花(*Orophea anceps*)、剑叶龙血树等与一些高草混生形成灌草丛，以后灌木、藤本植物大量增加，占据优势成为灌丛群落。这个阶段最明显的特征是刺生藤本大量出现。

1.7.4.4 喜光树种占优势的先锋群落阶段(次生季雨林阶段)

灌木的定居与生长，使光照、温度等环境条件进一步得到改善，为一些喜光树种的生存提供条件，任豆、东京桐、海南椴(*Hainania trichosperma*)、翻白叶树等主要树种得以发展。继而，喜光的乔木树种生长，逐渐形成岩溶森林。

1.7.4.5　顶级群落阶段(常绿落叶阔叶混交林阶段)

喜光乔木树种的生长，使得林下形成荫蔽环境，年幼时耐荫的中性树种增加，例如肥牛树、蚬木、闭花木、金丝李等树种的幼树找到了合适的生存环境而侵入。随着时间的推移，这些中性树种的幼树幼苗生长成为大乔木，占据林内的上层，而喜光树种因在林内不能得到更新而逐渐消失，退出竞争舞台，林下长入耐荫的灌木和草本植物。至此，稳定的森林群落就形成了。

以上所述只是岩溶植被演替的主要阶段，但在实际情况下，由于人为的干扰和自然条件的变化，其演替的情况要复杂得多。

1.7.5　广西热带岩溶经济植物

广西热带岩溶地区热量丰富，雨量充沛，地形复杂，适宜多种植物的生长。按性状，可分为材用类、药用类、杂果类、油脂类、森林蔬菜类、饮料类、饲料类、园林观赏类、纤维类、竹藤类等。在广西数千种石山高等植物中，当今被人类栽培利用的约 100 种，还有许多石山植物资源，有待人们去认识，去引种驯化，去开发利用。

1.7.5.1　材用类

木材是国民经济建设中的重要材料，植物资源中材用种类是人们生产活动中的重要对象。广西热带石山区有不少种类是材质细密、坚硬、耐腐的优质材，如蚬木、金丝李、海南椴、望天树、广西樗树(*Ailanthus guangxiensis*)、翠柏(*Calocedrus macrolepis*)、肥牛树、顶果木、任豆、海南菜豆树、苏木(*Caesalpinia sappan*)、香椿、青檀等，其中以蚬木、金丝李、望天树、任豆尤为著名。蚬木，广泛分布于广西热带西南部石山，大新、龙州、隆安、靖西、天等、德保等县分布较集中，历史上曾有大片分布，木材为优良菜板及家具用材，但由于长期的过度砍伐，现在分布区已大大缩小，数量减少，且缺乏大树。广西凭祥蚬木人工栽培 8 年生，胸径 9.58cm，32 年生树高 18.5m，胸径 32cm。近年，封山育林、生态公益林建设，依靠蚬木较强的天然更新能力，各地形成了规模不等蚬木林，其中大新、龙州、天等县规模最大。

望天树是目前所知石灰岩地区树高最高的树种，分布于龙州、那坡等县，呈星散分布格局。任豆生长速度较快，木材可作红木替代品，材性极优，适合在石山中下部有一定土层的地方生长，在广西热带石灰岩山地已规模用于人工造林，并作为石漠化治理最主要速生树种而大量应用。

1.7.5.2　药用类

中草药材一直是广西山区的重要出产品，初步统计，广西药用植物种类达 3600 种以上，其中约 1/2 产于石山地区，但由于过度采掘和森林的破坏，许多种类数量已很少。如广西地不容(*Stephania kwangsiensis*)，20 世纪 50 年代在靖西、那坡等地还十分普遍，有的块根重达十几千克，由于其块根可提取止痛良药“颅通定”，20 世纪 70 年代中曾是一些药厂的主要原料，被大量收购，至今已资源耗尽，被列为国家第二批珍稀濒危植物。广西热带石山地区濒危的药用植物还有地枫皮(*Illicium defengpi*)、马山地不容(*Stephania mashanica*)、凹脉马兜铃(*Aristolochia impressinervis*)、广西马兜铃(*A. kwangsiensis*)、鸡尾木(*Excoecaria venenata*)、苦丁茶(*Ilex kudingcha*)、剑叶龙血树、黑节草(*Dendrobium candidum*)、青天葵(*Nervilia fordii*)、红芽大戟(*Knoxia valerianoides*)等。

蒜头果(*Malania oleifera*)能提炼麝香酮，具有芳香开窍、通经活络、消肿止痛作用，小剂量对中枢神经有兴奋作用，大剂量则有抑制作用。对离体蛙心脏有兴奋作用，并有雄性激素样作用及抗炎作用。临床上用于冠心病心绞痛、血管性头痛、坐骨神经痛、白癜风等。麝香酮是从鹿科动物林麝(*Moschus berezovskii*)或原麝(*M. moschiferus*)成熟雄体香囊中的干燥分泌物麝香经蒸馏提取得到的活性成分之一，学名为 3 - 甲基 + 五烷酮，是麝香的主要香味成分。采用蒜头果人工合成品麝香酮的药理作用，经试验与天然麝香酮相似。

近年来，广西热带岩溶地区结合石漠化治理和石山区扶贫工作，大力发展苏木、金银花(*Lonicera japonica*)、苦丁茶、绞股蓝、扶芳藤(*Euonymus fortunei*)、苏木等药用植物栽培，取得较好效果。

1.7.5.3 杂果类

广西热带岩溶石山地区有不少特产，杂果类有龙眼、山楂(*Crataegus jingxinis*)、山黄皮、黄皮果(*Clausena lansium*)、人面子(*Dracontomelon duperreanum*)、冬杧果(*Mangifera hiemalis*)、扁桃等，但除少数种类外，多数都没形成规模种植，有些尚为野生，随着森林的消失，它们的生存也岌岌可危，如人面子、冬杧果等。冬杧果是广西热带岩溶石山本土树种，果冬季成熟，此时正是水果淡季，若加以发展，并选育优良品种，可望增强石山区“人无我有”的优势。山黄皮俗称鸡皮果，主产区在广西热带岩溶山区的龙州、大新、凭祥，当地农户房前屋后多有栽种，龙州县种植最多，除鲜食外，山黄皮以其可口的酸甜味及香气在芸香科水果中独具一格，可加工成山黄皮干、果脯、果酱、饮料等制品，产品主要有干制品、盐渍品、酱制品。龙州县武德乡群合村智益屯有村民 160 户，户均有山黄皮 10 株，每户年产山黄皮约 500kg，高产单株年产山黄皮果 200kg，仅山黄皮一项户均年收入 2000 元。

1.7.5.4 油脂类

广西热带岩溶石山区的油脂植物主要有蝴蝶果(*Cleidiocarpon cavaleriei*)、蒜头果、肥牛树、东京桐等。蝴蝶果分布于隆安、宁明、龙州、靖西、凭祥等地，果仁含油 32% ~39%，蛋白质 15% ~18%，淀粉 31% ~40%，其油加工处理可食用。蒜头果分布于龙州、大新、德保、靖西、田阳，种仁含油 56%，油脂既可食用，又是合成麝香酮的理想原料。东京桐分布于龙州，含油 49.1%。这些种类均呈零星分布状态，但都已引种成功。

人类大量使用不可再生的碳氢化石燃料，使环境污染日益严重，生态平衡遭破坏，因此，加紧开发低污染乃至无污染的可再生的绿色能源已迫在眉睫。近年研究发现，广西热带岩溶地区有些植物种子含的油，与柴油相似，可以提炼成优质燃料，称之为生物柴油。随着工业化发展，能源紧缺已成为世界性的问题，研究和开发生物柴油植物已成为当今研究热点。广西热带岩溶石山区乡土分布的有石栗、千年桐、狗骨木（*Cornus wilsoniana*）、黄连木、麻枫树（*Jatropha curcas*）等，外来引种的有绿玉树（*Euphorbia tirucalli*）等，千年桐、狗骨木、石栗、麻枫树生长快、适应性强，在广西极有发展潜力。生物柴油树种的开发与利用，不仅意义重大，而且有望成为广西一项新兴的高效产业。

1.7.5.5　森林蔬菜

随着人们生活水平的提高和膳食结构的改变以及保健意识的增强，素有"天然绿色食品"之称的森林蔬菜以其无公害、营养价值高、风味独特而日益受到人们的青睐。森林蔬菜生长在自然状态下，营养成分大多高于栽培蔬菜，特别是维生素和无机盐含量较为突出，有的高出几十倍，甚至上百倍；有些山菜还含有一般植物中所没有的维生素 D、维生素 E、维生素 B 及维生素 K 等。山菜不仅营养丰富且有医疗保健功效，几乎所有的山菜都可入药，我国民间就有很多人用山菜的叶、花、果等治疗常见病。近代医学研究成果表明，有些山菜中的特殊成分具有很高的医疗价值。如食用菌类，用于防治高血压、癌症，并用于减肥；蕨类用于防治癌症及心血管病等。山菜生长的环境使其具有爽口、清香等风味；且山菜多生长于山林间，不受污染、无农药化肥残留，实乃真正的绿色食品。

广西热带岩溶区森林蔬菜种类众多，利用竹笋的有麻竹、苦竹（*Pleioblastus amarus*）；利用花的有霸王花；利用嫩叶的有鳞尾木（*Urobotrya latisquama*）、枫香（*Liquidambar formosana*）、望江南（*Cassia occidentalis*）、假蒌（*Piper sarmentosum*）、香椿、刺芫荽（*Eryngium foetidium*）、红背菜（*Gynura bicolor*）、赤苍藤（*Erythropalum scandens*）；利用果实的有乌榄、木蝴蝶（*Oroxylon indicum*）等。广西热带岩溶地区森林蔬菜资源丰富，但开发利用程度低，主要以采集野生为主，仅麻竹、霸王花等少数种人工栽培，数量少，已不能满足日益扩大的市场需求，而对一些资源丰富、蕴藏量大，具有潜在利用价值的森林蔬菜开发利用极少。森林蔬菜大部分是作为鲜菜到附近集市上出售，进行深加工和产品开发的较少，综合开发利用率极低。森林蔬菜的开发利用大多局限于交通方便、社会经济相对发达的城区周边和半山区，边远山区丰富的森林蔬菜资源闲置浪费。

1.7.5.6　植物饮料

广西热带岩溶石山区饮料植物资源丰富，有荔枝、杧果（*Mangifera indica*）、柑（*Citrus reticulata*）、橙（*C. sinensis*）、番石榴、山楂、薜荔（*Ficus pumila*）等适宜

果味饮料，及苦丁茶、绞股蓝（*Gynostemma pentaphyllum*）、黄牛木、华腺萼木（*Mycetia sinensis*）、青天葵等保健茶饮料。植物饮料比合成饮料香味纯正，口味多样，对人体的营养价值、保健功能也远远胜过合成饮料，具有广阔的市场前景。然而，除荔枝、杧果、苦丁茶等传统种类外，广西热带岩溶地区保健饮料植物多处在天然野生状态，产量低、利用程度低。在保护资源的前提下，加大科研力度，提高人工栽培水平，提高生产工艺水平和综合利用能力，创立广西饮料品牌，将可能使保健饮料植物资源的开发与利用成为广西热带岩溶地区经济增长的新亮点。

1.7.5.7 饲料类

广西热带岩溶石山区环境恶劣，农业谷物种植地稀缺，畜牧养殖为群众主要经济来源之一，有养殖牛、羊、猪等习惯。同时，热带岩溶山区饲料植物种类丰富，其中不少植物是高蛋白质种类，如构树、任豆、银合欢（*Leucaena leucocephala*）、肥牛树等的叶子，粗蛋白的含量都在20%以上，构树叶达25.15%。我国蛋白质饲料缺乏，每年均需进口部分鱼粉，开发“绿色蛋白”是解决蛋白质饲料短缺的有效的途径。肥牛树、银合欢、构树等多种高蛋白饲料植物能适应干旱瘠薄环境，在广西石漠化钙质土生长良好，规模推广木本饲料种植和饲料加工，是改善石山区生态环境，提高石山区群众生活水平又一途径。在房前屋后、路边、地角零星或成片种植肥牛树，喂牛养羊已成为广西隆安、天等石山区群众一条主要致富之路。

1.7.5.8 观赏类

广西热带岩溶石山有许多岩溶特有植物，或树形美观，或花色艳丽，或叶形独特，具有很高的观赏价值，在经济日益发展的今天，越来越引起人们的关注。如无忧花、董棕（*Caryota urens*）、鱼尾葵（*C. ochlandra*）、桄榔（*Arenga pinnata*）、石山棕（*Guihaia argyrata*）、广西火桐（*Erythropsis kwangsiensis*）、云南苏铁（*Cycas siamensis*）、金花茶类、苦苣苔类（*Chirita*）、龙州棕竹（*Rhapis robusta*）、矮棕竹、蜘蛛抱蛋类（*Aspidistra*）、硬叶建兰（*Cymbidium pendulum*）等都为优良观赏植物。

1.7.5.9 纤维

广西热带岩溶地区纤维树种资源丰富，按具体用途又可细分为纺织纤维、造纸纤维、编织纤维、填充纤维、特用纤维、工业纤维等大类。构树、青檀、竹类为我国传统造纸树种。据记载，东汉和帝时，耒阳（今湖南省内）蔡伦，始采构树皮、布帛、渔网、麻增，煮烂造纸，“天下乃通用之”。自东汉以来，构与麻一样，既是纺织原料，又是造纸原料，当时就地取材，故有“蜀人以麻、楚人以楮为纸”之说。广西热带岩溶地区，竹子、构树造纸有较大利用规模加工。木棉果实中有鹅毛状的纤维，含量达70%，与棉纤维有很多相似之处，光泽、吸湿性和保暖性方面具有独特优势。木棉纤维作为高级针织内衣、绒衣、机织休闲外衣、床上用品、袜类纤维，已开始工业化应用。

1.7.5.10　竹藤

我国是世界竹藤产业大国。新中国成立 60 年来，特别是改革开放 30 多年来，随着经济社会的全面发展，逐步形成了从资源培育、加工利用到出口贸易的较为完善的竹藤产业体系，竹藤产业已成为我国极具潜力和充满活力的新兴产业。广西热带岩溶地区竹藤种类和资源丰富，有吊丝竹、麻竹、黄藤等多种适应性强、绿化效果好的种类。热带岩溶石山竹子具有良好工艺特性，茎轻而坚韧，可编制竹席、竹榄等竹制品。吊丝竹在石山栽培生长迅速，栽后 2～5 年可长成 10～30 杆竹丛，是石山造林绿化优良树种，已成为广西热带石漠化地区最重要的植被恢复、群众致富的生态经济型好树种。

1.7.6　热带岩溶地区林业生产活动中的有关问题

广西热带岩溶环境的特殊性表现在许多方面，如岩土的富钙性、缺水少土、土壤难形成易流失、存在地表地下两个相互联系的空间等，其中岩石可溶性造就的地貌地形复杂性是其特殊性之一。在生态区划时把岩溶区作为一种特殊的类型来划分，称为旱性岩溶生态系统区，或称之为岩溶脆弱生态区。依据广西热带岩溶植被类型、自然组成、地理分布规律，在岩溶地区的生态建设、植被恢复、林业产业化开发过程中，须遵循以下基本原则和生态原理。

1.7.6.1　物种多样性原理与优良乡土树种的运用

具有稳定生态功能和较高生产力的植被群落的关键在于适宜植物种类的选择，缺乏多样的适应性强的植物种类将导致该地区生物多样性的单一，群落稳定性差，不利于保持和发展持久的生态环境建设效力。选择优良的乡土树种尤其是速生常绿阔叶树种，同时适当从相似的生物地理气候地带引进优质高效性能稳定的适生树种，实行适地栽植，并与乡土树种一起营造人工混交林，改变树种单一和岩溶区人工植被以落叶树种（任豆、香椿）为主的局面，提高植被系统的生态功能。

广西热带岩溶区具有丰富的植物资源，仅对弄岗自然保护区统计，有植物 1454 种，分属 172 科 709 属，其中许多区域性自然植被的优势种类尚未用于岩溶山地的造林绿化，许多种类是生态功能和经济价值均表现良好的植物，如短萼仪花、铁屎米、海南蒲桃、闭花木、麻楝、海南菜豆树、蚬木、金银花等等，应大力提倡适生植物的开发利用，形成具有区域特色的岩溶植被与林业特色产业。

1.7.6.2　植被地理分布规律与人工植物群落的优化配置

遵循植被分布的规律进行植被恢复与人工林构建，根据气候条件和自然地理环境、不同的立地条件与土壤特征，参照区域性顶极植物群落，人工模拟构建岩溶山地植被生态系统，首先在于先锋群落的构建与乔—灌—藤—草生态系统的优化配置：模拟天然植被构建人工植物群落，并充分考虑植物物种的配置；根据生态演替规律与植物水文生态效益及植物生物学原理，进行林分结构与混交类型、混交方式的优化配置；依据植物互补性原理，进行常绿树种与落叶树种的有机组合；依据植物耗水特性，将深根与浅根的树种混交。依据植物演替规律，进行乔灌藤草混交、封育补植，加速植被的自然演替，大面积坡地退耕是促进植被演替的简单易行且十分有效的办法。

生态林与经济林的比例要适度。广西热带岩溶区许多地方都存在着对退耕还林的生态目标认识不明确，选择树种时经济林比例过大、生态林比重偏低的问题。生态林以获得生态效益为目的，在涵养水源、保持水土、改善环境等方面具有与天然林媲美的功效。经济林则以获取经济利益为主要目的，在水土保持、改善环境等方面发挥的作用比生态林逊色得多。岩溶区首先要考虑生态建设，改善生态环境，植被的生态效益始终放地第一位，不能片面追求经济效益、盲目发展经济林，在人工植物群落的构建过程中，可以结合岩溶区特色农林植物资源的开发进行生态林模式的设计，优化群落的配置，依据天然植被的优良特性指导人工群落的建设。

1.7.6.3　岩溶区生境异质性与适地适树，促进植被快速恢复

广西热带岩溶区地形地貌的复杂多变，使得很小的范围内形成了大量不同的微生境，生境的多样性造就了岩溶植被的类型及物种组成的复杂变化。生境异质性在大小不同的尺度上存在，岩溶条件的差异影响着土壤的形成、分布和理化特性，改变了水、热分配，形成了千变万化的小生境，从而造就了岩溶区植被及其组成在小尺度上表现出的多样性和复杂性特征。

岩溶山地的不同地段、不同坡位、坡向光热水土等资源均存在巨大差异，生境异质性的存在甚至成为植被演替的主导因子。脱离了自然地理环境条件的具体要素，实行大规模的人工造林，即便选用的是表现优良的乡土树种，如果在不宜实施大规模人工干扰的地段进行整地造林，也将造成脆弱生境的再次破坏，因而必须注重在小尺度上采取针对性的恢复措施。在干旱的岩溶山地顶部、阳坡选择耐旱性强、喜光的树种进行乔灌草混交，选择抗性强的植物，采取适度积极的人为干扰，有利于植被的自然演替；在阴坡、半阴坡选择耐荫蔽、对光照条件要求不严格的乡土树种混交，植被恢复快，建立以乡土树种为主的植物群落；在缓坡和梯地进行乔灌藤草混交，这种混交既可作饲料基地，又可增强水土保持与水源涵养功能，提高林地土壤肥力，促使经济林木生长；将任豆、金银花混交种植，金银花是中药材，又属匍匐性灌木，覆盖度好，既保水土，在短期内能给农民带来效益；崖口和山地中下部土层稍厚，土壤含水量高，营造竹子等经济林，能迅速生长覆盖，有效改良生产生活环境；谷地、洼地种植经济价值较高的果树等，前期套种经济作物，能在有限的土地上提高经济效益。

1.7.6.4　强化岩溶山地造林与封育管理技术

广西热带岩溶石山区普遍存在季节性的干旱，降水主要集中在每年的 5 ~ 8

月，但这一阶段气温偏高，影响造林成活率，需根据不同树种选择适当的造林或播种季节。春季气温相对较低，造林易于成活，但缺乏降雨，土壤水分含量低，常绿树种的生长恢复受到影响，必须采取相应的技术措施，集流造林技术是解决造林水分不足的重要手段，种子直播与容器苗造林结合也是一条成功的经验。另外，一些树种的种子需要随采随播，不宜久藏，如肥牛树、蚬木、苹婆(*Sterculia nobilis*)、火果(*Baccaurea ramiflora*)、蝴蝶果等优良造林树种，果实成熟期为高温期(6～8 月)，且种子需及时播种。此外，种子营养液、抗旱保水剂等的运用无疑也将极大地提高出苗率和石山造林成活率。

1.7.6.5　岩溶石山环境治理与基地化生产

为实现热带岩溶石山区环境的根本治理，进行封山育林、人工多树种造林是十分必要的。但为了使石山环境治理持续、稳定进行，必须考虑高效益经济目标。社会对林产品的需求是多样化的，而且是在不断变动中的，我们要不断研究这种需求变化，合理布局，使经济植物的发展与市场相适应，能弹性地对需求变化做出反应。石山经济植物的发展和布局，要朝基地化方向发展，能形成规模化生产，同时，石山区经济布局要避免千篇一律，各地雷同，做到一县一品，一乡一品，形成品牌，提高市场竞争力和占有率。

1.7.6.6　种子库质量与封山育林

由于自然和社会经济的原因，许多岩溶石山地仍然主要依靠封山育林进行植被恢复，根据不同山地的立地条件，采取积极的干预与管理措施，诱导植被演替更新，是经济实用并切实可行的植被恢复途径。但是，由于实施地没有结实母树，地下亦没有可萌芽乔木树种，周围亦没有乔木种子来源，土壤种子库仅是草本、藤灌，仅仅是强调封育，常常经过数十年的封育仍无法形成森林，植被恢复仍停留在藤刺灌丛、草丛阶段；如能采取积极的干扰措施，适当增加种源，营造适宜乔木植物生长的小生境，将促进岩溶森林植被的迅速恢复，丰富和改善岩溶地区植被的生物多样性、生态功能和经济效益。

同时，在降雨较多的热带岩溶山地，这种无人管理的次生植被，实际上约有 40%～80% 的面积被猖獗的绞杀植物所占领，绞杀植物或者阻断了次生植被的正向演替，或者严重延缓了这一演替进程。

1.8　社会经济状况

广西热带岩溶区农耕土地数量少、质量差，人口过速增长，更加速了环境恶化，已成为广西热带最为贫困地。表 1-4 为广西热带地区石山县 2006 年经济状况(石山县指石灰岩面积占全县土地面积 30% 以上或石灰岩面积 6.67 万 hm^2 以上)。结果表明，广西热带石山县共 13 个，占广西热带地区县(区)总数的 31.7%，占广西 36 个石山县总数的 36.1%；热带地区石山县土地总面积 342.94

表 1-4　广西热带岩溶石山县基本经济情况

县(市)	土地总面积(万 hm^2)	石灰岩占总土地面积(%)	耕地面积(万 hm^2)	旱地占耕地(%)	森林覆盖率(%)	人口(万人)	地区生产总值(亿元)	第一产业增加值(亿元)	第二产业增加值(亿元)	第三产业增加值(亿元)	人均地区生产总值(元)	农村居民人均纯收入(元)
德保	25.59	65.42	2.37	55.42	13.17	34.20	12.46	3.67	5.23	3.55	3654.00	1576.00
靖西	33.27	93.71	3.61	52.37	11.43	58.80	18.08	7.49	4.71	5.87	3081.00	1642.00
那坡	22.31	45.30	1.10	50.54	14.97	19.90	5.00	2.13	0.87	2.00	2537.00	1455.00
平果	24.85	67.62	2.12	55.18	10.86	46.30	61.77	7.01	44.08	10.68	13394.00	2072.00
田东	28.16	33.30	2.59	41.25	43.60	39.40	28.94	9.29	13.04	6.61	7313.00	2113.00
田阳	23.97	53.04	2.27	52.37	26.23	32.90	31.34	11.06	11.43	8.85	9532.00	2201.00
大新	27.55	88.88	3.31	49.88	47.40	35.90	22.33	6.92	9.13	6.29	6233.00	2385.00
扶绥	28.36	81.91	5.48	66.61	37.20	42.10	35.78	15.86	9.73	10.20	8526.00	2623.00
江州	29.02	78.52	3.71	70.05	10.63	34.00	31.67	10.41	9.33	11.93	9370.00	2521.00
龙州	21.88	96.54	2.73	55.17	14.27	26.90	18.27	7.13	4.97	6.18	6762.00	2097.00
天等	21.61	82.76	2.59	48.80	11.29	41.00	13.18	5.05	3.45	4.67	3231.00	2069.00
隆安	22.71	76.76	2.74	59.30	16.30	37.80	21.80	8.91	6.89	6.00	5796.00	2453.00
武鸣	33.66	58.95	6.07	48.99	42.40	66.10	66.84	27.07	22.40	17.37	10183.00	3707.00
广西	2366.61	34.82			52.71	4925.00	4075.75	912.50	1510.68	1652.57	8788.00	2495.00
全国											18665.00	4140.00

注:资料摘自 2006 年《广西年鉴》。

万 hm^2，占广西热带土地总面积的 40.2%。广西热带石山经济总量极低，国家八七扶贫攻坚计划确定的国家重点扶持贫困县广西热带岩溶区就有 8 个，广西区定扶贫县 7 个，为“老、少、边、山、穷”地区。

——老：广西热带岩溶区是革命老区，是百色起义的根据地，是红七军、红八军的诞生地。

——少：广西热带岩溶有壮、瑶、苗、彝等多个少数民族，为壮族聚居区，壮族等少数民族人口占 80% 以上。

——边：广西有 8 个边境县（市），都为热带地区，陆地边境线长 1020km，在边境线 20km 范围内，有 93 个乡镇，598 个行政村。新中国成立 50 多年来，边境线的居民一直处在贫困线下，农民的收入水平与生活质量没有明显改变。

——山：岩溶大石山区缺土缺水路难行，是贫困人口的主要分布地。粮食不能自给，交通困难，缺水严重。农民素质低，财政困难，人口增长快，生态环境恶化，是扶贫攻坚中需要重点突破的地区。

广西热带岩溶石山县社会经济状况表现为农耕土地数量少、质量差，人口过速增长，贫困程度仍然很高，贫困面依然很大，基础设施落后，经济发展困难等方面。

1.8.1　农耕土地数量少、质量差

广西热带岩溶县区人均耕地为 0.0462hm^2，仅为全国平均数的 46.4%，其中大多为石缝旱地，水田甚少。岩溶地区坡陡谷深，山地和丘陵面积大（约占土地总面积的 94%），山间盆地面积甚小，且各地相对高差大，山险峰竣，基岩裸露，石多土少，成土过程缓慢。石灰岩山区水田比例小，坡耕地比例大，且不少耕地分布在坡度大于 25°的陡坡上，又受干旱内涝、水土流失等诸多因素的影响，加之由于耕地用养不协调，土壤肥力明显下降，耕地质量差。

1.8.2　人口过速增长，贫困程度仍然很高，贫困面依然很大

广西人口净增率 2006 年为 7.2‰，属于全国人口增长最快的地区之一。广西岩溶地区人口增长率又比全区平均水平高，人口密度大，形成了紧张的人地关系和贫困程度高、贫困面广的现状。广西共 36 个石山县，其中广西热带地区石山县 13 个，占 36.1%。广西热带地区 13 个石山县土地总面积 3443km^2，占全区土地面积 14.54%；2006 年工农业生产总值仅 367.46 亿元，仅占全区工农业生产总值的 9.02%；2006 年农民居民人均收入仅 2224 元，仅为广西平均水平的 89.1%，全国平均水平的 53.7%。

1.8.3　基础设施落后，经济发展困难

——水利设施差，生产用水困难。广西热带岩溶区有 8 个国家贫困县、7 个自治区级贫困县，大石山区群众仍饮水极为困难，有效灌溉面积极为有限。“水

在低处流，人在高处愁”是极其普遍的现象。

——地方交通不便，邮电通讯落后，物流不畅，信息闭塞。目前相当部分岩溶地区仍是自然经济占主导地位，产品经济极不发达，农产品的商品率极低。

1.8.4 经济发展落后，资金短缺、投资严重不足

——从广西全区来看，广西2006年全区人均国内生产总值8788元，只相当于全国平均水平的47.1%；热带岩溶地区的13个岩溶县，2006年人均国内生产总值仅6893元，只有全区平均水平的78.4%，全国平均水平的36.9%。

——经济发展水平低，资金积累率低，固定资产投资少。从岩溶贫困地区来说，投资风险相对较大，商业贷款难以争取，扶贫资金数量有限，没有足够的投入，生产自然难以发展起来，经济发展不了，投入自然更少。

1.8.5 教育文化落后，科技普及困难

大部分岩溶地区教育文化落后，科技信息闭塞，先进技术传播缓慢。在许多地区，农民文盲半文盲的占农村劳动力的20%以上，传统的思想意识、旧观念、惯性使科技普及难度很大。

第2章

广西热带岩溶区石漠化形成、危害及防治

岩溶生态环境作为一种特殊物质、能量、结构和功能体系构成的多相多层次复杂界面体系，显示出生态敏感度高、环境容积低、抗干扰能力弱、空间转移能力强等一系列生态脆弱性的特征。广西热带地区是我国著名的岩溶区，天等、大新、靖西的峰丛洼地是典型的热带岩溶地貌，山水风光巍巍壮观，绚丽多姿。但与这种独特地质环境相伴的是十分脆弱的生态环境，岩溶石漠化是人们最为关注的问题之一。与我国亚热带地区不同，广西热带岩溶区一方面温度更高、降雨量更大，植被一经破坏，更容易产生石漠化；另一方面，广西热带岩溶区植物资源丰富，生长量大，为石漠化治理提供了极佳种质材料，同时广西热带岩溶区雨热资源丰富，植物生长快，采取合理措施，森林植被恢复速度快。

2.1 石漠化概念

石漠化，或称“石质荒漠化”、“石山化”、“岩漠化”、“石化”，有广义与狭义之分。广义石漠化是指以流水侵蚀作用为主的、包括多种地表物质组成的以类似荒漠化景观为标志的土地退化过程。有以下几种类型：①花岗岩石漠化，发生在热带、亚热带花岗岩风化壳水土流失严重地区，在重力作用下，以崩岗方式发展形成的“白沙岗”和“红沙岗”荒漠化；②红壤荒漠化，发生在热带、亚热带红壤和第四纪红土的“红色荒漠化”；③发生在热带亚热带石灰岩地区，因植被破坏，流水冲刷，形成的“石山荒漠化”；④发生在亚热带紫色砂页岩地区，因岩性构造疏松，地表侵蚀严重，形成基岩裸露的“紫色石质坡地”；⑤发生在泥石流、滑坡等活动频繁的陡坡峡谷地区，形成以沙石堆积为主的“砾质荒漠化”；⑥发生在矿藏丰富地区，以采矿、采石、采砂为主形成的碎石覆盖地；⑦发生在河流下游的冲积平原以及中游的河谷平原的沙质阶地和沙质河漫滩，海成阶地或海成沙堤。可以认为，广义石漠化实际上包括了除风蚀荒漠化、盐渍荒漠化外大部分水蚀荒漠化的类型。由于地质条件、气候因素以及社会环境的差异，这些类型的石漠化有着不同的成因和形成过程，本质上有一定的差异。

通常所称石漠化是指狭义石漠化，特指在南方(特别是滇、黔、桂)湿润地区碳酸盐岩形成的岩溶地貌上，植被破坏而引起水土流失，导致的石质荒漠化。

热带、亚热带湿润区岩溶地区，在水热因子及其配合适宜森林生长发育的环境条件下，碳酸盐类岩层发育的岩溶地形和自然植被生态系统，在反复遭受人类不合理的干扰破坏，改变土地利用方向，原本脆弱的生态系统退化，以化学风化为主的各种形态岩层大面积裸露，形成仅有稀疏的藤刺灌丛覆盖的石海或稀疏植被覆盖的坟丘式荒原，相似于干旱少雨地区荒漠化景观的一种退化土地。岩溶石漠化是以石灰岩脆弱生态环境为基础，以人类不合理的干扰活动为动力，以土地生产力衰退或丧失为本质，以呈现类似荒漠景观为标志的一种过程，其核心是土地生产力衰退或丧失。岩溶石漠化包括植被退化、土壤退化和环境退化，其中，环境退化是植被和土壤退化的结果，而植被破坏和生物多样性的损失是岩溶石漠化的诱因。

石漠化以出现大面积基岩裸露劣地和石质坡地作为标志性形态的土地退化，这种类似荒漠境况的退化土地具有的特征是地表切割强烈、沟壑密布、崎岖不平、土壤瘠薄、干旱缺水和植被稀疏等，且专指人为引起的侵蚀作用导致的具类似荒漠境况的退化土地。

2.2 石漠化成因

石漠化发生、发展过程，实际上就是人为活动破坏生态平衡，导致地表覆盖度降低的土壤侵蚀过程。表现为：人为因素——林退、草毁——陡坡开荒——土壤侵蚀——耕地减少——石山、半石山裸露——完全石漠化（石漠）的逆向发展模式。石漠化的形成因索有自然因素和人为因素，自然因素是形成石漠化的物质基础和必备条件，而人为因素只是在自然因素的基础上对石漠化发展起到促进作用。

2.2.1 自然因素

影响石漠化的自然因素主要包括碳酸盐岩的岩性、地层厚度、地质构造、节理和裂隙发育程度、地形、降水、温度、土壤结构和厚度、地表水和地下水、地表植被类型、植物生长和动物活动等等。巨厚的碳酸盐岩和瘠薄的土壤为石漠化形成提供了物质基础，丰沛而集中的降水和高温为石漠化形成提供了强大的侵蚀动力和适宜的溶蚀条件，而陡峻、破碎的岩溶山地丘陵的坡面地形又为水土流失提供了动能潜力。

2.2.1.1 地质因素

（1）*地层岩性*

不同地质环境，岩溶系统与人类活动相互作用的环境效应不同。例如，欧洲中南部和北美东部的新生界碳酸盐岩，孔隙度高达16% ~44%，具有较好的持水性，新生代地壳抬升也较小，岩溶双层结构带来的环境负效应和石漠化问题都不是很严重。广西热带西南部岩溶地区，以挤压为主的中生代燕山构造运动等地质构造运动使该地区普遍发生褶皱作用，形成高低起伏的古老碳酸盐岩基岩面，塑造了现代陡峻而破碎的岩溶地貌景观，为水土流失提供了动力潜能。从泥盆系到三叠系在该区沉积了巨厚的碳酸盐岩地层，为岩溶石漠化的发生提供了物质基础，特别是纯碳酸盐岩的大面积出露，为石漠化的形成奠定了物质条件。

(2)地形因素

地形地貌因子在石漠化过程中，碳酸盐岩与上覆土层间为松硬接触关系，无过渡层，使得地形地貌对土壤的侵蚀作用潜能与主控介质因子类别的控制加强。台原和低洼地形坡度相对较小，水土流失不如高坡地发育。所以石漠化的发生与发展主要从高坡地开始，人为因素的负面干扰在高坡地也最大。东南亚和中美洲等地的新生界碳酸盐岩分布区地壳抬升较少，高坡区也较少，石漠化问题都不很严重。而广西热带岩溶山区，尤其桂西南石山区山高坡陡，石漠化十分严重，且扩展速度惊人，无疑揭示了地形地貌因子对石漠化的控制作用。据有关数据显示，地形坡度与土壤厚度呈负相关，而与土壤侵蚀量呈正相关。在坡度较大的地区不利于土壤层堆积，水土流失较快，植物难以生长，致使大面积基岩裸露。因此大坡度的地形为石漠化的扩展起到促进作用。

(3)岩性因素

碳酸盐岩是一类可溶性矿物的集合体，只有其中的酸不溶性矿物才是岩溶地区土壤矿物量的来源。广西热带岩溶区石灰岩矿物酸不溶物含量5%左右，形成1m厚的土层，需要溶蚀25m厚的碳酸盐岩，需25万～85万年时间才能完成。碳酸盐岩石组成分中，可溶性组分占绝对多数，以岩石风化而形成土壤的能力十分微弱，表现出较弱的土壤可更新性特点。

2.2.1.2　土壤环境因素

岩溶石灰土富钙、弱碱性、少土、缺水为其基本特征，生长于石灰土植物多为喜钙或嗜钙植物。受成土母质的影响，一方面，岩溶区土壤中酸性不溶解物含量低，一般呈弱碱性，易引起植物所必需的铁、硼、铜、锰和锌微量元素的短缺，不利于能改善植物营养结构的细菌如根瘤菌、褐色固氮菌、氯化菌等大多数生长在中性环境中的细菌的生长。另一方面，土壤中的主要成分CaO和MgO的含量在90%以上，其次是SiO_2、Al_2O_3和Fe_2O_3等，而有机质、全氮、全磷、碱解氮、有效磷，缓效钾、速效钾处于中低水平，且有机质主要集中在土体表层，一旦表层土壤流失后，土壤肥力迅速下降，更加贫瘠。

2.2.1.3　水文地质因素

土壤中的水分有利于各种营养物质的溶解移动，有利于土壤中的有机物的分解和合成及磷酸盐的水解和矿化，还有利于调节土壤温度，但水分过多或太少会对动植物不利。岩溶区具有双层水文结构，该地区的地下水文网十分发达，而缺乏系统的地表水文网，出现地表严重缺水，地下水特别丰富的局面。在雨季，因缺乏系统的地表水文网，不能泄洪，发生涝灾；旱季，地面降水全部转入地下，地表缺水发生旱灾。所以，岩溶区特殊的水文二层结构决定了岩溶区生态环境的脆弱性。广西热带岩溶区降雨量充沛，多年平均雨量为1100～1500mm。但由于岩溶通道发育，降水迅速渗入地下（入渗系数0.3～0.6）。岩溶地貌类型基本为峰丛洼地，峰高洼浅，洼地密布（0.92个/km^2），除过境河流左右江外，无地表水系发育，岩溶地下水以管道流为主，多组成羽状或树枝状地下河系统，地下岩溶发育带多在洼地底部120～150m深的范围，地下水埋深达50～200m。地表水资源极度匮乏，地下水资源难以开发利用，山区群众人畜饮水十分困难。

同时，降水、地表水及岩溶地下水还对土壤起到侵蚀与搬运作用。水一方面溶蚀、侵蚀拓宽空穴介子使上覆土壤丢失残积于空间介质中，另一方面又携带搬运由于丢失和侵蚀至空穴介质中的土壤，不断让出新的空间，使石漠化过程不断进行。

2.2.1.4 气象环境因素

广西热带地区处在太平洋季风地带，属北热带气候区，气候温暖湿润，雨量充沛，光、热充足。年平均气温19～22℃，≥10℃积温在7000℃以上。年降水量为1100～1500mm，年均相对湿度为80%左右；降水的70%～80%集中在每年的5～8月，年降水日数达120～180d，暴雨日数多，形成水热同期的分布特点，加快强烈的岩溶化进程。降雨相对集中，年际年内变化大，分布极不均匀，易成暴雨和特大暴雨而发生洪涝灾害，土壤受到严重侵蚀而减量变薄。旱与涝的并存，旱使植被枯死、土壤疏松，力学强度降低，土壤的稳定性差；遇暴雨极易发生山体滑坡、泥石流，造成水土流失。

2.2.1.5 植被因子

对岩溶区的水土保持和生态系统稳定起关键和主导作用的生态因子是森林植被，植被类型与盖度是岩溶生态中最重要、最敏感的要素，它直接决定着自然生态系统功能的强弱，尤其是高大乔木可利用其发达的根系从地下河中吸取水分和营养，保持了地表水与地下水间的动态联系，从而弥补因岩溶区地表水缺乏而不利于植被生长的不足，起到了“生物泵”作用。一方面，高大乔木也可以保护下层灌木和草本的生长，构成完整的食物链，进而丰富岩溶区的物种多样性，加强了生态系统的稳定性和内部因子间的协调性；另一方面，该区植被具有石生性、旱生性、喜钙性的特点，决定了植被系统自身的脆弱性。当人为因素介入强度加大后，岩溶区的植被覆盖类型发生了改变，生物多样性减少，生态系统的稳定性降低，原始森林减少，现有森林多为人工林和次生林。

岩溶山区是一种典型的钙生性环境，组成生态环境基底的化学元素主要为Ca、Mg、Si、Mn、Fe等富钙亲石元素，而植被生长所需的N、P、K等营养型元素则相对匮乏；土层浅薄，岩体裂隙、漏斗发育，地表干旱严重。严酷环境对植物生长有极大的限制作用，许多喜酸、喜湿、喜肥的植物在这里难以生长，出现的主要是一类耐瘠嗜钙的岩生性植物群落，群落结构相对简单，生态系统的稳定性差、易遭破坏，导致土地石漠化。

2.2.2　人为因素

人为因素在石漠化过程中起着推波助澜、加速进程的作用，主要表现为社会发展过程中没有协调好岩溶山区的人地关系。广西热带岩溶石山地区人口压力大，土地利用不合理，这种缺乏经济支撑的人文状况与缺乏文化基石的经济行为相互促进，相互叠加，人地关系恶化，积重难返。随着人口的增长，土地稀缺，以粮为纲，乱砍滥伐，农业生态环境日益恶化，形成“人口增加——陡坡开荒——植被减少并退化——水土流失加重——石漠化——贫困”的恶性循环。岩溶石漠化较高的地段都为人口密度较大的地段，现有研究表明，岩溶石山地区石漠化的发生比例与人口密度呈正相关。

2.2.2.1　人口压力过大

(1)人口压力大，土地过度利用

人口快速增长，导致本区农耕活动范围、强度的扩大和土地的过度利用。其表现：一是过度开垦耕地，为解决温饱问题，农民往往通过毁林毁草开垦来扩大耕地面积，陡坡开荒严重，并沿用刀耕火种、广种薄收等落后耕作方式；二是过度樵采，农村生活能源主要靠薪柴，在缺煤少电、能源种类单一的岩溶山区，樵采是破坏植被的主要原因；三是过度放牧，山区习惯散养山羊、黄牛、猪等牲畜，牲畜啃食植物时常破坏根系而毁坏林草植被，土壤层缺乏保护而被侵蚀。总之，人口的快速增长使自然潜力本来就偏低的土地资源处于高强度开发水平，过度的人为活动激发并加剧了土壤自然侵蚀的速率，对土地石漠化发展起到了加速、加剧作用。

岩溶区单位面积上可耕地仅占 20% ~30%，难利用的石质山地却达 50% 以上，土地生产潜力不高或很低，能供养的人口比较少。王世杰等(2003)研究表明，峰丛洼地、峰丛槽谷、岩溶盆地和岩溶丘陵的理论人口密度分别为 52 ~100 人/km^2、100 ~150 人/km^2 和 150 ~200 人/km^2。但实际上广西热带岩溶石灰岩地区的人口密度已大大超出理论人口容量，多数土地超出其承载能力 1 ~2 倍以上。

(2)文化与生产方式落后

长期的物质贫困和封闭的社会环境形成了岩溶区落后的文化环境，生产方式落后，婚育观念陈旧，受教育程度低，成年文盲、半文盲比例大，许多非岩溶区已广为采用的新技术新方法无法推广开来。粮食紧缺、无法自给，年均缺粮食 2 ~4 个月，个别县的全年财政收入仅够支付调入粮食所需的运费。广西热带岩溶区 2006 年人均地区生产总值 6893 元(为全区平均值的 78.4%)，其中天等、那坡两县人均地区生产总值不足 3000 元。为了生存，人们不得不以消耗大量的自然资源为代价，自然生态系统经受着人为的破坏，最终导致穷山恶水、灾害频繁的局面。

广西热带石灰岩山区是少数民族聚居的老、少、边、山、穷地区，主要居住着壮、瑶、苗等少数民族。由于受自然条件和地理屏障的限制以及民族社会政治的影响，社会历史进程缓慢。各少数民族大都保持一些古老的原始社会的经济组织形式和风俗习惯，生产力和生产水平很低，刀耕火种仍普遍存在。而且，各少数民族的社会经济的发展也不平衡，生产力的发展也是多层次的。

2.2.2.2　土地利用不合理

国家和地方用行政命令的方式干预、引导农民的"三滥"活动或治理活动，对石漠化的发展或逆转具有不可低估的影响及后果。近百年来，广西热带岩溶区经历了大规模的政府干预：第一次是1920～1940年的战争对生态的破坏；第二次在20世纪50年代末的"大炼钢铁"，使大片原始林、次生林毁于一旦；第三次是1960～1970年前期的"以粮为纲"、"向山要粮"活动，山区坡地甚至陡坡地被大量开垦，林草大面积被毁；第四次在1978～1980年初期农村经济体制变动、土地承包到农户后，有关配套政策未及时跟上，使承包山、承包地的林草植被又遭到破坏。无疑，这些大规模的政府干预行为对石漠化发展产生了很大影响。近20～30年来，虽然热带岩溶区人口增长对土地的压力仍未得到缓解，但是在国家环境保护、生态建设等政策的引导下，本区"三滥"活动逐步减少或被遏制，石漠化土地得到初步治理，局部地区发生逆转。

乱砍滥伐、滥垦滥耕、铲草皮、挖树根、烧秸秆等在广西热带岩溶石山区经常发生，不少地区尤其是交通不便的偏远山区普遍存在着"刀耕火种，烧山种地"的现象，对土地掠夺式经营造成了严重的水土流失和土地石漠化。据调查，硅质灰岩区大片的荒山草坡就是当地群众一年一度放火烧山所造成的。当地农民认为"火不烧山，牛不肥"。反复烧山，即烧掉了荒草，连灌丛和树苗也全部烧光，石山长年光秃，土壤裸露，极易被暴雨冲刷流失，放火烧山还会造成火势失控烧毁森林。有的地方农民大量放养牛羊，长期啃食树木嫩芽和嫩叶，致使树木矮化；加上牛羊长期践踏，使地被植物难以生长，土壤裸露，水土流失，加速了石山石漠化。

石灰岩山区自然环境恶劣，生产条件差，而且长期以来得不到有计划的治理，基本建设投资少，工业、农业、交通、能源等基础设施落后，社会劳动生产力水平低，满足不了人民的生产和经济生活的需要，从而出现"靠山吃山、坐吃山空"的掠夺式的资源型经济类型，使生态脆弱的石山区遭到更严重的破坏，农业生产失去大自然的屏障作用而出现恶性循环。

2.2.2.3　工业活动频繁

近些年受工业活动的影响，岩溶地区水、土、气污染物超过其自净能力，土壤条件逐渐恶化。化石燃料的大量燃烧使空气中的 CO_2、SO_2 等酸性气体的含量显著增加，使降水的 pH 值降低，从而形成酸雨。酸雨对碳酸盐岩及土壤的溶蚀恰恰起到了加速的作用，使部分土壤成分被淋失。另外，酸雨还会杀死许多依附于岩石表面起造土作用的嗜碱生物和微生物，降低成土的速度，同时也造成大面积的植被破坏，客观上加速了石漠化的进程。

在岩溶地区的堆积层上采矿、修路、建水库和渠道时，如果开挖的边坡形状不合理，坡角大于土层的内摩擦角时，坡面就很容易产生崩塌，造成严重的水土流失。如武鸣、扶绥、江州区等地的红土台地上有不少是 1958 年采矿炼铁时留下的工作面，经过近 30 年的流水侵蚀，已形成铁锰结核裸露的砾石化地面或沟谷纵横交错的劣地。此外，目前大多数的民矿点也没有采取必要的水土保持措施，水土流失极其严重。

2.3　石漠化特点及其危害

石漠化带来生态系统退化，土地生产力下降，区域人口——资源——环境——经济的协调发展受到严重限制，加上掠夺式的人类经济活动，土地石漠化不但难以遏制，反而出现恶化之势。

2.3.1　水土流失

广西热带岩溶区是一个山地面积比较多的地区，25°以上的坡地非常普遍，所以全区水土流失历来比较严重。虽然石漠化地区年降水量都在 1000mm 以上，但由于涵养水源功能差，地表严重缺水，连人畜用水都难有保证。石漠化地区，农民饮水要从数千米至数十千米以外去取水，根本没有生产用水可用。水土流失不仅使农田毁坏，土壤肥力下降，而且造成水库泥沙沉积，江河输沙量增大，给区域经济发展造成严重的危害。右江区澄碧河水库是广西最大的水库，总库容量为 11.5 亿 m^3。但是，进入 20 世纪 90 年代以来，流域内水土流失面积加大。1999 年，水土流失面积达 444.34km^2，年土壤流失量为 99 万 t，其中库区毁林开荒 5.2km^2，每平方千米水土流失在 2000t 以上，每年注入水库的泥沙在 1 万 t 以上，整个库区泥沙淤积量达 739.6 万 t。水土流失不仅使洪水发生的几率大增，影响大坝安全，而且造成水库蓄水量明显减少，严重影响了发电与农田的灌溉。

2.3.2　生物多样性减少，山地生态系统日趋脆弱

广西热带岩溶石漠化地区人民均以农牧业为生。由于生态环境严重恶化，可耕地逐年减少，许多农民只能在石缝里种点玉米杂粮，正所谓“一把土一棵粮”。石漠化地区岩石裸露，表层带储水能力低，甚至无储水能力，在雨季极易发生山洪、滑坡和泥石流，而雨过天晴则立即形成缺水干旱。水旱灾害频繁发生，几乎连年旱涝相伴，形成了“植被破坏——土壤流失——石漠化扩展——生活贫困”的恶性循环怪圈。石漠化造成的直接后果是石山区土层变薄、肥力下降，植被生

长困难，生物量减少，食物链易受干扰中断，生态系统的稳定性减弱、敏感性增强，系统的自我调节能力和抵抗自然灾害的能力降低，造成了当地生物群落种属的数量减少，结构日趋简单，生态系统变得脆弱。

2.3.3 可耕地面积减少，人地矛盾加剧

广西热带岩溶石山区山多坡陡，人均耕地(基本农田)仅0.0462hm^2，低于联合国规定的人均耕地0.1hm^{2}的警戒线，且其中大多为石缝旱地，水田甚少，陡坡旱地多，而石漠化又主要发生在坡度较陡的旱作区，石漠化地区正面临生态退化与贫困化的双重压力。贫困是导致生态退化的根源，生态退化又加剧了贫困化，石漠化已成为广西热带岩溶区的灾害之源和贫困之源。国家“八七”扶贫攻坚计划确定的国家重点扶持贫困县广西热带岩溶区就有8个，广西区定扶贫县7个，为“老、少、边、山、穷”地区。大部分石漠化地区只能在石缝中种玉米等旱地作物，广种薄收，只能维持基本的口粮需求。石漠化发展进一步降低生态环境质量的同时，阻碍着区域经济社会协调发展，成为制约农村脱贫解困的主要瓶颈。许多石山地区已陷入“越贫越垦，越垦越贫”的恶性循环，石漠化地区成为广西生态退化最严重、扶贫开发最困难的区域。

2.3.4 可利用的水资源匮乏，旱涝自然灾害加剧

石漠化地区坡陡谷深，石多土少，地表水源涵养能力弱，水土流失严重。水资源丰富，但降水和径流的季节性变化很大，汛期水量可占平均水量的70%。同时岩溶地区透水性强，渗漏严重，地表可利用水资源偏小，致使普遍缺水，加剧人畜饮水的困难，出现“地表水贵如油，地下水滚滚流”和“三天无雨地冒烟，一日大雨半月涝”的现象。在严重石漠化地区，森林植被破坏后大量岩石裸露，甚至丧失了截留降水和涵养水分的能力。因此每当降水，很快流失，雨过天晴，大气蒸发，地表又呈缺水，旱情未能改观，导致旱涝灾害更趋频繁。据统计，近年来广西石漠化地区受旱、涝灾害的农作物面积平均每年达116.7万hm^2，造成粮食减收11.2亿kg，经济损失达4.47亿元。

2.3.5 旱涝灾害频繁，土地生产力降低

石漠化生态系统的承灾阈值弹性小，旱涝灾害频繁。一方面年均降水多在100~1300mm之间，降水充沛，但因岩溶土地石漠化区缺乏森林植被来调节缓冲地表径流，这类地区一遇中到大雨，地表径流便极易在低洼处(多是人口较集中的洼地)堵塞起来，造成暂时局域性涝灾；另一方面土地石漠化区的地下漏斗、裂隙及地下河网发育，地表径流又能较快地汇入地下河系而流走，造成大面积的地表干旱，素有“十天不雨即干旱，一场大雨又成灾”之说。由于石漠化区缺水少土，农业生态环境恶化，旱涝灾害频发，土地生产力大幅降低，出现“一方水土养活不了一方人”的窘境，土地石漠化区已成为我国农村贫困程度最深、社会

经济发展严重滞后的地区。

2.4　岩溶石漠化过程与类型划分

2.4.1　岩溶石漠化过程

岩溶石漠化是一个历时较长的现实结果，主要表现为植被损失、土壤流失、岩石裸露。石漠化是由物理、化学、生物等多个过程组成的，是十分复杂的土地退化过程。石漠化形成的机理，是质纯碳酸盐岩在间歇性升降的构造运动作用下隆起，在河流侵蚀及岩溶化等物理化学作用下形成高山陡坡，在大气降水、地表水、地下水的侵蚀溶蚀与岩溶化等自然地质作用和森林砍伐、高坡地开垦等人为恶性生态地质作用下产生土壤侵蚀或土壤丢失作用，基岩不断裸露的恶性循环过程。是以水资源、土地资源、森林植被资源等资源恶化锐减，滑坡、泥石流、旱涝灾害等日趋频繁，人地矛盾日益尖锐，岩溶生态环境不断恶化为表征。岩溶石漠化是以岩溶山区脆弱的岩溶生态环境为基础，驱动力来源于内、外地质作用和人类恶性生态地质作用，首先是水土流失和水土丢失，基岩不断裸露，石漠化由轻度向中度、重度发展，并且逆向难返。石漠化发生发展后，反过来又加强岩溶生态环境的脆弱性，增强石漠化驱动力的作用强度，石漠化又得以进一步发展，周而复始，恶性循环，岩溶生态环境不断脆弱，不断恶化，又加快石漠化的发展。

2.4.1.1　植被退化、丧失过程

在人为干扰下，热带岩溶森林普遍退化，其群落演变过程分为顶级常绿落叶阔叶季雨林阶段、喜光树种占优势的先锋群落阶段(次生季雨林阶段)、藤刺灌丛阶段、草丛阶段、石荒漠阶段，随着森林群落退化度的增加，群落高度逐渐下降，层次分化简单，形成结构与功能不完整的生态系统。

石漠化过程中植被退化、丧失是最为直观和敏感的现象。受人为活动影响，植被退化、植物群落受损，影响生态系统的稳定性，而稳定性变差的群落和系统更容易受损、退化，甚至丧失。研究表明，石漠化植被退化、丧失过程，首先表现在物种数量减少；其次是群落组成成分、结构趋向于单一化，以及生物量和植被盖度降低。地被物的丧失使其对流水侵蚀的抑制作用减弱甚至消失，从而为流水侵蚀、化学溶蚀等提供了有利条件。可以说，地表植被的退化与丧失是石漠化的先导过程。随着石漠化程度加重，植被生境愈来愈向旱生、岩生方向转化，群落结构趋于简单，多样性和植被盖度降低，最终自然植被丧失，形成仅有苔藓地衣和低结构草丛生长的石质荒漠。

2.4.1.2　土壤侵蚀过程

岩溶石漠化也是一种土地退化形式，在石漠化过程中，表层土壤在强烈的水蚀作用下，土壤细粒物质被侵蚀，土壤剖面表层出现明显砂化现象，或发生表层

土壤被泥沙堆积和覆盖，造成土壤结构的破坏，保水保肥性能恶化，土壤表层有机质和养分丧失。当地表植被退化或丧失后，土壤层暴露于大气并受到流水侵蚀。从非石漠化土地到石质荒漠，土壤侵蚀是贯穿于石漠化全过程的重力作用方式，它从根本上制约了地表残余物质的积累和风化壳的持续发展，因而是石漠化的关键环节。土壤侵蚀过程包括土壤物理性质、土壤养分恶化、土壤微生物恶化与土壤酶活性恶化等方面，最终造成土壤质量退化。

(1)土壤物理性质恶化过程

土壤物理学特性影响土壤的通气、透气、持水、导热、抗蚀等各种功能，是反映土壤质量的一个重要方面。在石漠化过程中伴随着土壤的粗粒化，必然引起土体的分散和结构的破坏，造成土壤物理性质的变化。研究表明，正常土壤比严重石漠化土壤容重明显低，土壤总孔隙度和持水性能明显高，在植被破坏和不合理土地利用的情况下，黏粒和粉粒由于土壤侵蚀而流失，使得土壤粗粒化，结构分散，导致土壤容重增加，孔隙度降低，持水性能下降。极严重石漠化较正常土壤容重增加53.6%，孔隙度下降39.8%，毛管持水量和田间持水量分别是正常土壤的47.8%和42. 9%。从孔隙分布看，正常土壤和轻度石漠化的土壤，毛管孔隙度、通气孔隙度处于较为理想的状况；中度至极严重石漠化的土壤，总孔隙度低，非毛管孔隙度和通气孔隙度较高，说明严重石漠化土壤主要是由单一的粗颗粒垒结而成，增加了通透性，土壤对水、肥、气、热等肥力因素的容蓄、保持和释供能力的恶化和丧失。

在不同的利用方式下，土壤的物理性质演化差异大，特别是在开垦耕作后，土层变浅，腐殖质层变薄，土被连续程度差，质地黏化，水稳性团粒减少，微团粒含量增加，其变劣将导致水土流失加剧，造成土壤质量退化，这主要与人为不合理的利用有关。

(2)土壤养分恶化过程

土壤有机质是评价土壤肥力质量的一项重要指标，与多种土壤养分相关，同时对土壤持水供水能力、孔隙度和团聚体等物理性质有重要的影响。研究表明，表层土壤有机质含量从正常土壤的53.21g/kg下降到极严重石漠化土壤的8.22g/kg,降幅达80%以上。不同石漠化程度土壤有机质、全N的水平分别只占正常土壤的15.4%～66.6%和14.8～56.7%，说明石灰岩地区在植被破坏后，土壤养分随之丧失，逐渐失去了农业生产的土壤营养物质基础。虽然在人为长期合理的利用和培肥下有一定程度的恢复，但C、N库容的恢复和重建将是一个十分漫长的过程。严重石漠化地的土层裸露，立地条件严重恶化，速效养分含量更是贫乏，侵蚀地寸草不生(土地石漠化)，土壤抗侵蚀性能很差，生境处于恶性循环阶段，土壤质量日趋下降。

土壤阳离子交换量是反映土壤保持养分和缓冲能力的重要指标，正常土壤阳离子交换量是石漠化土壤的 1.2 ~ 3.8 倍，说明在岩溶石漠化过程中，土壤保肥性能逐渐恶化。调查结果表明，采用退耕还林或封山育林措施后，土壤营养元素供应容量和供应强度有一定程度的改善。

(3) 土壤微生物恶化过程

在土壤质量的演变过程中，土壤微生物参与土壤的 C、N、P 等元素的循环过程和土壤矿物的矿化过程。微生物是供给植物营养元素的活性库，微生物种群数量的消长，一般能反映土壤肥力的变化。岩溶地区的土壤遭到严重侵蚀后，土壤肥力严重退化，这在土壤微生物数量上得到最为明显的体现。研究表明，严重石漠化地土壤细菌、真菌和放线菌数量最低，其微生物总数极低(5.94×10^3个/g 干土)。这与严重退化地的植被稀疏、有机质含量极低相关。随着石漠化程度的加剧，土壤微生物数量呈降低趋势，正常土壤细菌、真菌、放线菌、固 N 菌和微生物总数分别是石漠化土壤的 1.4 ~29.3 倍、1.0 ~2.9 倍、1.3 ~6.6 倍、1.6 ~46.3 倍和 1.1 ~32.1 倍。由于土壤微生物积极参与土壤中物质转化过程，其数量直接影响土壤供肥和保肥能力。在陆地生态系统中，土壤微生物生物量作为有机质降解和转化的动力，是植物养分重要的源和库，对植物营养元素转化、有机碳代谢具有极其重要的作用，通常以微生物生物量碳含量来表示。不同石漠化程度的土壤微生物生物量碳差异明显，正常土壤分别是石漠化土壤的 2.6 ~39.3 倍，降幅达 97.5%，这与土壤微生物总数密切相关。

(4) 土壤酶活性恶化过程

由土壤微生物生命活动和植物根系产生的土壤酶，不但在土壤物质转化和能量起着主要的催化作用，而且通过它对进入土壤的多种有机物质和有机残体进行生物化学转化，使生态系统的各种组分有了功能上的联系，从而保证了土壤生物化学的相对稳衡状态。土壤酶对因环境或管理因素引起的变化较为敏感，并具有较好的时效性，是反映土壤质量或土壤健康较为敏感的指标。石漠化土壤各类酶的活性和土壤呼吸作用微弱。有研究表明，正常土壤的脲酶、蔗糖酶和蛋白酶分别是石漠化土壤的 3.9 倍、6.3 倍和 4.2 倍。土壤蔗糖酶直接参与土壤碳素循环，而蛋白酶则直接参与土壤中含 N 有机化合物的转化。发生石漠化后，以上 3 种水解酶活性明显降低，表明土壤中 C 和 N 素营养循环强度有不同程度减弱，土壤肥力在不断恶化过程中。

2.4.1.3　地表水流失过程

土壤水分是土壤养分循环的媒介，是维系地表植被和各种生物活动的命脉。土壤水分缺失使土壤干旱化，既影响土壤生命系统的存活，也使土地发生退化。由于岩溶区地表具有特殊的双层结构，地表溶洞、溶沟、裂隙发育，渗漏系数达到 0.5 ~0.7，是非碳酸盐岩区的 2 ~3 倍，地表水渗漏性很强，使水文网出现一系列特殊的变化，缺乏系统的地表水文网，而地下水文网却很发育。据观测，当降雨到达地表后，土壤中水、地表水和地下水在坡面上很快发生转化。降雨入渗到土壤中，当土壤中水分达到饱和或近饱和时产生坡面薄层水流，其中一部分形成坡面径流转为地表水，另一部分径流沿陡坡、岩石裂隙和落水洞转入地下暗河、溶洞转为地下水。水分的丧失不仅造就了干旱缺水的石漠化土地，也造成了岩溶区"土地在山上，水源在山下"的水土资源不协调的格局。

2.4.1.4 碳酸盐岩溶蚀、侵蚀过程

埋藏、半埋藏的碳酸盐岩及下伏基岩，在岩溶作用、流水作用及重力作用下，形成裸露、半裸露的石芽、溶沟、角石等，造成少土多石、生境严酷的土地，期间经历了复杂的碳酸盐岩溶蚀、侵蚀过程。一是充沛的降雨和大气、土壤中较多 CO_2逸出时，与碳酸盐岩产生溶蚀作用。降水量与碳酸盐岩的溶蚀速度具有线性关系，而参与的 CO_2越多溶蚀作用就越强，温度主要起控制溶蚀速度的作用。在溶蚀作用下碳酸盐岩向负向或正向溶蚀岩溶形态演变，尤其在土层和岩石交界处溶蚀比较剧烈。二是在溶蚀的同时，碳酸盐岩质地变差，在重力作用下易崩解、坍塌，加快其向溶蚀岩溶演变的速度。第三，溶蚀、侵蚀产生的可溶物、残余物在流动性水作用下，被侵蚀、冲刷殆尽，仅剩岩石。

在长期的溶蚀、侵蚀及重力作用下，地上、地下的碳酸盐岩演变为半裸露、全裸露石芽、溶柱、吊岩(角石)、溶沟、溶斗等溶蚀岩溶形态，并且裸露、半裸露基岩出露范围增大愈来愈大，土被的范围愈来愈小。从轻度石漠化到极重度石漠化，基岩裸露率由 30% ~50% 增至 50% ~70%，再增至 70% ~90%，最终达 90% 以上，形成类似石质荒漠的景观。这是土地石漠化的重要过程，也是其结果。

2.4.1.5 生物生产力退化过程

随着石漠化发展，土壤的物理、化学和生物生产力都发生明显退化。石漠化过程中，土壤物质发生迁移，土壤粒度组成向沙化、粗化方向演变；土壤中有机质、全 N、P 和 K 含量逐渐降低，尤其在石漠化重度—极重度阶段，土壤的有机质、N、P 和 K 含量迅速降低，导致生物生产量大幅度下降。随着石漠化程度的加重，土壤颗粒沙化、粗化，养分含量减少，土地的生物特性或经济生产力大大降低，直至生命系统难以存活。

靠山吃山，靠水吃水，单位面积土壤的生产力降低。岩溶石山区农民为维持生活，又要扩大开荒种地范围，毁林毁草开荒，有的地区除了 35°以上的陡坡外，再无可资利用的耕地资源，陡坡开垦成必然选择。越贫穷越破坏，森林生态系统遭到严重损坏，水土流失极其严重。

2.4.2 岩溶石漠化类型划分因子分析

建立评价指标体系首先要考虑石漠化等级的划分。石漠化本质是土地退化的过程，其等级的划分也应以土地利用的适宜性作为标准。指标的数量化过程中，

可从生态基准并从当地实际情况出发，先确定其中某些等级的值，再根据等差原则确定各等级之间的量化界线。

2.4.2.1　现状指标

(1)植被覆盖率

从石漠化的科学内涵出发，石漠化最直观的表现就是植被覆盖率下降，岩石裸露。因此，植被覆盖率是石漠化辨识的关键指标。对植被盖度与水土保持关系的研究表明，要稳定地减少土壤侵蚀，植被覆盖不得低于50%。可将植被覆盖在50%以上的地区作为无明显石漠化的地区；从土地利用的角度来说，若植被覆盖率低于20%，在土地利用上属于低覆盖地区，土地难以利用，基岩大部分出露，景观已经接近于裸露石山状态。

(2)岩石裸露率

岩石裸露是石漠化景观最明显的表现，各等级之间的界线可以结合植被覆盖率来划分。当土地利用为低覆盖草地时，土地已不能利用，景观近于裸露石山，裸岩率达80%以上。

(3)土层厚度

广西热带岩溶地具有独特的水热条件，有土层存在的地方基本就会有植被生长，土层厚度是反映石漠化分布规律的一个重要指征。典型裸露型岩溶山地土体厚度一般在30cm，通常林业和牧业土层厚度小于10cm就难以利用，可作为中度石漠化的界线；土层在20cm以上则林、灌、草都可利用，可近似地作为无明显石漠化的地区。

(4)植被类型

土壤遭受侵蚀后土层变薄，肥力下降，不仅植被覆盖率降低，植被类型也相应发生变化。植被类型变化可间接地反映土地生产力退化的状况。石漠化从形成初期阶段到演化的后期，植被类型的演替序列为，乔木顶级群落——喜光乔木林——藤刺灌丛——草灌丛——草丛——裸岩，通过不同的植被类型反映石漠化的发展程度。

2.4.2.2　危险度指标

(1)坡度

石漠化发生的本质原因是土壤侵蚀速率大于成土速率，坡度本身并不能直接反映石漠化程度，但可通过反映石漠化的形成过程和结果来体现石漠化形成的危险程度。坡度越大，地表物质的不稳定性就越强，土壤越容易遭受侵蚀而变薄。对不同坡度下土壤冲刷量的实验研究表明：坡度在18°以下，土壤冲刷量随坡度增加而增加，但趋势很平缓；若坡度在18°以上，冲刷量随坡度急剧增加。可将坡度<18°的地区示为无明显石漠化地区。坡度超过25°，水土流失强烈，便不能进行农业活动。

(2)岩性

碳酸盐岩是以石灰岩、白云岩为代表，包括白云质石灰岩、灰质白云岩、燧石灰岩、泥质灰岩、夹硅质石灰岩等在内的岩石总称，总体特征是可溶性物质含量高，以溶蚀风化为主，成土速度极慢。由于不同碳酸盐岩的组分不同，在风化方式、成土特性、水文地质等方面有较大差异，这种差异引起了不同岩性间地表生态环境因子的组合和质量的较大差别，形成了十分明显的岩溶石漠化类型。总的趋势是随着碳酸盐岩建造中泥质含量的增加，岩组中酸不溶物含量加大，成土速率加快，石漠化发生率呈下降趋势，程度也逐渐以轻度占优势。泥质含量越少，发生石漠化的潜在可能性就越大。因此，可以将碳酸盐岩中泥质含量的高低作为衡量石漠化危险度的标志。

(3)地貌

陡峻破碎的地貌形态是石漠化形成的重要影响因素，地貌切割度的大小反映了地表被破坏的程度，与石漠化关系非常密切。在同一类地貌单元内，随切割度的增大，石漠化发生率也增大；切割度越深，石漠化程度也越严重。切割深度能够反映石漠化潜在危险性，可根据切割深度的变化来确定不同程度石漠化切割度的界线值。浅切割区是轻度石漠化易发区，深切割区则为强度石漠化易发区。

(4)人口密度

石漠化是自然和人为因素共同作用的结果，人口密度间接地反映了人口对资源和环境的压力，通常农业人口压力大的地区生态环境破坏较为严重，人口密度可作为人口对石漠化压力的等级。

(5)陡坡耕地率

所有旱坡耕地都有不同程度的水土流失，25°以上的坡地水土流失最为严重，石漠化土地中相当一部分是由于人类过度垦殖从坡耕地演化而来的。陡坡耕地率指>25°的坡耕地面积占总耕地面积的百分比。陡坡耕地反映了人口对耕地的压力，陡坡耕地率越大，土地石漠化的危险性就越高。

2.4.3 岩溶石漠化类型划分

2.4.3.1 按石漠化严重程度划分

石漠化等级的划分，国家目前尚无统一标准，分级标准还处于研究和探讨之中，各部门和科研单位分别从自己的专业角度提出了不同的分级标准和评价指标体系，因而石漠化数据不统一，治理模式也不相同。综合分析，在石漠化分类因子上，有基岩裸露率、坡度、平均土层厚度、植被覆盖率、土被覆盖率、植被+土被覆盖率、植被类型等，采用一个、两个或多因子组合，如王瑞江等(2001)、吕涛(2002)采用基岩裸露率；兰安军等(2003)采用基岩裸露率、植被+土被覆盖率；熊康宁等(2002)采用基岩裸露率、坡度、植被覆盖率+土被覆盖率、平均土厚；蒋树芳等(2004)以植被覆盖度、基岩裸露率、植被类型确定石漠化等级；

生态功能区划技术暂行规程（国家环境保护总局，2002）采用基岩裸露率、植被覆盖度、坡度、土层厚度；区域环境地质调查总则（中国地质调查局，2004）采用基岩裸露率、裸露岩石分布形状、植被类型确定石漠化等级。

石漠化分类指标选择，首先要反映石漠化水平差异，其次要便于识别。龙州弄岗自然保护区及广西热带岩溶区许多村屯旁的风水林，岩石裸露率多在 80% 以上，但密闭的乔木林下湿度极大，山泉清澈。另外，近年经封山育林形成的藤刺灌丛及丢荒地形成的草丛，虽然有较高的植被覆盖度，但其生态防护功能极差。因此，植被类型为首先考虑因子。基岩裸露率、土层厚度，在缓坡地也可反映石漠化严重程度。

当前，区域石漠化数据取得主要是通过遥感卫星数据解译，在石漠化遥感解译中，一种是以石灰岩波谱特性和热性质参数为基础，直接从 TM 像元亮度（或灰度）数据中提取石漠化影像信息的方案；另一种是以植被波谱影像模型和图论为基础，通过对出露石灰岩区域集合与植被覆盖区集合域的图形关系逻辑运算，间接提取出裸露石灰岩分布区域的整体图形信息（即边界线信息）的方案。这种遥感影像解译模式根据基岩裸露、土被、坡度、平均土厚等来划分石漠化程度，根据遥感影像特征来解译石漠化面积，得到不同石漠化程度的土地面积。在石漠化综合规划与治理中，利用遥感影像进行石漠化现状调查是必不可少的一步。

关于石漠化的分级级数，不同学者亦不相同，四至六级不等，但多数学者倾向六级，即无明显石漠化、潜在石漠化、轻度石漠化、中度石漠化、强度石漠化、极强度石漠化。目前较多的采用《喀斯特石漠化的遥感 – GIS 典型研究 – 以贵州省为例》（熊康宁等，2002）分级方案（表 2 – 1）。然而，全面分析该方案，发现对广西热带岩溶地区适用性差。广西热带岩溶区，高温多雨，植物生长快，相对贵州石灰岩地区，岩石裂隙发育程度高，有益植被生长，植被覆盖度较高，即使连年火灾草地，土被不足 5%，植被覆盖度仍在 30% 以上，通常可达 80% 以上。

表 2-1　综合石漠化的景观学特征并兼顾农业利用价值的分类方法（熊康宁，2002）

强度等级	基岩裸露（%）	土被（%）	坡度（°）	植被 + 土被（%）	平均厚度（cm）	农业利用价值
无明显石漠化	<40	>60	<15	>70	>20	宜水保措施的农业
潜在石漠化	>40	<60	>15	50 ~ 70	<20	宜林牧
轻度石漠化	>60	<30	>18	35 ~ 50	<15	临时宜林牧
中度石漠化	>70	<20	>22	20 ~ 35	<10	难利用地
强度石漠化	>80	<10	>25	10 ~ 20	<5	难利用地
极强石漠化	>90	<5	>30	<10	<3	无利用价值

根据作者工作经验，参考相关研究结果，提出广西热带岩溶区石漠化分级标准，见表2-2。该标准强调植被群落对岩溶区生态环境的重要性及指示意义，也便于野外识别，同时也是当前石漠化治理的目标，即以建立乔木林为目的。同时，该标准提出农用地石漠化强度识别，可参照基岩率、坡度及土层厚度进行。

表2-2 广西热带岩溶区石漠化强度分级标准

强度等级	植被类型	基岩裸露率(%)	坡度(°)	平均土层厚度(cm)
无明显石漠化	乔木顶级群落	<40	<15	>20
潜在石漠化	喜光乔木林	>40	>15	>20
轻度石漠化	藤刺灌丛	>60	>18	>15
中度石漠化	草灌丛	>70	>22	<10
强度石漠化	草丛	>80	>25	<5
极强度石漠化	裸岩	>90	>30	<3

各强度等级特征如下。

(1)无明显石漠化等级

植被为常绿阔叶林群落，盖度90%以上，种类以当地顶级群落的蚬木、金丝李、肥牛树等常绿乔木为主，混有少量诸如任豆、南酸枣等落叶乔木，但林相仍是以常绿为主。林下灌木较少，草本也较少，分层盖度约30%～40%。农用地则具有连片的土被(>70%)、较低的基岩裸露率、较厚的土层厚度和较缓的坡度，主要包括成片的负地形(洼地)、平地、缓坡(梯田、梯土)等，无明显石漠化特征。

(2)潜在石漠化等级

以落叶阔叶树为主，未恢复到以常绿树或常绿落叶树共占优势的阶段。灌木的定居与生长，使得光照、温度等环境条件进一步得到改善，为一些喜光树种的生存提供条件，任豆、东京桐、海南椴、翻白叶树等主要树种得以发展，喜光的乔木树种生长，逐渐形成岩溶次生森林。乔木层群落盖度80%以上，灌木层盖度25%以上，草本层盖度15%以上。林内层次较简单，地表枯落物厚约2cm。水土流失不太明显，但坡度相对较大(一般大于20°)、土层厚度较薄(往往在20cm以下)，生境干燥、缺水、易旱，植被以具旱生性、耐钙喜钙性的种类为主，景观外貌不具“石漠”的印象。具有生态环境脆弱的特征，植被一旦遭受破坏将重新回到灌草甚至荒草坡。

(3)轻度石漠化等级

植被类型为藤刺灌丛，在草丛群落发展到一定时期，一些喜光的灌木藤本植物出现，如假鹰爪、山石榴、鸡爪筋、斜叶澄广花、剑叶龙血树等与一些高草混生形成灌草丛，以后灌木、藤本植物大量增加，占据优势成为灌丛群落。这个阶段最明显的特征是刺生藤本大量出现。群落高度 2～3m，灌木层盖度 80% 以上，土壤较疏松。由于人为活动的频繁影响，造成植被破坏、水土流失加剧、土层变薄，基岩逐渐出露，生态环境脆弱。

(4) 中度石漠化等级

中度石漠化是草丛向灌丛的过渡阶段，群落高度为 2m 左右，盖度 90%，群落以黄荆(*Vitex negundo*)、类芦、白茅、蔓生莠竹为主，其中草本植物的优势稍胜过灌木。群落受放牧和取薪的干扰。

(5) 强度石漠化等级

由于长期过度放牧，群落一直处于草丛阶段。群落高度约 20～100cm，以蔓生莠竹、紫茎泽兰、飞机草等为主，盖度约 50%。石漠化特征极明显，土壤侵蚀强烈，甚至无土可流。基岩裸露面积大，在 80% 以上，土被覆盖度在 20% 以下，坡度陡(一般大于 25°以上)，是石漠化接近顶极(石漠)的等级，属生态环境严重脆弱型土地。

(6) 极强石漠化等级

近石板地，几乎无土可流失。基岩裸露面积大，在 90% 以上，土被覆盖度不足 10%，坡度陡(30°以上)，植被覆盖度低于 10%，农用价值丧失，属生态环境极严重脆弱型土地。

2.4.3.2 按石漠化脆弱生态环境评价

李瑞玲等(2004)根据坡度、岩性、地貌、人口密度和陡坡耕地率这几项因素，建立了贵州省岩溶石漠化危险度评价指标体系，将发生石漠化的风险分为轻度、中度和极强危险性 3 类，结果见表 2－3。通过对石漠化危险性的评价，来反映一个地区石漠化的潜在危险程度和未来发展趋势，既明确了石灰岩地区哪些土地类型处于警界状态，已不能再开垦利用；同时也揭示了各类自然因素和社会因子与石漠化危险性之间的相关关系，用以指导当地的土地利用方式和生产活动，具有较强的现实意义。

表 2-3 岩溶石漠化危险度评价指标体系(李瑞玲等，2004)

强度等级	坡度(°)	岩性(泥质含量)(%)	地貌(切割度)(m)	人口密度(人/km^2)	陡坡耕地率(%)
轻度危险性	>18	30～70	<200	>143	<7.42
中度危险性	>20	10～30	200～500	>205	7.42～13.14
极危险性	>25	<10	>500	>267	>13.14

麦雄发等(2004)采用模糊模式识别方法，选用降水变率、地表起伏指数、岩石裸露率、石山占国土面积、土地退化指数、农业人口密度、经济密度、农业人口纯收入等指标对广西都安瑶族自治县石漠化危险度进行了评价，划分为极危

险、高危险、中等危险、不危险四级。根据危险度的划分，我们就可以有目的、有计划地进行灾害防治工作，以防患于未然。

2.4.3.3 按侵蚀模数划分

石漠化的典型特征是自然植被严重破坏，水土严重流失，岩石裸露。然而，石灰岩成土极慢。据资料介绍，广西岩溶区碳酸盐岩溶蚀速度 0.0550 ~ 0.1228mm/a，平均为 0.0811mm/a，即 $81m^3/(km^2 \cdot a)$，按岩石比重 $2.7t/m^3$ 计算，则溶蚀模数为 $218.7t/(km^2 \cdot a)$。遭溶蚀的碳酸盐岩只有 5% 能形成土壤，碳酸盐岩遭溶蚀后而形成的土壤，仅 $11t/(km^2 \cdot a)$。这也是广西岩溶区河流含沙量常很低，江水清澈见底的原因。实际上，在岩溶区除碳酸盐岩外，往往还杂有其他岩石(如砂岩、黏土岩与变质岩等)，其风化产物亦不能忽视，因而土壤允许流失量还要更加大些。据水文研究，广西岩溶区河流含沙量仅 0.06 ~ $0.10kg/m^3$，悬移质侵蚀模数 60 ~ $150t/(km^2 \cdot a)$。与非岩溶区相比，侵蚀模数属极低水平。与 1984 年水利电力部颁布的土壤侵蚀分级指标，土壤微度侵蚀模数 $500t/(km^2 \cdot a)$ 标准比较，仅为其 12% ~30%。

柴宗新(1989)研究表明，广西岩溶区主要由占 70% 以上的碳酸盐岩与占 30% 以下的其他岩石组成，故土壤允许流失量以 68 $t/(km^2 \cdot a)$ 为宜。也就是说，在广西热带岩溶区，若土壤侵蚀模数超过此数，风化成土量便入不敷出，土壤厚度日趋减薄，以至土壤侵蚀殆尽，裸岩地遍布。

表 2-4 广西岩溶区土壤侵蚀分级

级别	国家标准平均侵蚀模数 [$t/(km^2 \cdot a)$]	岩溶区土壤侵蚀模数 [$t/(km^2 \cdot a)$]*
弱度侵蚀	<200	<68
轻度侵蚀	200 ~ 2500	68 ~ 100
中度侵蚀	2500 ~ 5000	100 ~ 200
强度侵蚀	5000 ~ 8000	200 ~ 500
极强度侵蚀	8000 ~ 15000	>500

*来自柴宗新，试论广西岩溶区的土壤侵蚀，山地研究，1989。

2.5 治理石漠化的思路、措施及建议

岩溶生态环境脆弱，抗逆力低，易损，敏感，难恢复，对石漠化的防治应具有明显的针对性。不同成因类型的石漠化，其驱动力来源与作用不同。因此，应针对其主控因子采取不同的措施。不同程度类型的石漠化表征出石漠化可恢复性的土壤物质基础不同，因而应采用不同的恢复与重建战术。依据石漠化的形成介质环境，控制因子和成因机理，为有效地开展石漠化防治工作，应以防为主，防

治结合，贵在治本，抑制和转化石漠化的驱动力，变恶性作用为良性作用。

2.5.1 治理思路

广西热带岩溶山区有着植被恢复和生态重建的有利条件，光、热和降水条件优越，植物四季生长；更为重要的是，溶岩山地具有丰富的动植物资源，被世界自然和自然资源保护组织(IUCN)列为国际植物多样性中心之一。如广西的石灰岩山地已记录到4500多种维管束植物，占广西植物种数的62.4%。丰富多样的植物资源为石灰岩山地的生态重建提供了前提条件。其中蕴涵着丰富的颇具开发利用前景的非木质林产品资源、名特优经济林树种资源以及珍贵特用树种资源，为开展生态综合整治，合理开发植物资源，改善石灰岩山地居民的经济条件和生活质量，实现资源持续利用和社会经济稳步健康发展提供了种质保证。对龙州弄岗自然保护区、隆安龙虎山自然保护区石灰岩山地森林以及石灰岩山区的一些乡村风水林的考察，发现这些自然保护区以及散布于各地的风水林除了为石灰岩地区的植被恢复和生态重建提供种质来源之外，也让人们看到了热带石质岩溶山地植被恢复和生态重建的前景。热带石质灰岩地区的风水林大多在1958年"大跃进"期间遭毁灭性砍伐乃至火烧破坏，经过几十年的封山育林恢复形成多层次群落结构，其生物多样性已与弄岗自然保护区的植被相似。

石漠化的治理是一个系统工程，必须从改善区内的生态环境现状和自然、社会经济情况出发，以生态学和生态经济学原理为基础，在有效保护岩溶山区现有的生物多样性的前提下，实现人与自然的和谐统一，使生态修复措施、工程措施及管理措施等多方面有机结合，综合治理，促进石漠化地区生态、经济和社会的协调发展。

2.5.2　治理石漠化的措施及建议

2.5.2.1　生态修复措施

以退耕还林还草、封山育林为基本内容，根据林草种类的适生特点，科学处理好林灌草的恢复顺序和不同林种(经济果木林与生态林)之间的关系。人为的生态修复方法主要是植树造林，包括封山育林(自然调节为主，人工种植为辅)和人工造林(人工种植为主)两种措施，可根据当地实际情况适当选择。

(1)封山育林，充分保护和改良现有植被

封山育林是石漠化地区生态重建最为直接有效的措施，它能充分利用植物天然更新能力和广西热带优越的气候条件，实现自我更新演替，形成物种多样、结构合理、复杂稳定的植物群落。因此，在岩石裸露率高、立地条件差、人工造林困难的地段应实行封山育林，根据现有母树、根桩、幼树的分布情况及当地的实际，采取合理的封育类型、封育方式及封育年限，确定正确的培育方向和管护措施。对局部空地及立地条件好的地段，在保留原生植被的前提下，可采取人工补植、补播的方式，适当补植、补播目的树种或阔叶树，使其较快恢复植被，形成乔木林或灌木林。在封育区禁止任意放牧、割草、割灌、砍柴等一切人畜活动。由于草类的生长周期短、速度快，可利用周围地区的天然下种能力，先培育草类，进而培育灌木，通过较长时间的封育，最终发展成乔、灌、草相结合的植被群落。

封山育林简便易行，用工少，见效快。特别是在广西热带地区，阳光充足，降水丰富，年平均降水量1000～1600m，雨热同季，极适宜林木生长，一般经过3～5年的围封即可基本恢复植被。但采取封山育林措施，必须调查当地树木种源，只有在疏林、灌丛或散生树木的山地禁封，借助树木的天然下种或萌芽才能形成森林。否则，种质材料的缺乏，植被只能长期停留在草灌丛状态，这就是许多地方长期封山，仍不见林的原因。另一方面，广西热带岩溶区藤刺灌木种类多，生长快，覆盖度大，严重影响树木更新和生长。

20世纪80年代末开始，广西热带岩溶区各地对岩溶石山区采取“以封山育林为主，造林补植、改燃节柴为辅”措施，加快石山造林绿化步伐。不少石山区通过持之以恒的封山造林，不仅提高了森林覆盖率，改善了生产、生活条件，解决了用材、烧柴问题，还促进了畜牧业及其他产业的发展，增加了经济收入，实现了脱贫致富。大新县明仕田园风光、隆安县龙虎山等著名风景名胜区，是长期封山育林的结果，有效地改善了自然景观和旅游环境，推动了生态旅游业的发展。

(2)实行退耕还林还草，扩大林草比重

实行退耕还林还草是调整农业产业结构，促进地区经济发展和山区农民脱贫致富的有效途径。长期以来，山区农民在经济落后，农业生产力低下的情况下盲目开垦，造成生态环境恶化与贫困的恶性循环，结果是“越穷越垦，越垦越穷”。因此，在2000年，国家就提出25°以上的坡地应当用于植树种草。2001年，广西被列入了全国退耕还林试点工程省区，当年国家安排广西退耕还林试点2个县，任务1.2万hm^2；2002年，国家增加了广西退耕还林任务，安排项目县64个，面积16万hm^2；2003年，国家又进一步增加广西退耕还林任务，安排项目县达55个，面积23.33万hm^2；2004年国家又安排广西退耕还林任务2万hm^2，石山荒山造林13.33万hm^2，仅退耕还林此项工程国家就安排广西投资8.098亿元。实行退耕还林是为改善生态环境而实行的一项重大举措，因此，在石漠化地区退耕还林必须搞好规划，做到有的放矢，按照“适地适树”的原则，宜林则林，宜草则草，宜竹则竹。对于潜在石漠化的土地，要增加植被覆盖度，扩大林草比重，并从当地实际出发，与农业生产结构调整有机地结合起来。实践证明，凡是实行退耕还林的石山区，农民既得到了国家粮食补助和种苗费的供给，还有余力从事多种经营和副业生产，较大幅度地增加了收入。因此，可以说，退耕还林既是一项“德政工程”，又是一项“富民工程”。

石漠化地区退耕还林，首先要因地制宜，选择适应性强、喜钙喜碱、生长较快的优良树种；其次是保护好现有植被，采取“见缝插针，局部整地”的方式，在土层瘠薄、肥力差的地方进行“穴垦客土”的方式植树造林，禁止全垦；再者是大力推广先进适用的科学技术和成果，应用容器苗和切根苗造林、使用生根粉浸根、施用抗旱保水剂等技术，努力提高造林成活率。当然，最主要的仍是造林后及时加强管护，及时补植，力保植树工作成果。近年广西热带岩溶区成功探索出了石漠化治理模式——“总体封山育林，石窝栽种竹木药”，筛选了吊丝竹、任豆、香椿、苏木、毛葡萄(*Vitis quinquangularis*)、木豆(*Cajanus cajan*)等一大批石山人工造林树种，形成了“吊丝竹+任豆”、“任豆+木豆”、“任豆+银合欢”、“任豆+金银花”、“任豆+毛葡萄”、“台湾相思+任豆”等10多种石山造林模式，为加快治理提供了技术保障。

广西的平果县果化镇龙色村龙东屯，过去岩石裸露达90%以上，人均耕地仅0.029hm^2，干旱缺水，生活生产条件十分恶劣，年人均收入仅64元。近年来，该屯大搞石山造林绿化，大种任豆。如今，该屯的石山已满目青山，涵养了水源，生态环境得到有效改善，先后有8hm^2旱地改成了水田，年年保收；并利用任豆树叶养羊，畜牧业得到发展，群众经济收入增加，现每年人均纯收入达2000多元，一举甩掉了“贫困”的帽子。田阳县那满镇新楼村在大种吊丝竹前，每年缺水近4个月，实现竹子造林绿化后，人均有竹林0.73hm^2，石山保水能力逐年增强，多年枯竭的水源得到恢复，部分农户还接上了自来水。特别是该村驮九屯，坚持年年种竹，现有竹林200hm^2，改善了生态，干涸多年的溪沟现在溪水长流，人畜饮水不用愁，以前屯里都是种玉米，现在泉里有了水，自1995年以来年年种上了水稻。

2.5.2.2　工程措施

石漠化区水土资源俱缺，出现一方水土养活不了一方人的困境。必须依靠先进适用技术，高效合理利用有限的水土资源。根据表层岩溶水的分布规律，配套发展小水塘、小水池、小水窖等小微型集雨工程和提灌工程，把生物节水(如培植推广耐旱作物品种等)、农艺节水(如地膜覆盖、聚拢耕作等)、工程节水(修建鱼鳞坑等)和管理节水结合起来，基本解决旱地浇灌和人畜饮水问题。以土地整理和水土保持为中心，通过实施“沃土工程”、坡改梯等培土培肥工程和间作套种、错季节种植、立体种植等措施，提高石漠化区基本农田单产和复种指数。通过对有限水土资源的高效利用，稳步解决石漠化区人民的温饱问题，确保退耕还林成果。

(1)改变水文地质结构，有效利用表层岩溶水

有条件的石山地区建设梯田，以提高土壤蓄水能力，减少水土流失，有效地减少泥沙输出量，保护土壤。另外，石山区表层岩溶带具有调节岩溶水的功能，

对于用水量不大的岩溶石山区居民，能为他们提供正常的生活饮用水及灌溉用水。因此，修建各种水资源调蓄工程，调蓄表层岩溶水，能解决岩溶水的时空分配不均与农业用水节令产生矛盾的状况，有效解决旱涝问题，减少水土流失，从而起到防治石漠化的作用。

坡地改梯地，人工砌墙保土，砌成挡土墙，能使耕地长期得到保护。据调查，采用砌墙保土治理坡耕地后，旱作产量提高20%以上，效果显著。平整土地后水土保持效果也非常显著，据监测，坡地改梯地后，土壤流失量由12.9t/(hm^2·a)减少到0.65t/(hm^2·a)，径流量由9150m^3/(hm^2·a)下降到937.5m^3/(hm^2·a)。

(2)建立地头水柜

广西热带石漠化地区旱灾最为频繁和严重，“有雨三日水成灾，无雨三日土冒烟”。大石山区属于典型的岩溶地貌，土地瘠薄，无法保水，虽然年均降水量大，但居住在这里的壮、瑶、苗等少数民族群众大多生活在缺水的困扰中。许多群众每天走上几千米山石路，从深达几十米的岩溶溶洞中挑水吃。水来之不易，一些地方群众甚至早上洗脸后用来洗菜，洗完菜后拿来洗脚，洗完脚后还要留着喂牲畜。

为解决山区群众人畜饮水困难，广西自1998年起发动群众，在自家门前屋后先后建起了以集、贮雨季雨水和山泉，供干旱时节使用的“家庭水柜”，总数达15万多个，上百万人口和数百万头牲畜从此告别了缺水的历史。为解决受干旱制约无法保持农作物稳产高产，广西发动群众在房屋旁、山坳下、山脚边雨水汇流处，用水泥、石块垒成永固性的水池——“地头水柜”，蓄存雨水，用来供人畜饮用和浇灌田地，不少耕地粮食作物由原来的一年一熟变为一年两熟，修建“地头水柜”，因此又被称为“集雨浇灌工程”。

(3)改变能源结构，解决群众燃料不足

长期以来，广西热带岩溶石山区大部分农民煮饭炒菜烧水都依靠薪柴，一年四季山上伐木声不断。由于过度的乱砍滥伐，生态环境问题日益严峻。因此，改变农村能源结构，解决群众的燃料问题已成为当务之急，其中以沼气池建设效果最好。沼气建设，既能为大石山区群众提供稳定生活能源，又能解决石山区群众养殖过程中产生的牲畜粪便，洁净人们生活环境，同时为发展种养提供优质肥料。广西从2000年起，每年以新建30万座沼气池的速度推进，2002年、2003年、2004年又分别新建40万座；到2005年年底，广西沼气池达到290万座，入户率达36.25%，是全国沼气池数量最多的省区，年新建池量为全国的1/3。据统计，一座8m^3的沼气池，投资约1500～1800元，年产沼气400m^3多，可满足4～5口农家的炊事和照明用能需要，年可为农户节约燃料费和电费约800元，每年还可节约薪柴2.5t，相当于保护2000m^2林木的蓄积量，同时提供27.3t农家肥。可以说，一座沼气池就是森林和石山的一尊保护神。沼气池以及其他农村生态能源的推广应用，使广西每年节约薪柴约 1205 万 t，少砍伐薪柴 35 万 hm^2，能源性消耗的森林资源已经由 1986 年的 48% 下降到现在的 31%。因此，要加快石漠化治理必须提倡山区农民建设沼气池，以转换能源使用方式，解决群众燃料不足的问题。

2.5.2.3　管理措施

(1) 降低人口增长率，提高人口素质

石漠化地区人口密度虽然比较小，但土地承载力低，使得人口压力相对来说很大。由于经济落后，石山区群众多子多福的封建思想严重，人口自然增长率远高于经济发达地区。因此，要加强对石漠化地区的广大农民的宣传教育，严格实行计划生育，控制人口增长，缓解土地压力是防治石漠化的前提条件。

在控制人口的自然过快增长的同时，应加强农民实用技术培训，提高农民的整体素质和致富能力。要采取切实措施，加快石山区农村剩余劳力的输出转移，通过推进石漠化地区农村工业发展和小城镇建设，降低农业人口比重，优化就业结构。当前可重点优先发展：①绿色产品加工业；②道地中药材产业化经营，如金银花、苏木、苦丁茶等系列产品种植、加工；③牛羊肉系列产品开发，如黄牛、山羊等具地方特色的畜禽产品的产业化开发；④某些有资源优势的经果林系列产品开发，如靖西山楂、龙州山黄皮等产业化开发。其次是发展特色旅游业，石漠化区有丰富的旅游资源，如洞穴、峡谷、石林等自然风景点及多姿多彩的少数民族风情，可发展洞穴探险、峡谷漂流、民风民俗游等。通过挖掘培植适合石漠化区地域特色的替代产业，实施产业化经营，推动石漠化区的经济发展。

(2) 有计划地实行生态移民

在石漠化严重的地区，草地和耕地几乎完全废弃，地表只剩下生命无法附着的石头，无法进行耕种。恶劣的自然环境已经不适于人类生存，实行生态移民是唯一的选择。1993 ~ 2000 年，广西筹资 10 多亿元，采取县内、地区内和跨地区安置三种途径，分期分批把居住在大石山区人均耕地 200m^2 以下，生态环境恶劣，自然条件差，缺乏基本生存条件的特困人口搬迁到土山区，共新建 300 多个安置点，安置移民 20 多万人，开发土地 10 多万 hm^2。同时，地方各级政府还引导石山区农民搞劳务输出，每年至少有 50 万劳动力以各种形式到外地打工，由此既减少了由于人多而导致对石山的过度破坏，又增加了农民收入。

(3) 建立试验示范点，探索多种治理与开发的模式

选择生态本底不同、社会经济基础各异的几种典型石漠化类型区进行试验示范，建立科技含量高、生态经济效益显著、易操作、示范辐射效应强、具有可持续发展能力的“精品工程”、“样板工程”，如石旮旯地的林牧高效复合经营示范、石山坡面水的调蓄和地下水的综合利用示范、石漠化区植被快速恢复示范、道地中药材的产业化开发示范等，通过示范带动石漠化区生态治理与产业发展上一个

新台阶。

广西热带石漠化防治有许多成功典型，开展多种治理与开发模式是石漠化治理的一项重要措施。首先是要在统一规划的前提下科学配置水土、植被等资源，实行山、田、水、林、路综合治理。植被建设要坚持适地适树的原则，要乔、灌、草、竹、药一起上，宜乔则乔，宜灌则灌，宜草则草，宜竹则竹，做到合理搭配，封、造有机结合，不同的石山采取不同的治理措施和治理模式。其次，要大力发展适宜石山地区生长的优良乡土树种，不同的区域营造不同的树种，如蚬木、金丝李、肥牛树、望天树、香椿、苦楝、无忧花、木棉、狗骨木、吊丝竹等，从实际出发，实行分类经营。再次，是实行长短结合与建设主体造林模式，如石山顶部，土少石多，在采取全面封山育林的前提下兼种一些如金银花、鸡血藤之类的药材；石山中部山腰上，种植用材林并兼种藤类和吊丝竹；石山脚土壤水肥条件比较好，适合发展经济林，大力发展果树，如龙眼、荔枝、柑橘、枇杷等。这样既有短期的经济收入，又有长远的生态效益，并能促进农业生产的可持续发展。

(4)明确石山地区土地所有权

从经济学的角度看，石山地区生态问题的产生和石山地区土地所有权不明确具有直接关系，一些地方群众，认为石山无利用价值，因此没有明确石山的土地所有权。这种状况增加了石山植被管理难度。所以，要解决好石山地区生态环境的治理，首要的条件是明确石山地区的土地所有权、使用权，这对石山地区生态环境的保护具有重要的意义。

(5)完善区域生态补偿机制，巩固生态建设成效

自然资源是一个国家的物质财富，也是发展国民经济的基础。长期以来，由于我国对自然资源实行无价和低价利用，未体现自然资源的真正价值，自然资源遭到了严重破坏。实行生态补偿是我国西部大开发的一项重要内容，现在国家和地方政府对退耕还林还草已实行经济补偿政策，石山区还要进一步完善区域内的补偿机制，按生态环境的现状进行规划分区，遵循“谁受益、谁补偿”的原则，将国家、社会和地方政府作为多层次的补偿主体，采取金钱、实物、人力、技术等多种补偿方式，并使之固定化、制度化，使生态建设资金有一个正常的、长期的来源。

2.6 石漠化土地植被恢复技术

2.6.1 石漠化土地植被恢复的规划设计

2.6.1.1 小班踏查勾绘

根据岩溶山区耕地与荒山交错分布的特点，结合退耕还林、还草等工程规划，利用1/10000或1/50000地形图、遥感影像、GPS等，实地进行踏查勾绘。

以山脊、山沟、小路、公路等自然界线作参照，以土壤、地形、坡度、植被、基岩裸露率、生境、人为活动与干扰程度等为主要调查内容，进行小班踏查勾绘。

2.6.1.2 小班调查

以勾绘小班为单元，进行小班调查。对地理位置、地类、地权、海拔、地形、坡形、坡长、坡度、坡向、坡位、成土母岩、土层、土壤质地、土壤结构、土壤类型、成土方式、乔木层、灌木层、草本层、地被物层、人为活动、岩石裸露率、土被覆盖率、植被覆盖率等因子进行调查。

2.6.1.3 小班设计

根据小班调查结果分析，结合示范区内自然条件、生态环境和社会经济状况，特别是水土流失和石漠化的类型、等级等，以及土地利用特点，按一个自然集水区为林班进行小班规划设计。强度石漠化治理采取的主要技术措施是封山育林、退耕还林还草，主要配置植物有香椿、任豆、金银花等；中度石漠化治理采取的主要技术措施为退耕还林还草、改造补植，主要配置植物有香椿、金银花、吊丝竹等；轻度石漠化治理采取的主要技术措施是生物梯化、退耕还林还草，主要配置植物有山黄皮、柚木(*Tectona grandis*)、吊丝竹、麻竹等。

2.6.2 石漠化山地造林植草技术

2.6.2.1 强度石漠化土地造林植草技术

针对强度石漠化土地生态脆弱区的特点，通过人工促进自然恢复与生态环境保护模式进行治理。主要措施有人工促进封山育林、生态移民和生态保护区建设等，目的是减少人类活动，促进生态环境系统顺向演替的实现。在实施人工促进封山育林时，应遵循“适树则树、适草则草、适荒则荒”的原则，选用耐干旱瘠薄、喜钙、岩生、速生、适应范围广、经济价值较高的树种、灌木、藤和草种，如香椿、任豆、麻楝、金银花、吊丝竹等配置植物。此外还可选用南酸枣、苦楝、苦丁茶、乌桕(*Sapium sebiferum*)、榕树等植物。注重林灌草的立体配置及块状混交林的营建。

造林宜采用种子点播、小苗或容器袋苗等方式造林，以“见土整地、见缝插针、适当密植”为准则。按鱼鳞坑整地、穴状整地或局部块状整地。坑穴大小依苗木或种子类型而定，一般乔灌木定植穴的规格为30cm×30cm×20cm，无严格的株行距要求，合理密植(2250～4500株/hm^2)。提倡春季造林和雨季造林相结合，推广吸水保水剂、促根剂、节水技术等高新造林技术，形成乔灌草合理配置的良好岩溶生态系统。同时，建立健全村规民约和封山育林保护公约，实现农村社区参与式发展。

2.6.2.2 中度石漠化土地造林植草技术

中度石漠化土地生态脆弱区在治理过程中，应遵循“适地适用”原则，以蓄水、治土、造林为核心，将生物措施、工程措施、耕作措施、管理措施等进行组装配套。主要应根据岩溶石漠化生态脆弱区生态环境综合治理与产业化发展的总体规划，加大退耕还林还草工程、坡改梯工程、水利水保工程、“林果药粮——猪牛羊——沼气”工程、农村文化教育工程等实施力度，改善农村的农业生产条件、生活条件和生态环境。

中度石漠化地区造林植草措施，主要选用香椿、金银花等植物，还可选用木豆、任豆、苦楝、吊丝竹、桃(*Prunus persica*)、李(*Photinia salicina*)、梨(*Pyrus pyrifolia*)、枇杷、番石榴、番荔枝(*Annona squamosa*)、柿(*Diospyros kaki*)、板栗(*Castanea mollissima*)、柑橘、千年桐、桑叶、肥牛树等配置植物。注重林灌草的立体配置及块状混交林的营建，实施林灌草生态群落配置。造林时不全面砍山、不炼山，以小生境片、面、点、坑、窝、沟、槽、谷等进行整地，块状鱼鳞坑整地。定植穴大小依苗木或种子类型而定，一般规格为40cm×40cm×25cm，不设置严格的株行距，乔木采用(2～3)m×(2～3)m的株行距。积极推广造林地植被和造林穴表面覆盖技术，减少土壤水分流失或丧失，实行土壤保墒栽培，以提高造林成活率和保存率。造林可依树种特性，采用小苗或容器苗、切根苗上山，实行春季造林和雨季造林相结合，大力推广节水、促根剂造林技术。同时，加强造林地的抚育管理、施肥及病虫害防治等工作，实现森林的健康经营。

2.6.2.3 轻度石漠化土地造林植草技术

轻度石漠化土地生态脆弱区往往是自然植被保护较好的深山区或人口密集地的村前屋后，通常生产方式落后，生产力水平较低。因此，治理中必须走资源节约型、生态型等“三高”农业的可持续发展模式，以节水型混农林业模式为切入点，以产业化发展为核心，以提高土地生产力为手段，以资源的合理配置与利用为条件，改变高消耗资源的粗放型经济发展模式，促进岩溶脆弱生态区生态恢复与区域经济可持续发展相统一。

主要应结合区域自然资源的特点，实施以改土、配水节水、配肥为主的低产田改造工程、“沃土”工程、坡改梯工程、退耕还林还草工程、水利水保工程等，大力推行包括有立体农林复合型、林果药为主的林业先导型、林牧结合型、牧农结合型、农牧渔结合型、节水型混农复合型等生态农业模式，逐步形成资源节约型经济体系。

造林时根据“适地适树”原则，选择耐旱、喜钙、速生、耐瘠薄及适宜于岩溶峡谷生长的优良的经济植物(特别是一些乡土植物)，如山黄皮、麻竹等，还可选用香椿、墨西哥柏(*Cupressus lusitanica*)、毛葡萄、木豆、姜(*Zingiber officinale*)、桃、李、梨、枇杷、柿、板栗、柑橘、桑叶等配置植物。提倡块状鱼鳞坑整地或大穴规则整地。

2.6.2.4 潜在石漠化土地的造林植草技术

潜在石漠化土地的生境干燥、缺水、易旱，植被以具旱生性、耐钙喜钙性的种类为主，生态脆弱性明显，一旦破坏将难以恢复。其主要治理模式是封山育林与保护区建设、社区建设相结合。通过土地资源的合理开发利用、产业结构的合理调整、能源结构的调整以及社会公众参与等技术手段，实现脆弱生态系统的恢复与平衡。

人工促进植被自然恢复是主要的手段之一。在适宜于自然恢复的地段，可利用丰富的植物资源，通过保护而实现植被的恢复。但自然侵入的植物种类杂乱，种间竞争、选择、淘汰、优化所需时间长，仍需要采取一定的人工促进措施，一方面通过补播、补植，增加既有利于演替发展，又利于提高经济效益的植物种数量；另一方面，局部整地、割灌、除草，以改善植物种子萌发条件，间苗、定株、除萌，促进幼苗生长，调整林分种类组成、密度和结构，预防病虫害、森林火灾及人畜破坏，保障植被的正常恢复与生长。

第3章

广西热带岩溶区林业可持续发展对策

广西热带岩溶区由于其优越的地理环境条件，形成了资源的多样性。然而，资源蕴藏量低，特别是长期的低技术组合下靠拼资源、高物质消耗和高强度人力投入来发展经济，是一种粗放型的发展模式，经济增长与资源、环境和资金的矛盾相当尖锐。热带岩溶地区社会与经济的可持续发展，应优先进行环境综合治理，发展林业。通过挖掘配置适合热带岩溶地区地域生态、经济树种，发展特色的替代产业，实施产业化经营，通过林业可持续发展实现社会经济的可持续发展。通过以林业生产为主的生态建设的同时，增加人民的收入，达到环境治理与脱贫致富的统一，推动社会经济与生态持续快速协调发展。

3.1 广西热带岩溶区林业现状与问题

3.1.1 广西热带岩溶区林业特点

岩溶山区特殊的气候条件和生态环境使得广西热带岩溶区同其他区域相比，具有独特的资源优势，主要表现在如下几方面。

(1)资源的多样性

复杂的地质背景和气候的差异，造就了相当丰富的生物种质资源，以龙州弄岗自然保护区为例，植物资源有166科673属1282种，拥有一批珍贵稀有树种，如望天树、蚬木等；以及一些优良速生树种，如任豆、顶果木等；药用植物种类繁多，有些名贵的中草药在国内外市场上占有重要的地位，如金银花、苦丁茶、剑叶龙血树等。这是林业资源多样性的本源与基础，是开发山地林业巨大潜力所在。在较小范围内具有多变独特的小环境，有利于物种丰富、珍稀物种多的生物群落生存发育，适宜发展多种生物，形成了生物资源丰富、土特产较多的优势。

(2)旅游资源独具特色

热带湿热的气候为广西热带石灰岩山地的岩溶作用提供了良好条件，塑造了风景秀丽的山川和神秘诱人的溶洞，如武鸣伊岭岩、靖西通灵大峡谷、大新德天瀑布、明仕田园风光等，这些风景名胜鬼斧神工，天地造化，极具观赏价值。

(3)林业开发的立体性

在山坡地带自上而下一般可分为自然林带、混合(自然与人工)林带、耕作带三个层次，林间、林下又伴生各种有价值的动、植物种类，坡沟地与洼地平原可构成多层次、立体式的林业开发格局。

(4)生态脆弱性和林业生产低效性

受岩溶特殊环境的制约，石灰岩山地生态系统表现脆弱，集中反映在水土分离，易旱易涝，森林一旦破坏，不易恢复。受其影响，林业生产力水平低且不稳定，单位面积蓄积量仅为非岩溶山地平均水平的 1/2～3/5。

(5)地质背景的复杂性

岩溶负效应综合作用造成了石多土少、水土分离、土壤瘠薄、地形复杂、水文动态变化大、地表水与地下水系统同时存在的现状，形成了石生性、旱生性、喜钙性、小生境性、暗生性(漏穴及地下河中的生物)等生物繁衍多样性的环境，构成复杂的林业地质背景。复杂的地质条件极大地增加了林业生产的难度。

(6)林业资源的分散性和经营的封闭性

受石山环境条件限制，有开发价值的各种动植物资源种类虽多，但单一种类分布稀少或不集中，且品质也受气候等外界因素影响而不稳定，在较大程度上制约了林业规模化生产。此外，由于交通不便等原因，长期封闭自守的小农经济与现代化、集约化经营相去甚远，热带岩溶山地林业的改造任务极为艰巨。

3.1.2　广西热带岩溶区林业发展现状

广西是岩溶地貌发育的典型地区，也是我国石漠化最严重的地区之一。据监测，广西岩溶地区土地总面积 9.58 万 km^2，占土地总面积的 40.5%，其中石漠化土地 233.33 万 hm^2 多、潜在石漠化土地 180 万 hm^2 多。广西石漠化面积居全国第三位。广西各级政府十分重视石漠化治理和石山区生态林业建设，仅“十五”期间，广西完成了封山育林 26.67 万 hm^2、人工造林 1.33 万 hm^2，配套建设沼气池 15 万座。广西生态林业建设采取了综合办法，主要有七招：封山育林、人工造林、森林资源保护、推广沼气、生态移民、林下种特色作物、生态旅游。

(1)封山育林

20 世纪 80 年代末开始，广西采取“以封山育林为主，造林补植、改燃节柴为辅”措施，取得良好效果。大新县恩城乡护国村从 1982 年开始封山育林，成效十分明显，全村森林覆盖率达到 67.3%，高于全区的 52.71% 水平。恩城乡的森林覆盖率由 1999 年的 35.6% 提高到 2006 年的 64.3%。平果县果化镇龙色屯通过种植任豆和封山育林，原已断流的山泉现出水量越来越大，使全屯 8hm^2 旱地变成了水田。

(2)人工造林

把退耕还林、珠防林等国家级生态工程建设项目结合起来，开展人工造林，在石缝中种植竹子、任豆、香椿、金银花等石山树种。天等县探索出石山造林的 6 种模式：任豆树与肥牛树混交，麻竹与柚木混交，吊丝球竹(*Dendrocalamopsis beecheyana*)、任豆与牧草混交，任豆与中草药混交，肥牛树与牧草混交。

(3)森林资源保护

将石山林地全面纳入护林防火、林木采伐、林地征占用等保护范围管理范围，严格依法管理，巩固封山育林和人工造林成果。天等县从2001年开始，全县聘请了120名石漠化护林员，有力地保护了石山森林。

(4)推广沼气

在石山地区大力推广沼气，特别是“养殖—沼气—种植”三位一体的“恭城模式”，解决群众生活用能，减轻樵采对石山森林植被的压力，巩固和发展石山封山育林和人工造林成果。以广西热带主要石山县为例，到2005年底，大新、天等、平果三县的沼气入户率分别达到66.6%、64%、73%，位居全区前列。

(5)生态移民

广西采取县内、市内和跨市安置三种途径，分期分批把居住在大石山区人均耕地200m^{2}以下、缺乏基本生存条件的特困人口搬迁到土山区开发，在有条件的地方新建了300多个安置点，共安置移民20万人以上，开发土地10万hm^{2}多，从而减少了石山地区由于人多而导致对石山的过度破坏。

(6)林下种植特色作物

在开展石漠化治理过程中，在林竹下种植药材、牧草等特色资源，并加工利用，促进地方经济发展和农民增收。

(7)生态旅游

利用独特的已经保护完整的石山资源开展生态旅游，从根本上解决农民保护现有的石山森林资源和增加农民收入。大新县恩城乡凭借全乡很好的石山森林资源和河流，1997年农民开始自发搞生态旅游，来全乡旅游的每年达到6万人次。

“十五”期末，广西森林面积达到1253.33万hm^2，森林覆盖率达52.71%，活立木总蓄积量5.11亿m^3。与2000年第六次连清结果相比，森林覆盖率提高了4.5个百分点，活立木蓄积量净增1.08亿m^3。广西的森林覆盖率的快速提高，其中就有治理石漠化的不少功劳。

3.1.3 广西热带岩溶区林业发展问题

(1)退耕土地返耕率高

广西热带岩溶区农业人口比重高，退耕后尚未找到新的经济增长点，贫困问题依然严峻，区域可持续发展后劲不足。在巨大的人口压力下，已退耕土地的返耕现象严重，返耕情况随时有可能发生。

(2)生态建设规模小，成本高

岩溶地区自然环境的破碎性，导致农户居民点的分散性和生产的小规模性，生态建设难以实现规模化、集约化，林业开发成本高、产出率低，从而使农民的积极性降低，整个生态建设缺乏活力。

(3)资金投入严重不足

林业建设需要可观的资金投入，而现有的林业建设的主体是广大贫困群众，他们无力将大量资金物质投资于林业生产，现有的林业生产未形成规模效益，广大企业、社会团体缺乏投资兴趣。这些因素造成资金投入严重不足，制约了林业的发展。

(4)生态效益与经济效益之间时有矛盾

现有的林业生产侧重于产前、产中，而忽略了产后过程，造成生产的供给与市场需求常常脱节，林业产品缺乏市场导向，产品销售难，严重影响经济效益。同时，近年来林业建设多以生态环境建设为第一位，忽视经济效益，片面追求植被保护，忽视农民生活水平提高，无法从根本上解决大石山区人口的贫困问题。

3.2 广西热带岩溶区林业发展的基本原则

3.2.1 热带岩溶区林业的重要性

森林作为陆地生态系统的重要组成部分，在维持陆地生态系统平衡中起着重要的作用。广西热带岩溶生态系统在受人为干扰较小时，是由森林为主体的各种植被群落镶嵌的复合系统，森林植被的生态功能远远高于其他植被群落，森林的生态功能决定了整个复合系统的状况。大量的研究结果证明，在热带地区，由于岩溶生态环境的特殊性和脆弱性，当森林植被破坏后，其生态环境便会迅速恶化。广西热带石山区的生态环境退化，正是由于人为干扰、破坏下，岩溶森林植被的消亡和逆向演替的结果。岩溶地区成土过程缓慢，养分元素不平衡，岩层裂隙、漏斗和暗河发育，森林植被的存在可以维护生物种群的多样性，保护土壤，调蓄降水，促进土壤肥力的发展。当森林植被消失后，降水不能得到有效的截持和拦蓄，容易造成水土流失、泥石流、石漠化、旱涝灾害等一系列生态灾害。

对于岩溶生态的恢复与重建，农业措施及工程措施虽也具有一定的生态调节用，可以解决土壤侵蚀、土地退化等问题，但难以克服退化石山生态系统的主要矛盾，即水源涵养问题。森林植被较其他植被具有更为丰富的地上、地下层次结构和生物量、枯落物层，对降水截持、涵蓄能力远高于其他植被，有利于解决岩溶石灰岩山区特殊的水文地质结构造成的干旱缺水问题。国内外大量的科研和生产实践已证明，对于退化生态系统的恢复和重建，林业生态建设是最为有效和根本的途径。

3.2.2 热带岩溶区林业发展应遵循的原则

3.2.2.1 以生态建设为前提，因地制宜，合理利用资源

结合热带岩溶地区的自然环境特点，实行生态建设产业化不能盲目地进行生产经营规模的扩大化，而应当以恢复和保护生态环境的质量为基础，同时参考和借鉴国内外其他地区产业化的经验，找出不同区域最适合的生态建设产业化

模式。

3.2.2.2 **找准经济增长点和突破口，开发热带岩溶地区优势农产品**

岩溶地区地形破碎，缺乏规模经营效益，因此必须把优势林产品作为产业化的先锋军，逐步实现经营产业化。

3.2.2.3 **注重文化重建**

改变传统的资源利用观念、环境价值和经济观，引导和调节地方管理人员和民众的决策行为，在当地树立可持续发展的观念。

3.2.2.4 **多渠道增加投入，为产业化引进资金**

应当增加对岩溶地区的投入，融资、引资、集资等各项措施多管齐下。具体包括：设立岩溶地区生态建设专项基金，吸引政府、企业、民间社团及个人的捐资；争取国家和有关部门及世界银行、联合国等国际组织对扶贫工程以及其他生态建设项目的投入；依托周密严格的投资管理条例，吸引社会闲散资金参与岩溶地区生态建设产业化运作。

3.3 广西热带岩溶区林业可持续发展策略

3.3.1 实施以林为主的生态恢复与建设示范工程

盲目开垦耕地，水土严重流失，生态环境继续恶化，土地生产力甚低，是岩溶地区“贫困角”持续贫困的主要根源。解决该地区可持续发展的前提，应从生态恢复与重建着手，必须逐步制订相应的水土保持、坡地开发利用等政策法规，指导岩溶地区土地利用规划，改“封山育林”为“封山营林”，将改善林业生态与经营林产产业作为岩溶地区农业可持续发展的重要产业予以扶持，以防水土流失。

3.3.2 实施以林草地畜牧业为主的资源开发利用产业化示范工程

广西热带岩溶地区光热资源充足，山坡土地资源丰富，粮食作物布局应致力于浅丘、谷地，加强农田基本建设与改造中低产田，培育地力，挖掘增产潜力，逐步改善当地粮食供给方面的压力。为了土地资源的保持和永续利用，坡地资源不宜继续作为主要农田开垦对象，扩大发展草地畜牧业，改变单一粮食作物的种植业结构和依靠单一粮食的传统食物结构，致力于该地区热带生物资源的综合开发利用，有利于生物资源的过腹还田、培育地力。要研究联结分散农户的草地畜牧业产业化经营模式，配套建立优良品种选育、科学养畜、畜病防治、市场引导、科技服务机制。目前在岩溶地区已经取得的一些经验，需要政府部门积极加以引导，通过示范工程建设，积累解决贫困山地发展草地畜牧业的技术经验与产业化经营服务模式。

3.3.3 适当加大政策倾斜力度，支持岩溶地区基础设施建设

岩溶地区的共同特点是交通不便，信息闭塞，文化教育落后，资源优势难于

转化为产品优势，经济发展的地方配套资金拮据，缺乏吸引外界项目投资的基本条件。应加大对支持这些特困地区经济发展的基础设施建设资金支持，在解决大部分行政村通车问题的基础上，集中资金，着重改善当地的干线公路、县与干线铁路公路联结的支线交通基础设施状况，以扩大贫困地区产品销售所需的市场半径范围，促进该地区与内陆发达地区和沿海地区经济的有机联系，改善引资协作环境，为该地区利用区内外、国内外的资源和市场创造有利条件，促进其经济结构的调整和基于本地优势资源的支柱产业的形成。

3.4　广西热带岩溶区林业可持续发展主要模式

3.4.1　石山分带利用模式

根据石山立地条件呈立体变化的特点，应按高度和地形进行分带利用，发展立体农林业：在石山上部，因土壤少，植物多生长在石缝里，生长速度慢，这些地方宜进行长期封育，使之恢复阔叶林植被，应作为水源涵养林加以严格保护；在石山中、下部，石缝、石穴残积有较多的土壤，种植适于岩溶生境特点的任豆、海南菜豆树、香椿等用材树种，苦丁茶等经济树种，山黄皮、龙眼、柑、橙、柠檬(*Citrus limon*)、柚子(*C. grandis*)、桃、李、柿等果树，吊丝竹、麻竹等竹子，金银花、青天葵、两面针(*Zanthoxylum nitidum*)等药用植物；在山下平地则种植粮食作物。这种生态重建模式，一方面能使石山上部恢复为涵养水源的阔叶林，保持石山生态系统的物种多样性；另一方面能发挥石山中部和下部各类用材林、经济林、竹林、药用植物和果林的生产优势，形成持续稳定的经济产出能力，使整个土地生态系统达到经济、社会和生态效益良好平衡。

3.4.2　林牧结合发展模式

以天等县驮堪乡为典型。该乡利用山腰和山脚的石灰岩石隙冲积土栽植肥牛树、桂牧 1 号杂交象草等作饲料林。春、夏高温高湿季节采收象草，冬季枯草季节采收肥牛树，饲养牛、马、羊等家禽。当肥牛树植株胸径 5 ~ 6cm 时，在离地面 1.3m 处砍断，使其萌发新枝。5 年生的新枝，高达 1.8 ~ 2.5m 时，便可进行第一次采叶。随后隔年轮采，每年公顷产鲜叶 22.5 ~ 30t，是山区农民发展畜牧业和脱贫致富的一条行之有效的途径。动物粪水及人类生活垃圾排入沼气池，生产沼气，沼气作生活用，沼气渣还田，作牧草肥料。采取沼气池—造林—封山育林—养殖—增收—基础建设—村容村貌建设的模式，从而实现生态环境的良性循环。2007 年，该乡启新村和康屯荣获全国“绿色小康村(屯)”光荣称号。

3.4.3　特色果品模式

以龙州县武德乡群合村智益屯最为典型。该屯大力发展山黄皮，走出了一条石山特色经济新路。山黄皮为芸香科柑橘亚科(Aurantioideae)黄皮属多年生常绿大灌木或小乔木，主产于广西热带岩溶山区的龙州、大新、凭祥，当地农户房前屋后多有栽种，以龙州县种植为最多，龙州县12个乡镇129个村屯都有山黄皮树分布，种植及野生面积约800hm^2，年产量达5000t。种植嫁接苗3年可挂果，实生苗5年挂果，株产5kg；10年盛产期，株产25kg。近年来山黄皮的市场价格基本稳定在鲜果4~5元/kg，成为热带岩溶区农民的一个重要经济来源。龙州县武德乡群合村智益屯有村民160户，户均有山黄皮10株，每户年产山黄皮500kg，高产单株年产山黄皮果200kg，仅山黄皮一项户均收入2000元。

3.4.4 林工贸结合模式

以田阳县那满镇新楼村为典型。该村地处岩溶大石山区，采用发展竹林的模式来重建岩溶石山生态，取得了良好的生态、经济和社会效益。在1950~1970年间，新楼村岩溶石山上的森林全被砍光，岩溶石漠化严重，石山裸露，干旱频繁，村民饮水困难，作物产量低，人民生活贫困。从1980年开始，特别是1990年以来，他们在石山上大量种植吊丝竹，竹材用于竹编加工和卖给县造纸厂做原料。现在全村竹子面积已发展到1120hm^2，人均0.73hm^2。1998年，全村竹子产值168万元，农民人均纯收入1672元，靠种植竹子年收入超万元的就有35户。在石山上大量种植竹子提高了森林覆盖率，改善了生态环境；石山上的泉水四季长流，森林覆盖率提高后，小气候条件也有了明显改善，空气湿度增大，气候阴凉，空气清新，环境宜人。一部分旱地恢复成了水田，提高了粮食产量。

3.4.5 生态旅游模式

以大新县最为典型。大新县位于中越边境，过去农业生产长期处于低水平耕作，境内岩溶石灰岩大面积裸露，石漠化严重地威胁着36万边境人民的生存。从20世纪70年代开始，大新县历届县委、县政府领导都把生态建设作为立县之本，大量植树造林、封山育林和沼气池的建设，力图遏制石漠化，改善生存环境。2002年，大新县以国家实施退耕还林为契机，申请建设国家级生态示范区，确立“生态立县”的思路。经过5年的努力，大新县在生态农业、生态工业、生态旅游、生态人居和农村能源建设等8个方面都取得重大突破，如今境内已是满目青山如黛，绿草茵茵。全县森林覆盖率达到48.16%，石山绿化率达97%；建设农村沼气池4.7万座，入户率达66.6%；治理水土流失面积3.46万hm^2。生态建设项目的实施，使大新县以边关山水观光为特色的旅游业发展迅速，从明仕田园到中越边境的德天跨国瀑布，已是广西的黄金旅游带。2007年1月，大新县获得广西优秀旅游县。同年12月初，德天瀑布被评为国家4A级旅游景点，当年全县旅游总收入达2.6亿元。

第4章

广西热带岩溶山地封山育林技术

岩溶石灰岩山地，多数为造林困难程度大的劣质山地，人工造林较难进行，利用自然力，通过天然更新恢复植被，是这些困难地段植被恢复的最有效途径之一。广西热带岩溶山地现存的次生植被，在停止人为干扰后，会向着进展演替方向发展。因此，以植被演替规律为依据，对岩溶山地次生植被进行封山育林，在借助自然力恢复植被的同时，采取一些人工促进措施，对于加快植被恢复的进程，提高林地产量和质量，达到植被恢复的目的，使生态经济效益协调发展等方面都具有重要意义。

4.1 封山育林概念

封山育林是培育森林资源十分重要途径，自古以来，我国劳动人民就有封山育林的习惯，2000多年前就有实践和记载：《吕氏春秋·审时篇》“夫稼，为之者人也，生之者地也，养之者天也”，天即环境，环境哺育的植物才是最适者；《管子·轻重篇》“毋斩大山，毋戮大衍”，即切不要破坏生态环境；《齐民要术》中有“顺天时，量地力”之说，等等。封山育林在《中国农业百科全书》(林业卷)中的定义为，以封禁为基本手段，促进森林形成的措施，即把长有疏林、灌丛或散生木的山地、滩地等封禁起来，借助树木的天然下种或萌芽逐渐培育森林。

费世民(2004)将封山育林定义为，通过研究森林顺向演替规律，采取积极的人工干预措施，促进其顺向演替，使森林植被从初级向高级演替阶段发展。封山育林有狭义和广义之分，狭义的封山育林单指在无林地(不包括未成林造林地)、灌木林地、部分非林地上，通过限制开垦、采集薪炭、放养家禽等人为活动，不依靠人力而完全利用自然力，培育森林资源。广义的封山育林，还包括对人工造林(含飞播造林)、现有林分进行封禁的保护措施，通过制定经营方案和管理方法，对林地进行松土，对林分进行除草、补植、间伐等抚育措施，通过积极的人工促进措施达到对林木的定向培育，主要有：①未成林造林地的封山育林；②有林地的封山育林；③疏林地的封山育林；④灌木林地的封山育林；⑤人工造林困难的高山、陡坡、岩石裸露地及沙漠、沙地的封山育林、育灌、育草。

广西热带岩溶区气候条件优越，为植被自然恢复提供了良好的水热条件，只要被破坏地段上存在繁殖体(残存或侵入的)，通过自然封山育林，都可自然恢复森林。对于人为破坏严重，生境极度严酷的地段，如高山、陡坡、岩石裸露地等难造林地，没有条件实施人工造林时，主要仍以自然封育为主。但是，由于岩溶石山生态脆弱的特点，广西热带岩溶区多数地方自然植被都遭受了反复破坏，除自然保护区、村屯周边及极偏远地区以外，多为大面积裸岩、稀疏草丛及藤刺灌丛，缺乏乔木树种，自然封山育林效果差，通过自然封山育林极难恢复森林，如在江州区、宁明、田东等地岩溶石山，虽经10年甚至更长时间自然封育，植被仍是草丛或藤刺灌丛。即便如此，自然封育仍可以起到消除人为破坏性干扰、提高植被覆盖度、增加群落高度和减轻水土流失等作用，逐步改善已极度恶化的土地条件(尤其是土壤条件)，从而为人工重建创造较为良好的微环境。广西热带岩深区灌草丛通常经过2~3年的自然封育，大部分地段的植被状况比封育前和放牧地有明显的改善。

另一方面，热带岩溶石山土层浅薄，太阳辐射强，为给植苗、直播种子提供侧方避荫，提高造林成活率，必须保留自然植被，严禁采薪、放牧。同时，鉴于岩溶环境的脆弱性，除正常林业经营活动，对石山陡坡地都应进行封禁，严禁火烧、采樵、放牧等严重破坏植被的活动。为恢复石灰岩地区的植被，提高现有森林质量，所实施的封山育林有狭义的自然封育，对裸岩、无林地的封育；也有广义封育概念，封育对象不仅涵盖了疏林、灌木林、灌草丛，也包括了现有林分和裸露石山。对大面积的裸露石山或藤刺灌丛，由于缺乏树木种子及无性繁殖体来源，人工辅助造林显得十分重要。

4.2 封山育林发展概况

封山育林在国外被誉为“中国式造林法”，得到了广泛应用。如日本山区90%是经封山育林成功后再加以抚育管理。俄罗斯远东林区、北欧的挪威、瑞典、芬兰等国的原始林采伐后经人工处理林地，保留母树、保护幼苗，封山育林周而复始。美国及欧洲的一些发达国家在退耕还林、还草中也基本上是采取封育和自然恢复的办法来恢复林草植被。近年，德国等欧洲国家推行的近自然林经营技术，强调利用森林的自然恢复能力，采用乡土树种，复层林经营，与我国的封山育林技术有许多相似之处。

中国古代就有关于封山育林、保护江河、增加林产资源的论述。公元550年前，周灵王太子晋就提出“不堕山，不崇薮，不防川，不窦泽”，即“疏川导滞，钟水生物，封崇九山，决汩九川，陂鄣九峰，丰植九薮”。另据《简子·王制》，“草木荣华滋顾之时，则斧斤不入山林，不失其生，不绝其卡”。可见当时已具有了封山育林理论的雏形。

新中国成立后，我国党和政府非常重视封山育林工作，早在1950年2月召开的第一次全国林业工作会议上，就把封山育林列为绿化祖国山河、扩大森林资源的重要途径。中国共产党十一届三中全会以来，封山育林工作进入恢复和发展的新阶段。党中央、国务院在有关决定中明确提出，为了加快国土绿化，要实行封山育林。1999 年 8 月，国务院做出了“退耕还林，封山绿化、个体承包、以粮代赈”的方针，也把封山育林作为退耕还林的重要手段和技术。封山育林进入了新的发展时期，并向规范化、科学化的方向发展。

广西针对本区域荒山面积大、残次林多、天然阔叶林受破坏严重的现实，1987 年自治区党委、政府作出 15 年绿化广西的决定，与各市县签订了绿化目标责任状，把封山育林作为加快绿化步伐的主要措施，提到与人工造林、飞播造林同等重要的位置，并作为每年绿化目标责任状检查的主要内容。各级党委、政府狠抓封山育林，层层签订责任状，主要领导亲自挂帅，成立封山育林指挥机构，充实管理人员和技术人员，促进了封山育林的进一步发展。

广西热带岩溶石山区分布于桂西南地区，主要地貌类型有峰丛洼地、峰林谷地和峰林平原，靖西高原一般地面海拔 700m，顶峰面 1100 ~ 1200m，其余地区多为海拔 600m 以下。除部分不纯的石山外，多数石山土被率在 15% 以下，土层厚度 30cm 左右，其余全为大小不等的石块，有的地段甚至全为石块所占。石块与石块之间有大小不等的缝隙和被雨水溶蚀成的溶洞。越往上，石块占的比例越大，到峰顶几乎全为石块，表面被雨水溶蚀成锯齿状。石山的坡度一般都很陡峻，在 40°左右，有的为悬崖峭壁；少数地方稍平缓，坡度 20°左右，这些地方的多数土壤被覆率稍高，可达 30% ~ 40% 或更高，但土层仍不深厚。石山不但土壤少，而且土壤保水性能不强，土壤湿度较低，峰顶及周围地区，由于几乎全为石块，湿度条件更为恶劣。但是，即使在这样的特殊条件下，石灰岩山地的本来面貌却表现为高大茂盛树木组成丰富的森林景观，从外表上看不见露岩。例如，龙州弄岗山自然保护区境内全为峰丛洼地，总面积 8000hm^2，森林覆盖率 96. 3%，其中乔木林覆盖 79. 8%，蕴藏着 1454 种植物和 123 种动物资源。由此可见，广西热带石灰岩山地虽然石块覆盖率大，但也可以形成高大的森林群落。广西热带岩溶石山之所以能长成高大和茂盛的森林，除适宜的气候条件和这些树种适应性(喜钙或耐钙、耐干旱)外，还和石山的土壤特性有关。石山上除裸露的土壤外，众多的缝隙和洞穴也填充着土壤，从外表上是看不见的。石山上的树木根系都很发达，可越过(或穿过)石头到达有土壤的地方吸取水分和养分。另外，石山土壤的肥力也是较高的，尤其那些分布于石隙和石洞的土壤，表层土壤有机质含量为 7. 0% ~ 10. 5%，全氮 0. 49% ~ 0. 81%，全磷 0. 24% ~ 0. 72%，速效钾 17. 0 ~ 25. 9mg/100g 土，结构为团粒状，由于土壤肥力较高，石山上的植物生长都很茂盛和高大。但目前石山区这种不见露岩、见森林的景观已极为少见，多数地方显现的是灰白色的露岩景观，森林覆盖率极低，石漠化现象严重，除个别深山区因交通不便或石山区村屯边的风水林植被得以较好的保护外，多为光秃石山或稀疏灌丛和草丛。广西热带岩溶区由于优越水热条件，植被恢复较为容易，只要有足够繁殖材料（土壤种子库木本植物种子量或人工补播、补植），并进行严格封山，通常只需10年左右封禁即可形成茂密森林，如龙州县弄岗自然保护区周边地区，经30年封禁，植被茂盛，胸径30cm以上林木极为普遍。因此，对交通不便、山高坡陡、环境恶劣的岩溶石山区，封山育林为最主要的植被恢复措施，应用广泛。

4.3 影响热带岩溶石山封山育林成效主要因子

4.3.1 土壤种子库构成

土壤种子库是植物群落更新发展的重要基础之一，它为植物群落的演替、群落遭受干扰和破坏后的恢复提供繁殖体。封山育林必须考虑土壤种子库，热带岩溶荒山秃岭和荆棘地的生物多样性和土壤已经极度贫瘠，土壤种子库也极为贫乏，单靠封山育林已不能恢复森林植被，许多地段虽经多年封山，仍为种类单一的草丛或藤灌。在这种情况下，只能通过补植、补播等人工措施，增加乔木种源，快速恢复森林植被。吕仕洪等(2007)对广西平果县龙何示范区石漠化山地的土壤种子库研究表明，该地区土壤种子库共有108种植物，隶属于33科81属，其中草本81种、灌木20种、藤本7种，土壤种子库的种子密度为64.6～339.7粒/m^2。该地区虽然土壤种子库的物种数量较多，但以草本植物占优势，木本植物所占比例较小，缺乏乔木种类，致使其在增加群落层次（乔木层）和改变现有植被性质方面的作用微乎其微，因而其现存植被在今后较长时期内仍将维持在灌草丛或灌丛阶段。

4.3.2 绞杀与有害入侵植物

广西热带岩溶山区，雨量充沛，热量丰富，岩溶灌丛或草丛类等无人管理的次生植被，实际上约有40%～80%的面积被猖獗的绞杀植物所占领，绞杀植物或者阻断了次生植被的正向演替，或者严重延缓了这一演替进程。这种结果进一步导致次生植被经济效益和生态效益的边缘化，生物多样性和土壤已经极度贫瘠，这种地段单靠封山育林已不能恢复森林植被或进度极其缓慢。

近年来，世界性恶性杂草飞机草、紫茎泽兰等入侵植物在龙州、大新、天等、田东、那坡等热带石山区泛滥成灾，以其生长迅速、繁殖能力强、抗逆性强、传播推进快、群体自然演替能力强、较强的异株克生作用，在石山裸地、稀疏植被生境和退耕还林地存活和繁殖，形成单优势群落，严重影响封山育林、退耕还林效果。在飞机草、紫茎泽兰危害严重地区，仅凭封山育林，极难形成乔木群落。

4.3.3 森林火灾

石山森林最忌的是火烧山场。广西山区群众有火烧牧场地习俗，认为地不烧不肥，冬春烧山，生长的嫩草便于牛羊肯食。同时，群众开荒种地，亦火烧杂草，常因疏于防范，造成森林火灾。石灰岩山地因土层浅薄，火烧后不仅损失现有植被与加重水土流失，反复烧山，连同树木种子、树根等繁殖材料亦被毁失。另一方面，石山上洞多、石缝多，为鸟类和小型动物理想栖息地，石山上种源保证就靠栖息在这些地方的鸟类和小型动物带来。鸟类和小型动物吃的植物果实，拉大便时就等于帮助播种，加上这些地方土壤肥力较高、湿度较好，也荫蔽，是十分理想的播种地，种子很容易发芽和生长。如果火烧山，不但把居住在洞穴和石缝的鸟类和小型动物赶跑或烧死，而且破坏洞穴生境，鸟类和小型动物不再或少来居住，这样就等于断绝石山上的种源，影响封山的效果。因此，必须采取有效措施，杜绝火烧山场。

4.4 封山育林方式

4.4.1 全封

全封，即在较长时间内，将山林彻底封闭起来，绝对禁止上山砍树、修枝、割灌、放牧、扒取枯枝落叶、挖树根、烧荒、铲草皮、烧炭和挖药材等一切人为活动。自然保护区、边远山区、江河上游、水库集水区、石山陡坡地、水土流失严重地区，以及恢复植被较困难的封育区，宜实行全封。

4.4.2 半封

半封，即将山封闭起来，平时禁止入山，到一定季节进行开山。有一定数量的目的树种、生长良好、林木郁闭度较大的封育区，可采用半封。开山时，有计划、有组织、有指导地定期开山割草、砍柴，按指定地点、指定允许割灌的种类，结合进行抚育。同时，严禁砍伐目的树种，注意保护幼苗幼树。

4.4.3 轮封

轮流封禁，达到封育成林的目的。根据当地群众生产生活需要，把具备封山育林条件的地方，分区划片进行轮流封育。在不影响育林要求和水土保持的前提下，划出一定范围的林地，有计划有指导地供群众采樵、放牧，其余一律封禁。

4.5 广西热带岩溶石山封育措施及类型

4.5.1 封山育林的主要人工措施

4.5.1.1 补播、补植，增加种源

裸岩、稀疏灌丛草坡、灌丛和采矿废弃，由于生境较严酷，生境异质性高，乔木种类种源缺乏或分布不均，封育地段常出现空地，仅靠天然更新，植被恢复

速度极慢。因此，需要进行人工补播、补植，增加种源，所选择的树种应具生活力、适应力及更新能力强的特点。例如任豆、南酸枣、海南菜豆树、苏木等，这些树种天然更新能力较强，是石山植被恢复的先锋树种。弃耕迹地，立地条件稍好，但缺乏乔木种源，宜人工造林，增加种源，可营造任豆与桂牧1号杂交象草、任豆与吊丝竹、任豆与金银花混交林，建立高效林牧、林竹、林药等复合经营系统。其他低价值乔林，补植时应选择经济价值较高阔叶树种，以形成阔叶混交林，增强林分的稳定性和抗逆性，增加经济收入。

总之，采取人工补播、补植，增加种源，针对立地条件等特点，应尽量选择适应性强，更新能力强，生长速度快，并有一定经济价值的树种，还应有利于形成混交林，以更好地发挥森林生态、经济和社会效益。除乡土树种外，也可选择有成功栽植经验的外来速生树种，如银合欢、降香黄檀（*Dalbergia odorifera*）等等。

4.5.1.2 种类组成与密度调控

无论是自然封山还是人工加以撒播或人工植苗的封山，都应该适当进行人工抚育，清除非目的树种。因为封山后，不但目的树种生长起来，大量的非目的植物，如有刺的藤本和灌木也生长起来。这些非目的植物在改善生境上起有作用，但有些也影响目的树种生长。因此，为了保证目的树种的健康成长，可以适当的清除目的树种周围影响其生长的非目的树种及藤灌、杂草。人工抚育，不但可以促进目的树种生长，而且可以解决部分薪柴问题。调整的原则是留优去劣，间密留稀，即伐除经济价值低、生长势差的种类及严重影响树木更新的藤蔓，保留生长速度快、数量多、价值高和有培养前途的树种，具体实施调整措施时应因林而异。

通常，对岩溶植被进行种类组成和密度调控，可促进林木生长，达到缩短植被演替时间，加快自然恢复速度的目的。但是，当群落受此人为干扰，而驱使演替过程的倒退亦有可能，其关键在于适度调控。

4.5.2 广西热带岩溶石山主要封山育林类型及育林措施

为了加快岩溶石山植被自然恢复速度，提高森林覆盖率，在封育过程中，需采取一些有效的人工促进措施。封山只是一种手段，而关键在于育林，封而不育会导致封山不成林，林分生产力和质量低下，封育的目的是要形成以乔木为主的林分。因此，各项人工促进技术措施应有利于林分结构的形成与优化并提高林分的产量和质量。根据人为干扰方式、立地条件、繁殖体条件、树种组成等方面的差异及其演替动态等，可将封山育林分为裸岩、草丛、藤刺灌丛、低价值乔木林、弃耕地、采矿废弃地等类型，针对不同封育类型的特征，应因地因时采取相应的人工促进措施，详见表4-1。

表 4-1 不同封育类型植被自然恢复特征及人工促进措施

封育类型	植被自然恢复特征				人工促进措施
	障碍因子	可能性	潜力	速度	
裸岩类型	生境条件、繁殖体缺乏	中	中	慢	补播、补植，增加种源
草丛类型	生境条件、繁殖体缺乏	中	较大	较慢	补播、补植，增加种源
藤刺灌丛类型	生境条件、繁殖体缺乏	较大	大	较快	补播、补植，组成调整
低价值乔林型	人为干扰	大	大	快	组成调整、补植
弃耕迹地类型	繁殖体缺乏	较大	大	较快	补植、补播
采矿废弃类型	繁殖体缺乏、生境干旱	中	中	较慢	补植、补播

4.5.2.1 裸岩类型

裸岩类型属生态环境极严重脆弱型土地，近石板地，基岩裸露面积大，在90%以上，土被覆盖度不足10%，坡度陡(30°以上)，植被覆盖度低于10%。针对裸岩生境的恶劣性，需进行封育，恢复草本植被，降低地表温度、增加土壤湿度。草本植物改良环境后为喜光木本植物，如红背山麻杆、龙须藤(*Bauhinia championi*)、黄荆等入侵创造条件，进一步增加植被盖度，增加群落湿度，为植物的生长提供小环境条件。对沟槽积土厚度20cm以上，可采用点播任豆、银合欢，或植苗任豆、金银花、吊丝竹、台湾相思等经济树种，不强调株行距一致，见缝插针，以尽快恢复森林植被。造林整地采用局部小块状整地，抚育仅去除严重影响苗木生长的本草与藤本。封山育林，严禁割草、砍柴、放牧。

4.5.2.2 草丛类型

该类型地段由于水湿条件差，经多次采樵、放牧或火烧后，草本植物与少量残存或侵入的灌木混生而成，加上缺乏种源，演替进展慢，植被恢复较困难，群落一直处于草丛阶段。群落高度约20～100cm，以蔓生莠竹、紫茎泽兰、飞机草、黄背茅(*Themeda triandra* var. *japonica*)、扭黄茅等为主。石漠化特征极明显，土壤侵蚀强烈，基岩裸露面积在80%以上，土被覆盖度在20%以下，坡度陡(一般大于25°以上)，属生态环境严重脆弱型土地。

草丛分布地段，生境条件严酷，在无足够种子和繁殖体来源情况下，演替进展慢，并将长期停留于此阶段，植被恢复较困难。但由于该类型已具备一定的土壤及庇荫条件，为种子萌发和幼苗生长创造了必要物质基础，若进行封山，严格控制人为活动，并施以人工促进更新措施，增加种子或无性繁殖体来源，人工种植任豆、香椿、顶果木、降香黄檀、金银花、吊丝竹等种类，环境条件将很快得到改善，为进一步提高植被盖度、湿度创造条件。

4.5.2.3 藤刺灌丛类型

草丛群落发展到一定时期，一些喜光的灌木藤本植物出现，如假鹰爪、山石榴、鸡爪筋、斜叶澄广花、剑叶龙血树等与一些高草植物混生形成灌草丛，以后灌木、藤本植物大量增加，占据优势成为灌丛群落。这个类型最明显的特征是刺生藤本大量出现，群落高度2～3m，灌木层盖度80%以上，土壤较疏松。从土壤种子库看，能够提供种子繁殖的仍然是草本植物为主，灌木种类极少，自然恢复仍需较长一段时间。在此类型适当栽培一些先锋喜光乔木树种，如任豆、香椿、海南菜豆树、南酸枣、银合欢和台湾相思等。同时，任豆、香椿等又是速生树种，具有极强的萌芽力，对于短期内解决群众的生活能源起到很好的作用，香椿还可作为一种食用植物资源来开发。封山育林措施，宜选择半封方式，严禁放牧、烧荒，定期抚育林木，除去严重影响树木生长的藤蔓和草本。

4.5.2.4 低价值乔木类型

低价值乔木林是原生植被受人为砍伐破坏后，以根或桩萌芽、萌蘖等无性更新为主而形成的萌生乔林，多分布于山坡中下部。低价值乔木林类型树种组成复杂，分布及生长不均，质量不良，生产力较低。但其立地条件较好，种源丰富，且种类组成中多数具适应性广、萌芽力强，有性、无性更新相结合及多代萌芽的特点，自然恢复的潜力大，速度快。管理措施以封山育林为主，在环境条件较好的地段，选择具有涵养水源、保持水土、改善环境等生态价值较好的常绿树种，如蚬木、金丝李、青冈栎、楹树(*Albizia chinensis*)、台湾相思、蝴蝶果、东京桐、苹婆、海南蒲桃、铁屎米、秋风(*Bischofia javanica*)、山胶木(*Sinosideroxylon pedunculatum*)、狗骨木等树种进行栽植，诱导形成常绿落叶阔叶混交林，改善环境，通过人工构建起常绿落叶阔叶林的石山植被，培育成能够提供优良木材和其他林副产品以及充分发挥其较优的涵养水源、保持水土作用的优良林分。

4.5.2.5 弃耕地类型

弃耕迹地多分布于山坡中部或上部，是不合理使用土地、毁林开荒、陡坡开垦而丢弃后形成，由于经过人为耕作(一般达两年以上)，地段上无原生植被痕迹，繁殖体缺乏，植被自然恢复所需繁殖体主要靠周围树种的天然下种侵入，封山后首先侵入的是一年生或多年生草本植物，其次是由迹地周围或地埂边缘的任豆、木棉、麻栎等耐旱、喜光乔、灌木树种侵入。弃耕迹地植被自然恢复初期，种源缺乏，植被恢复速度较慢。一旦繁殖体来源有保障，由于其立地条件较好，植被恢复速度将加快。吕仕洪等(2007)对广西平果县石山弃耕地调查表明，植被类型为草丛，坡度5°～35°，土表面积比为10%～30%；群落高度0.8～1.5m，群落总盖度50%～90%；主要植物种类有类芦、莠竹(*Microstegium nodosum*)、蔓生莠竹、香茅草、肾蕨(*Nephrolepis cordifolia*)、飞机草、黄荆、红背山麻杆和灰毛浆果楝(*Cipadessa cinerascens*)等，其中能开花结实的种类有48种，包括兰香草(*Caryopteris incana*)、飞机草、灰毛浆果楝、千里光(*Senecio scandens*)、火棘(*Pyracantha fortuneana*)和水蔗草(*Apluda mutica*)等。

弃耕地坡度相对较为平缓，交通较为方便，土壤肥力较高，适宜作为林牧、林果等高效复合经营。若采取封山育林措施，则宜以增加繁殖材料，人工植苗任豆、香椿、南酸枣、海南菜豆树等速生树种，待抚育至郁闭后可全封，保护山林植被，发挥其最大生态与经济效益。

4.5.2.6　采矿废弃地类型

一般分布于白云岩山地坡上部和中上部，该地段是由于矿石（铁铝矿或铝土矿）夹杂于白云岩中，零星分布，经开采后于矿坑四周堆弃废矿石或矿石采完后，矿坑废弃而成。矿坑面积一般为 20 ~ 100m^2。该地段上土壤、植被破坏严重，土壤石砾含量高，且多为母质土，立地条件差，局部地段矿坑周围土壤塌陷，土层仍较深厚，繁殖体来源主要靠周围林木的天然下种。该类型初期侵入树种多为喜光耐干旱瘠薄，且天然下种能力强的树种，如任豆、木棉、榕树、白栎（*Quercus fabri*）等。因此，采矿废弃地周围若种源丰富或人工增加其种源，仍能封山成林。

4.6　封山育林实施过程

4.6.1　规划设计

在土地利用区划和资源调查基础上，根据当地群众生产生活和农林牧渔全面发展的需要，对封山育林地区的不同土地类型作出总体布局，具体确定封山育林的土地和林种。同时在规划的基础上，根据每一块封山育林的地形、土壤、气候、植被及林柴矛盾等特点，设计封育方式、培育措施和管护设施。具体设计时要发扬民主，反映民意，群众讨论。在封山的顺序上应先近后远，先村屯周围的山后其他，甚至在村屯附近的石山还可以采取封造结合的办法，尤其那些退耕还林的石排地，这样绿化的效果会更快更好。

4.6.2　设立标牌

封育单位应有规定制度并进行公示。同时，在封育区周界明显处、沟口、主要交通路口等应树立坚固的标牌，标明工程名称、封山育林范围、面积、年限、责任人等内容。封育面积 100hm^2 以上至少设立 1 块固定标牌，人烟稀少的区域可相对减少。

4.6.3　设置围栏

在牲畜活动频繁的地区，可设置机械围栏、围壕（沟）或种植乔、灌木设置生物围栏进行围封。

4.6.4　人工巡护

根据封禁范围大小和人、畜危害程度，设置管护机构和专职或兼职护林员，每个护林员管护面积根据当地社会、经济和自然条件确定，一般为100 ~ 300hm^2。

4.6.5 人工辅助育林措施

对封育区内自然繁育能力不足或幼苗、幼树分布不均匀的空隙地块，可按封育类型要求进行补植、补播。有条件的地区，对符合封育目标或价值较高的乔、灌木树种，可重点采取除草、松土等培育措施。在封育年限内，按照“预防为主、因害设防、综合治理”的原则，实施火、病、虫、鼠等灾害的防治措施，避免环境污染，保护生物多样性，做好相应的预测、预报工作。

森林火灾是破坏岩溶石山植被的主要因素，火烧后易造成水土流失，种源减少，天然更新能力减弱，植被恢复愈加困难。因此，在植被恢复地段要严禁铲火土灰和放火烧山，应指定专人负责巡逻护林，制定护林防火制度，因地制宜设置自然或人工防火线或隔离带及其他防火设施。

人为活动对植被自然恢复亦有非常大的作用，其反复破坏将使植被朝逆向演替方向发展，退化为草坡甚至石漠。过度放牧也能使植被遭受破坏，导致群落不稳定。因此在封育地段应严禁乱砍滥伐、毁林开荒、放牧、采矿等。

妥善解决封山后的烧柴问题。一是可以采取轮流封的办法，封好一片再封一片，未封的可以樵采，封成的如同前所述进行人工抚育，解决烧柴问题。同时，提倡种植部分薪炭林，如种植任豆等速生树种，任豆 3 年高 5 ~ 6m，胸径 5cm。任豆不但生长快，而且萌发力相当强，采后可萌发 5 条以上的萌株。速生薪柴树种还有茶条木、狗骨木、青冈栎、任豆等，都是较好的薪柴树种。大力推广沼气建设，对解决石山区生活能源有重要作用。

4.7 封山育林作用

按照山区森林覆盖率至少达到 50% 才能产生良好生态效益的要求，石山地区绿化造林任务十分艰巨和迫切。石山造林难度大，环境条件恶劣，造林不易成活或生长极慢。因此，石山绿化造林除一些科研单位和林场小面积试验外，还没有被提到议事日程上来，解决这个问题就成为石山绿化造林的迫切任务。

在调查研究过程中，经常发现在石山上有不少面积大小不等的地段，尤其村屯背后，原来是露岩景观，经过 10 多年或 20 多年封山后，竟生长了茂盛的森林植被，效果比人工造林的还理想。石山区很多干部和群众也懂得石山封山的作用，认为只要认真地进行封山，森林就会长起来的。但是定量分析石山封山育林的效果却少有人注意，因此不能充分和透彻的说明封山育林的重要性。通过样方，用对比的方法进行研究，在封山后形成的森林和在类似封山前的地方设立样方。样方调查的内容有种类组成、株数、树高、胸径和土壤性质等，其效果分析主要有下面几个方面。

4.7.1 增加森林植被覆盖率

广西采用综合治理方式治理石漠化取得一定成效。截至 2007 年底，全区各级累计投入石漠化治理资金5亿多元，年均完成封山育林20万hm^2以上，累计完成石山封山247.67万hm^2多。其中，133.33万hm^2多灌木覆盖率已达30%以上，过去许多光秃秃的石山如今已披上了绿装(经济日报，2008.7.22)。大新县恩城乡护国村从1982年开始封山育林，成效十分明显。全村森林覆盖率达到67.3%，高于全区14个百分点。恩城乡的森林覆盖率也由1999年的35.6%提高到2006年的64.3%，高于全区11个百分点(广西日报，2007.6.25)。

4.7.2　促进生物多样性保护

在同一地区，对封山育林后的结果和封山前的模拟本底调查，对比封山后种类组成的变化，即原来石山森林组成种类或有用种类恢复的情况，因为石山森林破坏后，演变为藤刺灌丛，原组成树种由于环境条件的变化多数被淘汰，而被喜光、耐旱、有刺的藤本和灌木代替。分析种类组成的变化，主要说明封山后原森林树种或有用树种是能恢复起来的，从而打消那种"封山后虽然成林，但多数是用途不大的种类"的想法。

苏宗明等(1990)对龙州县金龙乡侵笔村陇念屯封山育林后树种组成变化情况研究表明，该屯1966年开始对屯周围的石山进行封山，21年后石山上的树种组成发生了明显的变化。该屯石山原森林树种以蚬木和金丝李为代表，但森林破坏后，蚬木等树种消失，代之为灰毛浆果楝、红背山麻杆、云实(*Caesalpinia sepiaria*)、鸡爪筋、雀梅藤(*Sageretia theezans*)等组成的藤刺灌丛。封山21年后，藤刺灌丛的组成种类，除翻白叶树、斜叶澄广花、海南柿(*Diospyros hainanensis*)、杜茎山(*Maesa japonica*)等保存外，多数种类消失了，而蚬木、金丝李、肥牛树、网脉核实、闭花木、海南大风子(*Hydnocarpus hainanensis*)、割舌树(*Walsura robusta*)、毛叶阿芳(*Alphonsea mollis*)、三角车(*Rinorea bengalensis*)等原生森林常见的种类消失后又恢复起来，在100m^2的样地范围内，蚬木有11株，高6~12m，胸径11cm，这些树种除蚬木、金丝李为有名的硬材外，其余多数也是较好的用材树。

另一片封山11年的林分调查，目前还没有达到原生性森林阶段，还处在次生落叶阔叶林阶段。因此，原生森林组成种类恢复还不太多。样地已处在藤刺灌丛向丛林过渡的阶段，而丛林再向前演替，便到达次生落叶阔叶林阶段。除那些阳性的灌木和藤本，如云实、老虎刺(*Pterolobium punctatum*)、红背山麻杆、见血飞(*Toddalia asiatica*)、小花藤(*Micrechites polyantha*)、石岩枫(*Mallotus repandus*)等被淘汰外，其他属于次生落叶阔叶林的先锋树种均保存，保留下来的种类较多。原生性森林组成树种开始有出现，如蚬木，随着封山时间的增长，种类会逐渐增多的。次生落叶阔叶林的许多种类，不少是有名的速生用材树种，如任豆，封山只有11年，平均高11m、胸径11cm。人工种植，一般情况下高生长年可达2m，现已被广西作为石山区重点推广的速生树种，其他如水冬瓜(*Adina racemo-*

sa)、海红豆、华南朴(*Celtis austro-sinensis*)也是较好的速生用材树种。

4.7.3 增加生物产量和生产力

石漠化荒山，乔木种类稀有或几全无，灌木种亦稀有，林地生物量及生产力极低。通过人工补植、补播，封山育林，恢复森林植被，亦增加了生物产量和林地生产力。据苏宗明等(1990)对广西热带岩溶区多个县调查表明，封山9~29年，单位面积蓄积23.85~244.95m^3/hm^2，年平均生长量达1.08~11.66$m^3/(hm^2 \cdot a)$，尤以大新县五山乡三合村众老屯的任豆林，具极高生产力，结果见表4-2。

表4-2 广西热带岩溶石山封山育林后林木蓄积量情况

地　点	主要组成种类	封山时间(a)	蓄积量(m^3/hm^2)
那坡县龙合乡智合村果丁屯	滇桐(*Burretiodendron combretoides*)、铁屎米、石山樟	9	33.15
靖西县新靖镇环河村球路屯	青冈栎、小化香(*Platycarya glandulosa*)	27	30.75
靖西县城厢镇吉坡村巴结屯	翅荚香槐(*Cladrastis platycarpa*)、厚壳桂(*Cryptocarya chinensis*)、石山樟	24	76.50
天等县进结镇福寿村福屯	铁屎米、粗柄槭(*Acer tonkinense*)、任豆	29	74.85
天等县上映乡桃永村	青冈栎、狗骨木	22	23.85
大新县那岭乡那岭村那利屯	海南栲(*Castanopsis hainanensis*)	29	139.35
德保县东关乡马安村腾蛟屯	小化香、水冬瓜	27	77.10
大新县五山乡三合村众老屯	任豆	21	244.95
龙州县响水乡龙江村板就屯	海南栲	22	135.15
龙州县金龙乡民建村渠雁屯	茶条木、任豆	21	45.90
龙州县金龙乡侵笔村陇念屯	蚬木	21	54.45
龙州县金龙乡侵笔村陇念屯	枫香	21	123.15
龙州县金龙乡民建村陇板屯	蚬木	23	57.00
龙州县武德乡武权村那笔屯	任豆、海南蒲桃	11	101.10

*摘自苏宗明，广西石灰岩山地封山育林效果的分析，广西植物，1990，10(4)：343~350。

4.7.4 改良土壤，维护地力

封山育林后，土壤肥力也发生一定变化，封山时间越长，变化越大。表4-3为苏宗明等(1990)对龙州县金龙乡侵笔村陇念屯封山育林后土壤变化对比研究。封山前后相比，有机质和全氮含量有明显的增加，但全磷的变化不大，代换量比封山前高，交换性酸降低，且交换性铝占的比例下降，说明盐基饱和度比封山前高了，与肥力相关的是 pH 值增加，土壤含水量也增加。

表 4-3　封山育林 21 年前后的土壤肥力对比情况

内　容	封山前	封山后
pH 值	6.0	7.5
有机质(%)	4.148	8.374
全氮(%)	0.185	0.519
全磷(%)	0.055	0.042
代换量 cmol(+)kg^{-1}	19.63	25.61
代换性酸 cmol(+)kg^{-1}	0.2335	0.1334
代换性氢 cmol(+)kg^{-1}	0.0667	0.0667
代换性铝 cmol(+)kg^{-1}	0.1668	0.0667

* 摘自苏宗明，广西石灰岩山地封山育林效果的分析，广西植物，1990，10(4)：343～350。

4.7.5　提高森林的水土保持能力

封山育林，增加森林植被，能显著提高保持水土能力。据陈强等(2007)对云南西畴县岩溶地区坡耕地和封山育林地的水土流失测定结果表明：封山育林后，恢复植被，增加盖度，减少土地裸露，植株对降雨有效截留，有效防止了水土流失。坡耕地平均每年径流量为 170.06 t/hm^2，而封山育林地平均每年径流量为 107.87 t/hm^2，封山育林后径流量比坡耕地减少了 37.30 %；坡耕地平均每年流失土壤 1.62 t/hm^2，而封山育林平均每年流失土壤 0.39 t/hm^2，封山育林泥沙的流失量仅为坡耕地的 24.22 %；坡耕地的土壤侵蚀模数为 162 $t/(km^2 \cdot a)$，而封山育林后的土壤侵蚀模数仅为 39 $t/(km^2 \cdot a)$；封山育林泥沙的流失量呈逐年减少的趋势，与坡耕地的比值，其流失量从 2002 年的 28.65 % 下降到 2004 年的 20.00 %。封山育林后防止了水土流失，随径流流失的土壤养分也得到控制。固体养分流失量，封山育林分别比坡耕地减少有机质 51.79 %、全氮 70.82 %、全磷 38.85 %、全钾 75.36 %、速效氮 72.10 %、速效磷 10.75 %、速效钾 70.21 %。液体养分流失量，封山育林分别比坡耕地减少氮 34.55 %、磷 23.16 %、钾 61.31 %。

4.7.6　增加经济效益和社会效益

经济效益分析，包括直接经济效益和间接经济效益。直接经济效益，即封山后林木的蓄积量和产值。封山育林在短期内没有什么收入，但待封育成林，通过间伐、采药和近自然林式择伐方式经营，封山育林是可以获得明显的、长期的经济效益。

据苏宗明等(1990)对广西那坡县龙合乡智台村和果桃村历年人均产粮的波动

情况调查，智合村和果桡村自然条件情况大体相同，但智合村封山育林好，从1958年就坚持封山，到1986年封山面积已达893.33hm^2，占该村总面积的53.5%，封山育林18年生长的蚬木林部分胸径约20cm，粗的约40cm，森林覆盖率22%。封山育林和成林达到这样的覆盖度，无疑已可以抵抗一定的自然灾害，该村粮产较高且较稳定，波动不太大，变异系数5.8%。果桃村由于封山育林搞得不好，粮产较低，且不稳定，波动较大，变异系数24.4%。封山育林的地区，当覆盖率达一定程度后，可以化小灾为无灾，化大灾为小灾，粮食产量不会大起大落，被动幅度就不会太大；没有进行封山育林或做得不好的地区，无这种抗抵灾害天气的能力，粮食产量变动大。

第 5 章

广西热带岩溶区人工造林技术

广西热带岩溶石灰岩山地虽然以封山育林等简单的措施基本实现了绿化达标，但植被以藤、灌、草为主，覆盖程度还不高，保持水土、涵养水源等生态效能还不理想，同时经济效益很低甚至没有。只有通过大量植树造林，增加植被覆盖度，迅速提高林木生长量，进一步优化生态环境，才能充分发挥它的各项生态效能和经济效能。广西岩溶石山自 20 世纪 70 年代以来，进行大量植树造林，并取得了一定的经验，使一些岩石裸露 85% 以上的“石头山”，从不毛之地变成了郁闭度达 0. 8 以上的优良林分。

5.1　热带岩溶区人工造林技术难点

岩溶地区森林植被恢复的基本途径包括自然封育和人工造林，其中人工造林是根据岩溶山地的气候和立地条件等，选择适宜的造林树种和造林方法构建乔木先锋群落，以促进现有植被的正向演替。然而，石山地区土少石多，土层浅薄、干燥，许多植物都难以生长，石山植物生长慢，群落形成需要的时间较长，植物种类及生物多样性也相对简单，岩溶石山地区人工造林相对于酸性土，更为困难。

5.1.1　立地条件差，人工造林难度大

岩溶石山大多山高坡陡，岩溶作用强烈，地表保水能力差，地表干旱，且常常基岩裸露，形成岩溶山区特有的石旮旯土，土层薄，土壤不耐旱，土地利用十分困难，加上自然灾害频繁，人工造林技术难度大。

5.1.2　造林树种选择困难

岩溶石山土壤为钙质土，且山高坡陡，选择适生造林树种困难，在已实施的林业工程中也存在造林树种与林分结构单一、乔灌草结合少等问题。

5.1.3　社会生态经济问题突出

岩溶山区自然环境差，陡坡耕地多，土壤侵蚀严重，生态系统脆弱，土地质量低，地表水缺乏，粮食产量低，贫困面广，社会经济欠发达，群众缺乏石山造林技术与资金。

5.1.4 生态环境脆弱，自然灾害频繁，植被恢复与生态重建困难

岩溶石灰土保水能力差，土壤升温快，蒸发量大，抗旱能力弱，更促进了干旱的发生和增加了干旱的灾害程度，农作物生长不良，造林成活率低。同时，人口增加，加大了对石山的索取，毁林开荒，石漠化加剧，可利用土地资源逐年减少，生存环境日益恶化，自然灾害频繁，植被恢复与生态重建困难。

从表面上看，石山似乎不易生长树木，其实不然。石灰岩溶蚀后，溶液中含有植物生长所必需的钙、镁、铁等矿物质；植物根系一部分伸入石缝土壤中，大部分盘结在岩石上，曝露于空气中，在良好的呼吸状况下，产生的分泌物多，所吸收的矿物质也多，为树木生长提供了充足的养分；区内高温多雨，湿度大，为植物生长提供了充足的热量和水分。同时，本区石灰岩地貌类型复杂多样，形成了众多的小生境，故石山植物种类十分丰富。如龙州弄岗自然保护区，在面积约100km^{2}范围内，有蕨类植物和种子植物166科673属1282种。已查明的石山植物资源中，有许乡是典型的喜钙植物，其中有不少种类是广西特产的珍贵用材和经济树种，如蚬木、望天树、金丝李、顶果木、肥牛树、海南大风子、广西大风子(*Hydnocarpus kwangsiensis*)、海南风吹楠、广西槾树、广西青梅(*Vatica guangxiensis*)、密花美登木(*Maytenus confertiflorus*)、东京桐等，在这些石山特有树种中，有木质坚硬的特种建筑、造船和其他工业用材，有含油率很高的油料植物，有高淀粉植物，有抗癌和其他药用植物。可见，本区石山是个丰富的植物宝库，若能充分合理地开发利用，将对山区人民脱贫致富，加速经济发展和改善生态环境起着重要作用。

虽然石山岩溶地区自然条件恶劣，造林绿化难度大，但是近年广西各地摸索出了一套行之有效的石山造林技术，选择出了一批经济效益好、适应性强的树种，如任豆、吊丝竹、香椿、南酸枣、金银花等，总结出了一套栽培技术，如容器苗造林、截干造林等，取得了良好效果。

中国林科院热带林业实验中心从1980年起就开展了石山岩溶树种造林技术的研究，不断探索石漠化治理的方法与技术措施，经过了近30年的探索，掌握了治理石漠化全面、系统、配套的技术与经验，并筛选出了大批耐干旱、根系发达、生长快、易成林、保水能力强、生态效益和经济效益明显，特别适宜于石漠化治理的优良树种，并于l991选择其中的13个村种在马山县古零乡开展石漠化治理推广试验与示范，试验区总面积200hm^2，采取封、造、管相结合的办法，裸根苗、容器苗及种子直播并举的技术路线，造林成活率达到90%以上，保存率达到87%。造林4~5年，林分实现了郁闭，大多数树种生长迅速，年平均树高、胸径生长量超过了1m、1cm；尤其是墨西哥柏，年平均树高、胸径生长量分别进到1.41m、1.63cm。封山育林试验也取得理想的效果，封山3年植被覆盖率提高了10%~30%，6年植被覆盖率可达90%以上。实践说明，只要树种选择得

当，技术措施到位，方法科学，石漠化是可以治理的，石山岩溶地区造林绿化同样是具有潜力的。

5.2　广西热带岩溶区立地类型划分

立地类型划分是识地用地的科学，是研究环境条件对树木生长影响及其分异规律的科学。森林立地是指在一定的空间范围内对林木生长意义重大的环境条件的总体，包括地貌、气候、土壤等因素，是科学育林十分重要的应用技术基础。通过立地研究，能够选择最有生产力的造林树种，提出适宜的育林措施，并预估将来的森林生产力及木材产量，能够对森林经营的各种效益、木材生产成本和育林投资做出估计。森林立地研究对提高育林质量、发展持续高效林业、恢复和扩大森林资源都有重要作用。世界各国，特别是林业发达的国家，都已开展了深入细致的森林立地研究工作，其中许多研究成果已在林业生产中发挥了积极的作用。国内，针对杉木、马尾松等主要造林树种立地类型划分与评价，进行了联合攻关研究，取得了可喜成绩，根据产区区划结果，编制了地位指数表(张万儒等，1992)；许多地区还根据生产需要，编制了数量化立地得分表，根据地形、母岩、土壤等影响树木生长的主要因子，预估林木生长量(梁瑞龙等，1996；黄正秋等，1989)。

植被恢复的基础工作就是建立科学、实用的岩溶山地植被恢复立地类型划分系统，岩溶区岩性亦差异极大，立地变化微域性极强，与非岩溶土相比，立地类型划分存在极大困难。周应书等(2008)应用多元回归方法，分析贵州毕节地区石漠化山地立地生态因子与乔木、灌木、草本植物种类数和植被类型的相关性，以这种相关性为基础，确定立地类型划分的主导因子，从而提出地貌、岩性、基岩裸露率、坡度的石漠化山地植被恢复立地类型划分系统，将该地区划分成 256 个立地类型。高华端等(1994)、吕仕洪等(2005)、安和平等(1999)也对研究地区岩溶山地立地进行了分类。

影响岩溶山地立地质量的自然因子很多，各自的影响层次和范围也不同，对于许多因子，尽管制约着立地的植被恢复与造林，但还不能在地域上形成一定分异规律；而另一些因子，在宏观上控制着立地的类型与质量，对立地的植被恢复和造林性质起间接制约作用，却不能直接体现其与林木的关系。因此，不同地域尺度、不同层次上均存在影响岩溶山地造林及植被恢复困难程度的若干因子，要系统、科学、实用地体现岩溶宜林石质山地立地的本质属性，反映出岩溶地区植被恢复方面立地质量的地域性规律，对各类立地因子进行分级筛选是十分必要的。

岩溶山地植被恢复与造林困难性，主要造成施工的可行性、造林成活率及林木生长状况几方面，它们直接受土壤性质、土壤剖面结构特征、土层分布状况及地表破碎程度等因素的影响。根据调查，我们认为控制广西热带岩溶山地立地的主导立地因子有。

——大地貌、气候及海拔：立地因子中的高级别、大尺度的控制因子，是立地区主导因子，制约岩溶山地的水热条件、适宜树种及自然植被恢复方式。按地貌气候条件分为：桂西南低地热带岩溶立地区（海拔 700m 以下）、桂西石灰岩高原岩溶立地区（海拔 700m 以上）。

——岩石性质：岩组类型影响立地的中小地貌形态、土壤性质及其分布规律、水文地质特征。控制立地类型小区的划分为纯质石灰岩组、夹硅质石灰岩、夹砂页岩或火成岩类石灰岩。

——地形坡度：影响土体分布状况和基岩裸露率，影响造林施工的困难程度，一定程度上决定着自然植被的恢复方式，是立地类型组的主导因子，分为缓坡（<15°）、斜坡（15°～25°）、陡坡（25°～35°）和急坡（>35°）4 级。

——土体连续性：反映值为基岩裸露率，决定了立地在造林和自然植被恢复方面的可能程度，直接体现了立地质量，是立地类型的主导因子。按基岩裸露率分为：连续土（基岩裸露率小于 30%）、半连续土（基岩裸露率 30%～50%）、零星土（基岩裸露率 50%～80%）、岩漠（基岩裸露率大于 80%）。见表 5-1。

表 5-1　广西热带岩溶区立地类型表

立地区	立地类型区	立地类型小区	立地类型组	立地类型
广西热带岩溶区	桂西南低地热带岩溶立地区	纯质灰岩	缓坡	连续土
		夹硅质灰岩	斜坡	半连续土
	桂西高原岩溶立地区	夹砂页岩或火成岩类石灰岩	陡坡	零星土
			急坡	岩漠

5.3　树种选择

树种选择是石灰岩地区造林成败的关键，这是由树种的生物学特性和石灰岩山地的立地条件决定的。选择造林树种时应遵循以下几个原则。

5.3.1　乡土性为主、气候相似性为辅原则

首先考虑筛选和引进自然分布于本地及其邻近岩溶地区生长的树种，其次是与其气候相似地区的树种。

5.3.2　粗生性与速生性兼顾原则

在考虑树种粗生性，即其耐干旱瘠薄能力、适应性和抗逆性的基础上，重点选择生长快、萌芽力强的树种。

5.3.3　生态性原则

以自然群落演替为参考依据，引入一些处于演替较高阶段，有培养前途，已

有一定栽培经验的树种，提高恢复潜力和速度。

5.3.4　经济性原则

优先选择经济价值高树种。

根据广西热带岩溶区各地多年研究、生产实践结果，已选出一批适应广西热带石灰岩山区的树种，这些树种适合在石灰土上生长，萌生力强，生长迅速，根系发达，在岩缝中穿透能力强，能耐干旱和土壤瘠薄，并且都具有较高的经济价值，如任豆、海南菜豆树、狗骨木、阴香、墨西哥柏、香椿、南酸枣、降香黄檀等，本书第二篇按树种利用特性，分材用、油脂、干鲜果、饲料、纤维、森林蔬菜、药用、竹藤、生态与园林等类别，介绍 99 种适宜广西热带岩溶石山栽培的树种，可根据造林立地、当地栽培利用习俗等选择造林树种。

5.4　种子采集与处理

5.4.1　种源选择

大量研究证明，树木生长性状存在种源——群体(林分)——家系——个体 4 个层次上的变异，而种源是最易被利用、效益最为显著的初级良种利用方式。石山树种种类繁多，但单一树种造林规模较小，由于研究经费等因素限制，绝大多数树种都没有进行系统的种源试验研究。根据已有研究表明，广西光、热、水资源丰富，林木生长量表现随种源地年平均温度与年降水量增加，林木生长量增加的规律，广西是我国林木种质资源最优秀的地区。例如，通过对适应石山生长的南酸枣树高、胸径、分叉高和分叉数 4 个性状在种源间均存在极显著差异，树高、胸径、分叉高与其种源的纬度均呈极显著负相关(骆文坚等，2007)。广西有分布的其他树种，如马尾松、木荷(*Schima superba*，周志春等，2006；张萍等，2006；曾志光等，2005)、枫香(何贵平等，2005)、枫杨(*Pterocarya stenoptera*，刘光正等，2008；李纪元等，2001)、苦楝(陈羡德，2008)、闽楠(*Phoebe bournei*，江香梅等，2008)、香椿(刘正周等，2008；梁有旺等，2007)、乳源木莲(*Manglietia yuyuanensis*，李因刚等，2007)、侧柏(*Platycladus orientalis*，杨传强等，2005)、山杜英(*Elaeocarpus sylvestris*，曾志光等，2003)、樟树(姚小华等，2002)等都表现出南部种源较北部种生长好。因此，石山造林，应选择当地种源或稍南部种源。通常当地种源的适应性最强，根据种源试验结果可以引进外地优良种源，但对外地种源的适应性未了解之前，使用当地种源最安全。为确定一个适宜的种源，需要连续进行 2 ~3 次种源试验。因为极端气候条件等对种源的考验不一定在短期内或是正常年份出现。

另一需要考虑的因素是，石山造林用种，提倡在石山地采种。虽然目前尚无研究证明，同一树种生长在钙质石山和酸性土上，生长量和适应性上在种质遗传是否有显著差别。唐文秀等(2003)研究表明，从石灰岩土和酸性土上采集的任豆种子，在相同条件下，萌发率和苗期生长没有明显差异；但播种基质对任豆苗期生长有明显影响，在基质为酸性红壤土中的生长比在石灰土和园土中要差。谢义林等(2006)对比研究生长在石灰岩和非石灰岩环境的榕树、乌桕的茎、叶生态结构及其差异，发现两物种对石灰岩恶劣环境的干旱、高温、强地表热辐射等胁迫，在生态结构环境适应方面有一定的一致性，主要是初生保护组织、光合组织、输导组织的细脉密度和细脉木质部等都明显加强。

5.4.2 母树选择

石山造林树种母树大多零散分布，无法满足随机交配而造成个体形状差异大。与此同时，石山造林树种，每个树种造林规模较小，加上经费等原因，目前尚无法建立采种种子园。根据目前现状，对造林量较大的树种，可建立采种母树林。建立母树林是林木种苗繁育过程中的初始阶段，是一种低成本、初级改良、短期利用的有效途径，目的是满足近期的种苗需求。在目前石山造林树种种苗供给不足的情况下，建立母树林是近期种苗工作的一项十分重要的战略任务。虽然母树林仅仅是林木良种繁育的初级形式，但是与随意采种相比，设立和经营母树林，是种苗工作的一大进步。随意采种总是与负向选种密切相连，会导致遗传品质的下降。因此，采用母树林种子而克服随意采种，就可以刹住负向选种的倾向，给近期营造的林分带来较好的经济效益。母树林的建立方法，可在优良种源区内或当地种源内选择优良天然林或人工林，通过留优去劣等措施，用以生产遗传品质较好的林木种子。

在没有建立采种基地或母树林的情况下，采种应做到不从散生木上采种，选择优良林分、优良单株采种。

5.4.3 种实收集

种子成熟的过程，是营养物质在种内不断积累，多种有机质和矿物质从茎、叶流入种子，以糖、脂肪和蛋白质的形态贮存于种子内部。成熟的种子，常常表现为绝对重量的增加和含水量的下降，在形态上表现为种粒充实饱满，外表呈现出不同的色泽；在生理上，则是种胚具有发芽能力。多数树种在种子尚未充分成熟以前，种胚虽有了发芽能力，但长出的苗木往往瘦弱。因此，生产实践中通常不是以生理成熟，而是以形态成熟作为确定采种期的标志。达到形态成熟时，种子发育的内部生物化学变化已近结束，营养物质的积累已经终止，酶的活性减弱，生理活动渐趋微弱，种子开始进入休眠状态。但许多热带岩溶树种，如望天树、木波罗、蚬木、金丝李、海南风吹楠、蝴蝶果等，种子休眠期很短，甚至无休眠期，种子成熟以后，随即发芽，需要严格掌握成熟期，随采、随运、随播种。

不同树种种子的成熟期差异很大，热带岩溶地区，树种繁多，一年四季均有树种成熟，有的树种还在一年中成熟几次。如金丝李 3 月、7 月、11 月均有果熟，海南菜豆树、冬杧果几乎全年有成熟果实，对于这类树种，应选择果实成熟多的大造采种。同一树种生长在不同地区，成熟期也有先后，一般纬度较高的地区，为了积累相同的积温所需的时间较长，同一树种的种子成熟期也就较晚。同一树种的不同品种或不同类型，种子的成熟期也不一致，甚至同一地区内同一树种的同一品种，干旱的年份比低温多雨的年份成熟较早，处于日照充分的阳坡、林缘和孤立状态的林木，比阴坡或密林内的成熟也较早。准确地掌握采种期，往往是较困难，必须在种子接近成熟时，多次进行实地调查观察，才能不失时机地进行采种。

树种种实成熟后，就会逐渐从树上脱落下来，由于各类树种的种子脱落形式不同，采种期和采种方式也不一样。有的树种应是种子脱落前在树上采果，有的则在脱落后从地面收集，如截裂翻白叶树(*Pterospermum truncatolobatum*)、香椿、麻楝、海南菜豆树等带翅的种子，或种粒细小的种子如海红豆、猫尾木(*Markhamia cauda -felina*)、台湾相思等，果实成熟后开裂，种子散失，这些树种应当在果实形态成熟尚未开裂前，从树上采下果实；许多浆果、核果、坚果类的树种，如阴香、石山樟、金丝李、蚬木、海南风吹楠、冬杧果、望天树、南酸枣等，成熟以后易遭鸟兽危害或受虫蛀，也应及时从树上采集或摇打落地，即时收集；但也有些树种的果实，成熟后长期着生于树上，经久不落，亦不变质，如任豆、凤凰木(*Delonix regia*)、顶果木、降香黄檀等，采种期要求就不严。掌握各地当年的气候条件和不同树种的种实成熟期、成熟时的特征，才能做好采种工作。

5.4.4　种实处理

种实处理，包括果实采下以后的脱粒、干燥、清除杂物以及种子分级等工序。果实的特性不同，处理的方法也应不同，树木的果实按其特性，可分成闭果、裂果和肉质果三类。这三种类型的果实，不受植物学中科属分类的限制。

5.4.4.1　闭果的处理

成熟后不开裂或在采集时自然开裂，收集种实。在热带岩溶树种中，主要有细子龙(*Amesiodendron chinense*)、假苹婆(*Sterculia lanceolata*)、苹婆等，这类种子采集以后，不需脱粒处理，可根据树种的特性，分别进行干燥贮藏、混沙贮藏或即采即插。多数热带的闭果类，不宜干燥贮藏，需混以润沙贮藏或即采即播。

5.4.4.2　裂果的处理

成熟后果实干燥开裂。属于这种类型的树种较多，如蚬木、任豆、降香黄檀、顶果木、海南菜豆树、香椿、麻楝、台湾相思、海红豆、短萼仪花、猫尾木、倒吊笔(*Wrightia pubescens*)、截裂翻白叶树、大叶山楝(*Aphanamixis grandifolia*)、蝴蝶果、肥牛树、银合欢、糖胶树(*Alstonia scholaris*)等，处理这类的种实，只要将采收的果实摊晒或晾干，开裂后即可取得种子。任豆、台湾相思等荚果类的果实也很难开裂，需在烈日下曝晒后，再用人工敲打剥取或用石磅适当滚压，但应注意不伤种子。

5.4.4.3 肉质果的处理

成熟后果实的果肉和果皮变软，有不同的颜色和光泽。如金丝李、阴香、石山樟、南酸枣、岭南酸枣、秋风、苦楝、海南风吹楠、多花嘉榄（*Garuga pinnata*）、东京桐、冬杧果、山黄皮、番石榴、人面子、构树、桄榔、鱼尾葵、董棕等，许多肉质果的果肉可食。肉质果一般处理方法，去果肉洗净后得出种子或将果实置竹箩中浸水搓擦，洗净种子；如采收将近形态成熟，果肉尚未软化的果实，则需堆沤，并经常翻动，待果肉软熟后及时浸水搓擦，洗净种子；如采收有后熟期的肉质果实，可经过贮藏，使之成熟后再进行处理。通常肉质果实的种子，不能日晒，需混润沙贮藏或随处理随播种。

种实处理完毕后需进行净种处理。净种是提高种子纯度，为贮藏和播种做好准备。种子从果实中脱出以后，要去掉混杂在种子中的夹杂物如鳞片、果皮、果翅、果柄、树皮、瘪粒、碎粒、异类种子以及土块、石粒等杂物。净种的方法，有筛选、风选、水选等。筛选法是用适当筛孔筛除与种粒大小不同的夹杂物；风选法是利用适当的空气动力，飘去重量与种子不同的夹杂物，此法适用于中、小粒种子；水选法通常用来除去比重较种子轻的空粒、瘪粒、破伤粒或感染病虫害的种粒，操作时间宜短，以免上浮的杂质吸足水后下沉混入纯种中。

5.4.5 种子贮藏

有些树种是在种子成熟时随采随播的，但也有许多树种的种子，适宜于经过一个冬天的贮藏到翌年春或更长的时间播种。由于多数树种结实有大小年现象，需要以丰补歉，大年多采，弥补小年。因此，贮藏种子在生产上很有实用价值。

贮藏期的长短，与各类树种的种子生理特性和贮藏条件有关，即与种子的结构、营养组成、含水量、入库前的成熟程度以及贮藏库的湿度、温度、光照、通风等因子有密切的关系。这些因子的综合作用，会对种子的呼吸作用发生影响。种子贮藏期间，呼吸强度愈大，养料的消耗就愈多，生命力的丧失也愈快；反之，呼吸作用愈微弱，消耗的养料愈少，种子的贮存期就愈长。低温、低湿、避光的条件下，种子的呼吸微弱甚至接近停止，贮存期可以延长。一般种皮坚硬，不易透水和透气的硬粒种子，有利贮藏，如任豆、短萼仪花、银合欢等豆目树种；种皮膜质，容易透水透气的种子，发芽力保存期较短，如蚬木等；含脂肪、蛋白、淀粉高又不能脱水贮藏的种子，如蝴蝶果、蒜头果、望天树等，种子的贮存期也较短，而且需要混润沙贮藏。

5.5 育苗

热带岩溶石山，由于高温、干旱、少土、钙质，生长条件恶劣，相对酸性土上造林，苗木质量对造林质量显得尤为重要。在此，我们就石山造林几个关键技术进行探讨。

5.5.1　苗龄

岩溶石山自然条件恶劣，苗龄与苗木规格显著影响造林质量。苗龄太短，苗木弱小，适应性差，抵御恶劣环境的能力差，造林成活率不高；苗龄太长，苗木过于高大，不仅加大了造林难度，而且苗木蒸腾作用增加，需要水分多，根系受伤严重，恢复困难，同样导致成活率不高。因此，应针对树种的特点，确定合适的造林苗龄。通常速生树种苗龄应短些，慢生树种苗龄则要长些，一般苗龄以 0.5～1.5 年为宜。

卢立华等(2003)在广西马山县古零乡石灰岩溶区造林试验表明，任豆苗龄对造林成活率的影响最为显著，6 个月苗龄造林成活率仅为 35.4%，而 18 个月的苗木其造林成活率达到 92.0%。茶条木，苗龄 3 个月的苗木造林成活率为 59.5%，而 18 个月的苗木达到 87.7%。顶果木，苗龄 22 个月和 12 个月的造林成活率差异不大，分别为 88.7% 和 94.0%。吕仕洪等(2006)在广西平果县岩溶石山造林试验结果，将石山树种育苗年龄划分成 3 个类型：① 1 年生型，这类树种播种当年生长速度较快，生长量较大，大部分 1 年生苗(>80%)可达到标准，如南酸枣、顶果木、榅树、茶条木、任豆、苹婆等；② 2 年生型，这类树种播种当年生长速度较慢，生长量较小，第 2 年为其生长快速期，其大部分两年生苗木可达到标准，如伊桐(*Itoa orientalis*)、海南蒲桃、海南椴、狗骨木等；③ 多年生型，这类树种生长速度较慢，大部分 2 年生苗不能达到标准，如乌冈栎(*Quercus phillyraeoides*)、山胶木、蒜头果等。显然，苗木生长量及其质量与管理水平、栽培方法等密切相关，加强苗圃水肥管理，能增加苗木生长量，缩短育苗时间。

5.5.2　育苗基质

已有研究和生产实践证明，除了个别专性钙土植物外，绝大多数石山造林树种在酸性土圃地上育苗无需特别措施也能很好生长。对专性钙土植物可采取施用石灰，增加土壤钙，提高土壤 pH 值，能保证苗木质量。

裸根苗培育，选择疏松、肥沃的土壤，能提高苗木生长量。容器育苗，提倡采用轻基质育苗，能提高苗木质量。塑料育苗袋，若采用苗圃表土育苗，由于土壤黏结性差，栽植脱袋时，常造成散袋，严重影响造林成活率，造林效果不如采用黄心泥基质育苗。

5.5.3　扦插育苗

广西热带岩溶石山区造林，应用障碍首先是种源来源困难，由于许多树种结实年龄大，加上天然林中由于人为破坏，能采种的母树资源少，无法满足林业生产中的种源要求，制约了岩溶石山造林。另外一个问题是，天然林中乡土树种的遗传不稳定，很难获得遗传增益高的后代。因此，在实际应用中，要求对种源来源困难的树种在加强母树林管理和采种母树选择的同时，进行无性繁殖试验，为规模化生产奠定基础。

然而，大量实践证明，许多树种由于生物学特性等因素限制，以扦插、组织培养等无性繁殖技术还存在苗期生长慢、繁殖率低、育苗成本高等问题。同时，无性系苗基因单一，生态风险大，林分稳定性较差，通常后期生长慢。尤其对营造以保护生态为主，长周期经营的岩溶石山造林，目前仍以实生繁殖为首选。

5.5.4 容器育苗

采用容器育苗，可缩短苗龄，并可延长造林时间，提高造林苗木抵抗恶劣环境能力，缩短造林苗木缓苗期，提高造林成活率和幼林生长量。石山造林，育苗时间较长，育苗容器宜大不宜小。然而，近年容器苗造林，效仿桉树造林，超短苗龄，采用 3 个月或半年苗雨季造林，由于石山环境恶劣，苗木细嫩，抗性差，造林成活率低。

5.6 造林

5.6.1 整地

岩溶石山造林成功的主要障碍因子是频繁的水分亏缺，原因不是降水不足而是土被不连续，土层浅薄，土体石砾含量高，孔隙发育差和得不到地下水补给所致。这种临时性干旱具有发生频率高，持续时间短，水分亏缺程度变异性较大的特点。因此，围绕改善水分状况，提高成活率、保存率而进行的人工造林配套技术是造林成功的保证。主要内容包括：①造林地整理时不全面砍山，不炼山，充分利用造林地植被覆盖，以减少土壤水分丧失。试验表明，造林地保留不同株数和盖度(30% ~80%)的灌木草本，土壤平均含水量提高 11.49%，造林保存率提高 11.7%。②整地时汇集表土，鱼鳞坑整地，造林穴表面覆盖，可造成局部较厚土层的小生境，加之造林穴表面覆盖，有利于土壤保墒，提高土壤含水量和造林成活率。③整地不强调规格化，采用“见缝插针、照顾均匀”的办法分布栽植穴。

为避免水土流失，宜采用穴垦。植穴规格为：一般树种 50cm × 50cm × 30cm，竹类 80cm × 80cm × 40cm。整地于秋末冬初进行，在栽植前 1 个月完成，使土壤有一段时间熟化，以改良土壤理化性状。

5.6.2 栽植

在岩溶石山立地造林，必须把握好造林时间，使幼苗在种植初期有相对较好的气候条件，以保证其成活。唐兰芳(2005)在广东阳山石灰岩生态公益林造林试验，采用大穴整地，植穴规格 40cm × 40cm × 30cm，任豆 1 年生的健壮裸根苗，于树干 60cm 处截干，结果表明，任豆裸根苗造林在 4 月之前成活率较高，4 月之后造林成活率较差。这是由于石灰岩地区土壤较少，保水性差，热辐射强烈，过迟种植往往由于幼树根系尚未深扎，高温、干旱随即出现，容易造成幼树死亡。同时，由于气温高，幼苗的呼吸活动增加，幼苗失水严重而影响成活。而 4 月之前种植，幼苗处于休眠期或初萌期，种植后生根较快，气温不高，幼苗个体迅速生长，对往后的恶劣环境有一定的抵抗能力，故成活率较高。石灰岩山地石多土少，保水性差，地表温度高，推迟种植往往遇到幼树根系尚未扎稳，高温、干旱的恶劣天气随即来临，容易造成幼树死亡。根据广西热带岩溶区造林实践，应选择春节后至 4 月底前，雨后当造林地的土壤充分湿润时种植，此时，温度较低，湿度大，植后当气温回升时根系即开始生长，为以后的成活打下了坚实的基础。

栽植时要保持苗木根系自然，顺向，水平舒展，防止屈根；适当深栽(覆土层在苗木根颈以上 3～5cm、大苗还应深些)，以提高幼树吸水、抗旱、防风能力；分层回填细土并压实，使根与土紧贴；定植后在穴面加盖细碎松土 3～5cm，破坏土壤毛细管，减少水分蒸发，提高土壤保水能力；萌芽力强的速生树种如任豆、香椿、南酸枣等，大苗可截干造林，可提高造林成活率，促进幼林生长。

5.6.3　幼林抚育

造林初期，幼树根系较浅，对不良环境的抵抗力差，必须加强抚育管理，促进生长，方能顺利度过炎热的“三伏天”。抚育以铲草松土为主，铲除植株周围的杂草，覆盖于穴面，松土可切断土壤的毛细管，减少水分蒸发，防止土壤板结。杂草腐烂后可成为肥料，提高土壤肥力。铲草松土宜在 5～6 月进行，造林当年 1 次，次年 1～2 次。追肥能促进根系和植株地上部分生长。追肥时间宜在栽植后第一次新梢老熟时，选择阴雨天进行，次年再进行 1 次。追肥以氮肥为主，每株 20～30g 为宜，在植株立地上方 25cm 左右，开小沟撒施，及时覆土。

5.7　混交林营造

由 2 个或 2 个以上树种所构成的林分(各树种按株数或蓄积占 10% 以上)，则称之为混交林。合理的树种混交，无论从生物学观点或生产观点看，都具有比纯林更高的合理性，能取得更明显的生态效益、社会效益和经济效益。因此，营造混交林具有重要的理论和实践意义。广西热带岩溶石山营造混交林有比纯林更高的经济效益、生态效益，近年各地也探索出了多种混交模式，如任豆×吊丝竹、任豆×木豆、任豆×金银花、任豆×银合欢、任豆×苏木、任豆×矮象草(*Pennisetum purpureum* ‘Mott’)、任豆×剑麻(*Agave sisalana*)、任豆×霸王花等，总结出了“山顶林，山腰竹，山脚药果，地上粮，低洼桑”、“总体封山育林，石窝栽种竹木药”等多种经营模式，取得了较好效果。

5.8 封山育林

“三分种，七分管”，在石灰岩山地造林，管理问题更突出。因为石头山本来就树木稀少，植被缺乏，该地区的群众缺柴少草，经常上山砍小灌木及植被作燃料，非常容易伤及小树。同时，山区的牛羊较多，山上放牧是传统的习惯，所种幼树常常被践踏。因此，造林初期，幼树比较脆弱，宜进行封山管护，严格禁止放牧和滥砍柴草，以免人畜伤害幼树，提高造林保存率。

第 6 章

广西热带岩溶区杂果经营现状与可持续经营技术探讨

广西热带岩溶区热量丰富，降水充足，杂果资源丰富，杂果生长较快，优良品种也多。近年的生产实践证明，广西热带岩溶区只要选择适宜的杂果、采用适当栽培技术措施和经营措施，不但能在较短时间绿化石山，还能产生较高经济效益。岩溶山地大多为社会集体和村民群众经营，岩溶区杂果经营和生态环境改善必须依靠广大石山区农民积极参与，才能顺利开展。2007 年上半年，笔者对地处热带的崇左市江州区、天等、大新、龙州、宁明、凭祥等6县(区、市)进行了考察，调查方法以走访方式结合单株产量调查，发现该热带岩溶山区的杂果资源非常丰富，而且经济价值高，生产经营上出现了一乡(村)一品或多乡一品的自发性的小宗杂果生产经营局面。

6.1 广西热带岩溶区主要杂果资源与经营现状

6.1.1 广西热带岩溶区杂果资源现状

广西热带岩溶区杂果资源丰富，主要种约有 19 种，分属 10 科 15 属，种类以芸香科、漆树科(Anacardiaceae)最多，当前产量较大、价值较高、规模经营利用的栽培种主要有山黄皮、木波罗、李、枇杷、柠檬、柚子、人面子、假苹婆、番石榴等，其中木波罗、李、枇杷等为传统栽培果树，山黄皮、柠檬、人面子等为地方民俗传统栽培果树，而澳洲坚果(*Macadamia tegnifolia*)、番荔枝、番石榴为国外引进果树(表 6-1)。番石榴已逸为野生，在广西热带岩溶石山区成丛生小乔木状，成片生长，结实良好。

表 6-1　广西热带岩溶区主要杂果种类一览表

序号	种类	主要性状	利用价值
1	山黄皮 *Clausena anisum-olens*	常绿大灌木，在石山少土的石缝中能生长，村旁、石山谷地生长最好	果味酸甜，可生食、盐渍或制黄皮酱
2	黄皮果 *Clausena lansium*	常绿小乔木，村旁、庭院有栽培	果鲜食，味甜酸

（续）

序号	种类	主要性状	利用价值
3	柠檬 *Citrus limon*	常绿灌木，多栽培于村旁	果味极酸，盐渍后供烹调佐料用或饮料用
4	柚子 *Citrus grandis*	常绿乔木，村旁、庭院常有栽培	果大型，味酸甜，生食
5	扁桃 *Mangifera persiciformis*	常绿乔木，岩溶区常生长于山谷、村旁	果生食或制腌渍食品，味酸甜
6	冬杧果 *Mangifera hiemalis*	高大乔木，生于石山沟谷或山坡	果实大，与杧果相当，熟时味甜可口
7	南酸枣 *Choerospondias axillaris*	常绿乔木，广西岩溶石山常见种	果可生食或制腌渍食品，味酸甜
8	人面子 *Dracontomelon duperreanum*	高大乔木，常见于石山谷地或山坡疏林中	果生食或制腌渍食品，也可制成果酱
9	假苹婆 *Sterculia lanceolata*	常绿乔木，广西热带岩溶区常见树种	种子煮熟后可食用，味如栗子
10	苹婆 *Sterculia nobilis*	常绿乔木，广西热带岩溶区常见树种	种子煮熟后可食用，味如栗子
11	番石榴 *Psidium guajava*	常绿小乔木，广西热带岩溶区常见成片野生番石榴林	果味甘美，生食或酿酒
12	澳洲坚果 *Macadamia tegnifolia*	常绿乔木，原产澳大利亚，近年广西热带岩溶区沟谷地栽培，生长良好，正常结实	世界著名的高级干果，有“干果皇后”之美称
13	李 *Photinia salicina*	落叶乔木，各地均有栽培	可生食或制李干、蜜饯、盐渍食品
14	枇杷 *Eriobotrya japonica*	多栽培于庭院、村旁、路边	果生食、制蜜饯或酿酒
15	木波罗 *Artocarpus heterophyllus*	常绿乔木，常栽培于村旁、路边	热带水果之王，苞肉鲜食，也可加工成果汁、干片或果脯
16	火果 *Baccaurea ramiflora*	常绿乔木，广西热带岩溶区常见种	果实累累，熟时黄红色，多汁，味酸甜，生食
17	蝴蝶果 *Cleidiocarpon cavaleriei*	常绿乔木，广西热带岩溶区常见树种	种子煮熟后可食用，味如栗子

（续）

序号	种类	主要性状	利用价值
18	番荔枝 *Annona squamosa*	原产南美洲，喜钙质土，江州区近年栽培于岩溶地石缝土地，生长良好	果味香甜，鲜食，著名热带水果
19	方榄 *Canarium bengalense*	高大乔木，生于湿润山谷	果可食，制腌渍食品

广西热带岩溶区的杂果较为集中种植的有山黄皮、木波罗等，也有散布种植在各个县(市)的人面子、番荔枝等。这些杂果大多种植在村前屋后，也有集约栽培，如山黄皮、黄皮果、番荔枝等。在种植的岩溶山区，几乎家家户户均有种植，管理正常的每年每户均有较为稳定的收入。但在种植区内，选用的良种意识不强，良种利用率低，有些品种果实商品性差，产量低，直接影响果品的收购价和产业化开发。在管理上，基本处于一种自然放任状态，无科学的栽培管护措施，产量不高，不稳定，经济效益较低。

6.1.2　广西热带岩溶区主要杂果经营现状

6.1.2.1　山黄皮

山黄皮俗称鸡皮果，为芸香科柑橘亚科黄皮属多年生常绿大灌木或小乔木，主产于我国广西西南部、云南南部、广东新会，及越南北部和菲律宾。在广西主产区为热带岩溶山区的龙州、大新、凭祥，当地农户房前屋后多有栽种，以龙州县种植为最多，龙州县 12 个乡镇 129 个村屯都有山黄皮树分布，种植及野生面积约 800hm^2，年产量达 5000t。种植嫁接苗 3 年可挂果，实生苗 5 年挂果，株产 5kg；10 年盛产期，株产 25kg。近年来山黄皮的市场价格基本稳定在鲜果 4 ~ 5 元/kg，价格超过普通龙眼、杧果、荔枝等，成为热带岩溶区农民的一个重要经济来源。龙州县武德乡群合村智益屯有村民 160 户，户均有山黄皮 10 株，每户年产山黄皮 500kg，高产单株年产山黄皮果 200kg，仅山黄皮一项户均收入 2000 元。除鲜食外，山黄皮以其可口的酸甜味及香气在芸香科水果中独具一格，可加工成山黄皮干、果脯、果酱、饮料等制品，产品主要有干制品、盐渍品、酱制品。但是，山黄皮在广西发展比较缓慢，主要为野生或房前屋后零星栽培，其生产潜力远没有充分发挥出来。

6.1.2.2　木波罗

木波罗又称树波罗、波罗蜜，桑科(Moraceae)桂木属，热带常绿乔木果树，是热带水果之王。木波罗果肉营养丰富，成熟果实含糖 22.7%，含酸 0.31%，每 100g 果汁含维生素 C1.16mg。鲜食味香甜、可口，富含脂肪和蛋白质，果肉香气浓郁，有害元素含量很低，有益元素的含量却较高，可食量大，保鲜时间长，深受消费者喜爱，市场走势稳，价格看好，一般2～3元/kg，是一种具有较高开发利用价值的热带水果。木波罗除鲜吃外，还可制作罐头、果酱和饮料等；未成熟果实果皮富含果胶，可提取果冻；果皮和叶是良好的饲料，种仁可煮、烘、炒或炸食。植株是名贵的木料。大新、龙州、崇左、凭祥、宁明等热带岩区农村均有种植习惯，主要种植在房前屋后，村头村尾，一些种植户种植多达十余株。木波罗多以实生苗来种植，5～6年生结实，单株年产果10～40个，单果重5～10kg，最大单果重可达40kg，进入正常结果期的木波罗，单株年收入达到200元。

6.1.2.3 人面子

人面子，漆树科常绿大乔木，广西特有经济林树种之一，崇左市境内资源丰富。人面子鲜果呈黄色，生食酸甜可口，有健胃、生津止渴、促进食欲功效，果实可以制作成果酱、果脯、饮料等，味美。人面子在热带岩溶区多有分布，野生、栽培、零星分布在山脚、深谷和四旁，作为经济林树种开发利用栽培的还比较少。人面子树体高大，营养生长期长，一般种植10年后才开花结实，一旦进入结果盛期就会连年果实累累。进入盛产期的人面子，每株每年可产果300～500kg，鲜果每千克售价在3～4元，经济价值极高。

6.1.2.4 番荔枝

番荔枝是世界五大热带名果之一，品质优良，果肉柔软细滑，香甜，含有丰富的维生素C和多种营养成分，具有清喉润肺、滋阴补脾功效。既可鲜食，又可做饮料、果酱、果膏和果酒。番荔枝内酯被喻为“明日抗癌之星”，是一种绿色保健水果。随着人们生活水平提高，保健意识不断增强，市场对绿色、优、稀，且具保健功能的水果需求量会越来越大。番荔枝是非常适合石山种植的果树，在崇左市境内的岩溶地区栽种效果非常好。番荔枝栽培管理容易，植株生长健壮，结实早，丰产稳产，种植后第2年即可开花挂果，株产达5kg，第3年株产可达13kg，正常年景每公顷产量13000kg。树体只要有发梢能力就可开花挂果，每年8月至翌年3月均可供果，供果期长达7个月。

6.2 广西热带岩溶区杂果经营主要问题

6.2.1 种类多，但良种率低

广西热带岩溶区杂果资源非常丰富，品种繁多，但果农大多以当地品种为主，良莠混栽，使得果品的商品性不一致，良莠不齐。山黄皮、黄皮果、番荔枝等少数几种初步开展了良种选育工作，山黄皮初步选育出了3个优良品种，黄皮果也从甜黄皮和甜酸黄皮两大类中选育出了金鸡心黄皮、无核黄皮等优良品种，番荔枝则有AP非洲骄傲番荔枝(*Annona squamosa* ‘African Prade’)等优良品种。但在崇左市热带岩溶地区，山黄皮、黄皮果的种植还是以当地品种为主，番荔枝也是不经选择从越南引进种苗种植。群众的良种意识淡薄，良种推广较慢，直接造成了商品果的科技含量低，价位低。广西热带岩溶区群众仍然用传统方法进行育苗种植，杂果种植面积虽然不断在扩大，但产量提高不快，商品果率不高。而木波罗、方榄、人面子则基本上还未开展良种选育工作。

6.2.2　分布范围广，但经营水平低，经济效益低

杂果遍布广西热带岩溶区村前屋后，种植简单，结果容易，因此大多数的果农都不重视栽培技术，没有科学合理地对果树进行抚育管理、肥水管理、疏花疏果等，更没有开展人工授粉、产期调节等工作，导致果实品质得不到保证，丰产稳产性差，经济效益不高。许多果农重种轻管，果树常因缺肥、缺水而出现大小年结果现象，病虫害导致树体衰退甚至死亡。

6.2.3　利用水平低

杂果鲜食美味可口，但都不耐储藏，若不进行加工和利用，只能形成地域性的消费市场。杂果的附加值要通过加工利用来实现，广西热带岩溶区的杂果都能加工成高附加值的产品，但目前加工企业少，加工技术和科技含量不高，还处在卖原料的阶段，杂果生产陷入了市场份额少，加工企业不进来，加工企业进来又无法做大杂果原料基地的尴尬局面。

6.3　广西热带岩溶区杂果可持续经营建议

6.3.1　品种改良

良种是杂果高产稳产的关键，广西热带岩溶区具有丰富的杂果优良野生资源，选择育种材料来源非常丰富，有利于选育出性状特点突出的新品种。品种改良首先要加强杂果种质资源的系统研究，加强杂果种质资源的收集工作，分别对种源、类型、品种进行研究，选择出适合市场的优良品种，筛选出适合各地种植的优良品种或株系，然后对其相关性状及栽培技术进行研究，以满足市场不同消费群体的需求，延长鲜果供应期，获取良好的经济效益。在良种改良过程中，利用基因转移、化学诱变、物理诱变等先进科学方法，选育出果质既优良、果型又一致的品种，提高杂果的商品价值。

6.3.2　栽培技术

成熟的栽培技术是良种得以推广种植的关键。科学的栽培管理，合理的施肥管理，可以达到降低成本、提高果品产量和质量的目的。随着杂果种植面积的日益增大，消费者对果品质量的要求也日益提高，因此没有先进的栽培技术就难以满足市场需求。有了良种还要配套相应的丰产栽培技术，制订杂果丰产栽培技术标准，制订系列杂果果实的规格标准，才能更好地指导生产，生产出更具竞争力的果品。目前这几个杂果品种，选育出来的优良品系都能够通过嫁接进行改良和繁殖。只有在提高杂果的产量和质量上下功夫，提出成熟的丰产技术，才能有效

地进行良种推广，果农才能获得较高的经济效益。

6.3.3 加工利用水平

杂果目前主要用于鲜食，能否形成杂果生产的产业化经营，除了要形成鲜食市场外，还需要有成熟的加工利用技术，形成加工产品市场。广西热带岩溶区杂果的发展潜力是巨大的，但加工利用还处在初级的加工阶段，比如山黄皮大多数是晒干做原料卖或加工成黄皮酱等，黄皮果、木波罗、番荔枝等也是鲜食较多，还未进行加工利用，人面子和方榄也只是粗加工做原料卖，杂果的附加值还远未发挥出来。提高加工利用水平，一是要提高加工利用的技术水平，二是要培育加工产品的市场，才能扩大杂果的应用范围，提高杂果的附加值，提高经济效益。

6.3.4 保鲜技术

杂果自然保鲜期一般为7d，作为商品果，应该延长保鲜期，使自然保鲜期达15d，药剂保鲜期达25d。保鲜技术可以缓和鲜果供应期短且集中的矛盾，延长鲜果上市时间，维持鲜果的品味，减少市场营销风险，以利于扩展市场，提高产业效益。不断改善贮藏技术，使用无毒、高效保鲜剂，减少果实腐烂，这是今后研究的重点。研究开发鲜果的包装、保鲜、贮运新技术极其重要。

6.3.5 产业化经营

广西杂果多为农民自发小规模种植为主，生产、运输、销售、加工等环节尚未衔接好，科技含量、组织化程度低，经营效果还不很理想。对崇左市境域内6个县的调查发现，这些小宗杂果在自我发展过程中，已经形成了传统的地方性市场。如何把由野生、零散、村前屋后的栽培转为集约经营，由简单原始加工转化到深加工，由传统产品转变为现代产品，使杂果种植、管理、采集、加工、销售形成热带岩溶地区的一大产业链，是目前迫切需要解决的问题。

以市场为主导，做大做强杂果市场。市场的主导作用是不容忽视的，市场价位高，就会形成拉动效应，拉动杂果的迅猛发展；市场价位低，会直接打击农民种植的积极性。因此，应该考虑从一乡一品到一县（市）一品的发展策略。首先将杂果列入县（市）对外招商引资的项目，招商引资建立产品深加工企业，以产品的加工利用带动市场销售，带动种植基地建设，带动果农种植面积的扩大，促进果农选用良种和集约经营。其次，要充分整合科技、扶贫、林业等政府资源，加大科技方面的投入，加强扶贫投入，结合林业退耕还林和生态公益林项目建设，把杂果作为科技示范项目、扶贫项目、石山绿化、石漠化治理、生态家园建设项目，给予资金扶持，使杂果基地建设得到快速的发展。第三，以品牌战略提高知名度，谁拥有消费者信赖的品牌，谁就能在生产、营销等环节掌握主动权。这样才能在一个相对大的市场下形成杂果生产销售的良性产业循环，形成小宗杂果的产业链。

第7章

广西热带岩溶区竹类资源与可持续经营技术

竹类植物是重要的森林资源，具有生长快、成材早、产量高、比树木轮伐期短以及一次成林长期收益的特点。竹子种植 3～4 年就成林，即可轮伐。竹子具有很多的用途，竹笋为鲜美菜蔬，竹材除可用做一些生产、生活用品外，还是人造板、造纸、化纤等工业的良好原材料，还可加工成各种各样的精美工艺竹编制品。广西热带岩溶地区群众素有种植竹类植物的习惯，特别是近十年来，各地把发展竹子作为石漠化治理的当家树种，大力种植竹子，选择出了适应热带石山的吊丝竹、麻竹、撑绿杂交竹 3 号(*Bambusa pervariabilis* × *Dendrocalamopsis daii* #3)、吊丝球竹等优良竹种，研究出了竹子×任豆、竹子纯林等多个经营模式。大量种植竹子，既可加快石山绿化，又可增加经济收入，是石灰岩山区脱贫致富的途径之一。

7.1 广西热带岩溶区竹类资源特点

竹子是世界第二大森林资源。全世界共有竹类 70 多属，1200 余种，竹林面积约 2000 万 hm^2，分布十分广泛，从热带到温带甚至寒带均有分布，主要分布在热带、亚热带地区，在亚洲尤为丰富。据世界各主要产竹国家的不完全统计，全世界每年生产的竹材在 1800 万 t 以上，用于建筑的约占 30%～40%，竹制品占 15%，造纸 20%～25%，其他方面占 15%～30%。

我国竹子种类多、面积广，天然竹林广泛分布于 27 个省(自治区、直辖市)。据《中国竹类植物图志》统计，中国有竹子 39 属，近 500 种，现有竹林面积 720 万 hm^2，其中纯竹林 420 万 hm^2，原始高山竹丛 300 万 hm^2。在 420 万 hm^2 纯竹林中，毛竹(*Phyllostachys heterocycla* ‘Pubescens’)有 300 万 hm^2，占 70% 左右。每年竹材砍伐量约 800 万～900 万 t，其中商品材 600 万 t 左右。

广西地处祖国南疆，气候温暖，雨量充沛，地形起伏，河流纵横，是我国竹种最多的省地之一。据统计，广西竹种计有 157 个(其中包括 31 个变种或栽培变型)，分别隶属于 25 个属，另有 4 个杂交种(黄大勇等，2009)。广西的毛竹、麻竹、吊丝竹、粉单竹(*Bambusa chungii*)、撑绿杂交竹 3 号等主要经济竹种造林面积及竹笋与竹材产量在全国排前位。广西热带岩溶石山区生态环境恶劣，不利于喜温湿、嗜肥的竹类植物的自然生长，竹种天然分布少。根据调查，广西热带岩溶石山约有竹子10属27种，种植最多的有吊丝竹、花吊丝竹(*Dendrocalamus minor* var. *amoenus*)、吊丝球竹、撑绿杂交竹3号等，结果见表7-1。

表7-1 广西热带岩溶石山区竹类植物

序号	竹种	生长类型	立竹胸径（cm）	立竹高度（m）	分布	利用方向
1	簕竹 *Bambusa blumeana*	合轴丛生	8～10	6～20	广西热带岩溶地区自然生长于村旁、宅旁、溪边。广东、海南热带及北热带地区有分布	密生锐刺，难以砍伐，少被利用。竹材坚韧，不易受虫蛀，可作建筑、家具、农具和扁担等用材
2	粉单竹 *Bambusa chungii*	合轴丛生	4～8	8～12	广西热带岩溶区栽培在溪流、河岸及村旁。广东有分布	竹材纤维好，优良造纸材；竹竿性韧，通常用作编织竹器
3	鸡窦簕竹 *Bambusa funghomii*	合轴丛生	6～7	13～15	广西龙州石山区较多，自然生长于石山谷地、村旁。广东有分布	竹枝变为硬刺，较难砍伐，极少利用
4	油簕竹 *Bambusa lapidea*	合轴丛生	6～10	8～15	广西热带岩溶区普遍栽培，多植于山脚、溪边、村旁及石山中下坡。广东、云南、四川等亦有分布或栽培	竹枝变为软刺，较难砍伐，较少利用。竹材厚而特别坚硬，少受虫蛀，可作梁、柱、扛挑及竹钉等
5	车筒竹 *Bambusa sinospinosa*	合轴丛生	7～14	8～20	广西各地均有栽培，热带岩溶区栽培于河流两岸、村边、宅旁、石山脚土壤肥沃处。广东有分布	竹枝硬化为锐刺，不利采伐，少被利用。竿高大通直，竹材坚韧，不易受虫蛀，可做建筑用材、竹排等
6	青皮竹 *Bambusa textilis*	合轴丛生	3～6	6～10	广西各地有分布，热带岩溶区的天等、龙州、大新等地较多。对水肥条件要求不苛，石山地区也能正常生长。广东有大面积种植	竿通直，削度小，节平而疏，篾性强韧，耐水浸，适合劈篾编织精致竹器，是优质篾用竹种之一。竿干后不易开裂，可作蚊帐竿、扫把柄等，也是优质造纸原料
7	麻竹 *Dendrocalamus latiflorus*	合轴丛生	8～15	10～15	分布中亚热带以南地区，广西热带岩溶区栽培于谷地、山坡下部	优良笋材两用竹种，笋期长，产量高，笋味鲜美。材可造纸、制作竹器
8	吊丝竹 *Dendrocalamus minor*	合轴丛生	3～6	6～8	广西热带岩溶区规模栽培于石山中下部，或村屯边。广东、贵州等有分布	石山优良材用竹种，用于编织箩筐、竹席等，亦用于造纸
9	花吊丝竹 *Dendrocalamus minor* var. *amoenus*	合轴丛生	3～5	5～8	分布广西南部，广西热带岩溶区栽培于石山中下部，或村屯边	石山优良材用竹种，用于编织箩筐、竹席等，亦用于造纸

（续）

序号	竹种	生长类型	立竹胸径（cm）	立竹高度（m）	分布	利用方向
10	荔波吊竹 *Dendrocalamus liboensis*	合轴丛生	6～9	12～15	产龙州、田东等，热带岩溶区生长于村边水肥条件好处。贵州有分布	竹材大小适中，篾性好，常用作编织竹器。笋可食，可作石山区笋材两用林发展
11	金平龙竹 *Dendrocalamus peculiaris*	合轴丛生	10～15	12～18	产田东，见于山脚、冲槽地。云南有分布	竿高大，可用作建筑材、造纸等。笋美味，可作笋用林栽培
12	吊丝球竹 *Dendrocalamopsis beecheyana*	合轴丛生	6～10	8～12	广西热带岩溶石山栽培于石山下部，或村屯屋边、路旁。广东、海南有分布	优质笋材两用竹种。竹材可用于造纸，或用作石山区薪材
13	绿竹 *Dendrocalamopsis oldhami*	合轴丛生	5～8	6～9	分布华南、华东地区，广西热带岩溶石山栽培于谷地、洼地或村屯屋边	笋材两用竹种，笋味鲜美。竿用搭架、造纸、编织等
14	甜大节竹 *Indosasa angustata*	单轴散生	9～10	12～14	产凭祥、龙州等，多生于海拔 700 m 左右的常绿阔叶林下，仅在局部山沟有少量分布，石山区土层较深处亦生长良好	笋味鲜美，当地俗称"甜竹"。竹竿供搭棚架或小型建筑材料
15	浦竹仔 *Indosasa hispida*	单轴散生	2	2	广西热带石山自然生长于山坡。广东有分布	叶宽大，具清香，为包裹粽子优良材料。节较长，常用作晒架杆
16	中华大节竹 *Indosasa sinica*	单轴散生	6～9	10～11	产南宁、那坡、靖西等，凌云等亦产、多生于低海拔地，组成纯林或散生在阔叶林缘。云南、贵州南部有分布，越南北部亦有分布	竹竿供搭棚架或小型建筑材料
17	藤竹 *Melocalamus arrectus*	合轴丛生	3～5	15～20	产南宁、上思、龙州、东兴等。热带岩溶区常生长于山沟潮湿地、悬崖边，与杂木组成混交林，有时出现小片状纯林	当地群众取较长的节间，刮去竹青，捶制成竹麻，用来编织绳索，缚扎物品。笋味鲜美可食。竹丛覆盖面积大，可作石漠化治理树种
18	芸香竹 *Monocladus amplexicaulis*	合轴丛生	0.5	2	产广西全区，龙州等地石山上半部常见，小片状生长	竹竿实心，优良造纸材。竹叶作牛羊青饲料、雨帽衬垫和包裹粽子等用
19	单枝竹 *Monocladus saxatilis*	单轴散生	0.1	1	产龙州，自然生长于石山山坡、石崖	较少利用
20	箣竿竹 *Monocladus saxatilis* var. *solidus*	合轴丛生	0.4～0.8	1～4	桂南、桂中、桂西和桂东北；生长在石灰岩的石山上	竹竿实心，优良造纸材。竹叶作牛羊青饲料、雨帽衬垫和包裹粽子等用

（续）

序号	竹种	生长类型	立竹胸径（cm）	立竹高度（m）	分布	利用方向
21	刚竹 *Phyllostachys bambusoides*	单轴散生	1.5～3	3.5～5	黄河流域至长江以南各省区。广西热带岩溶山地散生于山坡下部	竹韧强韧，可作船篙和农具柄，也可编制用具
22	泡竹 *Pseudostachyum polymorphum*	合轴丛生	1～3.5	5～10	广西各地均有分布。热带岩溶区见于凭祥、宁明等，常见于海拔200～400m、土壤肥沃、湿润的山脚、山腹部，与杂木林或其他竹类混生	竿柄质地坚韧、细长，耐水浸，伸缩性小，可代替白藤用，主要用于编制藤器。竿壁薄而易破裂，当地群众常锤扁后编竹篱笆。竹丛覆盖面大，可作石漠化治理树种
23	沙罗单竹 *Schizostachyum funghomii*	合轴丛生	4～7	7～12	广西各地有分布，热带岩溶区的南宁、龙州、百色等均有种植。在肥沃湿润地生长高大，但亦稍耐干旱，石山脚造林，生长尚正常	竿壁甚薄，不易生霉，通常劈篾编船篷、凉席、蒸笼等竹器，亦用作造纸的原料。竹叶墨绿浓密，形态优美，是优良庭园绿化竹种
24	篦簩竹 *Schizostachyum pseudolima*	合轴丛生	2～4	5～10	产东兴、龙州等地，常见于村边或山脚、沟谷中	竿可劈篾编织竹器，亦用作造纸原料。竹叶墨绿浓密，形态优美，优良庭园绿化竹种
25	杠竹 *Sinobambusa henryi*	单轴散生	4～10	6～10	分布长江流域及以南地区，广西热带岩溶区自然生长于山坡土层较深厚处	竿材通直，宜作晒架杆等用
26	唐竹 *Sinobambusa tootsik*	单轴散生	2～5	4～6	广西热带岩溶石山自然生长于土层较厚处或村屯边石缝中。分布广东、福建等，越南亦有分布	竹材较脆，节较长，常用作晒架杆
27	撑绿杂交竹3号 *Bambusa pervariabilis* × *Dendrocalamopsis daii* 3#	合轴丛生	3～5	4～6	中亚热带以南各地均有引种，广西热带岩溶区栽培于石山山脚、路旁或下坡退还林地	竹材用作纸材

广西热带岩溶石山竹林表现如下特点。

7.1.1 原生竹子种类少，且株型矮小

热带岩溶区竹种天然分布少，仅有芸香竹、杠竹、唐竹等数种，这些竹种大多小片状或块状生长在尚未开荒耕作的半山腰，呈灌木状，与生长在土山的竹子相比，竹秆矮小且零星分布。溪边、谷地、村旁等土壤肥沃处，自然生长簕竹、鸡窦簕竹等中大型竹种，因竹笋味差，密生锐刺，难以砍伐，极少利用。利用较多的原生竹种为吊丝竹，主要用于编织竹器。

7.1.2　栽培竹种生长好，效益好

近年广西热带岩溶石山区规模引种或推广了集笋用、篾用、材用和观赏于一身的吊丝竹、花吊丝竹、撑绿杂交竹 3 号等高效经济竹种，种植数量约占 90%。这几种竹种性喜钙质，耐干旱，造林容易，笋芽萌发能力强，出笋量大，成竹多，成林快，在石灰岩石穴土中能正常生长，通常造林后 3～4 年即可郁闭成林，是很好的石山区造林竹种，成林的竹秆胸径最大达 8cm，是很好的石山区造林竹种，竹业已成为石山区竹农致富奔小康的希望所在。如田阳县坡洪镇兴达村的山脚退耕地、半坡荒山、石缝地等各种立地条件下种植麻竹、吊丝竹、撑绿杂交竹 3 号，麻竹造林成活率达到 90% 以上，造林后第 3 年，立竹平均胸径 9.2cm，高度 13m，新竹数 1800 株/hm^2，新竹产量 21.61t/hm^2。

7.1.3　竹林面积小、蓄积量少，竹材利用、产品销量均不大

广西热带岩溶石山区竹林面积少，蓄积量少，以自用为主，未形成规模产化业开发。以热带岩溶区石山竹子栽培最为集中的田阳县为例，该县石山区 6 个乡镇竹子面积仅占林地面积的 18.3%，而有较好经济效益潜力的竹林约 1800hm^2，每年可伐竹 64.1 万株，约 4 万 t，要形成一定规模的竹编或竹浆材市场，此产量远远不能满足要求(李潇晓等，2009)。目前除少量石山区农用竹和竹器等生活生产用品需求量较大外，大部分乡村竹林及竹产品滞销，其原因主要是竹林分散在崇山峻岭中，生产成本高，交通不便，销售信息不灵。

7.1.4　竹林经营水平不一，生产力两极分化明显

广西岩溶石山区竹林大多数经营管理粗放，农民一直沿袭古老的生产方式，任由其消长，生产力低下，如田阳县巴别乡大问村的吊丝竹林，一般经营水平，现存竹林材仅 12.00t/hm^2，年提供竹材 3.8t/hm^2；而集约经营的竹林生产力较高，如田阳县五村乡大路村的吊丝竹林，现存竹林材 71.25t/hm^2，年提供竹材 20.6t/hm^2。两者分化极为明显(李潇晓等，2009)。

7.1.5　加工技术落后，资源利用水平低

广西热带岩溶石山区竹林仍处于生产、出售原料竹阶段，竹业加工发展缓慢，仅会编竹筐、箩、席、笼等手工产品，没有成熟的加工基地，更没有现代化的先进生产设备和先进的工艺技术，产品粗糙，缺乏市场竞争力。农民也不重视竹林环境资源的综合利用，竹林地几乎没有发展中药材、竹荪、竹菌等多种经营项目。石山区丰产竹林每年可产鲜笋 7.5～10.5t/hm^2，如按市场价计算可获得 7500～10500 元/hm^2，是竹材收入的 2 倍，但石山区农民没有采笋出售习惯，少量采笋均为自用，商品化程度极低。竹林资源缺乏有效利用，产值低，从而导致竹业发展缓慢。

7.2 广西热带岩溶区竹子产业开发的有利条件

7.2.1 竹子产品市场广阔

竹子易种易管效益高，种植竹子是山区农民的一个很好的增收致富门路，以丛生竹笋材两用林为例，通常每年投入不超过4500元/hm^2，笋材收入可达15000元/hm^2，竹产品市场前景广阔，即便在全国南方宜竹地大面积种植，也不会造成产品积压。①竹笋是营养丰富同时具有一定保健功效的食用佳品，其色香味俱佳，美味可口，深受世界各国人民喜爱。目前，中国大陆、日本、东南亚地区成为世界三大竹笋产区，我国以年人均消耗竹笋2.5kg计，年总消耗量为325万t。日本既是产笋大国又是竹笋进口大国，每年从中国大陆、东南亚地区进口20万t以上，欧美市场亦逐年增大。②竹材可用作家具、农具、竹质板、建筑材及造纸等，其中竹浆制纸是日益受重视的新兴产业。竹材纤维长，纤维含量高，是优质造纸和人造丝原料。目前我国竹浆年生产能力为50万t，消耗竹材150万t，由于竹林分布不均匀及竹材的多用途性，用于造纸的原料严重不足。随着人们生活需求的增加和竹浆企业的扩大生产，必然需要更多的竹材。为满足市场需求，广西各地纸浆企业纷纷发展优质竹浆林基地，柳江造纸厂、贺达纸业公司、华劲纸业公司都已采取农户+基地或合同造林等形式，开始了竹子原料林基地建设，金光集团、贵糖集团亦计划在广西发展竹浆林。

7.2.2 竹子石漠化治理效果显著，易为群众接受

竹子的栽培技术操作方便，造林成功后，只要管理得当，即可长年丰产稳产。吊丝竹、撑绿杂交竹3号、吊丝球竹、麻竹等丛生竹种，栽植3~4年后即可郁闭成林，集约经营的竹林每年可产竹笋7.5~10.5t/hm^2，产竹材21~22.5t/hm^2，能为群众提供日常生产生活用具的原材料，只要销售渠道畅通，每年可增加经济收入9000~15000元/hm^2。竹子也是石山地区的生态植被，竹林郁闭后，林下浓荫，改善石山生态环境，石漠化治理效果明显，群众乐于种植。

7.2.3 适宜发展竹子的山地面积大

广西热带岩溶石山面积约240万hm^2，其中有林地约38万hm^2，其余为石山灌木林。林地岩石裸露面积达到60%~80%，岩石隙缝间有深浅不均的石灰质土壤，富含钙质，透水性强，保水能力差，一般树种生长缓慢，生产力低下，经济效益差，但吊丝竹、撑绿杂交竹3号、麻竹等竹类生长良好。在热带石山裸地种植玉米、黄豆等农作物，产量低，不能满足农民日常生活所需。据李潇晓等(2009)对田阳县兴村调查，石灰岩山地种玉米，单位面积年产值1000~1560元/hm^2；栽种吊丝竹、撑绿杂交竹3号，单位面积年产值2300~3000元/hm^2，经济效益明显优于玉米。

7.2.4　石山竹林栽培技术先进实用，便于推广

几十年来，广西林科院等研究单位选择多种经济竹种，在广西石灰岩山区不同立地条件下试验栽培，总结出包括选地、选种、整地方式、造林季节、护笋养竹、合理采伐等一套石山竹林培育技术。实践表明，只要对农民进行相应的造林技术、管理措施、整地、护笋养竹、合理采伐等技术培训，就能较大地提高农民竹子栽培的水平，提高竹林成活率，提早竹子成林，收到良好的经济社会效益。

7.3　广西热带岩溶区竹子栽培技术

热带岩溶石山岩石裸露率高，地表渗透大，蓄水量低，生长环境差异大，给竹子造林增加了难度。针对这一生境特点，采用科学造林和竹林管护措施，能取得好的效果。

7.3.1　竹种选择

竹子造林要遵从适地适竹的原则，根据石山地区土被不连片，土层厚薄不均、保水能力差、土壤富含钙质等特点，不宜选择在地下走鞭的散生竹种，应选择喜钙或耐钙、耐干旱、耐瘠薄的，种苗来源广、笋材产量高且品质好、产品市场销量大的丛生竹种，如吊丝竹、花吊丝竹、麻竹、吊丝球竹等。吊丝竹、花吊丝竹是人们日常利用最多、经济效益最好的竹种，为广西热带岩溶区主要材用栽培竹种，既可种植在山脚及房前屋后土层较深厚处，也可中上坡石山土缝中亦能正常生长。吊丝竹、麻竹为优良笋材两用竹种，可选择洼地、石山下部缓坡地种植。撑绿杂交竹 3 号为材用竹种，小片状或沿途线状栽培，生长良好，出笋量和竹秆生长逐年增加，是值得推广的经济竹种。根据石山区的立地条件，适宜栽培的还有大绿竹（*Dendrocalamopsis daii*）、壮绿竹（*D. validus*）、青皮竹（*Bambusa textilis*）、油竹（*B. surrecta*）、云南龙竹（*Dendrocalamus yunnanicus*）等经济价值高，生态效益好的竹种。

7.3.2　选地和整地

选择石山地区土层较厚、湿润的壤土或砂壤土作造林地，如山坡中下部、房前屋后等，冬季挖好种植穴，穴的规格应根据石山区土壤分布、厚度等实际情况而定，通常要求长 50cm、宽 50cm、深 30cm。造林前下足基肥，常用厩肥、绿肥等，每穴施 20 ~ 30kg，若再混合复混肥 1kg、磷肥 1kg，可促进母竹早生根，早发笋，造林效果更好。基肥必须与土拌匀，才可定植。

7.3.3　造林季节

温度和水分是影响竹子造林成活率的重要因素。广西热带岩溶区，气候温暖，竹子萌发生长较早，常于 2 月初开始长出新枝叶，此时即可挖竹造林。2 月初 ~ 3 月底，逢有阴雨天都可以造林。大气降水是石山区生产和生活用水的重要

来源，各地应根据当地气温和降水情况，选择阴雨天气，降雨前后及时种竹。

7.3.4 造林密度

每公顷种植多少株，具体要看当地土壤分布条件和竹子种类。土壤肥沃的地块竹子根系伸展广，竹株生长高大，竹丛需要的空间和营养量大，造林宜稀；土壤瘠薄的地块，竹子根系生长受阻，竹株立竹矮小，竹丛需要的空间和营养量小，造林可密些；大型秆竹的品种可稀些；中型秆竹的品种可密些。如大型丛生竹麻竹在土壤肥厚处每公顷可种植 630 株，在土壤瘠薄处每公顷可种植 825 株；中型竹吊丝竹、花吊丝竹在土壤肥沃处每公顷种植可种植 1110 株，在土壤瘠薄处每公顷可种植 1650 株。

7.3.5 造林方法

竹苗造林，成活率高，成本低，见效快，运输亦方便，可广泛采用。若当地已种植有竹林，且新造林在竹林地附近，种苗地与造林地相隔不远，在竹林中选取健壮竹株作种，用母竹带蔸埋秆法造林也是行之有效的方法。

吊丝竹、花吊丝竹在当地竹林中取 1 年生、基径 2～4cm 的健壮母竹作种，于造林季节带蔸挖起，留秆长 1～1.5m，选择路边、村旁或山坡中下部土层稍厚处(土层厚 30cm 以上)挖坎种植。栽种时以黄泥浆根、竹筒灌水处理，增强母竹抗旱力，能提高造林成活率，母竹造林成活达 90% 以上。麻竹、撑绿杂交竹 3 号采用竹苗，苗秆基径大于 1.5cm，留秆长 50～60cm，浆根后种植，成活率亦在 90% 以上。

7.3.6 混交林营造

随着纯竹林面积的加大，竹林病虫害渐多，提倡营造混交林，既可培植地力，又可预防病虫害严重发生。广西热带岩溶石山竹林，可选择任豆、柚木、香椿、海南菜豆树等树种混交造林，可采用行间或星散状混交，也可采用大块状混交。

7.3.7 竹林管理

7.3.7.1 除草松土

新造幼林当年和第 2 年，竹林尚未郁闭，林内杂草容易生长，每年要除草松土 2 次，第 1 次在 5～6 月，第 2 次在 8～9 月，种于洼地的竹林可全面松土，种植于石山中下坡的可坎状进行；成林后每年 6～10 月锄草，将锄倒的杂草铺在竹丛基部，既可遮荫保湿，腐烂后又可作肥料用。成林深翻松土 1～2 年 1 次，时间在 12 月至翌年 2 月，松土既可改良土壤，又可防止害虫在土里越冬。松土深度 15～20cm。

7.3.7.2 抗旱

石山区土层厚薄不一，保水性差，土壤较土山更易干旱。为促进竹丛发笋，有条件的地方，在雨季未到前，每 1～2 周淋水 1 次。在 6～10 月，出笋季节，若遇 6～7d 不下雨，应及时淋水，保持土壤湿润。

7.3.7.3　施肥

竹类植物生长快，产量高，吸收土壤养分多，要通过施肥及时补充营养物质，才能保证竹林正常生长。速效性化肥在 5～10 月出笋期施放。依据少量多次的原则，幼林每年可施 4～8 次，每 30～45d 施 1 次，根据林地土壤肥瘠、竹丛大小和竹材采伐量，每次每丛施尿素或碳氨 0.1～0.3kg。笋用成林施肥可结合采笋作业，每次在采笋留下的笋穴内施尿素或碳氨 0.1kg，既可及时补充竹丛消耗的养分，又不因为一次施肥过多，竹丛吸收不完而造成浪费。材用成林若不采笋，也应每年施肥 1～2 次。出笋期施肥对增加笋产量和提高竹材质量非常重要，要特别注意与水灌溉或降水相结合，如果土壤干燥，竹子吸收养分能力降低，施肥效果无法发挥。

施放农家肥可以改良土壤结构，改善土壤环境，提高土壤肥力和保水能力，在石山区应大力提倡。冬季结合松土工作施放农家肥，每丛 20～30kg。施肥时距竹丛 30cm 开环状沟，施肥后盖土。

7.3.7.4　扒晒与培土

在石山区洼地、平缓坡地种植的笋用林，每年 3～4 月，将在竹丛蔸部周围的泥土扒开，露出笋芽，曝晒 15～20d，以提高温度，促进笋芽早萌动，同时也便于施肥。4～5 月，重新培土。培土能保持竹笋幼嫩，延长竹笋细胞分蘖时期，竹笋个体增大，从而提高笋材产量和质量。

7.3.7.5　覆盖促笋

结合抚育，将杂草、竹叶等覆于竹丛根茎部。有条件的地方，也可在秋冬季节覆盖厚 20～30cm 的玉米秸秆、碎稻草等易腐烂发酵的有机物质，通过增温保湿促进竹鞭多发笋、早出笋。

7.3.7.6　防治病虫害

石山竹林病虫害，主要是竹大象虫（*Cyrtotrachelus longimabus*）、长足大象虫（*C. buqueti*），蛀食竹笋和嫩竹。对危害严重的用材林，出笋前后，林地喷洒 80% 敌敌畏乳油 1000 倍液、80% 敌百虫晶体 2000 倍液、20% 氰戊菊酯乳油 100 倍液或 2.5% 溴氰菊酯乳油 500 倍液。出笋前喷 1 次，出笋后每隔 7d 喷 1 次，连喷 2～3 次，出笋时在竹腔注射氧化乐果原液，每秆 1～2mL。但食用笋出笋后不宜喷洒化学农药。

7.3.7.7　护笋养竹

丛生竹出笋期为 5～10 月，5～6 月为出笋初期，7～8 月为盛期，9～10 月为末期。材用竹林为提高竹林密度，增加竹材产量，于出笋期间严禁闲人及牲畜进入林内破坏，并注意笋期害虫防治，及时挖掉不能成竹的退笋。丛生竹出笋初期和盛期(5~8月)的竹笋占当年出笋总量的85%以上，笋体粗壮，成竹质量好，材用林应尽量留养，后期生长的竹笋数量少，细弱，成竹质量差，可挖取食用。笋用竹林为增加笋产量，初期和盛期的竹笋要全部挖取，留养母竹应在9月初进行，每丛选留粗壮新竹3~6株，新竹在竹丛中应分布均匀。每年冬季，每丛留选4~6株枝叶茂盛的2年生竹株，将其余老竹砍伐利用。

7.4 广西热带岩溶石山区竹子产业与可持续利用对策

7.4.1 转变观念，重视林业，调整林农结构，置林业于主要地位

广西热带岩溶石山区山高坡陡，耕地面积少，农作物产量低，农民口粮紧。为满足人们日常生活所需，农民大量开垦林地，扩大农作物种植面积。在林农争地中，林业终是为农业让地，林业一直处于农业的“侍女”地位，最终，石山植被遭到破坏，水土流失严重，生态环境恶化，而山区农民也没有在毁林开荒增加耕地中获得更多的经济利益。因此，要提高石山区农民的生活水平，根据岩溶石山实际情况，重视林业，充分利用广阔的宜竹荒山荒地，靠山吃山，以山养人，将林业的“侍女”地位提高到农业的“女保姆”地位，从而成为石山区群众生活的主要经济来源之一。在岩溶石山区种植竹子，可立竿见影地改善山区生态环境，减少自然灾害发生，有效保障农作物丰收。竹子种植后3~4年即有经济收益，可解决农民退耕还林后，因林木生长周期长、收益慢、造成的短期生活来源少、农民生活脱贫的实际问题。因此，在岩溶石山区大力发展经济竹林，增加竹林面积，是山区产业开发的前提条件，也是巩固生态建设成果的重要举措。

7.4.2 加强科普宣传和科技投入，提高竹子生长水平和经济效益

岩溶石山区竹林分散，经营水平参差不齐，竹林产量普遍较低。因此，提升农民育竹水平，增加竹林集约经营面积，提高竹林单位面积产量，充分挖掘竹林增产潜力是当前发展竹业生产，提高经济效益的基础。由地方县乡政府开展技术培训，指导生产技术，统一技术措施，建立丰产样板竹林，示范推广；加强竹林管理，进行适度垦复、施肥，以促进竹林萌笋成竹，提高产量；对采伐过量造成残败低产林的，应短期(1~2年)控伐，加强护笋养竹，尽快恢复合理密度，提高新竹胸径和高度；利用竹林环境发展林下养殖业，以养殖促进竹林高产。

7.4.3 选择良种，合理栽培，提高竹产品质量

适宜广西热带岩溶栽培的竹种很多，但品种之间产量有高低，品质有差异，应根据竹产品销售市场需求以及经济效益大小而有所选择，如当地以竹编为主业，要求营造篾用竹林，可选择吊丝竹、花吊丝竹、青皮竹。青皮竹产量较吊丝竹低，但篾性强韧，可编织精美竹器，此竹适宜栽培于石山下部；吊丝竹、花吊丝竹竹壁较厚，篾性略逊，可编织箩、筐、笼、席等农家用品，这两种竹可种植

于石山各处。

现有的和新造的吊丝竹、麻竹、吊丝球竹、大绿竹等竹林均可改为笋材两用林，产值比单纯出售原竹高。笋用或笋材两用林采笋季节长，笋产量大，应以发展为四旁竹林为主，这样可降低投资，减少花工，管理方便，运输快捷，可获得最大经济收益。

7.4.4　提高竹器加工技艺，发展竹材加工业

为了提高竹林经济效益，提高竹林综合利用是一项有效措施。应加强岩溶石山竹产区农民宣传竹器加工技术力度，采取请进来，走出去的方法，从聘请能工巧匠到山区传艺，到竹器加工精良地区取经、学习，提高各地竹农加工技艺，使山区群众由制造粗竹器向制造精细竹器方面发展。根据竹业发展需要，引进先进技术设备，提高加工技术水平，使山区竹器加工由手工生产转向机械化生产，降低劳动强度和生产成本，增强竹产品竞争力，提高竹类产品的经济效益和社会效益。

7.4.5　改善石山区交通和通讯条件，拓宽销售市场

要致富，先修路，这是区域经济发展的硬道理。岩溶石山区村屯之间相隔大山，相对高差大，修路成本高，多数无人居住的洼地没有修通机耕路，现有的村级机耕路，道路狭小，弯度大，坡度陡，运输力有限。该区域仅乡政府驻地及公路沿线的村有程控电话，移动信号覆盖范围非常窄，大部分村屯信息闭塞，缺乏对外界市场的了解，这是制约区域经济发展的瓶颈问题。因此，需要多方筹集资金，加大峰丛洼地山区道路、通讯基础设施建设，提高山区运输能力和捕捉市场信息的速度，从而拓宽竹业市场，增加竹产品的市场销售量，提高竹林经济，以市场带动竹产业持续发展。

第 8 章

广西热带岩溶区林—牧混农林复合经营技术

农林复合经营(Agroforestry)又称混农林业经营、农用林业、农林业、林农间作等，国际农林复合经营委员会(ICRAF)给混农林业经营下的定义是：在同一土地单元上，将多年生木本植物与栽培植物或动物精心地结合在一起，通过空间或时序的安排，以多种方式配置的一种土地利用制度。广西热带石灰岩山地热量丰富，适应多种植物生长，但少土、干旱、人口增长压力等严重制约当地社会经济发展。近年来，在广大科研、生产及政府部门大力协助下，各地相继推出了多种经济效益高、生态效益好、可持续发展的农林复合经营模式，取得较好成效，极大地促进了广西热带岩溶区经济发展和森林资源保护。下面就广西热带岩溶区农林复合经营中应用最为广泛，效益最好的类型，林—牧复合经营技术进行简要介绍。

8.1 广西热带岩溶区林—牧复合经营现状

广西热带岩溶区以山地丘陵为主，平地很少，可耕地不到 10%，许多地区是“九分石头一分土”，裸露石山占土地总面积的 40% 以上，土层浅薄。由于碳酸岩裂隙、洞穴发育，渗漏强烈，地表水资源奇缺，粮食作物种植条件差，只能种植耐旱的低产作物。鉴于该区域存在资金、水土资源结构性短缺的状况，经济发展只能采用重点突破、梯度推进的倾斜式产业化战略。畜牧业有传统习惯，投入产出周期短，收益高，因而成为扶贫攻坚的首选支柱产业。进行林农混作，发展畜牧业可调整贫困地区过于单调的农业结构，增加就业门路和机会，减轻过多的人口对有限的土地资源的压力，避免生态环境进一步恶化。

林牧混合经营包括林业、种植业、畜牧业三个方面，畜牧业的牛、羊草食家畜属于营养体农业，受各种自然灾害的影响相对较小，产出较高而相对稳定。种植业的饲料作物生长快，产量高，如桂牧 1 号杂交象草年产鲜草 $25t/hm^2$，干物质占 13%，干物质单产比玉米高 4.6 倍；干物质中粗蛋白含量占 13.8%，比玉米高 5.6 倍，增效十分明显。林业、种植、畜牧具有对立统一的联系，三者相互依存，相互促进。林草配置能够长短结合，合理经营，前期牧草生长迅速，一方面能很快覆盖地表，减少水土流失，同时可为牲畜提供大量的饲料，待林木长大郁闭度增加后，牧草生长衰退，逐渐转向以经营林木为主；牧草种植为养殖业提供物质基础（饲料）；畜牧业为林业、种植提供养分（有机肥），逐渐培肥地力，改善林业和种植业生产环境和生态环境。因此，在扶贫开发中，在持续稳定发展种植业，特别是作为支柱产业的林木、水果、甘蔗、桑等项目时，农林牧结合，建立一个高效节粮型的畜牧业生产体系，继而建立一个以林促牧，以牧促林，以林牧产品带动加工业的“种、养、加”一条龙的开放型林业生产新体系，是在贫困地区发展高产、优质、高效、低耗的资源节约型林业，以改善生态环境，摆脱贫困——掠夺式开发——更加贫困的恶性循环，增强林业可持续发展能力的需要。

广西热带岩溶区适宜多种牧草和林木生长，畜牧养殖亦有较厚实的群众基础。近年，广西热带岩溶区各地探索出了多个林—牧复合经营模式，如任豆桂牧1号杂交象草，香椿桂牧1号杂交象草等混作的林—牧复合经营模式；玉米构树，玉米肥牛树等混作的林—粮—牧复合经营模式。

8.2　广西热带岩溶区林—牧复合经营意义

8.2.1　以短养长，利用草本植物有效恢复石漠化地区植被

林业生产周期长，果树需3～5年即才可挂果，用材林15年以上才能采伐利用，严重影响林业生产经营和岩溶石漠化治理进度。草本植物具有根系密集，固结土壤，能提供大量有机质和氮素，改善土壤结构的特点，能增强土壤的渗透性和蓄水能力，有效控制水土流失，减少地表径流。在广西热带岩溶地区气候温和，雨量充沛，雨热同季，为各种草本植物的生长提供了优越条件。草本植物种植3～4个月即可有效覆盖地表，且草本植物生长对土壤的要求比林木低得多，只要选择适宜于不同生态环境的优良草本植物及其配套种植技术，即可有效恢复石漠化地区植被，增加地表覆盖，保持水土。

8.2.2　促进农村沼气能源的发展

林牧复合经营，大力种草，发展畜牧养殖，可增加有机肥料，发展沼气，改善农村能源利用状况，改良土壤、提高土壤质量结构。近年来，我国化肥施用量不断增加，但是化肥的投入效果呈下降趋势，其原因与有机肥的施用量急剧减少有关。有机肥具有改良土壤性质与持久平衡养分，改善农产品品质的作用，长期施用氮肥，土壤磷钾大量亏损，有机肥对缓解我国化肥供应中氮、磷、钾肥比例失调，解决磷钾资源不足，促进养分平衡，提高土地持续产出率具有重大作用。种草养畜，畜禽粪便可进行沼气开发利用，能缓解农村能源紧缺的局面，保护原有森林和植被，促进生态环境的改善。畜禽粪便通过沼气池发酵后，能够收回90%的能源，同时又可生产出高效优质的有机肥料。试验结果表明，沼渣中有机质含量达30%～50%，腐质酸含量为10%～20%，全氮为0.2%～0.8%，全磷

(P_2O_5)为0.4% ~1.2%，全钾(K_2O)为0.6% ~2.0%。

8.2.3 促进岩溶石山区农村经济发展

林牧复合经营系统中的肉牛养殖具有投入产出周期短、效益高、市场容量大、风险小、回报率稳定、产业关联度高和发展潜力大等特点，因而成为扶贫攻坚的首选产业。饲料作物产量高于粮食作物，草食动物比较效益高于其他单胃动物，岩溶地区适合发展牛、羊等草食动物。据调查测算，农户出栏1只羊，可收入150~200元；出栏1只兔，可收入10~15元；出栏1头肉牛，可增收800~1000元。肉牛养殖可调整贫困地区过于单调的农业结构，增加就业门路和机会，减轻过多的人口对有限土地资源的压力，避免生态环境进一步恶化。肉牛养殖与种植业、林业具有对立统一的联系，三者相互依存，相互促进。种植业为肉牛养殖提供物质基础(牧草)，养殖又为种植业提供养分(有机肥)，逐渐培肥地力，改善种植业生产环境和生态环境。因此，在持续稳定发展种植业，林牧结合，建立一个高效节粮型的肉牛养殖体系，继而建立一个以农促牧，以牧促农，以农牧产品带动加工业的“种、养、加”一条龙的开放型林牧生产新体系，是在贫困地区发展高产、优质、高效、低耗的资源节约型林业，以改善生态环境，摆脱贫困——掠夺式开发——更加贫困的恶性循环，增强林业可持续发展能力的需要。

8.3 广西热带岩溶区几种高效林—牧复合经营经济植物

8.3.1 林业树种

8.3.1.1 柚木

马鞭草科(Verbenaceae)落叶或半落叶大乔木，为世界上最名贵的用材树种之一。心材呈暗褐色，极耐腐，在日晒雨淋、干湿变化明显的情况下不翘不裂，耐水、耐火性强。材质坚韧耐久，结构致密、美观，重量中等，纹理通直，易加工。用于制造军舰和海轮，为军需和航海的重要物资，也是建码头、桥梁、建筑、车厢、家具、雕刻和贴面板、镶贴板的高级用材。天然分布于印度、缅甸、泰国和老挝等热带国家或地区，自1850年柚木在热带地区作为人工林规模种植以来，目前已遍及世界4大洲的50多个国家。我国早在1820年前就将柚木引种于云南边境寺庙作庭园绿化，广西南宁、玉林、梧州、崇左、百色等市均有引种或小规模栽培，但因柚木需pH值5.5~7.5环境，多数地方规模栽培生长较差，但近年在热带岩溶区洼地、谷地等低洼处种植柚木，生长较好。柚木树冠稀疏，极适于混农经营，与桂牧1号杂交象草、玉米、红薯等混种，生长良好，年胸径生长量2cm以上。

8.3.1.2 任豆

苏木科(Caesalpiniaceae)落叶高大乔木，树高达49m，胸径1.4m。分布于广西、广东、云南东南部、贵州西南部、湖南南部等地，越南北部也有分布。喜钙植物，在石灰岩山地常见，多生于石山山腰、山脚甚至石崖。根系发达，穿透力强，能通过岩石缝隙向下层深处生长。在岩石裸露达 80% 以上的石灰岩山地，根系沿着岩石表面或岩石间隙，从一个小石窝穿向另一小石窝去寻找扎根的土壤，根长可达数米。耐干旱、瘠薄，在环境恶劣的石灰岩山地石缝中亦能长成大树，在广西热带岩溶石灰岩山地可成为乔木层优势种。生长快，天然林中 7 年生任豆树高 14.0m、胸径 32.0cm；人工栽培 4 年生树高 11m、胸径 21.2cm。任豆已成为广西实施石漠化治理工程的主要造林树种，广东、贵州、云南石灰岩山区也广泛采用任豆造林。

任豆材质轻、木材结构细密、抗压抗弯力强、色泽纯清、纹理通直、均匀，经水浸后不翘不裂、不易变形、便于加工，容易干燥，优良家具用材，近年家具厂商将任豆木材染色作为红木替代品，使任豆木材价格倍增。任豆树冠稀疏，极适于桂牧 1 号杂交象草、玉米、红薯等混农经营。任豆亦为广西热带岩溶地区传统饲料树种和薪材树种，石山区群众采用矮木林经营法，造林 2 年后树木生长约 5m 时，在树高 1.5m 左右处砍断，促使其萌芽。待萌芽条长到 1m 左右时，收获萌条，树叶喂牛、羊，树枝作薪柴。每隔 2 ~ 3 个月砍伐利用 1 次，每年可采 3 ~ 4 次，每公顷产鲜嫩树叶 15 ~ 30t。

8.3.1.3　香椿

楝科(Meliaceae)落叶乔木，高达 25m，胸径 70cm。原产我国，栽培历史悠久，最东可分布到辽宁南部，最西至甘肃，最北到内蒙古南部，最南到海南。广西各地均有栽培，多分布于海拔 300 ~ 800m 之间，多散生在村边、路旁。随遇植物，在石山下部的坡积土、石穴土上常见，广西热带岩溶区以靖西、德保栽培较多。树干通直，少节，木材质地柔韧，有光泽，较坚重，富弹性，纹理直，花纹美，有香气，易加工，耐水浸，无虫蛀，为上等家具用材，也可供船舶、建筑、箱柜、室内装饰和特种工艺用材，在国际市场上享有“中国桃花心木”之美称。

香椿对局部立地要求较高，密植纯林生长较差，极适混农经营，与桂牧 1 号杂交象草、玉米、红薯等可长期混农经营，混农经营对香椿亦有促进作用。

8.3.1.4　澳洲坚果

山龙眼科(Proteaceae)常绿乔木，树高可达 20m。澳洲坚果是世界著名的高级干果，被认为是当今世界最佳的食用坚果之一，有“干果皇后”之美称。原产澳大利亚东部沿海昆士兰东南部与新南威尔士州北部。现世界上种植的国家和地区有中南美洲、东南非洲以及东南亚等，主要生产国为美国和澳大利亚。我国广西、四川、广东、云南、四川、福建等省(自治区)有引种栽培。澳洲坚果适应岩溶石山谷地环境，树冠紧密，果树经营最适混农经营，与红薯、花生、蔬菜等混作，以耕代抚，树体生长好，果实产量高。

8.3.2 饲料植物

8.3.2.1 肥牛树

大戟科(Euphorbiaceae)常绿乔木，高20m，胸径40cm。广西热带岩溶区特有植物，产龙州、凭祥、宁明、天等、大新、隆安、靖西、德保、上思等地，田林亦产，越南北部亦有分布，生于石灰岩山地山坡、石崖、谷地。虽以生长在湿润肥沃地方为好，但由于根系粗壮，穿插力强，可生于高陡岩缝间，坡石延伸，攀生于悬崖之隙缝中。

优良木本饲料树种，鲜叶和嫩枝含有丰富的营养物质。隆安县布泉乡和天等县驮堪乡的石山区居民，有栽培肥牛树养牛的传统习惯。肥牛树成了当地的当家树种，村民在房前屋后、路边、地角零星或成片种植。每户种有肥牛树500～1000株，可圈养黄牛5～10头。肥牛树鲜叶是马、牛、羊的优良饲料，尤其是隆冬季节，青饲料缺乏之时，牲畜还能吃到鲜美可口的饲料。肥牛树可纯林栽植，亦可与任豆、香椿等混交造林，或与花生、红薯、蔬菜等低秆作物复合经营，也有栽植于村旁、路旁、农地旁作零星栽植。

8.3.2.2 构树

桑科落叶乔木，高达16m，有乳汁。分布广，北自华北、西北，南到华南、西南均有，为低山、平原习见树种，广西各地均产，尤以热带岩溶石山普遍。在石灰岩山地常见，生于石山山腰、山脚、谷地甚至悬崖。构树叶是优于玉米而仅次于大豆的上等畜禽饲料，广西热带岩溶区各县均有利用构树叶养殖家畜的习惯。广西目前尚无构树规模造林，多依靠构树极强的天然更新能力，群众在林缘、田边、地埂保留构树天然更新苗，待幼树高生长至1～2m，采折成熟叶片作饲料，保留顶梢及幼叶继续生长。春初，砍除枝干，皮作造纸纤维，枝干作薪材，树蔸可萌发更多新枝，如此永续经营。

8.3.2.3 桂牧1号杂交象草

禾本科多年生丛生大型草本，为1992年广西畜牧研究所采用从美国引进的杂交狼尾草(*Pennisetum americanum* × *Pennisetum purpureum*)为母本，矮象草为父本进行杂交育成牧草新品种。在石灰岩山地坡地、谷地都能生长。桂牧1号杂交象草具有生长快、耐刈割、产量高；适应性广、抗逆力强；病虫害少，全年不必用药防治病虫害；适口性好，营养价值高；种1次可使用多年等优越性，适合于牛、兔、猪、鹅、羊、鱼等动物，目前，已在广西及我国南方大面积推广种植，是广西主推禾本科草种。桂牧1号杂交象草密封地面快，覆盖强度大，拦截泥沙能力强。由于其根系发达，固土保水性能强，种植在石质山地，对保持水土有很好的效果。桂牧1号杂交象草可在纯林栽植，也可与香椿、任豆、海南菜豆树混交栽培。

8.4　热带岩溶区饲草的种植与有效利用

8.4.1　青绿饲料的种植

随着退耕还林坡土面积的增多，广西热带岩溶石山栽树种草养畜成为农村发展之路，营造任豆等乔木树种，种植多年生禾本科牧草，夏季密植玉米，栽植肥牛树等冬季饲料。玉米秸秆在其乳熟期刈割饲喂，其他牧草应适时刈割，多余牧草可以保存冬季饲喂。一般牧草在高生长至 40cm 左右刈割饲喂，每次刈割后应立即用沼液泼洒或施用农家肥。

8.4.2　草料的有效利用

8.4.2.1　青草的直接利用

俗话说“寸草铡三刀，不长肉来也长膘”，青草的切断是有效利用的重要方法。一般要将青草铡成 3～5cm 长的短段再投喂，并适当喷撒一定量的盐水，无论是适口性还是饲养效果都好。

8.4.2.2　青贮饲料的制作

每年 8 月初选择玉米秸秆在乳熟期将整株切碎为长 3～5cm，压紧压实厌氧密闭盖土青贮，要求水分在 65%～70%，经 20～30d 微生物发酵后，具有酸香味，青绿色或黄绿色，即可取喂，一般在冬季或枯草季节开窖取喂（妊娠母牛产前不喂）。青贮料喂量一般不超过总日粮的 30%，且需搭配干草饲喂。另外，还可添加适量的尿素，能提高粗蛋白质含量。对于超过适宜收割期较干老的草料，添加 0.2%～0.5% 食盐，可改善其适口性。

8.4.2.3　氨化秸秆饲料的有效利用

牧草经过氨化处理后，质地变得柔软，颜色变深，糊香或微酸香味，适口性增强，粗蛋白质含量提高 1 倍，粗纤维下降，消化率提高。方法是将水分在 30% 左右，新鲜无霉变、无腐烂的秸秆整株切碎，按秸秆重量 4% 左右的尿素用温水溶化喷洒在秸秆上，密封进行氨化，氨化时间与温度有关，一般需 7～56d，用尿素氨化需延长 5～7d 取用。使用前 3d 取出放氨后与其他饲草同喂，喂量由少到多。

8.5　讨论

广西热带岩溶地区自然生态环境恶劣，人多地少，由于受自然地理和历史条件的限制，信息闭塞，人们的思想仍处于封闭和半封闭的状态，加上农村经济文化落后，衣食住行都主要依靠有限的土地来解决。随着人口的不断增长，对物质文化生活的需求，必然会进一步加剧对自然的索取强度，在这样的地方单纯依赖植树造林，简单实施退耕还林，由于植树周期长，见效慢，极可能出现一方治理，多方破坏，年年种植树苗，年年不见树的现象。此外，还由于这些地方山高坡陡，土少石多，修建水平梯田(土)难度大又未能很好地与培肥地力相结合，致使坡改梯工程多流于形式；未能将水土流失治理与产业开发、农民脱贫致富、发展经济很好结合，致使效果不尽如人意。采用林—牧复合经营模式，农—林—牧结合，大力实施草业开发，以草促农、促牧、促林，种养结合，能较好地实现长短结合，以短养长，用地与养地结合，生态建设与开发、农民脱贫致富与发展经济相结合，从而最终实现可持续发展目标。

石山地区发展畜牧业，关键是正确处理好林牧关系，坚持“以林兴牧”方针。首先，必须大力发展林业，通过封山育林和植树造林，增加森林覆盖率；其次，放牧或圈养的畜牧要适量，根据石山植被生长情况有计划按比例发展，决不可超载滥牧，以保证青山常在，永续利用；第三，有关部门应积极做好产前产后服务，重点抓好良种繁育，建立健全防疫体系，畜产品加工和产、供、销一条龙服务。

第9章

广西应用近自然林经营技术探讨

广西水热条件好，生物资源丰富，是我国最主要的经济树种栽培和林产品生产基地之一，其中桉树、马尾松、竹类等纤维材及松香、桉油、肉桂(*Cinnamomum cassia*)、八角(*Illicium verum*)、龙眼、荔枝等林产品在全国甚至世界贸易中都占有重要地位。进入21世纪，广西林业建设面临新的课题，既要使广西林业能服务于生态广西的建设，发挥森林最大生态效益，确保国土生态安全，又要满足社会对木材与非木质林产品日益增长的迫切需要，创造最佳经济效益，为“富裕广西”的建设做出更大贡献。在这种形势下，如何充分发挥林业的最大生产潜力，高效、持续地发展和经营，对新世纪的广西林业建设显得十分重要。近自然林经营是由德国学者提出的一种回归自然，遵从自然法则，充分利用自然的综合生产力来经营森林的理论。实践证明，近自然林业经营是一种能改善林分质量，提高林分生产力与生态效益的有效途径。

9.1 广西林业发展现状及存在问题

9.1.1 发展现状

广西山多耕地少，“八山一水一分田，还有一片海”。广西壮族自治区党委、政府历来高度重视林业发展，专门出台了关于实现林业跨越式发展的决定，采取有力措施推进各项工作，取得了可喜的成绩。“十五”期末，广西的森林覆盖率由2000年的48.22%提高到52.71%；商品材年产量达500万m^3，成为全国三大木材生产大省之一；林业总产值达293亿元，比“九五”期末增长82%。2006年，广西的林板总生产能力达450万m^3，实际产量突破400万m^3；商品浆产量达30万t，纸和纸板产量50万t；松脂、松香产量分别稳定在40万t和30万t；全年下达商品木材生产计划1313.6万m^3，约占全国木材计划的1/6。目前，广西的人工林、经济林、速生丰产林面积以及八角、肉桂、茴油、桂油、松香等林产品产量均居全国第一。

9.1.2 存在问题

广西林业建设虽然取得了巨大成就，但是由于我们对自然界客观规律的认识程度、人们受短期经济利益的驱使等方面原因，存在生物多样性迅速降低、岩溶石漠化、森林病虫害、社会需求与林业供给的矛盾等方面的问题，严重制约林业可持续发展，影响国土生态安全。

9.1.2.1 生物多样性降低与生态环境恶化，影响社会经济可持续发展

生物多样性被生物多样性公约定义为各种资源生物的可变性，就其内涵来看，可以分为遗传多样性、物种多样性与生态系统多样性。生物多样性是生态系统持续发展和生产力的核心，是人类赖以生存的条件，是社会经济持续发展的基础。近年来，大面积人工林的发展，在林分郁闭后限制林下其他植物生长，尤其规模化单一树种、单一无性系人工林的建立，生物多样性迅速下降，不能满足健康生态系统异质性的要求，已严重影响社会经济可持续发展。生物多样性降低对人类影响的最严重后果是森林保持水土、防风固沙功能减弱，形成所谓的“绿色沙漠”。

9.1.2.2 森林病虫等自然灾害日趋严重，严重影响森林经营效益

杨秀好等(2005)对广西森林病虫灾害经济损失评估，2004 年广西森林病虫害灾害面积 22.855 万 hm^2，直接经济损失总额为 2.275 亿元，生态服务效益损失为 22.360 亿 ~ 32.011 亿元，松树蚧虫类、马尾松毛虫、毛竹丛枝病为广西森林最主要的病虫害。近年大面积桉树纯林，尤其单一无性系造林，降低了生物多样性，为桉树病虫害的暴发或流行创造了条件。我国桉树病虫害发生表现出病虫种类乡土化、主要害虫发生于幼林期的特点，青枯病、焦枯病、桉树姬小蜂、白蚁、桉小卷蛾和木蠹蛾等主要病虫害大面积危害，我国桉树病虫害的发生和危害，可以认为是一种生态灾害。

广西林业生产的另一突出问题是霜冻、台风等灾害日趋严重，给林业生产造成了极大损失。广西最冷月(1 月)平均气温并不低，大部分地区在 8 ~ 14℃之间，但受强冷空气影响，仍可出现低温或低温霜冻天气，使栽培的经济树种遭受寒害。热带风暴常具有很大的风力，2006 年 8 月受热带风暴“派比安”影响，陆川、博白、容县、横县、贵港等县桉树林折断，损失巨大。

9.1.2.3 森林生产力降低

树木生长周期较长，适地适树、适栽培技术尤其显得重要。由于选地不当、树种选择不当或造林技术不当等原因，产生了相当规模的低产林、残次林。孙长忠等(2001)对我国人工林生产力问题的研究表明，南方集体林区人工林林分生产力仅达国有林的 44.6%，由此而造成全国人工林整体生产力水平下降了 28%。据估算，我国人工林林分中，在立地条件类型层次上未做到适地适树而成为低产林的面积，占总面积的 10% 左右，所造成的人工林整体生产力下降幅度为 5% 左右；而树种区域扩张与非高产区大面积造林，以及种源混乱、逆向选择等树种层次所造成的非适地适树，是影响人工林生产力的重要因素。

9.1.2.4 社会需求与供给的矛盾

近年来，我国房地产市场发展迅猛，伴随而来的房屋装饰装修用材和家具用

材大幅度上升。据有关部门统计，2004 年以珍贵硬阔树种为主要生产原料的实木地板产量达到 5100 万 m^2，实木复合地板产量达 2700 万 m^2，家具制造业消耗的木材每年超过 3000 万 m^3。可以预见，随着经济的不断发展，对珍贵硬阔树种、大径级用材的需求量也将继续增长。广西情况甚至更加严重，据统计截止 2008 年年底广西全区有桉树林 81.0 万 hm^2，且每年以 6.6 万 hm^2 速度递增，每年营造的桉树速生丰产林面积约占当年营造的速生丰产林面积 70%。

近年随着人们崇尚自然、期望回归自然的要求，森林食品、中草药、竹藤等非木质林产资源日益受到重视。广西为我国重要的非木质林产品生产大省，松脂、木本油料、香料等大宗非木质林产品在国际贸易中占重要位置。但是，随着大规模工业用材林营建，非木质产品品种、数量日渐减少，远不能满足市场需求。

9.2　近自然森林经营概念

1898 年，德国科学家嘎耶(Gayor)率先提出了“人类应尽可能地按照森林的自然规律来从事林业生产活动”的近自然林业经营思想，强调尊重森林生态系统自身的规律，实现生产可持续和生态可持续的有机结合。近自然森林主要指由乡土树种组成，有多树种混交、多层次空间结构和异龄林时间结构特征的森林，可表述为“在确保森林结构关系自我保存能力的前提下遵循自然条件的林业活动”，是兼容林业生产和森林生态保护的一种经营模式。产生这种经营思想的背景，除了越来越重视环境保护要求外，从上世纪以来经营人工林所产生的一系列弊病(不适地适树、人工林结构简单、不够稳定、生物多样性降低、环境效益较低等)也是重要促成因素。近自然林业思潮要求森林“回归自然”，降低人工林的比例，对现有人工林进行自然化的经营和更新，在无林地上进行“生态基础上的造林”。

近自然林业应当被理解为一种弹性的系统，不存在统一的优化的模式，因为这一尝试包括在一种关于生态的、经济的、社会的和文化的系统中，也涉及不同生境、不同林分和不同相关利益人的不同利益。2003 年 10 月由联合国欧洲经济委员会木材委员会、联合国粮农组织欧洲森林委员会和国际劳工组织组成的混合委员会在斯洛伐克的茨沃伦举行了一次近自然林业研讨会，指出不存在任何关于近自然林业的通用定义，近自然林业适应了森林可持续经营的目标，它把木材需求、生物多样性需求和森林的其他功能综合在一起。

9.3　广西传统森林经营模式

近自然林经营理论源自德国学者的一种回归自然，充分利用自然综合生产力来经营森林的理论。然而，我国许多传统森林经营思想与近自然林经营有相似之处，下面简单介绍几种在广西广泛采用的传统经营模式。

9.3.1 封山育林

封山育林在国外被誉为“中国式造林法”，中国古代就有关于封山育林、保护江河、增加林产资源的论述。据《简子·王制》，“草木荣华滋硕之时，则斧斤不入山林，不失其生，不绝其卡”，这样“山林不童而百姓有余材”。封山育林因投资少、技术简便、适用性广等特点成为天然林保护、偏远地及岩溶石山等造林困难地植被恢复的重要技术措施。广西在20世纪70年代的马尾松飞播林管理以及90年代末开始实施岩溶区石漠化治理、退耕还林、生态公益林管护等都广泛采用封山育林措施。据统计，“十五”期间，广西累计完成造林11.33万hm^2、封山育林100万hm^2，封山育林面积已成为广西最主要的恢复森林措施之一。

封山育林必须考虑繁殖材料和绞杀植物。热带荒山秃岭和荆棘地的生物多样性和土壤已经极度贫瘠，土壤种子库极为贫乏，单靠封山育林已不能恢复森林植被。在这种情况下，传统做法是营造人工林。同时，在降雨较多的热带山地，这种无人管理的次生植被，实际上约有40%～80%的面积被猖獗的绞杀植物所占领，绞杀植物或者阻断了次生植被的正向演替，或者严重延缓了这一演替进程。

9.3.2 马尾松传统经营

宁明县桐棉乡马尾松种源具有速生、干形通直圆满、节间长、分枝小等特点，属广谱性优良种源，其遗传增益可达到15%～30%。宁明县桐棉乡马尾松资源十分丰富，现有松林面积12万hm^2，松脂、松材为当地群众及地方财政最主要的经济来源。当地群众经营马尾松林极具经验，平均胸径20cm时开始采割松脂，连续采脂8年后小面积皆伐，并按50～100m距离保留下种母树，采伐后火烧炼山清除灌丛及伐区剩余物，封山2～3年即可成林。

9.3.3 红锥林经营

红锥(*Castanopsis hystrix*)为广西地带性常绿阔叶林建群种和优势种，生长快，材质坚硬、呈红色、不开裂、不变形、容易加工，是优质珍贵的制造家具和造船等的用材。在浦北、东兰等地有成熟经营次生林经验，红锥天然更新能力和萌芽更新能力很强，采伐后保持上层郁闭度0.4左右，每公顷均匀选留母树20株左右，能达到满意更新效果。经营红锥次生林，不但能收获优质红锥大径材，还可收获红锥菌。浦北县约有红锥次生林1.4万hm^2，年产红锥菌约20万kg，以单价人民币250元/kg计，农民年增加收入5000万元。

9.3.4 大叶栎经营

大叶栎(*Castanopsis fissa*)更新能力极强，依靠实生繁殖和母树基部四周产生大量的“根出条”，只要有足够的母树，依靠大量结实和萌芽更新，在采伐迹地、林间空地、新开公路边，迅速形成以大叶栎为优势的次生林。苍梧县经营大栎林有数百年历史，采用小面积皆伐，主伐年龄6~8年，依靠大叶栎天然更新。20世纪90年代前大叶栎主要用于烧制木炭，近年以短周期中密度纤维板原料林经营，全县每年向梧州三威林产工业有限公司提供工业用材10万t以上，超过该公司原料总需求量的50%。

9.3.5 石山竹林经营

广西是我国最主要的石灰岩分布地，岩溶地区占全区总面积的40.5%，其中裸露岩石山约4万km^2，相当于全区总面积的17%。传统概念上，岩溶石山易淋溶，保水、保土能力差，自然植被一经破坏很难恢复，对岩溶石山生态有“大石山区”、“石漠化”等多种称谓。广西大化、都安、马山、田阳等石山区群众广泛种植吊丝竹等乡土竹种，形成种植、竹器加工产业，竹林永续经营利用，产生了良好的生态效益和经济效益，成为石漠化治理的典范。

9.4 科学应用近自然林经营技术，提高广西林业生态和产业体系建设质量

9.4.1 系统开展森林近自然经营技术研究，为广西林业生态和产业体系建设提供技术支撑

全面开展森林发生、发展和演变的规律研究，在各代表性区域探索潜在性稳定的森林植被类型、结构和恢复途径，为在各类型区组建稳定的森林生态系统奠定基础。研究并建立森林恢复、现有森林经营过程中充分利用自然力的技术体系。研究各区域乡土树种间及与外来树种间相互偶合的机理和模式，制定混交林的营造和经营技术。

在原有植被破坏殆尽的区域，人工造林仍是主要方式。但要因地制宜地确定造林树种和造林方式，一定要遵循自然规律和经济规律，合理确定造林方式，科学选择造林树种，重点培育乡土珍贵树种，引导和鼓励发展混交林。模拟本土原生的森林群落中的树种成分与林分结构，制定近自然的造林模式。

9.4.2 以生态学理论为指导营造速生丰产林

我国森林资源与需求有较大缺口，为了缓解木材的供需矛盾，可适度发展短周期的工业用材林。广西具有优越的水热条件和丰富的树种资源，在全国速生丰产林基地建设中占有重要的地位，但应对立地选择、树种搭配、产量和需求预测、灾变与对策、培育措施体系等进行慎重的研讨，以提供尽可能全面的保证。

9.4.3 对现有人工林进行近自然改造，恢复退化的森林生态系统

广西目前仍前存在面积较大的低生产力人工同龄纯林，应结合中幼林抚育、低质低效林改造，尽快启动人工林近自然化改造工程。近自然林改造的具体做法可以效仿自然生态系统来改造人工纯林，在改造现存的人工林时，参考原始森林

植被，按照不同的生态位引入乡土树种和其他森林物种，以乡土树种为主要对象开展经营活动，按照近自然森林经营技术来经营，不断优化森林结构，使森林生态系统恢复平衡，保持森林持续健康生长。

9.4.4 重视天然更新，封山育林

许多乡土树种，采用天然更新，能取得良好效果，且能降低造林成本，适应农户小规模经营，如西南桦(*Betula alnoides*)、光皮桦(*B. luminifera*)、红锥、大叶栎、马尾松、刨花润楠(*Machilus pauhoi*)、红楠(*M. thunbergii*)等，在天然更新同时辅以适度人工措施就能很好的恢复森林。另外，在广西广泛分布的岩溶山地，土壤浅薄，造林困难，但有许多适应石山环境生长的树种，能天然更新和萌芽更新，如乡土树种任豆、青檀、构树、蚬木、竹类及外来树种银合欢、降香黄檀等，应鼓励天然更新或人工造林与封山育林相结合，而不是盲目的人工造林。

9.4.5 建立科学评价体系，全面评价森林生态健康

目前衡量人工造林的质量指标只有成活率和保存率。这两个指标很难反映造林小班的生态质量，高的成活率和保存率并不代表具有高的生态防护功能。为了提高营造林的生态防护效果，当务之急是建立一套合理的、可操作性强的营造林生态质量的评价指标与体系。

同时，也要健全生态工程的质量评估标准和评估体系，如注重营造林树种、林种配置是否科学合理，乔灌草相结合的立体结构是否完整，生物多样性水平是否恢复，森林景观是否赏心悦目，森林生物生产力是否提高，减少多少土壤侵蚀和雨季地表径流量，增加多少旱季水流量和植被整体生物量，以及森林火灾与森林病虫鼠害的发生频率和强度有没有降低等问题。

9.5 讨论

9.5.1 近自然林经营与速生丰产林经营

近自然林业要求一种关于经营的决策，一切为着商业目的的森林都不应当被转变为近自然林业，例如短轮伐期森林、矮林以及生物质林。近自然林业表现为一些比较效益，例如低成本的天然更新，长期来讲，还可以期待获得大径级或优质的木材。然而，速生丰产林可以吸取近自然林经营的一些元素，或许能显著提高生产力。福建省松溪县将“近自然林业”的经营方式应用于杉木人工林的经营中，与采用常规方法经营杉木相比，平均胸高、平均树高、单位面积蓄积量都有大幅度的增长，且立地条件越差增长的幅度越大，土壤肥力也得到了维护和提高。

9.5.2 近自然林经营与次生林经营

长期以来，次生林未得到应有的经营，因短期内不会产出商业木材，在传统

的木材经济理念下，经营被严重漠视。人们缺乏对次生林的生态价值的认识，也缺乏对次生林生物多样性的珍视，更缺乏对次生林的木材生产功能之外的各种潜在经济生产功能的思索和示范。然而，次生林树种资源丰富，合理经营不但能提供珍贵用材，还能提供香菇、药材等非木质林产品，如广西浦北、东兰县红锥次生林择伐经营即是一个很好范例。针对不同次生林类型，采伐时间、采伐量、非目的树种保留量、林分抚育等技术措施都需进行研究。

9.5.3　珍贵硬阔树种近自然林经营

珍贵硬阔树种通常生长较慢，大多需大径级用材，培育周期较长，影响造林推广。另外，近年对一些硬阔树种的人工造林发展，通过人工栽培虽能显著促进珍贵树种生长速度，提早成材，但出现了年轮较宽、幼龄材比例增大、生长应力增大的问题，采伐时木材易撕裂，原木易端裂，锯解时易发生开裂和变形，大大降低锯材的出材率和质量。而采取择伐方式经营的阔叶材，材质好，5 ~ 10 年采伐 1 次，且还能收获香菇等非木质林产品，林地常年植被覆盖，生物多样性及生态效益也较好。

9.5.4　关于混交林营建与近自然林经营

混交林能增加生物多样性、增强森林生态系统的稳定性、改良立地已成为共识，然而因为混交林树种选择、混交林采伐利用不便等影响混交林技术推广与应用。随着硬阔材价格提高、造林人工费增长、混交林技术成熟及对生物多样性保护重视，混交林重新为人们所重视。马尾松人工林林下植物稀少，针叶不易分解，易发生松毛虫、森林火灾，在松林下直播或栽植红锥等乡土阔叶树种，形成异龄复层混交林，生态与经济效果极佳。

下篇　各　论

第10章

材用树种类

蚬　木

Excentrodendron hsienmu (Chun et How) H. T. Chang et R. H. Miau

科名　椴树科　Tiliaceae

别名　枚蚬(壮语)

形态特征　常绿大乔木，高可达50m，胸径3m。叶革质，卵圆形或椭圆状卵形，长8～14cm，宽5～8cm，先端渐尖或尾状渐尖，基部圆形，上面绿色，发亮，脉腋有囊状腺体，下面黄褐色，除脉腋有毛丛外，其余秃净，基出脉3条，两条侧脉上升过半，离边缘有1～1.5cm，全缘；叶柄长3.5～6.5cm。果椭圆形，翅果长2～3cm，有5条薄翅。成熟时分离为7果瓣，每瓣具1粒种子。种子棕褐色，近似三角形。

分布　产龙州、大新、宁明、凭祥、天等、武鸣、隆安、平果、德保、靖西、那坡、田阳、田东等县市，天峨、巴马等地亦产。分布云南东南部，越南也有分布。属专性钙土植物，仅生长于石灰岩钙质土，自然生长多在石山山坡、石崖。

生物学特性与适生生境　喜暖热气候，抗寒性弱，幼树在-1℃时枯梢，-4℃时受严重冻害以至死亡。耐干旱，不耐水湿，排水不良和雨季短期积水都可导致死亡。幼龄期耐荫，长大后喜光。1～2年生苗木在庇荫下生长较好，3～6年在林下生长正常，10年以上可在全光下生长。热带石灰岩山地的特有树种，对土壤水肥条件要求较高，适生于北热带的微酸到中性(pH值6.2～7.2)、含钙质较高的肥沃湿润土。不适生于酸性土，在贫瘠的赤红壤地栽培的蚬木，生长很慢，处于停滞状态。天然更新能力极强，只要有结实母树，加以人工封禁，都能形成以蚬木为主的天然林。近年，广西热带岩溶区全面封山育林，天等、大新、龙州等县出现了较大规模的蚬木天然林，生长良好，林分浓郁。在广西热带岩溶石山，蚬木与金丝李、肥牛树、割舌树等同为季雨林的主要建群树种。

蚬木生长速度中等，天然林中，5年生树高年生长量在28～30cm；以后生长加速，10～15年生的高生长量每年为1.1～1.3m；15～25年生的年生长量则下降为0.7～0.9m。在人工栽培的条件下，可加速生长。

栽培技术

(1)采种与种子处理　果熟期6～7月。蒴果熟后开裂，种子散落地面，迅速发芽或腐烂，果壳开始由青变黄时应及时采种。采回后，置通风处晾干，1～2d后果开裂，即进行脱粒、除杂、选种。千粒重150g。新鲜种子，发芽率高达95%以上。随采随播，如必须短期贮运，种子要晾干，但不能脱水或曝晒。

(2)育苗　苗圃地土壤以腐殖质含量高的石灰土为宜。如为酸性土，需用石灰改土，施石灰70～150g/m^2；缺乏有机质的土壤，要施农家肥及磷肥作基肥。种子发芽快，在采种前就应整好苗圃地备用。采用条点播，株行距为5cm×10cm，种子用量约30～45g/m^2。播后宜用草皮灰覆盖2～5mm，再覆盖稻草。蚬木种子发芽快而整齐，当气温在24℃以上时，3～5d便发芽结束。苗期要搭荫棚或插蕨以防日灼；冬季应防霜冻。幼苗生长缓慢，直到翌年春，苗高只有10～20cm，需留床继续培育1年，1年半生的苗木，一般高约70cm，可出圃造林。为提高造林成活率，缩短育苗期，缩短缓苗期，提倡容器育苗。

(3)种植　选择石山山坡中下部、水肥条件较好的林地造林，但忌谷地等季节性积水地。蚬木早期喜荫，造林地不宜全面整地，应保留种植穴周围的杂灌木。造林密度2m×2m。挖穴规格为50cm×50cm×30cm。春节前后的阴雨天便可造林，也可在雨季用容器苗造林。

(4)抚育管理　幼林每年抚育1～2次，直到林分郁闭为止。蚬木天然更新能力强，次生杂灌林中，只要保留有足够蚬木母树，封山育林，约10年即可形成以蚬木为主的次生林。

用途　蚬木为广西特产的一类珍贵用材，著名硬木，其材质优良，用途广泛，木材气干重1.02g/cm^3，弦、径干缩比为1.39，不易开裂变形。木材抗压、抗剪强度高，韧性大，防虫性好，可塑性大，透水性低，易上油漆，是造船、车辆、机械垫木、特殊建筑、高级家具的良材。蚬木心材比重大，红褐色，耐磨、耐砍，亦用作车轴、车轮、砧板等。

任　豆

Zenia insignis Chun

科名　苏木科　Caesalpiniaceae

别名　任木、翅荚木、砍头树、米扛(壮语)

形态特征　落叶乔木，树高达49m，胸径1.4m。树干通直，高大。生长期顶芽下垂，被长柔毛。奇数羽状复叶，互生，长25～45cm，叶轴被柔毛；小叶互生，长圆状披针形，长5～9cm，宽2～3cm，下面密被柔毛。聚伞状圆锥花序，顶生；花两性，红色。荚果熟时淡褐色，膜质，不裂，每果有种子6~8粒。

分布 产龙州、宁明、大新、靖西、那坡、德保、平果、田东、隆安等县，田林、凌云、乐业、都安、巴马、环江、阳朔、融水等县亦产。分布广东、云南东南部、贵州西南部、湖南南部等地，越南北部也有分布。喜钙植物，在广西热带石灰岩山地常见，多生于石山山腰、山脚甚至石崖。

生物学特性与适生生境 自然分布范围较广泛，分布区有热带、南亚热带和中亚热带气候。对气候适应性较强，引种至湖北恩施市，最冷月(1月)均温5℃，冬季枝梢冻死，但翌春仍能在下部萌芽生长。喜光，在光照条件良好的迹地上天然更新良好，在林冠下更新效果差，林冠下罕见野生苗。根系发达，穿透力强，能通过岩石缝隙向上层深处生长。在岩石裸露达80%以上的石灰岩山地，任豆的根系沿着岩石表面或岩石间隙，从一个小石窝穿向另一小石窝去寻找扎根的土壤，根长可达数米。耐干旱、瘠薄，在环境恶劣的石灰岩山地石缝中亦能长成大树，在桂西南石灰岩山地可成为乔木层优势种。在酸性土上也有较多的分布，在湖南都庞岭东坡海拔700m以下的山坡及河谷次生林中常能见到，并有结实母株，但不能成为优势种。湖南、江西、福建、浙江、湖北等省引种，多种植在酸性土，亦能生长成材，但当土壤过于黏实时，生长不良。萌芽能力强，采伐时伐桩如保护得当，可迅速萌芽更新。

生长快。广西天然林中7年生任豆树高14.0m、胸径32.0cm；人工栽培4年生树高11m、胸径21.2cm。任豆已成为广西实施石漠化治理工程的主要造林树种，广东、贵州、云南石灰岩山区也广泛采用任豆造林。

栽培技术

(1)采种与种子处理 种子成熟期各地不一致。桂西南地区8月成熟，9月果荚干枯并开始脱落。开花结实有大小年之分，一般每3年有一丰年。果荚由青变棕色时即可采收，可用竹竿敲落果荚，也可待果荚变黑自然脱落，地面拾捡。采收的果荚，经日晒，充分干燥后用木棒敲打并搓揉，使膜质荚果破裂，脱出种子，经筛选簸扬，除去杂质，得纯净种子。出种率15%~25%，种子千粒重45~50g。装于布袋干藏，在常温下可贮藏3~4年。

(2)育苗 播种或扦插育苗。种皮坚硬具蜡质，不易透水，播种前需将种子进行浸泡处理。将种子浸入50~70℃的热水中，浸泡10h能提高发芽率和发芽势。生产上普遍采用培育1年生裸根苗截干造林，具有成本低、抗不良环境能力强、造林成活率高等特点。

扦插成活率高，可推广扦插育苗，造林地条件较好时甚至可进行插条造林，插条造林成活率可达95%。插条育苗和造林，在冬末春初落叶时进行，取1~2年生枝条作插条，插条长15~20cm。

(3)种植 植苗造林，亦可直播造林。适应性强，在岩溶山地谷地、山坡，甚至山腰上部黑色石灰土堆积较厚的石穴、石鏠中也能生长。整地方式以穴状整地为主，挖穴规格 40cm×40cm×30cm，造林密度 3000 株/hm^2左右。石山造林，因土被及地形复杂，整地、造林可以实行“见缝插针”，不强调株行距规整，造林穴规格亦不过于强求。1 年裸根苗造林，栽植前应进行截干、浆根处理，将上部主干截去，保留下部 30～40cm，可提高成活率。早春，幼苗萌芽前栽植，造林成活率可达 95% 以上。

(4)抚育管理　速生喜光树种，抚育措施对其幼林生长影响大，抚育不及时或不到位均可导致造林失败。抚育以铲草松土为主，铲除植株周围的杂草，并覆盖于穴地面。铲草松土宜在 5～6 月进行，造林头两年，每年 1 次。追肥能促进根系和植株地上部分生长，追肥以氮肥为主，每株 20～30g，沟施覆土。

用途　树形高大，树干通直圆满，材质轻，木材结构细密，抗压抗弯力强，色泽纯清，纹理通直、均匀，经水浸后不翘不裂，不易变形，便于加工，容易干燥，但易受虫蛀，石山区农民不喜欢使用。但经高温等方法处理，能提高材性。近年有家具厂商将任豆木材染色作红木替代品，使任豆木材价格倍增。

广西热带岩溶石山区群众采用矮林经营法，造林 2 年后树木生长约 5m 时，在树高 1.5m 左右处砍断，促使其萌芽，待萌芽条长到 1m 左右时，收获萌条，树叶可喂牛、羊，树枝可作薪柴，每隔 2～3 个月砍伐利用 1 次，每年可采3～4 次，每公顷产鲜嫩树叶 15～30t。任豆叶含水量 55%、干物质 45%，任豆叶粗蛋白质含量达 24.57%，其含量是大米、玉米的 3 倍，小麦的 2 倍，仅次于大豆；粗脂肪含量是玉米的 2 倍，是大米、小麦的 4 倍，仅次于大豆；无氮浸出物含量高于大豆，次于大米、玉米、小麦，是介于玉米与大豆之间的上等畜禽饲料。

降香黄檀

Dalbergia odorifera T. Chen

科名　蝶形花科　Papilionaceae

别名　花梨、花梨木、香红木、黄花梨

形态特征　常绿乔木，树高达 25m，胸径达 80cm。主干多不通直。小枝近无毛，有密而细的皮孔。奇数羽状复叶，小叶 7～13 片，近革质，全缘，椭圆形或宽卵形，先端钝尖，基部宽楔形至近圆形，羽状脉不明显；小叶柄长 4～5mm。花两性，圆锥花序腋生，由多数聚伞花序组成，长 4～10cm。果瓣革质，具明显细纹，黄褐色，不开裂，每果有种子 1 粒，稀有 2 粒。种子肾形，扁平，长 0.9～1.1cm，宽 0.5～0.65cm，黄褐色，有光泽。

分布　天然分布于海南，南宁、凭祥、天等、合浦、百色等地有引种，马山、桂林等亦有栽培。随遇植物，原产地为非石灰岩土，引入广西热带岩溶区栽

培，在石缝中也能很好生长，并完成天然更新。

生物学特性与适生生境 分布区为热带地区，年平均温22~25℃，极端最低温-1~4℃，年平均降水量约1000~1500mm，年均空气湿度70%左右。喜高温，但也能耐轻霜及短期-3℃左右的极端低温。引种至马山县古零乡，能安全越冬并能开花结实，13年生平均树高10.8m、胸径11.6cm。喜光，但幼树在全光照条件下，分枝低，主干不明显。在密林中无法生长，在郁闭度较小、有稀疏庇荫的疏林中，可长成直干大材。能适应石灰岩山地环境，在凭祥石灰岩山地造林，10年生树高11.57m、胸径7.7cm。造林容易成活，在石山区造林成活率也可达95%。萌芽力强，砍伐后能萌芽更新。天然更新能力强，在母树下及林缘空地，密布降香黄檀小苗。

栽培技术

(1)采种与种子处理 10~12月种子成熟，结实有大小年之分。果荚颜色由绿色变为黄褐色，即示果熟。成熟果荚，可在较长时期挂在树上不脱落，但存留时间过久，易遭虫蛀，应及时采收。采下的果荚，在烈日下曝晒数日，至极干燥后，搓揉敲打，去除果荚边缘，可获得带有果荚的种子。出种率12%，种子千粒重约70g。种子可用布袋干藏。袋藏的种子发芽力可保持6~8个月。果荚极难裂开，种子不易脱出，生产上常将荚果晒干后，不加处理，袋装贮藏过冬，至翌年3月取出，直接以荚果作为播种材料。

(2)育苗 播种繁殖或扦插育苗，结实量大，发芽率高，通常以播种繁殖为主。种子无休眠习性，发芽时日均温宜在20℃以上。用清水浸种1d后均匀地撒播于床面上，然后覆土，约10d开始发芽，种子发芽率95%。待苗床小苗长至5~7cm时即可将其移入容器中培育，移后半个月长出新根，约1个月抽梢生长。容器苗约6个月，苗高40~50cm，地径0.8cm左右，即可出圃造林。

(3)种植 对立地要求不太苛刻，以岩溶石山谷地及山坡下部生长较好。穴状整地，株行距2m×2m。裸根苗要修剪部分枝叶，并进行切干造林，主干保留5~10cm，起苗后修剪根系，浆根，3~4月造林。容器苗可夏季雨后造林。

(4)抚育管理 造林后，每年抚育、施肥2次。因幼龄植株柔软，侧枝粗，分枝矮，主干弯曲，第3年结合抚育进行整枝、抹芽。

用途 降香黄檀为红木之一，在我国国家标准5属8类34种红木中，排位仅次于檀香紫檀(*Pterocarpus santalinus*)，是我国最珍贵的红木树种。材质紧密而坚硬，心材明显呈红褐色到深红褐色，久则变为暗色，有光泽，颜色美观，花纹美丽，木材气干重0.94g/cm^3，硬度大，干燥后不变形，不开裂，结构细而匀，耐腐蚀又耐湿，有特殊的香味，且香气长存，是制作高级家具、精美工艺品等的名贵木材，木糠可供制作上等佛香。

柚 木

Tectona grandis L. f

科名 马鞭草科 Verbenaceae

别名 胭脂树、紫柚木、石盐、麻栗

形态特征 落叶或半落叶大乔木，树干圆满通直，高40~50m，胸径2~3m。树皮暗褐色，厚1cm左右。小枝四棱形，具土黄色绒毛。叶交互对生，厚纸质，倒卵形、广椭圆形或圆形，长30~40cm，最大可达60~70cm，宽20~30cm；上面绿色，多数粗糙，主侧脉及网脉于下面凸起，密布星状或分叉毛和紫色小点，幼叶红色，深浅不一。圆锥花序顶生或腋生，花梗方形；花浅黄色。坚果，近球形，长1.5~2.5cm，直径1.8~2.2cm，藏于不同形状由花萼发育成的种苞内，内有种子1~2粒，少有3~4粒。

分布 天然分布于印度、缅甸、泰国和老挝等热带国家或地区，自1850年柚木在热带地区作为人工林规模种植以来，目前已遍及世界4大洲的50多个国家。我国早在1820年前就将柚木引种于云南边境寺庙作庭园绿化，台湾高雄等地引种试种也有近100年历史，广东、广西、海南引种近60年。广西南宁、玉林、梧州、崇左、百色等市均有引种或小规模栽培。柚木适宜在pH值5.5~7.5，盐基饱和度>30%，并有相对高的钙、磷、钾、氮和有机质含量，尤其是在钙含量高的土壤上生长。近年，天等、凭祥等地，在石灰岩山地洼地、谷地等低洼处种植柚木，混农经营，与玉米、红薯等混种，生长良好。

生物学特性与适生生境 栽培区年均气温20~27℃，≥10℃年积温8000℃以上，年降水量1160mm以上，有3~5个月或稍长的旱季，可耐48℃的极端最高气温和2℃的极端最低气温。广西部分7500℃左右积温地区引种的柚木能正常生长。喜光，除幼苗初期需要短期的遮荫外，其他生长阶段都要求充足的光照。叶大而根浅，抗风性较差，要求较为静风的环境。要求土层深厚、肥沃、湿润，特别要求排水和透气性良好的土壤，在土壤黏重、板结或积水地生长不良。生长快，凭祥市在海拔250m山坡种植的柚木，19年生林分平均树高18.1m，平均胸径19.6cm。

栽培技术

(1)采种与种子处理 选择10~20年生健壮母树采种。果熟1~3月，果熟的特征为宿存花萼由青色变枯黄色，可上树采集或上树摇落柚木果实。采集后在太阳下曝晒，搓去宿存花萼，即得净种。千粒重600~1000g，净度83%~99%。

(2)育苗 随采随播。种核外有毡绒毛，内果皮骨质，透水透气性差，如不经处理，发芽率低，甚至不发芽。种子处理一般采用以下3种方法。一是浸沤

法，用2倍于核果体积的石灰和水搅拌成浆，置于容器内，然后放入种子混合均匀，表面撒少量石灰粉，以不见种子为度，注意经常检查，防止干燥，经8～10d，取出种子放入臼内将栓化的果皮捣烂，注意不要砸碎种核，然后播种或沙床催芽，发芽率达80%左右。二是浸晒法，早上将种子摊晒于水泥地面上，至下午地温最高时，收起种子浸入清水，浸至翌日早上再捞出摊晒，反复浸晒7d可以播种，发芽率达65%左右，此法适于干热少雨的季节。三是浓硫酸法，用98%浓硫酸拌种处理，注意将每粒种子均匀地泡上浓硫酸即可，经30～60min，用清水洗净即可播种，发芽率60%左右。

育苗宜选用沙壤土，撒播，每平方米播种约1kg，播后用木板将种子压入土中，以平地表为度，不覆土，不盖草。在每天太阳最热、地表温度达最高的午后浇淋凉水。淋水过程中若发现有被水冲出表面的种子，应及时压入土中。播后14～20d开始发芽，每粒种子一般出苗1～2株，少数3株，发芽后应早晚淋水1次，苗高3～5cm时出现2片真叶，按发芽先后分批分床，分床后最好适当遮荫，直至小苗恢复生长。分床株行距为30cm×30cm或移入塑料育苗容器中培育。1年生苗40～50cm，可出圃。

(3)种植　适生于低山、丘陵，气候温暖、避风的小环境，在疏松、深厚、肥沃、排水良好、pH值大于5.6、盐基饱和度大于30%的土壤生长良好。在人口稠密的社区、村庄，选土壤肥沃、排水良好的地方，营造林柚木四旁林，零星种植，混农种植，比成片种植效果好。岩溶石山，选择没有季节性积水的洼地，混农栽植，效果好。栽植时宜适当深栽，回土应适当高于植穴，切忌积水，以免烂根影响成活。栽植季节以早春柚木尚未萌芽生长时为好，裸根苗栽植时应进行黄泥浆根处理，主干太长可作截干处理。一般造林成活率达95%以上。

(4)抚育管理　喜光，怕杂草，造林后3～4年内应加强抚育，每年铲草松土1～2次。1～2年内，结合整枝砍除幼树基部萌蘖，选留一株最粗壮通直的萌蘖。每年追肥1次，每株施氮、磷、钾复混肥200g。如有风倒、风折的植株，可进行低切干处理，让其萌芽形成新的植株。

用途　柚木为世界上最名贵的用材之一。心材比例大，呈暗褐色，极耐腐，在日晒雨淋、干湿变化明显的情况下不翘不裂，耐水、耐火性强。木材气干重约$0.7g/cm^3$，材质坚韧耐久，结构致密、美观，重量中等，纹理通直，易加工。用于制造军舰和海轮，为军需和航海的重要物资，也是建设码头、桥梁、建筑、车厢、家具、雕刻和贴面板、镶贴板的高级用材。

南酸枣

Choerospodias axillaris (Roxb.) Burtt et Hill

科名　漆树科　Anacardiaceae

别名　五眼睛果、酸枣、鼻涕果

形态特征　落叶乔木，高 20m；树皮灰褐色，片状剥落；小枝粗壮，暗紫褐色，无毛，具皮孔。叶互生，奇数羽状复叶，长 25 ~ 40cm，有小叶 3 ~ 6 对，叶轴和叶柄圆柱形，无毛，叶柄纤细，基部略膨大；小叶对生，膜质至纸质，卵形或卵状披针形，长 4 ~ 12cm，宽 2 ~ 4.5cm。花杂性异株，紫红色；雄花和假两性花排列成腋生或顶生的聚伞圆锥花序，长 4 ~ 10cm。核果椭圆形或倒卵形，成熟时黄色，长 2.5 ~ 3cm，宽约 2cm，中果皮肉质浆状，内果皮骨质，长约 2 ~ 2.5cm，宽约 1.2 ~ 1.5cm，顶端具 5 个小孔。

分布　广西各地有分布，贵州、广东、福建、江西、湖南、湖北、浙江、云南均有，印度东北部，中南半岛和日本也有分布。随遇植物，石山谷地、山坡均见生长。

栽培技术

(1)采种与种子处理　果熟期 9 月中旬至 10 月上旬，鲜果采收后堆集沤制 10d 后，用水冲洗揉搓除果皮，摊开晾晒核果。核果晾晒后，干燥处贮存。何贵平等(2007)研究表明，南酸枣树高、胸径和分叉高与种源地理纬度间均呈极显著负相关，采种应采集当地或稍南种源，严禁由造林地北部调运种苗。采种母树应选择优良林分、优良单株采种，严禁在孤立木、干形不良母树上采种。

(2)育苗　种子有 3 ~ 4 个月的休眠期，干藏后至翌年 3 ~ 4 月播种。土壤按常规整地作高床，床高 20cm，宽 1 ~ 1.2m，每平方米施 0.5kg 腐熟饼肥和 0.2kg 复混肥。采用挖沟点播、种孔朝上的方法，覆土厚 3 ~ 5cm。播种后盖草，并加强锄草、浇水、施追肥等管护措施。1 年苗高 60cm 以上可出圃造林。

(3)种植　直播或植苗造林，以植苗造林为主。选择石灰岩山谷、沟边溪河旁、山坡中下部或四旁等土壤肥力较高处造林。栽植不宜过早，一般以 3 月中下旬为好，随起苗随栽植。南酸枣苗大根深，须根少，起苗以深挖为宜。栽植采用大穴，可施土杂肥，栽后如发现地上部分有枯死现象，可距地面 6cm 左右进行平茬，促其萌发，并注意适时抹除多头嫩芽，保留 1 根健壮新梢。

在石灰岩山地坡下部低草灌丛土壤肥沃地，采用直播造林，能取得较好成效。挖小穴，规格 30cm × 30cm × 20cm，早春直播，每穴放入 2 ~ 3 粒种子，播后覆土约 3cm，并盖一层薄枯草保湿。播种后加强抚育，每年抚育 1 ~ 2 次，除去穴内杂草。3 年即可郁闭成林。

(4)抚育管理　造林后只需管理 2 年，抚育 3 次，即可郁闭成林。第 1 年在 5 ~ 6 月和 8 ~ 9 月各抚育 1 次；第 2 年在 5 月抚育 1 次。扩穴抚育，除草松土，每次在原穴周边扩大 20cm 左右，松土深度 10 ~ 20cm。

用途　南酸枣生长快，适应性强，为较好的造林树种。木材花纹美观，心材厚，呈浅红色，无虫蛀，光泽性强，耐腐，无特殊气味，硬度、干缩度及冲击韧性中上等，是胶合板、微薄板、家具、车厢、房屋建筑、室内装饰的优质用材，也是加工精细的出口物质——首饰盒、茶托、木碗、木碟钵等工艺品的理想木料。南酸枣果实营养丰富，含糖量高，并含有机酸、蛋白质、脂肪、铁、磷及维生素等，可鲜食、盐渍或酿酒。

海南菜豆树

Radermachera hainanensis Merr.

科名 紫葳科 Bignoniaceae

别名 大叶牛尾连、牛尾林、牛尾木

形态特征 落叶乔木，高 20m。除花冠筒内面被柔毛外，全株无毛；小枝和老枝灰色，有皱纹。1 至 2 回羽状复叶，有时仅有小叶 5 片；小叶纸质，长圆状卵形或卵形，长 4 ~ 10cm，宽 2. 5 ~ 4. 5cm，顶端渐尖，基部阔楔形，两面无毛，有时上面有极多数细小的斑点，侧脉每边 5 ~ 6 条，纤细，支脉稀疏。花序腋生或侧生，总状花序或少分枝的圆锥花序。花萼淡红色，花冠淡黄色。蒴果长 40cm，粗约 5mm；隔膜扁圆形。种子卵圆形，带翅长 12mm，薄膜质。

分布 产龙州、宁明、靖西。分布海南、广东南部、云南南部，越南亦有分布。喜钙植物，岩溶石山生于谷地、坡地、石崖。

本属另 2 种，菜豆树(*R. sinica*)、美丽菜豆树(*R. frondosa*)在广西热带岩溶石区亦有有分布。菜豆树为小乔木，蒴果长(85cm)而粗(1cm)，易于区别，分布范围广，广西全区各地都有，生长速度远低于海南菜豆树，但可作为桂北、桂中等中亚热带地区石山造林树种，木材亦为优质家具用材。美丽菜豆树，具长尾尖的叶、较纤细而极小的花和纤细的蒴果(5mm)，易于区别。美丽菜豆树木材质稍差，质较轻。菜豆树、海南菜豆树以其硕大的花朵、奇异的果荚、光亮的树叶，都是优良园林绿化植物。

生物学特性与适生生境 热带树种，分布区年平均气温 21 ~ 22. 8℃，≥10℃年积温 7400 ~ 8400℃，极端最高气温 37 ~ 39℃，能耐轻霜及短期 0℃左右低温。年平均降水量 1100 ~ 1600mm。主根肥大如薯，有“贮水器”之称，内含一定水分，可缓冲极干旱对水分的最低需要。据潘国兴(1995)对同属的菜豆树根系研究表明，菜豆树膨大的肉质根系，增加了大量的薄壁细胞，从而增强了根的储藏能力，是对干旱条件的适应。海南菜豆树生长于石灰岩山地，其根肉质增粗，无疑是对石灰岩山地干旱缺水环境的一种适应特征。海南菜豆树能适应石山高温干旱环境，根尖穿插力强，能在石缝间穿走，露地时，萌出小苗，可萌芽更新。种子具翅，能飞籽成林，可进行天然更新。在龙州弄岗自然保护区，海南菜豆树多生长在石山中部至中下部，常与肥牛树、蚬木、翻白叶树、岭南酸枣、海南椴、多

花嘉榄、毛叶阿芳、闭花木、海南大风子等树种混生。海南菜豆树种子发芽容易，自然繁殖较好，在母树周围常有小苗生长，在广西热带岩溶石灰岩次生林中或路边、地角常有零星分布，但尚未发现成片天然林。

生长迅速，前 10 年平均年生长树高 0. 8m，胸径超过 1cm，10 年后树高保持生长 0. 6m 以上，胸径达 1. 2cm，且干形十分通直。

栽培技术

(1)采种与种子处理　7 ~ 8 年生开始开花结实，正常结实在 15 年以后。种子全年都有成熟，8 ~ 10 月大量成熟，当圆条状长果实由粉绿色转呈黄褐色，扭曲，并开裂时，及时采摘。选择向阳的外部果枝，用高枝剪或钩刀将果穗采下。采集的果实可摊放于室内通风处，数天后果皮自行开裂，用手抖动或轻轻敲打即可脱出种子。除去果皮及隔膜等杂质，即得纯净种子。处理好的种子装入布袋悬挂于室内通风阴凉处，可贮藏半年左右，也可随采随播。种子千粒重 0. 8g。

(2)育苗　播种或扦插繁殖。播种育苗，将干种浸泡 3 ~ 4h，捞出后稍加摊晾，再与沙土混合后撒播于苗床上，轻覆薄土，加盖薄膜保湿，待出苗后揭去薄膜，搭荫棚适当遮光培育，发芽率 60% ~ 85% 。长出 2 ~ 3 片真叶时，移栽至种植畦中，也可以直接移栽至容器袋内培育成容器苗。加强水肥管理和病虫害的防治。1 年生裸根苗高 80cm 以上，容器苗高 30cm 以上可以出圃。

扦插繁殖。当气温达 15℃ 左右时，剪取 1 ~ 2 年生半木质化枝，长约 15 ~ 20cm，剪去全部叶片后，扦插于沙床上，插入深度约为穗长的 1/3 ~ 1/2。早晚喷水保持苗床湿润，待其长出完好的根系后，再移袋培育。

(3)种植　选择岩溶谷地、石山坡地下部等土层深厚、疏松地造林，穴状整地，植穴规格 50cm × 50cm × 30cm，株行距 2m × 3m 或 3m × 3m；在四旁采用 60cm × 60cm × 50cm 的大穴种植。加强抚育管理，禁牧，防止牛羊的破坏。砍杂除草，每年在雨季前结合除草松土，追施复混肥，每穴 100g。3 ~ 5 年即可郁闭成林。

用途　木材纹理通直，暗红棕色，材质硬而稍重，结构细致而均匀，加工容易，耐腐，干燥后稍开裂，但不变形，纵切面平滑而有明亮的光泽，色调鲜明，生长轮略现花纹，颇美观，为优良家具材和美工材，深受当地群众喜爱。因其材质可与杉木的材质相比美，故有“山杉”之称，石山区群众多将其作楼板、家具用材。

海南菜豆树树形美观，树姿优雅，花期长，花朵大，花香淡雅，花色美且多，几乎每个枝条都有花序，一个花序轴上的许多花朵往往同时开放，排成一长串金黄色的花带，令人赏心悦目。海南菜豆树具有极高的观赏价值和园林应用前景。

香　椿

Toona sinensis(A. Juss.) Roem.

科名　楝科　Meliaceae

别名　椿芽木、椿木

形态特征　落叶乔木，高达25m，胸径70cm。树干直挺，光滑，树皮褐红色，成片状直裂剥落。羽状复叶，互生，叶柄基部膨大，红色，有浅沟，具特别香气；小叶对生，小叶8~9对或更多，纸质，卵状或长椭圆状，披针形，长8~10cm，全缘，或有浅锯齿，表面鲜绿色，背面淡绿色。圆锥花序，顶生，花小，两性，白色芳香。木质蒴果长圆形，成熟时褐色。种子椭圆形，粒小，上端具膜质长翅，可随风飞散。

分布　原产我国，栽培历史悠久，最东可分布到辽宁南部，最西至甘肃，最北到内蒙古南部，最南到海南。广西各地均有栽培，多分布于海拔300~800m之间，多散生在村边、路旁。随遇植物，在石山下部的坡积土、石穴土上常见，其中靖西、德保栽培较多。

生物学特性与适生生境　适应性广，分布区包括热带、亚热带和暖温带各气候区，年平均气温12~23.0℃，极端最低气温达-13.5℃。喜温，耐寒，在平均气温8~12℃的地区也能生长，1年生幼树在-10℃下会受冻，但成龄大树在-20℃时仍可安全越冬。椿芽萌发生长适温15~20℃，35℃以上停止生长。对湿度要求低，能耐水湿和干热，分布区年降水量为700~3300mm。喜深厚、疏松、肥沃的土壤，对土壤酸碱度要求不严，在酸性、中性及弱碱性(pH值4.5~8.0)的土壤上都能生长，在石灰岩地区生长良好。

速生树种。在广西凭祥热带岩溶山脚坡积土上，块状整地，用1年生裸根苗造林，8年生平均树高13.6m，胸径11.5cm。具初期速生、生长盛期早、衰退也较早等特点，树高生长的旺盛期为2~15年，生长最高峰在2~3年生时出现，胸径生长旺盛期在2~20年，材积以10~30年间增长最快。

栽培技术

(1)采种与种子处理　9月初至10月果熟。果实由绿色变为黄褐色，进而再变成深褐色，蒴果先端纵向开裂后，表明果实内种子已达充分成熟，是最佳采种期。选择树龄在15~30年，生长健壮、树干通直、分枝高的母树。剪下果穗晾晒3~5d。蒴果裂开后，抖动果梗，种子脱出。阴干后，去杂装袋干藏，常温贮藏1年丧失发芽率。种子千粒重13g，新鲜种子发芽率80%以上。

(2)育苗　可用枝条、根蘖、根段等进行无性繁殖，种子结实量大，采种容易，种子繁殖为主。选择背风向阳、土壤肥沃、排水良好的地段作苗床。苗床施腐熟厩肥 1.5～3.0kg/m^2、复混肥 75～90g/m^2，翻耕入土作基肥，整成宽 1m 畦面。播种前种子用 45℃以下温水浸泡 24h，再换清水泡 10h，置 20～25℃温湿环境下催芽，经 4～5d 种子裂嘴后，即可播种。开沟条播，行距 30cm，沟深 3cm，宽 5cm，每平方米畦面播 6～10g。覆土 0.5～0.8cm，播后覆草。

约 20d 出苗。苗高 5～6cm 开始间苗，10cm 左右定苗，苗木密度株行距 20cm×30cm。经常淋水，保持土壤湿润，雨季要注意排水和松土。6 月前幼苗期生长缓慢，管理以淋水、除草为主，结合松土、间苗、追施少量氮肥催苗。7～8 月为速生期，以施氮肥为主，并适量磷钾肥。9 月以后可追施磷、钾肥各 1 次，促进苗木的木质化。1 年生苗高 120cm 以上，地径 1.2cm 以上，即可出圃。

(3)种植　选择山脚土壤深厚肥沃、湿润、排水良好的沙壤土为造林地。种植穴规格 40cm×40cm×30cm，初植株行距 2m×2m。散生种植，效果更好。冬季落叶后至早春未萌芽前定植为宜，定植前施足基肥。用 1 年生苗定植成活率较高，苗木过高可以截干造林。

(4)抚育管理　3 年内每年进行 1～2 次中耕除草松土，林粮间作，以耕代抚，效果更好。

用途　树干通直，少节，木材质地柔韧，有光泽，较坚重，富弹性，纹理直，花纹美，有香气，易加工，耐水浸，无虫蛀，为上等家具用材，也可供船舶、建筑、箱柜、室内装饰和特种工艺用材，在国际市场上享有“中国桃花心木”之美称。

秋　枫

Bischofia javanica Bl.

科名　大戟科　Euphorbiaceae

别名　常绿重阳木、水蚬木

形态特征　常绿或半常绿大乔木，高达 40m，胸径可 3.3m；树皮灰褐色至棕褐色，厚约 1cm，近平滑，老树皮粗糙；砍伤树皮后流出汁液红色，干凝后变淤血状。三出复叶，稀 5 小叶，总叶柄长 8～20cm；小叶片纸质，卵形、椭圆形、倒卵形或椭圆状卵形，长 7～15cm，宽 4～8cm，顶端急尖或短尾状渐尖，基部宽楔形至钝，边缘有浅锯齿；幼时仅叶脉上被疏短柔毛，老渐无毛；顶生小叶柄长 2～5cm，侧生小叶柄长 5～20mm；托叶膜质，披针形，长约 8mm，早落。花小，雌雄异株，多朵组成腋生的圆锥花序；雄花序长 8～13cm，雌花序长 15～27cm。果实浆果状，圆球形或圆球形，直径 6～13mm，淡褐色；种子长圆形，长约 5mm。

分布　广西全区均产，但以桂东、桂中、桂西至桂南为多。分布陕西、江苏、安徽、浙江、江西、福建、台湾、河南、湖北、湖南、广东、海南、四川、贵州、云南等省，印度、缅甸、泰国、老挝、柬埔寨、越南、马来西亚、印度尼西亚、菲律宾、日本、澳大利亚和波利尼西亚等亦有分布。随遇植物，岩溶石山生于山坡下部、谷地、溪边、路旁等相对肥沃处。

生物学特性与适生生境 喜温暖湿润气候，为热带雨林、季雨林主要树种，亦有较强耐寒力，自然分布区为北亚热带的秦岭至亚洲热带的东南亚国家，分布区北部自然生长在低海拔地，人工栽培因幼嫩枝梢木质化程度低，冬季常有寒害。四川温江(极端最低气温 -5.1℃)、彭州(极端最低为 -6.2℃)人工栽培，受冻叶片脱落，顶芽坏死，甚至整株冻死。喜湿润，常生于山地潮湿沟谷林，尤以河边堤岸为多。喜光，强喜光树种，幼树在林荫下生长细弱。生长快，人工栽培年高生长高达 2m、胸径达 3cm。

栽培技术

(1)采种与种子处理 果期 8～10 月，成熟果实易遭雀鸟啄食，及时采收。当果实呈淡红色、棕褐色或红褐色时应及时将果穗采下。从果穗上摘下的果实堆沤数天，果皮软烂后置水中搓揉，淘去果肉果皮，所得的纯净种子阴干后干藏。种子千粒重 25g。

(2)育苗 播种繁殖。种子无休眠习性，广西热带地区可即采即播，将新鲜种子密播于沙床或圃地，加强水肥管理，播种约 30d 种子发芽出土。待幼苗生长至高约 5cm 时移至育苗容器内培育约 60d，苗高 20～30cm，雨季造林。

(3)种植 选择岩溶石山坡地中下部、谷地、溪边、路旁等较肥沃的立地造林。喜光树种，不宜在已有次生林或郁闭度较高的灌木林内栽植。秋枫属速生树种，栽植密度宜稀，2m×2m 为宜。块状整地，规格 40cm×40cm×25cm。

(4)抚育管理 栽植后连续抚育 3 年，每年 2 次，主要是清除杂草和藤灌，结合施肥，每年施肥 1 次，促进幼树生长。亦可混农经营，与花生、黄豆、红薯、桂牧 1 号杂交象草等混栽，以耕代抚。

用途 散孔材，导管管孔较大，直径 115～250μm，管孔每平方毫米平均 11～12 个。木材赤色，有光泽，常具条纹，心材与边材区别不甚明显，结构细，质重，坚韧耐用，耐腐，耐水湿，故有“水蚬木”之名。木材气干重 0.69g/cm^3，可供建筑、桥梁、车辆、造船、高级家具、木地板等用，商品名称爪哇木、牛血树。木材色深，亦可作红木紫檀代用材，也是石山区群众喜用材用树种。

顶果木

Acrocarpus fraxinifolius Wight ex Arn.

科名 苏木科 Caesalpiniaceae

别名　格郎央(瑶语)、咪央(壮语)

形态特征　落叶大乔木，树高 40m，胸径 40~80cm，树干通直圆满，枝下高20m 以上。嫩枝及小树树皮黄绿色，有纵棱，老枝灰褐色，皮孔明显。二回羽状复叶，有羽片 3~7 个，小叶 5~7 对；叶片纸质至厚纸质，长卵形至卵状长椭圆形，嫩时总叶柄、小叶柄和叶背被黄灰色至棕褐色柔毛。总状花序长 4~16cm，密被棕褐色至锈褐色茸毛。荚果扁带状，稍弯曲，一侧有狭翅，长 8~16cm，宽 2~2.5cm，干后棕褐色至黑褐色，表面有不规则斜向小裂纹，内有种子8~20 颗。种子扁矩圆形，长 5~7mm，宽 4~6mm，平滑，黑褐色，有光泽。

分布　产龙州、宁明、崇左、平果、田东、田阳、德保、那坡等地，巴马、田林、隆林、都安、凤山等地亦产。分布贵州西部和云南南部、西南部到西部，越南、印度、斯里兰卡、印度尼西亚也有分布。随遇植物，石灰岩地区一般出现于圆洼谷地。

生物学特性与适生生境　喜生于温暖湿润环境，分布区低平地方年平均气温 20~24℃，最冷月(1 月)平均气温 11~14℃，最热月(7 月)平均气温 27~28℃，≥10℃年积温 7000℃以上，大部分地区一般年份极端最低气温都在 0℃以上。中性偏喜光树种，在龙州石灰岩山地，常生长在石山脚坡积土或近坡脚的石隙间，主要伴生植物有海南菜豆树、蚬木、八角枫(*Alangium chinense*)、截裂翻白叶树、东京桐、海红豆、枚辣柿、粗柄槭、四瓣米仔兰(*Aglaia tetrapetala*)等乔灌木以及广西马兜铃、红花青藤(*Illigera rhodantha*)、多花野白芋(*Colocasia indica*)等藤本与草本植物。

生长较快，根据在龙州县的石灰岩山地进行树干解析结果，22 年生的顶果木树高达 25.6m，胸径 35.8cm，材积 1.1895m^3。胸径生长最快时，年平均为 2cm 以上，一般为 1.6~1.9cm；树高生长最快时，年平均高达 1.7~1.8m，一般为 1.2~1.4m。人工栽培可大大加快顶果木的生长，3~5 个月的苗木，高可达 1m 以上，定植后 3 年树高可达 4~5m，胸径最粗达 8cm 以上。广西凭祥石灰岩山地人工造林，5 年生平均树高 9.29m，平均胸径 8.5cm。

栽培技术

(1)采种与种子处理　7 月果熟，荚果成熟后挂留树顶，半年不落，采种期可以延长。将荚果摘下，日光下曝晒数天，敲开荚果，脱出种粒，筛选除去杂质，即得净种。出种率约 20%，千粒重约 35g。普通干藏，发芽力可保持 3 年以上。

(2)育苗　播种或扦插繁殖，播种繁殖为主。生长快，播种时间不宜太早，否则苗木太高不便造林。秋末播种较好，翌年春出圃。种子表面有蜡质层，播种前种子需进行处理，以 5~10 倍于种子的 80℃热水浸种，自然冷却后浸泡 12h，然后换清水，再浸泡12h后即可播种，经处理的种子播后第二天即可发芽，发芽整齐。圃地大田培育或容器育苗，育苗期短，采用容器育苗效果更好。

扦插繁殖宜选用1年生木质化枝条，早春扦插，扦插成活率较高，可达90%。

(3)种植 喜光、喜肥、喜湿树种，造林地宜选择在石山山脚、缓坡地及封闭弄地、溪谷两旁，土层深厚、土壤湿润的静风环境。块状整地，植穴规格40cm×40cm×30cm，造林密度2m×(2~3)m。

(4)抚育管理 顶果木侧枝少，树冠高，栽植后第3年即可郁闭成林。造林后1~2年，每年抚育2次，第3年抚育1次，抚育方式以铲草为主。

用途 优良速生用材树种，具生长快、材质好、繁殖容易、适应性强的优点，它树干通直，出材量大；材质轻韧，花纹美观，少开裂；心材淡红褐色，较耐腐，可作上等家具、箱盒、门窗、建筑等用材。

墨西哥柏

Cupressus lusitanica Mill.

科名 柏木科 Cupressaceae

别名 露丝柏、葡萄牙柏、速生柏

形态特征 乔木，高达30m，胸径1m；树皮红褐色，纵裂；生鳞叶的小枝不排成平面，下垂，末端鳞叶枝四棱形，径约1mm。鳞叶蓝绿色，被蜡质白粉，先端尖，背部无明显的腺点。球果圆球形，径1~1.5cm，褐色，被白粉；种鳞3~4对，顶部有一尖头，发育种鳞具多数种子；种子有棱脊，具窄翅。

分布 原产墨西哥、危地马拉、洪都拉斯、萨尔瓦多，欧洲、非洲及美洲等一些国家广泛引种，均取得了成功。我国南京中山植物园50年代初引种，取得了良好效果。之后，浙江、江西、湖南、湖北、广东、四川、贵州、云南等省的亚热带地区均进行了引种，生长均较好。广西的桂林、凭祥、马山等地有引种栽培。随遇植物，岩溶石山谷地、山坡下部及中部都能生长。

除墨西哥柏外，同属树种垂柏(*C. funebris*)在广西热带岩溶区亦生长良好，育苗、造林技术与墨西哥柏相似，初期生长较慢，但适应性强，寿命长，后期生长快，可作为长期栽培的用材和绿化树种，亦为岩溶石山优良绿化与材用树种。

生物学特性与适生生境 墨西哥柏具有分布范围广、适应性强、耐干旱瘠、抗病虫能力较强等特点，原产地为北纬15~27°，海拔1300~3300m的山地，亚热带半湿润至湿润气候，年平均气温12~22℃，最冷月均温4~14℃，最热月均温20~30℃，年降水量1000~2500mm。对土壤适应性强，砂岩、砂页岩、玄武岩发育而成的酸性红壤，紫色砂页岩发育的紫色土，石灰岩发育的各类石灰土，甚至严重水土流失的石质山地粗骨土亦能生长。在土壤贫瘠的地方，整地规格需稍高，生长亦较好。

树干通直，生长速度较快，是典型的早期速生树种，我国各地引种，树高、胸径年生长量分别在1m、1cm以上。广西凭祥市中国林业科学研究院热带林业实验中心在岩溶石山栽培，13年生平均树高10.6m，平均胸径15.0cm。种源、个体间变异较大，在我国的多点种源试验证明，以危地马拉种源生长最快。墨西哥柏根系发达，主根不明显，侧、须根多，属浅根性树种，容易风折倒伏，宜选择静风环境栽培。有较强的萌芽力，幼苗或幼林的根部或茎部在受到损伤后易萌生不定芽而产生新的萌条，形成多头树形。

栽培技术

(1)采种与种子处理　3年生开始结实，6年生大量结实。选危地马拉种源林，6年生以上健壮母树，于11月底至12月初球果呈褐色时及时采种。新鲜球果在阳光下曝晒2~3d，种子自行脱落，风选除杂质，即得净种。种子千粒重约5g，场圃发芽率约20%。

(2)育苗　采用两步法育苗。种子用0.5%高锰酸钾消毒5min，消毒时充分搅拌并及时捞出浮粒，然后用清水洗净药液，再放入50℃温水中浸泡，每12h换一次清水，48h后捞出，晾干表面水分后密播于准备好的苗床，播种量以每平方米25~30g为宜。播后，淋足水分，根据温度，盖草或架塑料薄膜棚。约10d，种子发芽，注意保持床面湿润，每周用波尔多液1500倍水溶液喷施床面，防治苗木猝倒病。待苗高3~5cm时，移小苗入圃地或容器内培育1年，苗高平均30~50cm，地径0.4cm以上，即可出圃造林。

(3)种植　石灰岩山地造林，选择山坡中下部或谷地造林，土层过于瘠薄的陡坡地不宜栽植。秋冬季整地，块状清理，穴状整地，规格40cm×40cm×25cm，造林密度株行距以1.5m×1.5m为宜。春季选择雨天或雨后阴天，栽植做到苗正、根舒、压实、深栽，这是提高造林成活率的关键。容器苗雨季造林亦有较高成活率。

(4)抚育管理　定植的当年，墨西哥柏能较快地生长，一般3年后即开始郁闭，因此定植后的前3年每年应松土除草2次。墨西哥柏自然整枝弱，主干多头分生现象达10%，若培育用材林，需于冬季进行修枝定干。修枝要在林地郁闭后进行，定干于定植后2年内完成。定植5年后，林木进入高径生长旺盛期，应进行首次间伐，疏伐后保持林分郁闭度0.7，以后视林分生长状况分别进行2~4次间伐，主伐年龄一般在20~25年。

用途　墨西哥柏主干圆满通直，生长迅速，耐干旱瘠薄，耐寒，病虫害少；树形挺拔，枝叶浓密翠绿；木材轻软，易于加工，是建筑、家具、造纸、胶合板的良好用材，并兼有观赏和绿化价值。墨西哥柏对石灰岩地区极为适应，近年来，墨西哥柏已成为“石漠化”治理的主要树种之一。

毛叶阿芳

Alphonsea mollis Dunn

科名 番荔枝科 Annonaceae

别名 石密、噻林磨(壮语)

形态特征 常绿乔木，高达20m，胸径40cm，树干通直，树皮暗灰褐色，有不明显纵棱，韧皮部赭色，纤维坚韧；枝多，幼枝密被绒毛，老渐无毛。叶纸质，椭圆形或卵状长圆形，长6~12cm，宽2.5~4.5cm，顶端短渐尖而钝头，基部钝或圆形；叶面除中脉被微毛外无毛，叶背被长柔毛；侧脉每边约10条，纤细，两面明显，网脉疏离，稍明显；叶柄短，长2~3mm，被柔毛。花黄白色，单生或双生。果成熟时黄色，单个或双个，卵状或椭圆状，长2~4cm，直径1.5~2.5cm，被黄褐色绒毛，内有种子数颗；种子近圆形，直径1~1.5cm，扁平，淡灰褐色。

分布 产龙州、大新、田阳、防城、上思、凭祥等，分布云南、海南，越南亦有分布。随遇植物，石灰岩山地分布于山坡。

生物学特性与适生生境 热带雨林与季雨林树种，广西多见于海拔300m以下背风缓坡和村边的杂木林中，常呈散生分布或数株聚生。广西十万大山酸性土上，常与大叶栎、厚叶琼楠(*Beilschmiedia percoriacea*)等混生，构成季雨林；广西弄岗自然保护区，常与东京桐、光叶合欢(*Albizia lucidior*)、秋枫等混生，构成石灰岩季雨林，为群落主要建群种。性喜土层深厚、疏松、排水良好而富含腐殖质的砂壤土。幼年耐荫蔽，天然下种繁殖效果良好，幼苗幼树多在母树荫蔽下，生长正常。

栽培技术

(1)采种与种子处理 果熟期8月。果实成熟时黄灰色，成熟期较一致，果实结集于枝端，累累下垂，收采不难，将完全成熟已变软的果实用竹筐盛起，放在流水中捣烂，经充分洗净，取得纯净的种子，再摊薄稍晾干后便可用以播种。种子千粒重约348g。

(2)育苗 播种繁殖，育苗时可用条播，播后约1个月可发芽，在正常管理下，1年生苗木高40~50cm，便可用以造林。

(3)栽植与抚育 可用植树造林或直播造林，造林地可选择石山中部及以下地段。造林与管护措施同一般石山树种。

用途 散孔材，材色淡黄色微带青色，年轮明显，呈不规则的微波浪形，纹理不很通直，结构细致均匀，材质坚硬，略具韧性，加工稍难，横切面刨后平滑，纵切面较粗糙，干后少开裂，不变形，可供建筑、家具、农具、车辆、器具等用。果实成熟时黄色，可食。

阴　香

Cinnamomum burmannii（C. G.　et Th.　Nees）Bl.

科名　樟科　Lauraceae

别名　天竺桂、香桂、山桂、香柴、香胶叶、小桂皮

形态特征　常绿乔木，树高达 20m，胸径 80cm。树皮暗灰褐色，平滑，薄片脱落；韧皮棕褐色，具有清香的肉桂气味；枝叶极浓密，小枝细弱，灰绿色，无毛。单叶，不规则对生或散生，革质，卵状长椭圆形，长 4 ~ 7.5cm，宽 2 ~ 3cm，先端短渐尖，基部楔形，表面深绿色，有光泽，背面粉绿色，平滑无毛，离基三出脉，小脉发达。圆锥花序顶生或腋生，花两性，绿白色或淡黄绿色，细小。浆果状核果，卵状椭圆形或长椭圆形，顶端钝尖，直径约 5 ~ 7mm，成熟时为紫黑色。种子暗褐色，种壳近木质，长椭圆形，顶端喙尖，有纵棱纹。

分布　产广西全区各地，分布广东、云南、海南、福建等省，印度、缅甸、越南、印度尼西亚、菲律宾、马来西亚等地亦有分布。随遇植物，岩溶石山生长于谷地、山坡下部。

生物学特性与适生生境　在广西分布区，年平均气温 19 ~ 22℃，最冷月(1月)平均气温 5.6 ~ 13℃，最热月(7 月)平均气温 24 ~ 28℃，极端最高气温 38.9℃，极端低气温 -5℃，年降水量 1100 ~ 1800mm。较耐寒，引种至成都、重庆等地生长良好。属中性偏喜光树种，幼苗极耐荫，3 年生后喜光，为广西常绿阔叶林主要建群种。耐干旱，不耐水湿，以在肥沃湿润、土层深厚的土壤上生长为好，在干旱瘠薄的山坡上部生长不良。适应岩溶石灰岩生境，广西热带岩溶石山山坡下部、谷地常见以阴香为主要建群种天然群落，林内各层均有阴香分布，阴香常抱石而生。天然下种繁殖能力强，在天然次生林中能自然更新，人工栽培的成年纯林下常见密度较大的更新小苗。属深根性树种，主、侧根发达，枯枝落叶量大，厚层覆盖地面，保持水土的效益高。生长较快，寿命长，萌芽力强。

栽培技术

(1) 采种与种子处理　果熟期 11 ~ 12 月。果实呈黄绿色至紫黑色时采摘，果实用水浸泡 2 ~ 3d 后，拌沙或草木灰搓洗去种皮，洗净后放在通风处晾干。种子富含油脂，不宜堆积与曝晒，以免发酵发热，降低发芽率。种子晾干后即播种，如需贮藏，可混沙置阴凉通风处或拌湿沙贮藏，但不宜超过 1 个月。种子出籽率约 40%，千粒重 80 ~ 120g。

(2) 育苗　种子无明显休眠现象，圃地应选择肥沃细砂壤土的平坦地。播后

10～15d 开始发芽，20d 左右发芽结束，发芽率 70%～80%。石山造林，提倡培育容器苗，将新鲜种子密播沙床，苗木木质化后，高约 3～5cm 时，移栽于容器中培育。1 年苗高高约 40cm 可上山造林。

(3)种植　石山造林，选择山坡下部、谷地、溪边、路旁等水肥较充足处造林。保留原生乔灌木，为新植幼树提供避荫。根据土被及原生植被选择栽植点，块状整地，规格 40cm×40cm×25cm。早春或雨季造林。

(4)抚育管理　造林后连续抚育 3 年，每年块状铲草 2 次，清除藤灌及幼树周边杂草。

用途　阴香树体高大，树冠稠密，树叶翠绿，遮荫效果好，是优良绿化树种。皮、叶、根均可提芳香油；木材纹理通直，结构均匀细致，硬度及比重中等，易于加工，纵切面光滑，干燥后不开裂，含油及黏液丰富，能耐腐，纵切面材色鲜艳而有光泽，绮丽华美，适于建筑、枕木、桩木、矿柱、车辆等用材。阴香木材，广州商品材名称为“九春”，别称桂木，为优良家具材。

石山樟

Cinnamomum saxatile H. W. Li

科名　樟科　Lauraceae

别名　米瓜、梣蚬(壮语)、岩樟、硬叶樟、香楠

形态特征　常绿乔木，高 20m；树皮灰褐色或榄绿色。幼枝极密，被污黄色硬毛状绒毛，老枝无毛，黄褐或棕褐色。顶芽卵圆形，毛被同幼枝。叶椭圆形、椭圆状披针形至卵形或卵状椭圆形，长 4.5～11.5cm，宽 1.5～4cm，革质，老叶上面无毛，榄绿褐色，稍光亮，下面密被皱波状污黄色疏柔毛，离基三出脉，近叶缘一侧侧脉有少数支脉；叶柄长 4～5(9)mm，密被污黄色硬毛状绒毛。圆锥花序腋生，长 4～6.5cm。果椭圆形，长约 6mm，宽 4mm；果托漏斗状，长达 1cm，顶端具齿裂。

分布　产龙州、大新、天等、扶绥、靖西、那坡、平果、田阳、田东、德保等，凌云、乐业、河池、都安、大化、环江、马山、桂林、阳朔、平乐、融安等地亦产。分布云南东南部。喜钙植物，岩溶石山生长于山坡、石岩等。

生物学特性与适生生境　喜光树种，常生于疏林中，但在密林下亦能生长正常。喜钙质土，耐干旱，目前仅见于石山，石灰岩溪边、山坡灌丛甚至石崖均有生长，生长势旺盛，成为广西热带岩溶森林的主要成分。在石山上通常高5～13m，在森林保护得好的地段高可达 20m。广西热带石山地区，石山樟常与蚬木、短萼仪花等混生，构成石灰岩季雨林；在广西中亚热带及南亚热带地区，石山樟常与桂花(*Osmanthus fragrans*)等混生，构成石灰岩常绿落叶混交林，亦为广西各

地岩溶石山次生林常见种。生长速度中庸，自然生长 52 年生树高 20m，胸径 22cm。

栽培技术　种子繁殖。果熟期 9 ~ 11 月。采种、种子处理、育苗及造林技术可参照阴香。

用途　石山樟木材坚硬，极耐腐，可供建筑、家具、器具等用材，木材称香楠，为产区优良用材，当地群众喜欢使用。树干通直，分枝高，树冠大，枝叶繁茂，亦可作石山脚及村旁绿化树种。种子含油率 54.77%。

海南风吹楠

Horsfieldia hainanensis Merr.

科名　肉豆蔻科　Myristicaceae

别名　海南霍而飞、假玉果、血树

形态特征　常绿高大乔木，高可达 40m，胸径达 40cm。树皮表面褐色、平滑或细条浅裂，砍开具有番石榴气味并有血红色树液流出。幼枝密被锈色星状毛，老枝中空，无毛。叶互生，厚纸质，长圆状椭圆形至阔倒披针形，长达 30cm，宽达 12cm，先端短尖，基部宽楔形，全缘，下面散布泡状凸起的小颗粒，幼时有毛，中脉粗壮，侧脉每边多达 20 条，下面明显；叶柄长约 1.5cm，被毛。花单性，雌雄异株；雄花序圆锥状，腋生或生于老枝上的叶腋，长 1.5 ~ 7cm，被毛；雌花为总状花序，生于老枝上，长 3 ~ 5cm。核果椭圆形，熟时黄色，长约 4.5cm，直径 2.5 ~ 3cm，基部有宿存花被片；假种皮肉质，红色。

分布　产靖西、龙州、宁明、防城等地，田林亦有产。分布海南。随遇植物，石山生长于谷地、坡地等阴湿环境。

生物学特性与适生生境　热带沟谷雨林与季雨林树种，广西分布于南部北热带季风区，约处北纬 21°40′ ~ 23°10′，东经 105°55′ ~ 107°50′。在广西，海南风吹楠垂直分布海拔低，仅见于海拔 400m 以下的沟谷或狭谷石缝中。分布区年平均气温 21.5 ~ 22.4℃，最冷月(1 月)平均气温在 13 ~ 14.7℃，最热月(7 月)平均气温 28℃，一般年份极端最低气温在 0℃ 以上。年降水量 1400 ~ 2800mm，虽然不少地方干湿季分明，但旱冷同期，冬多雾露，谷地的水分条件也较优越，无碍于此类季雨林的生存。海南风吹楠林下的土壤为淋溶石灰土或为砖红壤、赤红壤，有机质含量高。幼苗期耐荫蔽，壮龄后需要充沛的阳光，在石灰岩季雨林中常居林冠上层，但下层亦常见幼苗、幼树。在广西弄岗自然保护区等地的低峰丛石山，海南风吹楠常与广西槽树、光榕(*Ficus glaberrima*)、人面子、丛花厚壳桂(*Cryptocarya densiflora*)、假肥牛树(*Cleistanthus petelotii*)、金丝李等混生，海南风吹楠处林冠上层，为群落优势种。

生长较快，33年生的海南风吹楠树干解析，树高为23.2m，胸径达40cm，材积1.2789m^3。树高连年生长量在5年与11年生出现2次高峰，均达2.0m，12~33年呈微波浪式下降；胸径5~8年间，年生长量在0.9~1.1cm，9~15年转快，年生长量达1.5~1.6cm，20年生时达到高峰，年生长量1.8cm，21~27年呈直线下降。

栽培技术

(1)采种与种子处理　果熟期7~11月。果实由青绿变深褐色，果皮肉质变软，假种皮肉质红色时为果实完全成熟。上树采集果实，采回稍放2~3d，果实完全熟软后，洗净即可播种，出种率约20%。种子无休眠期，切忌堆沤和曝晒。宜随采随播，不宜久藏，一般贮藏15d，发芽率降低50%左右。种子千粒重15000~17000g。

(2)育苗　播种育苗。播种前先准备好细沙床，将种子密播在湿沙床内，用湿沙覆盖以不见种子为度，然后用遮光网搭盖荫棚遮光，每天淋水1~2次，约10~15d芽，出土持续时间7~8d，发芽率85%~95%。小苗生长3~4对真叶时可以分床育苗，或移入容器袋培育。按常规方法管理，1年生苗高约30~40cm，即可上山定植。

(3)种植　造林地选择石灰岩谷地或开阔度较小的大石山地坡下部，土壤为黑色或棕色石灰土，土壤肥沃且排水良好。造林前清除藤蔓、杂草，保留乔木及部分灌木，株行距2m×2m，穴状整地，穴规格40cm×40cm×40cm。3~5月，阴雨天气进行定植。袋苗造林，不必修剪枝叶；裸根苗造林，需修剪过长或受伤的主侧根和部分叶枝。定植时一定要踩实，回土稍高于地面5cm。

(4)抚育管理 定植2~3个月后抚育1次，主要是砍除杂草和藤蔓，以免影响幼树生长。以后每年松土、除草、施肥1~2次，直至幼林郁闭。

用途　海南风吹楠树体高大，树干通直，生长快。木材纹理直，结构粗糙，材质中等，心材暗褐色，为胶合板、床板、农具等用材。树冠浓绿雅致，可作庭园绿化树种。种子可榨油，油的成分组成以饱和脂肪酸为主，其中以豆落酸、月桂酸最多，是国防工业、高寒地区的工业的特殊材料。

海南大风子

Hydnocarpus hainanensis (Merr.) Sleum.

科名　大风子科　Flacourtiaceae

别名　米尾加、米享加(壮语)、龙角、齿叶大风子

形态特征　常绿乔木，高达15m，胸径50cm。树皮厚仅3~4mm，淡灰绿色，微带腥甜味。大枝伸长平展，无毛，小枝圆柱形，小枝无毛。叶纸质或薄革

质，长圆形，长 9～18cm，宽 3～6cm，上面光亮，下面暗淡，无毛，基部尖至微钝，多少不对称，先端渐尖，边缘具波状圆齿或疏锯齿，侧脉 7～8 对，弯拱向上，两面凸起，在边缘汇合，网脉极疏；叶柄长 1～1.5cm，顶部膨大、无毛。总状花序腋生或近顶生；雄花密集，椭圆形，直径大约在 3～5mm；雄蕊 10～12 枚，花药长 1.5～2mm，圆形状，雌花花被与雄花花被相似，但略大。浆果圆球形，直径 4～5cm，幼时灰棕色，具绒毛，果梗粗，外果皮纤维质。每果有种子 20 粒左右，卵形。

分布　产龙州、宁明、天等、大新、靖西、那坡等地，分布海南、云南，越南北部亦有分布。随遇植物，广西热带岩溶石山生于山坡、石崖。

生物学特性与适生生境　分布区为热带，年平均温 20～25℃，广西分布区 1 月平均温约 14℃，极端最低温约为 0℃，7 月平均气温 28℃，极端最高气温约 38℃，全年无霜或 3d 左右轻霜，但耐寒力较强，引种至南宁市郊区，偶遇霜冻年份，能在露地安全越冬。分布区年降水量 1000～1800mm，为湿润区或干湿季节交替明显，但林区常年仍较湿润。垂直分布多在海拔 500m 以下的丘陵台地。耐荫，亦较能耐直射光，喜生于沟谷和岩石裸露的溪边阶地或混生于季雨林、雨林内，在雨林密林中常为下层林冠。但在广西石灰岩热带季雨林中处林冠上层，海南大风子与闭花木、蚬木等混生，局部地段处群落优势种位置。酸性土及微碱性土均有分布，土壤为赤红壤、砖红壤及石灰岩发育的黑色钙质土。根系较发达，较耐水湿，亦较耐干旱，但要求土质肥沃疏松，荒山不宜，岩溶石山山坡部甚至石崖均见有分布。

自然结实力较弱，林中幼苗、幼树稀少，自然生长速度中庸，30 年生树高 8m，胸径 17cm。幼年生长较慢，10 年生以后胸径生长较快。海南热带树木园栽培 24 年生树高 10.0m，胸径 13.4cm；广西凭祥热带林业实验中心石山树木园，25 年生树高 6.7m，胸径 10cm。

栽培技术

(1)采种与种子处理　10～13 年生开始开花结实，正常结实期在 20 年生以后。结实大小年间隔不明显，每年结实均较少。花单性，雌雄异株。盛花期在 6 月，果实在 8～9 月间成熟。成熟果实球形，密被黑色绒毛，果实采下后，忌堆沤，可摊放于通风处，待果实软熟后，置水中搓洗去果皮、瓤等杂质，即得净种。种子含油脂，忌日晒，不宜脱水，稍晾干后即置润沙床中贮藏催芽。新鲜种子每千克约有 750～1190 粒，发芽率可达 80% 以上。发芽力的保存期，与贮藏的方法有关，常温下袋藏，半月后即失去发芽力；混湿沙贮藏，不降低发芽率。

(2)育苗　种子有休眠期，不宜随采随播，10 月采种时播下的种子，至翌年 6 月上旬方开始发芽，发芽时气温在 27℃以上，发芽持续期为半月左右，6 月上旬初发芽，1 周左右即进入盛期，中旬后期结束。适宜播种期是将湿沙催芽的种子于4月上旬或下旬密播至室外沙床，加强水分管理，待幼苗发芽后移至育苗容器中培育。苗期抗性较强，少有病虫害，发芽后一般水肥管理即可。幼苗及幼树在庇荫条件下，生长较快，有条件的苗圃，以遮荫育苗较好。1年生规格苗高40cm，地径0.6cm，可出圃。

(3)种植　选择石山坡地或谷地疏林中栽植，秋季块状清理，保留乔木树种，穴状整地，植穴规格40cm×40cm×30cm，株行距2m×2m。造林前先回表土满穴，选阴雨天气定植。

(4)抚育管理　幼苗生长力弱，在幼林期要加强抚育管理，每年穴状除草、松土、培土2次，连续4年，直至成林。

用途　木材为出孔材，材色黄白、淡黄褐以至黄褐色。心边材区别不显明，大树心部材色略深；生长轮不明显，在肉眼下隐约可见，宽度略均匀(2~4mm)。木材具光泽，无特殊气味和滋味，纹理直；结构甚细，均匀，材质硬重(气干密度0.78~0.88g/cm^3)。适于作建筑(各种构件、室内装修、高级地板)、中高档家具，仪器箱盒、雕刻、玩具、文具、木梳、木尺等。其材色黄褐、甚细而硬重，可以代替黄杨木使用。种子有毒，燥湿杀虫，可制成大风子油，治麻风、疥癣、梅毒。

望天树

Parashorea chinensis Wang Hsie

科名　龙脑香科　Dipterocarpaceae

别名　擎天树、分界树

形态特征　常绿至半落叶大乔木，高40~60m，胸径60~150cm，树干通直，大树枝下高多在30m以上，大树具板根，树皮灰色或棕褐色，树干上部为浅纵裂，下部呈块状剥落。幼枝、芽、托叶、叶下面、叶柄、花轴、花萼均密被鳞片状的茸毛，具圆形皮孔。叶互生，革质，椭圆形或椭圆状披针形，侧脉羽状，14~19对，背面叶脉明显突起，网脉明显。花两性，圆锥花序腋生或顶生。坚果，卵状椭圆形，先端尖，果实密被银灰色的绢状毛；成熟时果翅呈褐色，果皮薄，果皮果肉黏在一起，每果1粒种子。

分布　产龙州、那坡、大新、田阳等地，巴马、都安亦产。分布云南南部及东南部，老挝、越南亦有分布。随遇植物，石灰岩山地生长于沟谷、坡地。

生物学特性与适生生境　分布区大部分位于热带季风区，广西南亚热带低地谷地亦有零星分布，低平地带年平均气温21.5~22.5℃，最冷月(1月)平均气温11~13℃，最热月(7月)平均气温28℃以上，夏季长达7个月，≥10℃年活动积温≥7200℃，极端低温-3℃，年降水量1000~1700mm。幼龄期要求庇荫，以后逐渐变为喜光。适生于土层深厚、肥沃湿润的石灰土和微酸性土，pH 值 6.2 ~ 7.2。在土壤肥力较高的立地，土层不深、多石块甚至石隙的环境也能适应，并可长成巨树。繁殖力强，天然更新良好，可无性繁殖。在广西热带岩溶石灰岩和夹层砂岩构成的丘陵山地和沟谷地带，望天树和海南风吹楠、方榄、蚬木、金丝李、肥牛树等组成石灰岩季雨林，望天树为优势树种。

在天然林中，幼苗期生长较慢，1 年生苗高 20 ~ 30cm，10 年生通常不超过 4m，以后生长渐快，后期生长量大，直至百余龄仍不衰退。在广西德保县 1 株 123 年生大树，高 55.4m，胸径 75cm，单株材积 10.485m^3。

栽培技术

(1)采种与种子处理　约 10 年生开始开花结实，30 年生以后进入正常结实期，结实大小年间隔 1 ~ 2 年，结实稀少，且落果严重，不易采种。果熟期 8 ~ 10 月，成熟果自行脱落，种子散落地上，很快发芽或腐烂，应及时采收。收集时应剔除已发芽、有虫害和腐烂的种子，去除果翅。每千克去翅坚果约 340 ~ 500 粒，发芽率 95% 以上。果实在林地上 1 ~ 4d 便发芽，在高温多雨环境，有些成熟果实尚在母树上种子就已发芽。随采随播，如需调运，要拌湿润细沙或苔藓贮藏，不宜久藏。

(2)育苗　播种或扦插繁殖。播种繁殖，除去果翅后，将整个果实倒置(果实顶部向下，基部向上)侧放，点播在苗床或容器袋内。苗床育苗株行距 20cm × 20cm，容器育苗用 19cm × 20cm 的塑料袋。播后淋水，搭遮荫棚。播后 1 ~ 3d，种子发芽。每个果实有种子 1 ~ 3 粒(多者 6 粒)发芽长成幼苗。当子叶分离时，及时分苗种植。苗床育苗，2 年后可出圃定植。容器育苗 1 年后就可上山造林。

扦插育苗，可在早春选用 1 年生，径粗 0.3cm 以上的健壮枝条作穗条。扦插后用塑料薄膜覆盖，保持苗床湿润。2 ~ 3 个月插穗可长出不定根和新芽，然后移至苗床或容器中，培育 1 年可出圃定植。

(3)种植　选择石灰岩地区的坡积土、石穴土，静风的立地作造林地。种植穴规格 50cm × 50cm × 30cm，初植株行距 3m × 4m。幼龄树喜庇荫，不需全面清理林地，可利用周围的灌木作侧方荫蔽或选速生树种进行混交。容器苗可在春季或雨季定植，裸根苗应在早春雨后、阴天，适当剪叶、浆根再定植。

(4)抚育管理　造林后 2 ~ 3 年内，每年除草、松土、施肥 1 ~ 2 次。

用途　木材为散孔材，心边材明显，心材占 80% 以上，木材气干重 0.81g/cm^3，纹理直，结构均匀，材质坚硬，耐腐性强，不受虫蛀，淡褐色带黄红，无特殊气味，力学强度较高，加工性能较好，翘曲变形较小，刨切面光滑，花纹美观，为优良用材，供造船、建筑、桥梁、胶合板、家具、车厢、房屋装饰和细木工等用。

黄牛木

Cratoxylum cochinchinense(Lour.) Blume

科名 金丝桃科 Hypericaceae

别名 黄牛茶、雀笼木、黄芽木、满天红、美启烈(壮语)

形态特征 落叶灌木或小乔木，高1.5~18(~25)m，全体无毛，树干下部有簇生的长枝刺；树皮淡黄色，光滑，似牛皮，故称“黄牛木”。枝条对生，幼枝略扁，无毛，淡红色，节上叶柄间线痕连续或间有中断。叶片椭圆形至长椭圆形或披针形，长3~10.5cm，宽1~4cm，先端骤然锐尖或渐尖，基部钝形至楔形，坚纸质，两面无毛，上面绿色，下面粉绿色，有透明腺点及黑点。聚伞花序腋生或腋外生及顶生，有花1~3朵，花瓣粉红、深红至红黄色。蒴果椭圆形，长8~12mm，宽4~5mm，棕色，无毛，被宿存的花萼包被达2/3以上。种子每室5~8颗，倒卵形，长6~8mm，宽2~3mm，基部具爪，不对称，一侧具刺。

分布 产龙州、武鸣、隆安、靖西、北流、北海等地，金秀、平南、桂平等地亦产。分布海南、广东、云南，缅甸、泰国、越南、印度、马来西亚、菲律宾、斯里兰卡等地亦产。随遇植物，广西热带石灰岩山地生于山坡、石崖。

生物学特性与适生生境 分布极广，属热带低海拔半落叶季雨林树种，常见散生在干燥稀树、次生灌木群落中。天然分布区年平均气温19~24℃，极端最高气温38~40℃，极端最低气温-2℃以上，年降水量950~2500mm。耐干旱，生于向阳的山坡丛林中，在石山的石崖灌丛中生长良好。喜光，幼苗、幼林期均不耐荫，在郁闭度大的密林中，幼龄树则被淘汰，随着群落的生长发展，黄牛木为上层立木也随之而稀少。在干旱次生灌丛荒坡上，环境旱瘠及人为的破坏，常发育为矮小灌木。而在低海拔的半落叶季雨林中，常长成粗壮的乔木为上层大树，而且树干挺直，枝下高可达5m以上。天然下种繁殖力强，有顽强的耐旱力和萌芽力，但自然生长缓慢。

栽培技术

(1)采种与种子处理 8~9月果实成熟，选生长健壮的母树，蒴果由绿色变为褐色即为成熟，应及时采摘，过迟蒴果开裂，种子飞散。果实采回后，晾晒数天，萌果开裂，种子自然脱出，除去杂物，装入布袋干藏。

(2)育苗 播种繁殖。随采随播，当年发芽。育苗的关键在于播种后要薄覆土、薄盖草，浇水适度，不宜过湿，防止种子及小苗霉烂。待小苗长至3~5cm高时，移入营养杯中培育。加强管理，适当施些氮、磷肥，以促进苗木生长，翌年春半年苗可上山造林。

(3)种植 选择石山坡地中下部造林，栽植前先除杂，以1m×2m株行距进行穴状整地。裸根苗造林，起苗时适当修剪枝叶及过长的根，并及时浆根。容器苗造林栽植前应去除塑料容器。

(4)抚育管理　5 年生前生长较慢，幼树冠小，应加强抚育。在定植当年雨季末进行砍草松土 1 次，以后 3 年内每年在雨季前后结合松土进行砍杂，直至幼林郁闭。往后仍要砍除藤蔓，以免影响林木生长，同时尽可能结合松土进行林木施肥，以加速林木生长。

用途　木材为散孔材，纹理交错，结构细致而均匀，材质硬重，加工不难，干燥后不开裂，但略有变形，颇耐腐，是美术细工、雕刻等精巧工艺品的上等良材，亦是室内装饰、上等家具用材。广州用制鸟笼，故名雀笼木。

金丝李

Garcinia paucinervis Chun et How

科名　藤黄科 Guttiferae

别名　埋贵、米友波(壮语)

形态特征　常绿大乔木，高达 30m，胸径可达 1.5m 以上。叶对生，革质，嫩枝、嫩叶紫红色，成熟叶片深绿色，长椭圆形，长 6 ~ 18cm，宽 2 ~ 6cm，全缘，先端突尖或短渐尖，钝头，基部宽楔形，侧脉 5 ~ 8 对，在下面明显凸起；叶柄长 6 ~ 15mm。花杂性同株；雄花成腋生和顶生的聚伞花序；雌花通常单生于叶腋，比雄花大。浆果椭圆形或卵状桶圆形，长 3.5 ~ 5cm，直径 1 ~ 2.5cm，顶端有宿存的半球形柱头，柄长 5 ~ 8mm。

分布　产左江、右江流域的龙州、凭祥、宁明、天等、崇左、大新、靖西、德保、那坡、田阳、田东等县，忻城、马山、都安、巴马、风山、河池、田林、西林等县亦产。分布云南，越南北部亦有分布。属专性钙土植物，为桂西南石灰岩季雨林主要建群种，自然生长于石山谷地、山坡、石崖。酸性土壤上未见分布，但引种至酸性土栽培，能正常生长并开花结实。

生物学特性与适生生境　分布区年平均气温为 20 ~ 23℃，最冷月平均气温 10 ~ 14℃，极端最低气温 -3 ~ 0℃，有轻霜，北部偶有降雪现象。幼苗对霜冻比较敏感，重霜天气幼苗会出现寒害。属偏不喜光树种，幼树要求的庇荫期长，幼苗和各龄幼树多出现在林冠下，林木生长旺盛，叶色深绿，趋光性不明显；在全光照下栽培的幼树，叶黄萎，生长不良。大树喜充足阳光，多处上层林冠。在龙州、宁明、大新、天等一带天然阔叶林中存留有一些占优势的林分，其他地区都是零星分布。喜湿润肥沃地，耐旱性较强，能适应干旱的石隙生境，常见与蚬木、肥牛树、割舌树等混生成林，构成石灰岩季节性雨林的共建种。

幼龄生长较慢，到 30 ~ 40 年生长变快，70 ~ 80 年时生长达到高峰。天然林中，130 年树高 22m，胸径 35cm。

栽培技术

(1)采种与种子处理　15 年生开始开花结实，25 年生后进入盛果期。结实有大小年之分，每隔 2 ~3 年才有一次丰年。多季开花结果，果熟期分别在 3 ~7 月和 11 月，但以 7 月为大造。核果由青绿色转变为黄色或黄紫色，果肉由硬变柔软即示成熟。果有甜酸味，猴、乌猿等喜欢食用，应及时采收。采回的果实集中堆沤，盖上湿稻草，经常洒水，约经半个月果肉变烂，取出放入箩筐内，用水洗掉果肉，洗净种核，即行种子催芽处理。种子千粒重 2800 ~ 5000g。随采随播，远途调运，应注意保湿，种子忌曝晒、失水。

(2)育苗　种子休眠期长达 7 ~8 个月，必须进行种子催芽。用腐熟有机肥与表土混匀作床，床面上铺 5 ~ 7cm 厚的细沙，刮平压紧。然后按 5cm ×7cm 的密度点播种子，盖沙厚 2 ~3cm，盖草一层，注意保持湿润。也可用温室沙床催芽，出苗齐整，生长快。在温度、湿度适宜的条件下，播后 1 个月种子开始发芽，发芽率 80% ~90% 。

待幼苗长到 3 ~4 片叶子时，可移至圃地或容器袋培育。移植时必须保留种子，覆土深度以不见种子为度，并需搭盖荫棚。移植后要加强管理，需要培育 2 ~3 年，苗高 50 ~80cm，方可出圃造林。

(3)种植 金丝李幼树喜阴凉环境，宜与石山区的速生树种(如顶果木、任豆、香椿、麻楝等)营造混交林，凭借这些速生树种作庇荫，待金丝李长大需要全光照的时候，便可陆续砍伐庇荫树种。株行距不能作硬性规定，但每公顷总株数应保持 2200 株左右。早春雨后选阴天或小雨天定植。植后要加强抚育管理，如有缺株要在秋后或翌春补植。

用途　木材条纹金黄色，纹理通直，结构密致，材质坚重，气干重 0.960g/cm³，耐腐耐水性特强，不受虫蛀。金丝李为广西三大珍贵硬木之一，是船舰、机械、高级建筑和高级家具等用材。产区群众用作屋柱，经数代人不朽；建筑桥梁，历时两百年不腐。

截裂翻白叶树

Pterospermum truncatolobatum Gagn.

科名　梧桐科　Sterculiaceae

别名　截裂翅子树、棱果翻白叶树、米仙(壮语)

形态特征　常乔木，树高 35m，胸径 60cm。树皮微绿色，近平滑，韧皮部淡褐色。树皮黑色，有纵裂纹；小枝幼嫩部分密被黄褐色星状绒毛，后变为灰白色或灰黄色星状绒毛或几无毛。叶革质，矩圆状倒梯形，长 8 ~16cm，宽 3.5 ~

11cm，顶端截形并有3～5裂，中间的裂片急尖或渐尖，长1～2cm，叶的基部心形或斜心形，上面无毛或仅在主脉上略被毛，下面密被灰白色或黄褐色星状绒毛，基生脉5～7条；托叶掌状3～5裂，密被毛，早落；叶柄粗壮，长约4～12mm。花腋生，单生。蒴果木质，卵圆形或卵状矩圆形，有明显的5棱和5条很深的沟，外形很像“杨桃”，长达12cm，宽约7cm，外面密被褐色星状绒毛，有或无瘤状突起，每室有种子6～10个，排成2列；种子具翅，连翅长4～5.5cm，翅膜质，条形，长达4.4cm，顶端钝或截形。

分布 产龙州、宁明、隆安等地，分布云南金平、河口、元阳、个旧等地，越南北部亦有分布。随遇植物，石灰岩山地生于山坡、石崖。

生物学特性与适生生境 热带性树种，喜温热环境，在龙州弄岗自然保护区分布在海拔500m以下的石灰岩山坡中部至中下部。喜光树种，不耐荫蔽，多生于山坡较开阔的疏林中或林缘，呈群状或单株分布。在湿润肥厚的立地条件下生长最好，但在大片岩石露头的石隙生境其生势仍然旺盛。天然更新良好，凡有母树且具一定透光度的林分内，它的幼苗幼树比较多。萌芽力很强，砍伐后的伐蔸当年即萌出大量丛生枝，1年生的萌条可长1～1.5m，萌条不但生长快，而且主干通直圆满。

速生。据龙州弄岗自然保护区综合考察队(陆福盛，1988)对在岩石缝隙土上生长的截裂翻白叶树进行树干解析结果：30年生树高19m，平均年生长量0.63m；胸径18.9cm，平均年生长量0.63cm。幼年期因受环境条件的抑制，树高连年生长稍慢，11年达到最高峰，年生长量为1.8m，30年时连年生长量趋于缓慢下降。胸径幼年期间，年生长量在1.0～1.2cm之间，最高峰出现在10年，年生长量达1.5cm。

栽培技术

(1)采种与种子处理　果熟期10～11月。在蒴果呈微裂时即采收，否则很快开裂，具翅种子便随风飞散。果实采回后摊于干爽的室内阴干，蒴果逐渐开裂，收集脱出种子，搓去种翅，袋藏至翌春播种育苗。千粒重37g。

(2)育苗　播种繁殖，发芽时的日均温在19℃以上，播种时间以3～4月为宜。播种前清水浸种24h，稍晾干后即播。条播或撒播。整地要求细致，播种量3～5g/m^2，覆土0.5cm。种子具短期休眠特性，播后约15d露出胚根。经常保持湿润，培育1年苗出圃。石山区造林提倡容器育苗，育苗方法可采用圃地密播，待长出3～4片幼叶时移栽至容器内培育。

(3)种植与抚育管理　选择石山中部及以下坡位造林。块状整地，见缝插针式，不强调株行距整齐一致。3～4月或夏季雨后栽植。抚育管理方式同一般石山造林。

用途 木材纹理直，结构细致均匀，材质轻韧，富弹性，不变形，不受虫蛀，可供民用建筑，桩、柱、桥梁、桁条、板、家具等之用，深受当地群众喜爱。

翻白叶树

Pterospermum heterophyllum Hance

科名 梧桐科 Sterculiaceae

别名 米新、米纸(壮语)、仙黄麻、异叶翅子树、半枫荷

形态特征 常绿乔木，高达20m；树皮灰色或灰褐色；小枝被黄褐色短柔毛。叶多形，生于幼树或萌蘖枝上的叶盾形，直径约15cm，掌状3～5裂，基部截而略近半圆形，上面几无毛，下面密被黄褐色星状短柔毛，叶柄长12cm，被毛；生于成长的树上的叶矩圆形至卵状矩圆形，长7～15cm，宽3～10，顶端钝、急尖或渐尖，基部钝、截形或斜心形，下面密被黄褐色短柔毛；叶柄长1～2cm，被毛。花单生或2～4朵组成腋生的聚伞花序；花青白色。蒴果木质，矩圆状卵形，长约6cm，宽2～2.5cm，被黄褐色绒毛，顶端钝，基部渐狭，果柄粗壮，长1～1.5cm；种子具膜质翅。

分布 产陆川、博白、玉林、南宁、龙州、宁明、右江区等地，平南、藤县、苍梧、梧州、八步区、昭平、都安、融安、临桂、桂林、平乐、恭城等地亦产，分布广东、海南、福建、云南、台湾等省。随遇植物，岩溶石山生长于谷地。

生物学特性与适生生境 天然分布区气候平均气温19～26℃，极端最高气温38℃，极端最低气温-4℃。年降水量900～2400mm，适生土壤为砖红壤、赤红壤、红壤及石灰土。广西热带垂直分布多在海拔400m以下的山坡、平地、丘陵的疏林或密林中。生性喜光，不耐荫，多生在山坡较开朗的疏林内或林缘，在旱瘠立地条件多呈矮小灌木，而郁闭度大的密林则常为上层立木，生势旺盛，树干通直。在郁闭度0.3～0.4，土壤湿润疏松、阳光充足的立地天然更新效果极好。反之天然更新不易。生长快，广西凭祥热带石山树木园引种栽培，13年生，平均树高12.0m，平均胸径13.1cm。

栽培技术

(1)采种与种子处理 选择20年以上的优良健壮母树采种。9～10月果实开始成熟。有些地区因气候条件有异，花期、果期相应晚1～2个月。果壳密生绒毛，成熟时由黄绿色转为锈黄色。成熟后果壳自然开裂，种子飞散，因此，果实成熟有少量开裂时，应及时采集，以免开裂后种子散失。用采种钩刀将果柄割断，在地面捡拾。果采回后，堆放在室内3～5d，然后摊开晾干或置于日光下曝晒1～2d，果壳自然开裂，抖出种子。种子可以带翅贮藏或播种，亦可搓去种翅

后播种。已脱出果瓣的种子不宜在烈日下曝晒，阴干后，干藏。常温条件下贮藏期一般为半年左右，次年 5 月以后，发芽能力便明显下降。置 0 ~ 5℃的低温条件下，种子的生活力可保持 1 年以上。种子千粒重 65g，新鲜种子发芽率 80% ~ 90%。

（2）育苗　播种繁殖。即采即播或贮藏至翌年早春播种，细致整地。播种前用清水浸种 3 ~ 6h，或不做任何处理。撒播或条播，播种量 $5g/m^2$，播后覆土不宜过深，覆土 0.5 ~ 1.0cm 即可，播后盖草保湿。播后 10d 左右发芽，发芽不甚整齐。幼苗高 4 ~ 5cm 时，可分批移床或移入容器培育，移后要淋水并搭棚遮荫。苗高 30 ~ 40cm，可出圃造林。

（3）种植　选择在土壤疏松、肥沃、湿润的山腰、谷地作造林地，忌选土壤板结的茅草地。秋冬季进行块状清理除杂，然后按 2m × 2m 株行距进行穴状，植穴规格 50cm × 50cm × 30cm。早春或雨季，采用 1 年生棵根苗浆根造林，起苗时要修剪 1/3 枝叶并剪去过长的主、侧根。营养杯苗可以全苗造林。

（4）抚育管理　定植后当年雨季末期进行第 1 次抚育，主要是除草、扩穴、松土。以后 2 年内，每年在雨季前后结合松土状砍杂、除草、培土，并每穴施复合肥 100g，直至幼林郁闭。

用途　翻白叶树木材纹理通直，结构细致，材质轻而稍软，加工容易；干燥后少开裂，但稍有变形，不很耐腐；纵切面光滑而颜色鲜淡，生长轮略现花纹，具光泽，颇雅致美观，但湿水后较易脱色。新制切面久置后则颜色易变成深沉，失去光泽，为美观的轻材，尤适于作上等家具、文具、天花板等，亦可供梁、柱、桁、桷、门、窗、器具及其他细工用材；较适于作室内用材，制成品要及早加油漆，以防止湿水后脱色，并保存其美丽的外观，又可增强其耐久性。当地多用于作板料，亦有用作船桅杆。广州商品材称为线木。树皮纤维为织麻袋、麻布、草鞋、人造棉、造纸等原料，也可与棉、羊毛混纺，织成半毛织品。木材在广州称“线木”，供建筑、板料、船桅、家具等用，较适于作室内用材。

翻白叶树生长快，天然更新能力强，适应岩溶石灰岩谷地、下坡生长，材质好，树冠浓荫，生态效果好，适于在广西热带岩溶石山区规模发展。

闭花木

Cleistanthus sumatranus (Miq.) Muell. – Arg.

科名　大戟科　Euphorbiaceae

别名　火炭木、尾叶木、闭花

形态特征　常绿乔木，高达 18m，胸径达 40cm。树干通直，树皮红褐色，平滑；除幼枝、幼果被疏短柔毛和子房密被长硬毛外，其余均无毛。叶片纸质，卵形、椭圆形或卵状长圆形，长 3 ~ 10cm，宽 2 ~ 5cm，顶端尾状渐尖，基部钝至近圆；侧脉每边 5 ~ 7 条，两面略不明显；叶柄长 3 ~ 7mm，有横皱纹；托叶卵状三角形，长 0.5mm，常早落。花雌雄同株，单生或 3 至数朵簇生于叶腋内或退化叶的腋内。蒴果卵状三棱形，长和直径约 1cm，果皮薄而脆，成熟时分裂成 3 个分果片，每分果片内常有 1 颗种子；种子近球形，直径约 6mm。

分布 产宁明、龙州、大新、天等、博白、防城、上思等县，分布海南、云南及广东，泰国、越南、柬埔寨、马来西亚、新加坡、菲律宾、印度尼西亚等亦有分布。随遇植物，石灰岩山地生于山顶、山坡、石崖。

生物学特性与适生生境 热带雨林、季雨林树种，喜暖热气候，分布区年平均气温 20 ~ 24℃，极端低温 0℃ 左右，年水量 1400 ~ 2000mm。喜光树种，也较耐荫，在海南东南部地区海拔 500m 以下迎风山坡丘陵地带，闭花木和青皮(*Vatica mangachapoi*)、蝴蝶树(*Heritiera parvifolia*)、坡垒(*Hopea hainanensis*)、水石梓(*Sarcosperma laurinum*)、荔枝、假苹婆等组成湿润雨林；在西南部海拔 400m 以下半落叶季雨林中与鸡尖(*Terminalia hainanertsis*)、厚皮树(*Lannea coromandelica*)、龙眼等混生。在海南雨林和季雨林密林中常为第 2 层树，树冠伞形，适应湿润密荫环境，幼苗、幼树能耐荫蔽，但在密林中常结实不良，天然下种繁殖力很弱，林中幼苗、幼树稀少。在云南南部海拔 1000m 以下石灰岩山地，闭花木和四数木(*Tetrameles nudiflora*)、多花白头树、毛紫薇(*Lagerstroemia villisa*)、米仔兰(*Aglaia odorata*)等组成石灰山地季雨林。

在广西热带岩溶区海拔 700m 以下石灰岩山地，通常成片见于山坡或山顶坡度较陡、环境较干旱的地方，形成以闭花木为优势种的林分，少见于山谷密林下。以闭花木为优势种的森林是原生性森林受滥伐后形成的，林木比较矮小，组成种类单纯，结构简单，郁闭度一般为 0.7 左右。乔木层只有 1 层，林木高度一般为 8 ~ 12m，胸径 6 ~ 12cm，以常绿阔叶树占绝对优势，主要由闭花木和三角车组成共优势种，一般可占乔木层总株数的 80% ~ 90%，有的地段则以闭花木占优势。零星出现的其他常绿树种常见有枚辣柿、网脉核实、棒柄花(*Cleidion brevipetiolatum*)、割舌树、网脉守宫木(*Sauropus reticulatus*)和鳞尾木等，有时偶见到蚬木等干形很差的个别大树残留其间。落叶阔叶树种常见有多花嘉榄、海南椴、截裂翻白叶树、水冬瓜，以及越南山牡荆(*Vitex annamensis*)等。闭花木树冠松散，小枝细而繁多，老叶光亮，幼叶绯红，往往在山顶或山坡上成片生长，构成独特景观。闭花木耐干旱瘠薄。生长稍慢，10 年前高年生长量 40 ~ 65cm，胸径年生长 0.35 ~ 0.55cm。萌芽更新能力强，可萌芽更新。

栽培技术 播种繁殖，果熟 4 ~ 5 月，成熟期颇一致。果实采回后要立即去壳处理，即行播种，因种子含油丰富，极易失去发芽力，不宜久藏。种子千粒重 53g，条播育苗，1 年生苗高 50cm，即可出圃造林。穴垦，株行距 1m × 1.5m，雨天定植。

用途　散孔材，木材褐红色，年轮不明显，结构细致，材质重，气干比重 0.69g/cm^3，不开裂，耐腐，有光泽，适用于桥梁、造船、车辆、建筑、机械器具、上等家具等材料，产区群众常用于作桥板、楼板和一般建筑用材。种子出油率 35%，为不干性油，可供点灯、制皂等用。

台湾相思

Acacia confusa Merr.

科名　含羞草科　Mimosaceae

别名　相思树、台湾柳

形态特征　常绿乔木，高 15m；枝无毛。小叶退化；叶柄呈披针形的叶片状，微呈镰形，长 6～10cm，宽 5～13mm，两端渐狭，有 3～5 条平行脉，革质，无毛。头状花序单生或 2～3 个簇生于叶腋，直径约 1cm；花黄色，有微香。荚果条形，扁平，幼时有黄褐色柔毛，种子间微缩，长 4～9cm，宽 7～10mm，顶端钝，有突尖，基部楔形，干时深褐色，有光泽。种子 2～8 粒，椭圆形，压扁。

分布　广西各地均产，福建、台湾、广东、海南、云南、贵州、四川和江西等省的热带和亚热带地区均有分布或栽培，菲律宾、印度尼西亚亦有分布。随遇植物，在石灰岩谷地、坡地栽培，生长良好。

生物学特性与适生生境　喜温暖而畏寒，适生于干湿季明显的热带和亚热带气候，在北纬 25°～26°以南地区生长正常；在海南岛热带地区可栽至海拔 800m 以上，而纬度较高的地区一般只在海拔 200～300m 以下的低地栽植。产区年平均气温 18～26℃，极端最高气温 39℃，极端最低气温 －5℃；年降水量 1300～3000mm。喜光，可耐轻度庇荫。对土壤要求不严，耐干旱瘦瘠，在冲刷严重的酸性粗骨质土、砂质土和黏重的高岭土上均能生长。在贫瘠土壤条件下生长慢而树干弯曲，在土壤深厚肥沃的地方生长快且树干通直。对土壤水分状况的适应性很广，不怕河岸间歇性的水淹或浸渍，适应干热河谷、岩溶石山等立地。根深材韧，抗风力强，根系发达，具根瘤，能固定大气游离氮以改良土壤。属较速生树种，3～4 年生前生长较慢，5～6 年生后生长逐渐加快，一般 15 年生高可达 15m，胸径 20cm。萌生力强，经多次砍伐，仍能萌芽更新，而且生长迅速。

栽培技术

(1) 采种与种子处理　7～9 月荚果成熟。荚果成熟时呈褐色，能自行开裂，宜及时采种，除杂晒干。种子含水率以 9%～10% 为宜，可混石灰或草木灰，袋装或陶器贮藏，1 年内发芽率与新鲜种子相差无几。种子千粒重 26～31g。

(2) 育苗　播种繁殖，播种前将种子置清水中进行清洗，再置开水中烫种

3min 取出，在清水中选种，将浮在上层不饱满、空壳的种子去掉，取种皮已软化的种子在清水中浸种 18 ~ 24h，置竹筐或塑料筛中，盖上黑布，每天早、中、晚各浇水 1 次，催芽至露白，即可播种育苗。石山造林，宜采用容器育苗。用黄泥心土 + 火烧土，比例为 7∶3，加 0.5% 钙镁磷或过磷酸钙。把预先配制的营养土装入容器中，将经过催芽处理的种子直接播在容器中，每袋(3 ~ 5)粒种子；也可采用大床幼苗真叶长至 2 片以上时进行分床装袋。播种后，应每天早晚各浇水 1 次，保持土壤湿润。苗木出土后，应加强肥水管理。苗高 20 ~ 25cm 时即可出圃。

(3)种植　在造林前 2 个月完成整地，穴的规格为 40cm × 40cm × 30cm。造林株行距一般宜 1.5m × 1.5m ~ 2m × 2m，在坡度较陡或冲刷严重的地方造林 1m × 1m。造林前 10d 应在植穴施基肥回土，每穴加施复混肥 25g 以上，然后将挖出土壤回填入穴，形成外高内低的反倾斜小平台。春季 2 ~ 4 月，雨后栽植最佳。

(4)抚育管理　造林定植前 2 年应将穴周围较高杂草、灌木清除掉，进行培土。

用途　木材坚韧致密，有弹性，不易折，花纹美观，褐色，具光泽，干燥后少开裂，供造船、车辆、枕木、家具等用材。适应性强，适于营造用材林、防护林，也是行道树和四旁绿化的优良树种；燃烧力强，也可用作薪炭材。

海红豆

Adenanthera pavonina L.

科名　含羞草科　Mimosaceae

别名　孔雀豆、相思豆

形态特征　落叶乔木，高 30m，胸径达 60cm。二回羽状复叶具羽片 4 ~ 12 对；叶柄、叶轴有微柔毛；小叶 8 ~ 14，长椭圆形或卵形，长 2.5 ~ 3.5cm，宽 1.5 ~ 2.7cm，先端圆或微凹，基部近圆形，两面密生短柔毛。总状花序排列为顶生的圆锥状或单生叶腋；花小，白色或淡黄色。荚果条形，弯曲，革质，长15 ~ 22cm，宽 1.5cm，开裂后果瓣旋扭；种子鲜红色，有光泽，阔卵形，长 6.5 ~ 7.5mm，宽 5.7 ~ 6.8mm，厚 4 ~ 5mm。

分布　产龙州、宁明、凭祥、右江区、邕宁、北流等地，梧州、凌云、乐业等地亦产。分布于广东、贵州、云南、台湾、海南、福建等省，亚洲热带其他地区及非洲也有分布。随遇植物，石灰岩山地多生于山下部石穴及坡积土上。

生物学特性与适生生境　自然分布于南亚热带至热带地区，分布区年平均气温在 20℃ 以上，最冷月(1 月)平均气温在 11℃ 以上，能耐 0℃ 的极端低温，但忌严重霜冻，无雪，北回归线以南可在露地栽培，对低温反应敏感，在华南北部的桂林、韶关等地无法越冬。垂直分布多在低山、丘陵以至平原地，能耐暑热，喜湿润气候，也较耐干热。喜光，幼苗期需半遮荫，成龄树喜充足光照，密林中常形成狭窄树冠，高出林层之上，疏林或空旷地的树冠发育圆整。在平缓、湿润地方的疏林中，天然下种更新良好。抗尘埃、抗辐射热的能力较强，抗二氧化硫等有害气体的能力较弱，近煤烟处的大树多受害死亡。喜土层深厚、肥沃湿润的土壤，也适应干旱、少土的石山石穴土生长，较耐水湿，在塘边、溪边等近水处生长旺盛，落叶期也较短，但长期积水地不宜。人工林生长较快，10 年生树高达 7m、胸径 12cm。

栽培技术

(1)采种与种子处理　约 8 年生开始开花结实，正常结实期在 15 年生以后。荚果，成熟时由青转变为黄褐色至褐色，9 月下旬 ~ 11 月果荚陆续开裂，开裂后果瓣扭曲，种子外露。10 月上旬至翌年 3 月中旬种子逐渐脱落。9 月下旬 ~ 10 月上旬，当果实成熟且部分果实逐渐开裂时，用高枝剪或采种钩刀带果穗采下。如果一部分采回的果荚尚呈青色或黄色，可在室内堆放 3 ~ 5d，然后置日光下曝晒，用木棒敲打，脱出种子，清除果瓣并筛去果梗等杂质，即得种子。果实出种率 25%，千粒重 90 ~ 132g。种子置室内避光干爽处干藏。常温条件下贮藏期约为 1 年。

(2)育苗　播种繁殖，种子无生理性休眠，但种皮坚厚致密，妨碍吸水，播前需经处理。发芽时日均温需在 20℃ 以上。用浓硫酸浸种 30min 或始温 80 ~ 90℃ 热水烫种，冲洗净后浸泡一昼夜再播种。条播，每平方米播种 15 ~ 20g，覆土 2 ~ 2.5cm。播后 2 ~ 3d 发芽，发芽率为 85% ~ 90%。1 年生苗出圃。亦可采用 5 ~ 6cm 芽苗移栽，培育容器苗，能延长造林季节，提高造林成活率。

(3)种植　在造林前 2 个月完成整地，穴的规格为 40cm × 40cm × 30cm。造林株行距 1.5m × 1.5m ~ 2m × 2m，在坡度较陡或冲刷严重的地方造林 1m × 1m。造林前 10d 应在植穴施基肥回土，每穴加施复混肥 25g 以上，然后将挖出土壤回填入穴，形成外高内低的反倾斜小平台。春季 2 ~ 4 月，雨后栽植最佳。

(4)抚育管理　造林定植头 2 年应将穴周围较高杂草、灌木清除掉，进行培土。

用途　海红豆心材坚实，暗黄褐至红褐色，有光泽，易加工，耐腐，供造船和制枪托、家具及细木工等用，并可作红色染料。优良园林绿化树种，种子鲜红色，可作装饰品，唐朝诗人王维《相思》：“红豆生南国，春来发几枝？劝君多采撷，此物最相思。”即指海红豆。

铁刀木

Cassia siamea Lam.

科名 苏木科 Caesalpiniaceae

别名 鸡翅木、黑心树

形态特征 常绿乔木，树高可达20m，胸径达50cm。树皮深灰色，近光滑。小枝粗壮，稍具棱，疏被短柔毛。偶数羽状复叶；小叶10~20枚，椭圆形或长椭圆形，长3.5~7cm，宽1.5~2cm，先端微凹，具小尖头，基部圆，仅下面疏生短毛；托叶早落。花大，黄色，集成顶生圆锥花序。荚果条形，扁，长15~30cm，宽1~1.5cm，有种子10~20粒，种子扁平近圆形，黑褐色，光滑。

分布 原产印度南部及缅甸、泰国、越南、老挝、柬埔寨、斯里兰卡、马来西亚、菲律宾等地，目前全世界热带地区都有引种栽培。我国云南、广东、海南、广西、福建等地均有种植，广西南部各地都有栽培。随遇植物，石灰岩山地下部石穴土及坡积土上生长良好。

生物学特性与适生生境 喜温怕寒树种，凡有重霜冻的地方均不能生长，在年平均气温21~24℃，极端最低气温2℃以上的热带地区，生长最为适宜；在年平均气温19.5℃的南亚热带，极端最低温在0℃以上的地区尚能生长。喜光、不耐荫蔽。喜湿润肥沃石灰性钙质土及中性冲积土壤。忌积水，在干燥瘠薄土壤上生长缓慢，但在石灰岩山地的石穴土内生长良好。萌芽力强。

速生。1年生树高1.6~3m，地径0.95~3.5cm；5年生高5~8m，胸径8~12.5cm；10年生高7~13m，胸径12~22cm。在湿润肥沃土壤上，胸径年平均生长量可达2.6cm，树高年生长量达1.3m。

栽培技术

(1)采种与种子处理 选择7~8年生以上的健壮、实生母株采种，萌蘖植株不宜作采种母树。采种时间以3~4月为宜。荚果采回后及时置于阳光下曝晒，种子自然脱落，夹留在果内的种子可集中用棍棒敲打，使种子脱出，出种率约8%。优良种子颜色深褐色，具光泽，不够成熟的种子浅黄褐色，应淘汰。种子千粒重25.6~29.5g。普通干藏，可贮存4~5年发芽力不会丧失。贮存10年的种子，发芽率仍达20%~30%。

(2)育苗 种子繁殖。播种前用60~70℃热水浸种催芽，自然冷却后，换清水浸泡种子1~2d，当种子露出白芽(胚根尖)时即可播种，点播或开沟条播均可，播种量为10~15g/m^2，播种后采用常规育苗管理方法。

(3)种植 铁刀木对土壤要求不严，排水良好的山地、平原均可造林，土层肥沃的村寨附近，生长更加迅速，常用作荒山、四旁绿化的优良先锋树种。抗性较强，但在种子发芽时常受蚂蚁为害，幼苗易被蟋蟀咬伤，需采取有效防范措施。

采用直播造林，也可播种育苗造林。植苗造林以 1、2 年生的苗木较为适宜。造林密度 2m × 3m 或 2m × 2m，植穴规格为 40cm × 40cm × 30cm。造林选择在春季 3 ~ 4 月进行。

(4)抚育管理　定植 3 ~ 4 个月后要及时进行除草、松土。可在林地间种其他农作物，并结合田间管理，以耕代抚。直播造林，要适当间苗，每穴保留 1 ~ 2 株，确保每穴 1 株。每年除草松土 1 ~ 2 次。

用途　铁刀木边材黄白色至白色，心材暗褐色至紫褐色，露在大气中呈黑色，又称黑檀。心材坚实耐腐，耐湿，耐用，带黑色条纹，似鸡翅花纹，为红木中鸡翅木类，为建筑和制作工具、家具、乐器等良材。铁刀木终年常绿，叶茂花美，开花期长，病虫害少，还可用作行道树及防护林树种。

短萼仪花

Lysidice brevicalyx Wei

科名　苏木科　Caesalpiniaceae

别名　麻扎木、麦粒(壮语)

形态特征　常绿大乔木，高达 25m，胸径 80cm；主干通直，树皮厚，灰白色至暗灰色。小枝无毛。羽状复叶，小叶对生，3 ~ 5(6)对，椭圆形，中脉弯，两侧不等，长 4 ~ 12(15)cm，先端尖或骤尖，基部圆或楔形，无毛；小叶柄长约 2mm；托叶披针形；小托叶 1，锥形，位于叶轴上面小叶基部。花序长 15 ~ 30cm，苞片和小苞片绯红色，萼筒长 0.8 ~ 1.2cm，裂片长约 8mm，花瓣白色或带紫黄色。果长 15 ~ 25cm，宽 3.3 ~ 3.5cm，灰色，开裂，旋卷。种子卵状椭圆形，2 ~ 3cm，宽约 1.5cm，栗褐色，有光泽。

分布　产大新、龙州、凭祥、那坡、田阳、右江区、容县、南宁等地，田林、隆林、凌云、乐业、都安、天峨、来宾等地亦产。分布广东、贵州、云南、台湾等，越南亦有分布。随遇植物，岩溶石山生于山坡。

同属树种仪花(*Lysidice rhodostegia*)也是优良生态与园林树种，圆锥花序长达 20 ~ 40cm，小乔木或灌木，高 2 ~ 5m。

生物学特性与适生生境　热带、南亚热带树种，喜温，适生区年均气温20 ~ 23℃，最冷月(1 月)均气温在 10℃以上，极端最低气温 0℃以上，抗寒力稍强，能耐轻微霜冻；较耐干热，要求年降水量在 1200mm 以上。幼树稍耐荫，在较荫蔽处生长快，干形直；成年树喜光，为上层乔木树种。对土壤肥力要求较高，在土层深厚、湿润肥沃的地方生长良好；干旱贫瘠地，则生长不良；酸性土、钙质土均适宜生长；耐水湿，但不宜长期积水。萌蘖力强，能萌芽更新成林。

栽培技术

(1)采种与种子处理　果熟期9~10月。种子成熟后，荚果易开裂，应及时采收，采后晒1~2d，稍加敲打即得种子，出种率为25%~30%。种子不宜在烈日下久晒，应及时收集处理。干藏，袋装置于室内通风阴凉处即可，普通干藏可保持种子发芽力1年以上。种子千粒重约为1000g。

(2)育苗　播种繁殖。种子无休眠习性，3~4月气温稳定在20℃时播种。种皮透水性差，不经处理直接播种发芽不整齐，发芽持续时间长达半年。播种前用沸水泡种，自然冷却后再在常温下浸泡24h，晾干即可播种，也可用硫酸处理种子，但要准确掌握用量与时间。经处理的种子，播后发芽快，约1周发芽结束，发芽率为70%左右。直播苗圃地宜深翻，放足基肥，出苗后及时间苗。石山造林提倡容器育苗，沙藏催芽，待幼苗高5~10cm时移至容器。1年生，苗高约40cm时可出圃造林。

(3)种植　选择石山谷地、山坡中下部造林。保留原生植被，块状清理杂草，穴状整地，规格40cm×40cm×25cm。春季或雨季造林。

(4)抚育管理　种植后加强除草、施肥管理，及时除去影响幼树生长的藤灌。

用途　短萼仪花根系发达，抗风能力强，具有根瘤菌，改良土壤效果好；木材浅褐色，结构密致，为制作高级家具的优质硬木；树体高大，树冠浓密，常年绿荫，花色粉红，花朵艳丽、美观，是观赏价值较高的优良园林、石山生态绿化树种。

东京油楠

Sindora tonkinensis A. Chev. ex K. Larsen et S. S. Larsen

科名　苏木科　Caesalpiniaceae

形态特征　常绿乔木，树高达20m，胸径80cm，分枝低，主干不通直，枝条多向外侧伸展。偶数羽状复叶，初生时每片叶有小叶2对，小叶全缘，长卵形，先端渐尖，长8~10cm，宽3~4cm。花两性，圆锥花序顶生或腋生于上部。果荚木质，宽而扁平，先端有喙尖，外表光滑，每果内有种子1~5粒。种子黑色，表面光滑，矩圆形或扁椭圆形，极坚硬，种蒂膨大为黄色胶状坚硬体，长1.1~1.9cm，厚约0.9cm。

分布　原产中南半岛，广西自20世纪60年代初期引进，在南宁、桂林、玉林、凭祥、梧州等地均有引种栽培。随遇植物，适于岩溶石山谷地或坡下部栽植。

生物学特性与适生生境　喜高温而干湿季节明显的气候，适生的年均气温在

20℃以上，能耐0℃左右的短期低温及轻霜，在广西南宁幼树能在露地安全越冬，正常生长发育。幼树耐荫，成年大树喜光；耐干旱，对土壤要求不苛，一般肥力中等以上的壤土以至黏重土壤，均能生长良好。13年生开始开花结实，正常结实期在25年以后，结实大小年间隔期为1年，但不甚明显。

栽培技术

(1)采种与种子处理　8月果熟，9~10月种子脱落，熟时由青转黄色以至黑褐色，果荚开裂前及时将荚果采下。采下的荚果可置日光下晒2~3d，使之开裂，或摊放于室内，任其晾干后自行开裂。开裂后敲打出种子，晒干袋藏。

(2)育苗　种子发芽需日平均气温在20℃左右，播种时期可延至翌年3月下旬或4月上旬，如播种过早，当种子吸足水分，萌发时遇低温，容易引起霉坏。因种蒂遇水后易发霉，影响种子发芽，播种时需将种蒂除去，并用高锰酸钾稀释液消毒。经过脱蒂消毒的种子，用80℃热水浸种冷却后，继续浸泡24h，即可播种。发芽后成苗率较高，播种85g/m^2。发芽后1个月内，及时进行间苗补苗。苗期抗性较强，少有病虫为害。有霜冻地区，越冬需防霜。苗期需肥较多，每月施氮水肥1~2次。1年生规格苗高30cm可用于造林。

(3)种植　株行距一般3m×3m，造林在春季或雨季进行，起苗后需及时浆根，修剪部分枝叶，以提高造林成活率。

(4)抚育管理　定植后及时查苗、补植，盖草保墒。新造林和成林都应进行抚育管理，每年都要进行除草松土，施肥。

用途　东京油楠心材金黄色，久放转深；边材浅灰褐色或浅黄。生长轮明显，心材管孔内常含深色沉积物。材质坚硬、沉重，纹理细密，易加工，心材极耐腐，有较高工艺价值，宜作雕刻、收音机壳、钢琴外壳及高级胶合板等，越南出土的一个100多年前用油楠制的棺廓，木材保持完好。树姿婆娑，较美观；落叶对改良土壤及涵养水源的效益良好。

翅荚香槐

Cladrastis platycarpa(Maxim.) Mak.

科名　蝶形花科　Papilionaceae

形态特征　落叶大乔木，高可达25m，胸径达90cm。树皮灰白色不开裂；小枝灰色，有多数皮孔；叶柄下裸芽，密被绒毛。互生奇数羽状复叶；小叶7~15，互生、全缘，卵形或长椭圆形，长4~10.7cm，先端渐钝尖，顶生小叶基部对称，侧生小叶基部一边楔形，一边圆形，上面沿中脉有毛；具小托叶。顶生圆锥花序；花冠蝶形，白色。荚果扁平，果皮薄，8~13cm，两边均有窄翅。

分布　产龙州、宁明、大新、武鸣、合浦等地，全州、临桂、桂林、阳朔、融水、金秀、南丹、隆林等地亦产，分布江苏、江西、浙江、湖南、贵州、广东、云南等省。随遇植物，岩溶石山见于谷地及坡地。

生物生态学特性 喜光树种，能耐一定侧荫，但过荫对其生长不利，在密林中生长常有树干弯曲，树冠偏歪现象。钙质土和酸性土均有生长，以前者为多，常见生于石山上。适应性强，根系发达，穿插力强，无论有土无土的石缝岩隙，都能扎根生长；具有较强萌蘖能力，在岩面及浅土上伸走的粗壮侧根能萌生小苗，并长成大树，有时一棵大树可萌发出 8～10 株各级幼苗幼树。生长快速，具有根瘤菌，能提高土壤肥力；寿命长，可长成百龄大树。

栽培技术

(1)采种与种子处理 10 月下旬到 11 月上旬，当荚果呈现黄褐色时，即用高枝剪或采种钩剪下。荚果不易脱种，手剥法，脱出种子，再将种子晒 1～2d，普通干藏。种子千粒重 34～36g。

(2)育苗 播种繁殖，春播。选取排灌方便，沙质壤土的圃地，耕耙后筑畦。条播，条距 25cm，播种沟深 1cm。播种后覆焦泥灰厚约 1cm，再盖草。播后 20～30d，种子发芽出土，揭取苗床覆盖的草，并及时除草，施追肥。1 年生苗高约 1m，地径约 1.2cm，可出圃造林。为提高造林成活率，石山造林提倡容器苗育苗。

(3)种植 选择阳坡或半阳坡，土层深厚的中坡、下坡造林。造林前，清除林地上的杂草，块状整地。挖定植穴，规格 40cm×40cm×25cm。造林密度为株行距 2.5m×3.0m 或 2.0m×2.0m。冬季或早春，芽未膨大时用裸根苗造林，成活率在 95% 以上；采用容器苗造林，能延长造林季节。

(4)抚育管理 造林后应加强幼林抚育管理，充分发挥该树种早期速生的特点。每年除草松土 2 次，扩穴埋青。

用途 翅荚香槐木材黄色，可提黄色染料。材质坚重致密，有光泽，材质优良，适于造船、车辆、建筑以及制造家具等。树冠大，伞形。在石山生活力强，花序大，有芳香，秋叶鲜黄色，为石山良好的观赏树和绿化树种。

黑 格

Albizia odoratissima (L. F.) Benth.

科名 含羞草科 Mimosaceae

别名 香合欢、香茜藤、香须树、黄豆树、黑心木

形态特征 常绿大乔木，高 25m，胸径 60cm。树皮浅灰至深灰色，具无数的狭横皱纹，几乎把树干围绕。小枝初被柔毛。二回羽状复叶；总叶柄近基部和叶轴的顶部 1～2 对羽片间各有腺体 1 枚；羽片 2～4(～6)对；小叶 6～14 对，纸

质，长圆形，长2～3cm，宽7～14mm，先端钝，有时有小尖头，基部斜截形，两面稍被贴生、稀疏短柔毛，中脉偏于上缘，无柄。头状花序排成顶生、疏散的圆锥花序，被锈色短柔毛；花无梗，淡黄色，有香味；花萼杯状，长不及1mm，与花冠同被锈色短柔毛；花冠长约5mm，裂片披针形。荚果长圆形，长10～18cm，宽2～4cm，扁平，嫩荚密被极短的柔毛，成熟时变稀疏；种子6～12颗。

分布　产武鸣、大新、宁明、龙州、那坡、田阳、右江区等地，都安、东兰、阳朔等地亦产，分布福建、广东、海南、贵州、云南，印度、马来西亚亦有分布。随遇植物，岩溶石山生长于坡地、石崖。

生物学特性与适生生境　为热带雨林、季雨林的重要组成树种，但对气温适应性较广，能耐较轻冰雪及－4℃的极端低温。自然分布于页岩、花岗岩等发育的红壤、赤红壤、砖红壤及石灰岩发育的钙质石灰土。自然生长的黑格，常见于土壤干燥、瘠薄的陡坡以及平地，具有耐旱和粗生的特点。喜光树种，幼苗略能耐荫，但耐荫期不长，在郁闭度较大的密林中，优树树干通直，枝下高达10m以上，生势旺盛，被压于下层的幼树则生长较弱。结实和天然更新能力较强，母树周围如有较好的光照条件，则幼苗、幼树颇多。垂直分布多在海拔600m以下丘陵及平原地带，为低海拔疏林中常见植物，散生或小团体分布。在海南，天然分布于各地海拔500m以下的半落叶季雨林及稀树草原区的低山丘陵及阶地。在广西凭祥海拔500m的黑格，常见于沟谷次生杂木林中，土壤为砖红性红壤，水肥条件良好，静风。主要伴生树种有枫香、楹树、羽叶楸、红荷木、鸭脚木（*Schefflera octophylla*）、山乌桕（*Sapium discolor*）等；灌木有三叉苦（*Evodia lepta*）、大青（*Clerodendron cyrtophyllum*）、水东哥（*Saurauia tristyla*）、鲫鱼胆（*Maesa perlarius*）、毛桐（*Mallotus barbatus*）；地被植物有蔓生莠竹、棕叶芦（*Thysanolaena maxima*）等。在杂木林中，树干通直，28年生树高18m，枝下高13m，胸径22.8cm。广西凭祥热带林业实验中心石山谷地栽培，13年生，树高13.1m，胸径10.98cm，生长迅速。

栽培技术

(1)采种与种子处理　种子繁殖，母树6～8年生开始结实，15年生以后进入正常结实期，大小年现象不明显。10～12月种子成熟，成熟时由浅绿色转变为褐色，短期内不脱落亦不开裂，需用高枝剪或钩刀等工具采集。采集的果荚，置日光下曝晒2～3d，荚瓣开裂，稍加敲打搓揉，即可得出种子，荚果的出籽率为17%左右。种子千粒重30～40g。随采随播或普通贮藏越冬，种子干藏1年亦不会丧失发芽力。

(2)育苗　种子无休眠习性，但种皮透水性差，播种前需作预处理。播前用始温80℃热水浸种一昼夜，捞出晾干表层，即可播种。经过处理的种子，在适宜气温下，播后约3d发芽，发芽率可达80%；未经处理的种子，播后发芽迟缓，发芽率仅约为40%。用条播法，播种沟碎土整平，覆土1.5～2cm，播后浇足水，行间盖草保湿。提倡容器育苗，圃地密播，待苗高约5cm移入育苗袋内培育。1年生，当苗高50～60cm时就可以出圃造林。

(3)种植　选择岩溶石山坡下部或台地造林，秋冬季砍山除杂，块状清理，株行距约为2m×1m，植穴规格为40cm×40cm×30cm。早春或雨季造林，成活率可达95%以上。

(4)抚育管理　造林后幼林初期生长缓慢，冠小而稀疏，容易被灌木、杂草及藤蔓压抑和缠绕，影响生长和干形。造林后当年雨季末期，穴状铡草、松土扩穴1次。第2～3年在雨季前后砍杂，松土各1次，每年在雨季前结合松土每穴施复混肥100g，以促进幼林生长，使其早日郁闭。

用途　黑格叶茂荫浓，花芳香，由于其粗生、耐瘠薄和耐干旱，生长快速，具有根瘤和良好的固氮能力，生态、经济效益高，效果也较快，为生态园林中的重要先锋树种。心边材区别明显，边材黄白至黄褐色，宽3～4cm，易变色和腐朽；心材褐色或巧克力色，常具不规则红褐色深浅相间条纹，坚硬，纹理致密，特别适用于制造车轮、油磨及家具等，常作为贵重红木乌木、鸡翅木或金丝楠木的代用品。“心材黑褐或巧克力色，常夹杂有暗红褐色条纹。木材有光泽；生材心部有酸臭气，干后逐渐消失，无特殊滋味”(《云南经济木材志》)。

白桂木

Artocarpus hypargyreus Hance

科名　桑科　Moraceae

别名　胭脂木、将军木、狗卵果

形态特征　常绿高大乔木，高25m，胸径40cm；树皮深紫色，片状剥落；全株有乳汁；幼枝被白色紧贴柔毛。叶互生，革质，椭圆形至倒卵形，长8～15cm，宽4～7cm，先端渐尖至短渐尖，基部楔形，全缘，幼树之叶常为羽状浅裂，表面深绿色，仅中脉被微柔毛，背面绿色或绿白色，被粉末状柔毛，侧脉每边6～7条，弯拱向上，在表面平，在背面明显突起，网脉很明显，干时背面灰白色；叶柄长1.5～2cm，被毛；托叶线形，早落。花单性，雌雄同株，花序单生叶腋；雄花序椭圆形至倒卵圆形，长1.5～2cm，直径1～1.5cm；总柄长2～4.5cm，被短柔毛。聚花果近球形，直径3～4cm，浅黄色至橙黄色，表面被柔毛，微具乳头状凸起；果柄长3～5cm，被短柔毛。

分布　产龙州、天等、那坡、容县等地，苍梧、八步区、荔浦、灵川、乐业、平乐等地产。分布广东及沿海岛屿、海南、云南、福建、江西、湖南、四川等省，越南亦有分布。随遇植物，广西热带岩溶石灰岩山地，白桂木多生于谷地、坡麓及坡中下部等土层稍厚处。

生物学特性与适生生境　白桂木是桂木属中分布广，最耐寒的一种，自然分布中亚热带及其以南地区，分布区北部的年平均气温约 17℃，南部在 25℃以上，最冷月平均温度北部约为 8℃，南部约 16℃，能耐 −8℃左右的端低温及霜雪，也能耐 38℃左右的极端高温。喜湿润气候，分布区的年降水量多为 1200～1800mm。喜光，但亦能耐荫蔽，多与绿阔叶树零星混交生长，多生于土层深厚肥沃的村边疏林、中低海拔丘陵或山谷的疏林中，少有成片分布或成为林分中的主要群种，在群落中多处于劣势的伴生地位，对生态空间的占据能力小，缺乏无性繁殖，不利于其天然更新。然而，在广西热带岩溶石灰岩海拔 700m 以下山地湿润山麓地带，白桂木与蚬木、金丝李、肥牛树、青冈栎、石山樟等组成常绿阔叶林，白桂木处优势种位置，在各个层次均有分布。主根长，侧根、须根少，属直根性树种，成年大树年年开花结果。

生长速度中，在江西吉安县油田河岗庙有一株 400 年古树，高 25m，胸径 1.5m。广西凭祥热带林业实验中心人工栽培，25 年生树高 17m，胸径 20.8cm。

栽培技术

(1)采种与种子处理　选择 20 年生以上的健壮优良母树采种。种子成熟 8～10 月，果实成熟由绿色转为黄色，于果实成熟盛期上树采摘，或摇动树枝震落后在地面捡拾。果实采回后，将其晾干碾碎，筛取种子；或将聚花果捣烂，洗去果皮肉，淘取种子；或堆沤数日，待软熟后放入密布袋中，在水中揉搓，除去花序托肉渣、皮屑及空粒，把沉下水中的瘦果，即种子，清洗干净，在室内晾干即可。种子千粒重 200～250g，发芽率约 70%～80%。随采随播，或短期干藏，种子忌日晒失水。

(2)育苗　播种繁殖。白桂木种子含水量高，贮藏时间长了种子容易失去活性，因此，要随采随播。床面平整细致，条播稍压紧，洒水湿透床面，用细孔筛筛过的草木灰与种子混匀，均匀撒于床面，播种量 25～30g/m^2，不再覆土，并搭防雨棚，每天早晚用喷雾器喷水，播后 10d 左右开始发芽。种子大量成熟是在夏季，随采随播后至出苗期要特别注意水分管理，及时遮荫。当苗高 5～8cm 时移床或移入容器培育，搭 50% 透光度的荫棚。苗高 40cm 左右，可出圃造林。

(3)栽植　选择岩溶石山下部、谷地等土层稍厚处造林，造林前清理杂草及恶性藤本，保留乔木树种及部分灌木，块状整地，规格 40cm×40cm×30cm，早春或雨季栽植。

(4)抚育管理　栽植后连续抚育 3 年，每年 2 次，块状铲草、松土，主要是清除影响幼树生长的杂草及藤本。

用途　树干通直，木材坚硬，心材红褐色，纹理通直，色如胭脂，色美耐磨，是家具、建筑、室内装修等的优质材料。宋时瑶人用以造弩，《岭外代答》

卷六云："凡蛮瑶之弩……以燕脂木为之"。乳液可提取硬性胶；果味酸甜，可生食或糖渍；根入药可治风湿关节痛、腰膝酸软、胃痛等症。

广西樗树

Ailanthus guangxiensis X. L. Mo, sp. nov

科名 苦木科 Simaroubaceae

别名 广西臭椿

形态特征 常绿乔木，树高可达50m，胸径110cm。树干通直，树皮灰色至灰褐色，近平滑不裂，具环纹或半环纹，并有突起的圆形皮孔。小枝粗壮，近秃净，落叶痕粗而明显。偶数羽状复叶，集生于小枝顶端部分，长25～50cm，有小叶4～6(8)对；小叶互生，罕近对生，卵形至长卵形，纸质，较厚，长7～16(20)cm，宽4～8cm，先端渐尖，基部两侧不对称，全缘，腹面深绿色，有光泽，背面淡绿色，在下半部的两侧靠边缘处有若干直径约3mm的半透明腺体，两面无毛；干后叶面呈橄榄绿色或暗绿色；侧脉5～8对，中脉与侧脉在两面均凸起，网脉不明显；小叶柄长1～2cm。果序圆锥状，长15～35cm，松散。翅果扁，长圆形，长12～15cm，宽3.5～4cm，先端部略扭转，具网脉；种子1颗，位于翅的近中央处，强压扁，直径1.5～2cm。

分布 产龙州、宁明。广西热带石灰岩地区特有种，生于石山弄谷的底部至中下部。

生物学特性与适生生境 热带树种，喜温热，仅生长于广西热带岩溶石山地海拔700m以下地区。要求土壤肥沃、湿润环境，但在大块岩石露头的石隙生境，它依然生长得挺拔通直，长势甚旺。常与海南风吹楠、鱼尾葵、人面子、光榕、棒柄花、肖韶子、岭南酸枣、肥牛树、米浓液(*Teonongia tonkinensis*)、细子龙等树种混生，广西樗树处林冠上层，为主要建群种。广西樗树林冠下天然更新不良，密林下极少见其幼苗幼树，究其原因，可能因为该树种的林冠比其他乔木高，居于高处，具薄翅又极轻的果实容易随风远播，而四周远近多是林冠毗连的密林，加上林下大块岩石裸露，影响了种子着土机会。

生长迅速，对天然生长树木树干解析，17年生树高23.7m，平均年生长量1.39m；胸径22.5cm，平均年生长量1.32cm。虽是石生环境，但树高在5～9年期间生长甚快。10年时达到高峰，连年生长量达2.7m，11年以后趋下降。胸径生长连年生长量在1.2～2.0cm，17年生时达到2.3cm，仍未到最高峰。

栽培技术 1982年新发现种，国内尚无栽培技术研究报道，可参照同属树种臭椿(*Ailanthus altissima*)采种、育苗、造林技术，但广西樗树为热带树种，喜湿热环境，规模栽培若超出自然分布范围，应进行引种栽培试验。播种繁殖，果熟期 8～10 月。

用途　木材纹理直，材性轻韧，有光泽，耐水湿，耐腐朽，容易加工，可供民用建筑、板料、室内装饰、家具等用。生长快，为石山造林绿化速生树种。

多花嘉榄

Garuga floribunda Decne. var. *gamblei*（King ex Smith）Kalkm.

科名　橄榄科　Burseraceae

别名　多花白头树、石山嘉榄

形态特征　常绿或短期落叶大乔木，高达 30m，胸径可达 100cm，主干通直，分枝高，枝下高达 20m，具粗大板根，板根最高可达 8m、宽幅 6m。小枝除幼嫩部分外无毛，有明显的叶痕。羽状复叶，有小叶 9～19，叶轴及小叶中脉疏被柔毛，余无毛；最下 1 对小叶常过渡为托叶，长圆形，长 0.5～0.5cm；小叶椭圆形至长披针形，膜质至坚纸质，侧脉 15～20 对，基部圆形，偏斜，边缘具疏锯齿，无小托叶，中间一对长 9～11cm，宽 35cm；顶生小叶柄长 0.6～2.5cm。圆锥花序侧生和腋生，长 25～35cm，集于小枝近顶部；花黄色。核果，不规则球形或扁圆形，长 0.5～0.9cm，直径 0.5～1.2cm。

分布　产龙州，分布云南、海南、广东，印度、锡金、孟加拉国亦有分布。随遇植物，石灰岩山地上生于坡地、石崖。

生物学特性与适生生境　喜湿热气候，为热带雨林、季雨林树种，能耐较长期的 5℃左右低温及短期 -1℃左右低温，幼苗忌霜冻。在云南思茅的热带季雨林中，海拔 1300m 谷地，常为优势建群种。广西为其自然分布的北缘，弄岗自然保护区，多花嘉榄常生长在山坡中部和中下部，与蚬木、肥牛树、金丝李等混生，植被生长茂盛，覆盖度较好，植被枯枝落叶覆盖地表，林内较为潮湿，土壤有机质累积也较为丰富，其他营养元素也甚为丰富。喜光树种，弄岗自然保护区 200～500m 季雨林中上层常见。

栽培技术

(1)采种与种子处理　6～7 年生开始开花结实，10 年生以后为正常结实期。果熟期 8～9 月，成熟时由绿色转绿黄色。用高枝剪或采种钩刀将果穗剪下或钩下，在地面收集果实。采回的果实在室内堆放 1 个月左右，待外果皮大部分变为黑褐色后，搓擦并淘去果皮、果肉等杂质，所得果核用作播种材料。鲜果出种率约 40%，千粒重 190g。干藏，贮藏期约为半年。

(2)育苗　播种繁殖，种子有中等程度休眠，当年采种到翌年春天播种为宜。每平方米播种 50～60g，覆土 1～1.5cm。常规苗圃管理，1 年生苗出圃。石山造林，为提高造林成活率，提倡培育容器苗。

(3)栽植与抚育管理　春季或雨季造林。随起随栽，剪除部分枝叶，有利成活。成活后每年进行2~3次松土除草，并结合施肥。

用途　木材干缩率低至中等，重量和强度中等，硬度略硬，为优良家具用材。

方　榄

Canarium bengalense Roxb.

科名　橄榄科　Burseraceae

别名　三角榄

形态特征　常绿大乔木，高40m，胸径120cm。小枝粗1~1.5cm，有皮孔，幼部被稀疏灰色短柔毛；顶芽粗大，被黄色柔毛；髓部厚，周围有封闭的柱状木质部束。有托叶，着生于叶柄上距叶腋0.5mm处，钻形，被柔毛，早落，但托叶痕凸起可见。小叶5~6(~10)对，长圆形至倒卵状披针形，长10~20cm，宽4.5~6cm，坚纸质，叶面无毛，背面被柔毛，脉上被平展的硬毛及柔毛，有时几无毛；顶端骤狭渐尖，尖头长1~1.5cm；基部圆形，偏斜，常一侧下延；边缘波状或全缘；侧脉18~20(~25)对，弯拱，在背面凹起。雌雄异株，少有杂性，花序腋上生。聚伞圆锥花序，长30~40cm，近无毛，分枝长3~4cm，稀疏的二歧分叉，具花约7朵。果序腋上生(距叶柄基部2~3cm)或腋生，总状，长5~8cm，具果1~3。核果，外果皮薄膜状，中果皮肉质，内果皮(果核)骨质。果萼碟形，3浅裂，直径约8mm，裂片稍反卷。果绿色，纺锤形具3凸肋，或倒卵形具3~4凸肋，顶端急尖或截平至下凹，遗有宿存柱头，长4.5~5cm，粗1.8~2cm，无毛；果核急尖至钝或下凹，切面锐三角形至圆形，核肋常突出达0.5cm，核盖厚1.5~3mm，有中肋或无，种子1~2，不育室轻度或强度退化以至消失。

分布　产龙州、宁明、凭祥、田阳、那坡等地，分布云南，越南、孟加拉国、印度、缅甸、泰国及老挝亦有分布。随遇植物，石灰岩山地生于谷地、山坡甚至石崖。

生物学特性与适生生境　热带树种，喜湿热环境，广西仅自然分布于最南部的热带海拔500m以下低地谷地，能耐0℃左右的极端低温，但苗期忌霜冻，引种至南宁，生长正常。喜疏松肥沃壤土，村边宅旁多栽植，在贫瘠土、黏重土壤上生长不良。耐干旱，少土的石灰岩山坡甚至石崖都能很好生长。喜光，幼树稍耐荫，多散生于村屯周边阔叶林或湿润的山谷杂木林中，但广西热带局部地段亦有与望天树、海南风吹楠组成的季雨林，方榄为上层乔木树种。

栽培技术

(1)采种与种子处理　果期10~11月。果实成熟盛期上树采摘，也可用竹竿敲打或摇动树枝，将果实震落后在地面收集。果肉与果核不易分离，外果皮和中果皮可以生食，可食去果皮果肉，脱出果核；也可以将果实淋湿堆沤，待果皮呈腐烂状时装入竹筐置水中冲捣，洗净后即得果核；亦可将新鲜果实用沸水浸5min，果核与果肉分离，剥取种子。种核晒干后即可播种或贮藏。种核千粒重4500～5100g。果核坚实，运输或贮藏均较易。1个月以内的短期贮藏可以不作任何处理，堆放于室外即可。较长时间的贮藏需混以湿沙或用湿沙同种子分层堆积贮藏，贮藏期为4～6个月。

(2)育苗　播种育苗，种子休眠现象不明显，发芽时的日均温宜在18℃以上。种核坚硬，影响发芽，可采取下列措施催芽：将果核置烈日下的水泥或石板地面曝晒，并趁热置冷水中浸泡，使果核外表发生裂纹，播后易于吸水；或将种子置湿沙床中，种子萌发后再移至圃地培育。播后1月发芽，多数果核发芽1株，少数发芽2～3株。可分开移植。苗木生长快，容器育苗可培育半年苗雨季造林，裸根1年生苗造林亦有较高成活率。

(3)种植　方榄喜光、喜肥沃湿润立地，应选择石山谷地、洼地、山坡下部栽培，亦可作为四旁植树树种。生长快，整地规格宜高，穴状整地，规格50cm×50cm×30cm。早春或雨季栽植。

(4)抚育管理　幼树生长较快，应加强抚育，每年铲草松土2次，清除杂草和恶性藤蔓，连续3年即可成林。

用途　木材为散孔材，心边材区别不显明至略显明，心材淡红褐色，边材浅黄褐色，木材具光泽，生材微具酸臭气味，无特殊滋味，纹理直或斜，径面具交错纹理，结构细且均匀，硬度及重量中等(气干密度0.56～0.66g/cm^3)，加工性能良好，但易受虫蛀，经处理后适用于船侧板、车厢、枕木、包装箱盒、家具、农具、胶合板等。鲜果供食用及药用外，种子油作肥皂或工业用。

大叶山楝

Aphanamixis grandifolia Bl.

科名　楝科　Meliaceae

别名　苦柚木、红椤木

形态特征　常绿大乔木，高达30m，胸径50～60cm。叶通常为奇数羽状复叶，有时为偶数羽状复叶，长20～60(～90)cm，有小叶11～21片；小叶对生，革质，无毛，长椭圆形，长17～26cm，宽6～10cm，先端渐尖而钝，基部一侧圆形，另一侧楔形，偏斜，最下部的小叶较小，卵形，基部圆形，侧脉13～20对，广展，于近边缘处联结；小叶柄粗壮，长约1cm。花序腋生，被微柔毛，雄花组成圆锥花序式，广展；雌花和两性花组成穗状花序。蒴果球状梨形，直径2.5～

2.8cm，无毛；种子黑褐色，扁圆形，长1.3～1.5cm，宽1～1.2cm。

分布 产宁明、龙州、隆安、合浦、钦州等地，分布云南、广东、海南，中南半岛、马来半岛、印度尼西亚亦产。随遇植物，石灰岩山地生于谷地。

生物学特性与适生生境 热带雨林、季雨林树种，喜湿热气候，生于低海拔至中海拔山地沟谷密林或疏林中。不耐寒，幼苗忌霜冻，大树能耐－1℃左右的短时极端低温。喜光树种，天然林常处林冠上层，密林下更新不良。喜湿，但不耐积水，耐旱耐瘠薄，但在土层深厚肥沃疏松地更能发挥其速生特性。抗风，抗酸雨及有害气体性强，生长迅速，树干通直。

栽培技术

(1)采种与种子处理 2～4月果实成熟，熟时黄红色，干后褐色。果实已部分开裂时带果穗采下，摊于室内通风处，从开裂的果实中剥出种子。1周左右仍不开裂的果实，不宜作为播种材料。种子剥出后置水中浸泡、搓洗，并淘净假种皮，得净种。鲜果出种率约33%，千粒重1000g。种子含水率约40%，忌失水，不宜日晒。短期运输可带果壳进行，已调制出来的种子需混湿沙贮藏或运输，贮藏以不超过2个月为宜。

(2)育苗 播种繁殖，种子无休眠现象。播后约1个月开始发芽。条播，播种量60～75g/m^2，覆土约2cm。苗期生长快，1年生苗出圃。石山造林，培育容器苗，苗高30～40cm即可出圃，能延长造林时间，缩短缓苗期，提高造林成活率。

(3)栽植与抚育管理 选择石山谷地、洼地、沟边或村屯四旁等肥沃立地造林。块状整地，不强调株行距整齐一致。3～4月或夏季雨后栽植。抚育管理方式同一般石山造林。

用途 速生优质材用树种，木材具光泽，纹理直，结构甚细、均匀，硬度及重量中等(气干密度0.65～0.75g/cm^3)，加工性能良好，适于作建筑、船舶、桥梁、枕木、车厢及车梁、胶合板、上等家具、箱盒、农具、雕刻等用。种仁含油率54%～60%，油可供制肥皂及润滑油。

大叶山楝的树形美观，冠幅浓密，遮荫效果良好，虫害较少，是优良行道树、庭荫树。也可以观果，果实开裂后种子为红色外皮，嵌在浓绿的叶间，显得可爱。

苦 楝

Melia azedarach L.

科名 楝科 Meliaceae

别名 楝树

形态特征 落叶乔木，高 15 ~ 20m；树皮纵裂。叶 2 ~ 3 回单数羽状复叶，互生，长约 20 ~ 40cm；小叶卵形至椭圆形，长 3 ~ 7cm，宽 2 ~ 3cm，边缘有钝锯齿，幼时被星状毛。圆锥花序与叶等长，腋生；花紫色或淡紫色，长约 1cm。核果短矩圆状至近球形，长 1.5 ~ 2cm，淡黄色，4 ~ 5 室；每室有种子 1 枚。

分布 产于广西各地，分布于河北省以南，东至台湾省，南至海南，西至四川、云南、甘肃等省；印度，缅甸也有分布。随遇植物，在石山上，多分布谷地、山脚、村屯四旁。

生物学特性与适生生境 适生于年均气温 13.0 ~ 28.0℃，绝对最低气温 −7℃以上。多分布于低山、丘陵坡地的中部至下部、坡麓及四旁。喜光、喜温暖湿润，不耐荫蔽。在酸性、中性、钙质及含盐量在 0.4% 以下的碱土上均能生长，耐烟尘、潮风和水湿。在土壤湿润、肥沃、排水良好的河谷冲积土，宅旁瓦砾土及农地耕作土上生长迅速，成材快，7 ~ 8 年便可成材。在干旱瘠薄土壤及水湿地上则生长不良。对环境条件要求不严，酸性土、钙质土及盐渍土壤均可栽培，也能耐干瘠。在石山上，则以生长在土层较厚的坡积土为好，树干通直，长势旺盛；而生长在较干燥的石穴、石缝土中，则长势较差。萌蘖力强，可萌蘖更新。

栽培技术

(1)采种与种子处理 采种应选 10 ~ 20 年生无病虫害的健壮母树。陈羡德等(2008)研究表明，苦楝幼林的树高、胸径、材积与纬度呈负相关，而与经度的相关性呈一定的正相关。因此，采种应采集当地种源种子或稍向南部采种，严禁从造林区北部调种。11 月下旬至 12 月上旬果实成熟，果实用水浸泡数天后搓洗去果肉。果实出籽率 25% ~ 35%，种子千粒重 580 ~ 800g，鲜种发芽率 80% ~ 90%。洗净的果核阴干后，沙藏或干藏，发芽力可保持 1 年以上。

(2)育苗 播种、埋根和插干繁殖，结实量大，采种容易，以播种育苗为主。选择肥沃、湿润、疏松和排水良好的土壤作为圃地。每平方米施有机肥 2.5kg，施足基肥后整地筑床，精耕细作，打碎泥块，平整床面。播种季节在 3 月上旬到中旬。条播育苗，条距 15 ~ 20cm，覆土厚约 3cm。每平方米播果核 30g。5 月上、中旬幼苗出土，在出苗期前要做好圃地除草工作。幼苗成簇，在苗高 8cm 左右时，趁阴雨天间苗，每簇留壮苗 1 株，其余苗作分床移栽或补植。7 月上旬苗木进入速生期，每隔 15d 开沟深施尿素。9 月上旬，苗木开始封顶，停止增施肥和灌溉工作。1 年生苗高 1.5m，根径 1.7cm，每平方米产苗 12 株左右。

埋根和插干苗培育。播种苗起苗时，将径粗 0.6cm 以上的主、侧根和苗干，截成长度 13 ~ 16cm 的穗条。直插，上端切口与床面相平。萌芽后，每穗保留 1 个粗壮芽培养为主干，其余剪去。肥培管理同播种苗。当年苗均高于播种苗，且具发达侧根。

(3)种植　造林从12月下旬苗木落叶后至翌年3月中旬放叶前均可进行。造林地宜选择土壤湿润、肥沃、排水良好的河谷冲积土，宅旁瓦砾土及农地耕作土等。造林密度，四旁植树株行距3m×4m，片林4m×6m。整地方式，块状整地不小于60cm×60cm，深度不小于30cm。穴内施基肥。苦楝不同规格苗木造林对早期生长效果影响显著，应采用大规格苗木造林，苗高120cm以上、地径1.2cm以上为宜。

(4)抚育管理　楝树自然生长分枝低，树干矮，为了培育通直用材，切干造林、加强抚育管理、施肥、抹芽等技术措施，能提高幼林生长量。施肥，以农家肥为主，或农林间作，以耕代抚。

用途　苦楝生长快，繁殖容易，木材轻软，坚韧，易加工，可作家具、板、建筑等用材，用途广，是广西热带岩溶区四旁绿化的重要树种和群众喜欢的用材树种。

麻　楝

Chukrasia tabularis A. Juss.

科名　楝科　Meliaceae

形态特征　半落叶大乔木，高达30m，胸径100cm。小枝赤褐色，无毛。叶通常为双数羽状复叶，长30～50cm；小叶10～16，互生，纸质，卵形至矩圆状披针形，长7～12cm，宽3～5cm，无毛。圆锥花序顶生，花黄色带紫。蒴果近球形，直径3.5～4cm，3～5瓣裂开；种子扁平，有膜质翅。

分布　产龙州、天等、右江区、靖西、平果等地，田林、西林、凌云、都安、东兰、桂林、恭城等地亦产。分布广东、云南、贵州等省，越南、印度、马来西亚、缅甸等也有分布。随遇植物，但以石灰岩山地更为常见，自然生长于石山谷地、坡地、石崖。

同属毛麻楝(*C. tabularis* var. *velutina*)，叶密被茸毛，蒴果直径3～3.5cm，亦为优良用材，分布范围、生态习性及栽培技术与麻楝相似。

生物学特性与适生生境　热带半落叶或常绿性季雨林树种，喜高温、高湿环境，自然分布区内年平均气温19～24℃，年降水量1200～2000mm。抗寒性强，北移试种于福州，除苗圃幼苗在特殊年份，出现有叶和嫩梢部分冻害，幼树未见受害，生长正常。喜光，幼年耐荫，在密林中常见大量幼苗、幼树被荫庇于林冠下层。耐旱，干旱地区12月至翌年1月叶子变色脱落，随之新梢形成，3月出现花蕾。广西热带岩溶石山区自然生长于山谷、山脊、山腰缓坡上，多为散生。

生长较快，海南岛崖县1株伐倒木，约100年生，胸径达105cm。树干解析表明：高生长3～6年较快，年高生长可达1m，以后年高生长约0.2m；径生长

20～25 年生较快，平均年胸径生长达 1cm，25 年后减慢。广西凭祥 10 年生树高 11.5m，胸径 25.8cm。

栽培技术

(1)采种与种子处理　果熟期为 10 月至翌年 2 月，木质蒴果成熟时由黄褐色渐呈深褐色，易开裂，带翅的种子随风飞散，要及时采种。蒴果采回后，摊开晾干或晒 3～4d，待其开裂脱出种子。若暂时不播种，可将种子装在布袋放于通风处，但不宜久存。鲜果出种率 21%，种子千粒重 12g。

(2)育苗　种子繁殖，3～4 月播种为宜。可撒播或按 20cm 条距开浅沟条播，每 $100m^2$播种 1kg。播后薄覆细土(以不见种子为度)，盖薄草，淋水不能过猛、过湿，以免冲走种子和防止种子、小苗霉烂，这是育苗的关键技术。播后 6～10d 开始发芽，26d 可出齐苗。小苗长至 3～5cm 高时，除去劣株及病虫株，按 20cm×20cm 株行距分床或移入容器袋中培育。施氮肥及磷肥，促进苗木生长。苗木 8 个月就可高达 70～80cm。

(3)种植　造林地忌选土壤板结的茅草地或石砾地。先行除杂，然后按 2.5m×2.5m 或 3m×3m 株行距进行穴状整地。谷地等坡度较缓的地方可全面整地，间种农作物或牧草。早春或雨季造林，选择连续阴雨天栽植。

(4)抚育管理　定植第 1 年在雨季末进行 1 次除草松土，以后 3 年每年在雨季和雨季前后结合松土进行除草，直至幼林郁闭。有条件的地方，应尽可能结合松土进行林木施肥，加速林木生长。

用途　麻楝材质优良，木材耐腐，干燥后略有开裂，但不变形；心材栗黄褐色或红褐色，有金色的光泽，纵切面光滑油润，弦切面的纹理五彩缤纷，颇为美观，适合做上等家具及造船、房屋建筑用材。用旋切薄板制成的贴面板，作车厢、轮船卧室的内部装饰板，极为美观，也是雕刻的好材料。还可作为四旁绿化树种。

割舌树

Walsura robusta Roxb.

科名　楝科　Meliaceae

别名　千层罗、米层(壮语)

形态特征　乔木，高 25m；枝褐色，具皮孔，无毛。奇数羽状复叶，互生，叶长 15～30cm；小叶 3～5 片，小叶对生，纸质或薄革质，长椭圆形或披针形，顶生小叶长 7～16cm，宽 3～7cm，侧生小叶长 5～14cm，宽 1.5～5cm，先端渐尖，基部楔形，两面无毛，叶面光亮，侧脉 5～8 对，两面稍凸起；小叶柄长 0.5～2cm，两端膨大，具节。圆锥花序长 8～17cm，疏被粉状短柔毛，分枝呈伞房花序式。浆果球形或卵形，直径 1 ~ 2cm，密被黄褐色柔毛，有种子 1 ~ 2 颗。

分布 产大新、龙州等地，分布广东、海南、云南，越南、缅甸、泰国、马来西亚、印度、印度尼西亚等亦产。随遇植物，石灰岩山地生长于山坡、石崖。

生物学特性与适生生境 喜湿热环境，为热带雨林与季雨林树种，在广西分布区年均气温 21℃以上，最冷月均气温大于 12℃，极端最低气温 0℃，极端年份遇寒潮时最低温可低至 -1℃。在广东雷州半岛南部、海南北部，由玄武岩或花岗岩构成的台地和丘陵地上，割舌树和榕树、小叶白颜树（*Gironniera cuspidata*）等组成半常绿季雨林，为第 2 层林木；在广西西南部海拔 700m 以下石灰岩山地，蚬木、金丝李、肥牛树林中，割舌树为常见伴生树种，处林冠上层。喜光树种，石山生于山坡疏林中。

栽培技术 种子繁殖，果熟期 4 ~ 6 月。果实采回后，将果实揉搓，用水洗净，即播。覆土，盖草，25d 左右开始发芽。小苗出 2 对真叶时进行分床或移入容器袋内培育，适当遮荫，1 年生苗高 50cm 即可出圃造林。

用途 木材具光泽，棕黄色，无特殊气味和滋味，纹理直或斜，径面具交错纹理，结构甚细，均匀，端面难为刀片所削，生长轮肉眼未见，放大镜下亦不清楚，材质硬重（气干密度 0.75 ~ 0.85g/cm^3），适于作雕刻、旋制工艺品及玩具、棋子、农具、工农具柄、板车、坑木、桩柱、地板块等用。果可食。

细子龙

Amesiodendron chinense（Merr.）Hu

科名 无患子科 Sapindaceae

别名 瑶果、假龙眼、米肥、米眼沙（壮语）

形态特征 常绿乔木，高 25m，胸径达 50cm。树皮暗灰色，近平滑，内皮褐色；小枝粗壮，有浅沟纹，暗红褐色，被短柔毛。叶连柄长 15 ~ 30cm，叶轴被短柔毛或近无毛；小叶 3 ~ 7 对，薄革质，第 1 对（近基）卵形，其余的长圆形或长圆状披针形，有时披针形，两侧稍不对称，长 6 ~ 12cm，宽 1.5 ~ 3cm 或稍过之，顶端短渐尖或有时骤尖，钝头，基部阔楔形，边缘皱波状，有深割的锯齿，干时两面褐色，背面有时被微柔毛；侧脉纤细，10 ~ 12 对；小叶柄长 4 ~ 8mm。花序常几个丛生于小枝的顶端，间有单个腋生，密被短绒毛；花单性。蒴果的发育果片近球状，直径 2 ~ 2.5cm，黑色或茶褐色，外面有瘤状凸起和密集的淡褐色皮孔；种子宽约 2cm。

分布 产龙州、大新、隆安、平果、靖西等地，分布海南、广东、云南、贵州等省，越南亦有分布。随遇植物，广西热带岩溶石山生于谷地、山坡疏林中。

生物学特性与适生生境 热带山地常绿阔叶林、山谷热带雨林和热带石灰岩季雨林主要而普通的种类，在海南山地天然林分布很广，在雨量充沛的吊罗山林区，海拔 800m 以下的山腰和山谷中生长极多，常见与青皮等混生为优势树种的林分。广西热带石灰岩地区，则生于山谷和山坡疏林，常与任豆、蚬木等混生。适宜于空气湿润、土壤肥沃的生境，空气干燥，土壤黏重、瘠瘦地均生长不良。幼苗能耐荫蔽，天然下种更新力强。大树喜光，在密林中其大树为上层的优势立木，树干耸直，板根显著，枝下高度达 15m，树冠呈狭卵圆形，枝叶浓密，生势旺盛。较能耐寒冷，我国南亚热带至北热带的适生地，均可种植。

栽培技术

(1) 采种与种子处理　果熟期 8～10 月，果实由青色转变为深褐色，果壳木质化，外表具有瘤状体，即陆续成熟。成熟的果实不脱落，沿背缝开裂，种子脱出。种实含淀粉和油脂丰富，易遭兽食和虫蛀。采种应掌握果实大熟，少数开裂，种子尚未落地时，在树上采摘或人工打落地下，随落随收。采集的果实，稍阴干后，果壳即开裂，除去果壳，即得种子。种子千粒重 1880g，发芽率 81%。发芽力不易保持，种子不能曝晒，不宜脱水，宜随采随播或混沙短期贮藏。

(2) 育苗　种皮不易吸水，播种时需用清水浸种一昼夜或轻轻打裂种壳，经打破壳的种子，可提早半月发芽，且发芽整齐。种子发芽时日平均气温需在 20℃左右，发芽期不甚整齐，从发芽始期至终期，前后约需 2 个月的时间。将当年采集的种子密播于沙床或苗圃内催芽，至次年春苗木转木质化后，再移植育苗容器内培育。苗期生长速度中等，抗性较强，能耐高温及轻霜，南亚热带地区一般可在露地安全越冬，不需遮荫及防寒措施。少有病虫危害，对水肥条件要求中等，幼苗生长旺盛，每月施追肥 1～2 次。1 年生苗高 50～60cm，地径 1cm，可出圃造林。

(3) 种植　选择石山谷地、山坡下部、溪边等水肥较好处造林，亦可选择次生疏林下栽植。局部清理杂草，保留原生灌木与乔木。块状整地，规格 40cm × 40cm × 25cm。早春或雨季造林。

(4) 抚育管理　造林后连续抚育 3 年，铲除种植穴周边杂草及藤本，保留原生灌木与乔木。根据条件，每年可施肥 1 次，每株施复混肥 100～250g。

用途　细子龙木材纹理交错，结构密致，木质硬而坚重，能耐腐，不受虫蛀，材色红艳，花纹美观，为一级硬木，但加工较难，适用于造船、水工、桩柱、桥梁、雕刻、工艺等，为家具优质材。种子有毒，种仁含油量 43%，可作工业用油。

银鹊树

Tapiscia sinensis Oliv.

科名　省沽油科　Staphyleaceae

别名 豆腐渣、瘿椒树、瘿漆树

形态特征 落叶乔木，高可达40m，胸径达1.3m；小枝无毛；芽卵形。单数羽状复叶，长达30cm；小叶5～9，狭卵形或卵形，长6～14cm，宽3.5～6cm，边缘有锯齿，无毛，下面粉绿色；叶柄长达12cm。雄花与两性花异株，圆锥花序腋生，雄花序长达25cm，两性的长达10cm；花小，有香气，黄色。浆果状核果，椭圆形或近球形，长约7mm。

分布 产龙州，乐业、金秀、荔浦、永福、龙胜、临桂、全州等地亦产。分布于云南、贵州、四川、湖北、湖南、广东、安徽、浙江，越南亦有分布。随遇植物，岩溶石山多生长在峰丛弄谷底部。

生物学特性与适生生境 分布范围广，跨多个气候区，自广西龙州的北热带季风区至陕西宁陕的北亚热带气候，对气候适应能力强，耐寒亦耐热，－13℃低温下无冻害，广西热带岩溶区高温环境亦生长良好。喜水肥亦能耐贫瘠，多生长于山谷土层深厚肥沃之处，但是在裸石堆积、土层较薄的溪流水边也能正常生长。中性偏喜光树种，幼苗较耐阴，大树喜充足光照，喜生长于山谷山坡和溪边湿润肥沃向阳的环境。在天然林中，银鹊树的幼苗在林下和林缘均较多，在林下的1年生幼苗高度20～40cm，在林缘的幼苗最高可达80cm，并且普遍生长粗壮，4～5龄的幼树只在林缘发现；而在郁闭度较高的林内则很少发现，在林内一般处于林冠第1层。在广西龙州，银鹊树常与顶果木、东京桐、肥牛树、岭南酸枣、海南菜豆树、假苹婆等树种混生。

浅根性树种。从苗期开始，即没有明显主根，侧根很发达。种子播种后，地上部分子叶尚未萌发出土时，而地下部分即产生3条以上侧根。地上部分产生真叶时，地下部分已产生大量侧根。根有明显的趋肥性，根系穿透力较弱。银鹊树主干明显，圆满通直，侧枝发达，幼树侧枝常与主干成45°夹角向侧方伸展，离主干1～2m后，侧枝主展延伸。

5～7年生开花结实，常出现隔年结实现象，果实常有虫瘿。据在安徽黄山观察(陶金川等，1990)，雄花与两性花异株或同株。雄株与雌株(开两性花的植株)比例约为5:1～8:1，雄株明显多于雌株，因此在自然繁殖过程中受到很大限制。雄花在两性花结果后才开放，所以雄花与两性花不可能授粉，授粉只能在两性花之内或之间进行。

生长快。播种苗1年生最高可达120cm，根径达3cm；5年生高可达10m，胸径24.9cm。龙州岩溶石山自然生长银鹊树，34年生树高23.7m、胸径26.4cm。具有速生期早、成材快的特性。银鹊树萌蘖性强，可利用此特性萌蘖更新。

栽培技术

(1)采种与种子处理 成熟果实喜被鸟类啄食，及时采收。9～10月，当果皮由黄绿色转为紫黑色时将果穗梗截下，浸泡于水中5～7d，搓去外果皮得种子。种子千粒重40～55g。种子具有胚根休眠现象，必须进行催芽处理，通常采用湿沙层积储藏。具体作法：采用洁净河沙，筛去直径较大的沙粒和石砾，以种子∶沙的比例为1∶5，充分拌和，在室内常温条件下，底层填沙5cm，顶部覆沙10cm，堆成四方体形或长方体，每隔1个月左右，筛出种子，调换新沙，重新沙藏。至翌年2月底，筛出种子，进行春播。

(2)育苗　播种时间2月下旬，条播。沟宽3～4cm，沟间距25～30cm。播种前将种子浸水1～2d，每条沟播种子25～30粒。种子播于沟中，覆盖2～3cm焦泥灰。种子覆土后，畦面覆盖一层稻草，厚度为5cm。播种后应经常检查，保持土壤湿润。播种后40d左右就可发芽，即在4月上旬出苗，中旬齐苗。当齐苗后，必须加强苗期管理。苗圃管理措施同一般苗圃管理。1年生苗高80cm以上、径杆粗壮、根系完整为合格苗。也可室外沙床播种，待苗高约5cm，充分木质化后，移入育苗容器中培育。

(3)种植与抚育管理　与一般树种造林措施相同。抚育管理强调块状铲草。

用途　银鹊树木材纹理通直，结构均匀细致，质地松软，重量轻，硬度低，强度低至中，切剖容易，切削面光洁，握钉力低至中，不易劈裂，干缩系数小，容易干燥，干燥过程不易开裂，微有翘曲。油漆性能和胶接性能良好，花纹美丽，可做家具、胶合板、室内装饰及一般建筑用材，并可作火柴杆、牙签、胶合板、造纸等用材，是优良的用材树种。

大果人面子

Dracontomelon macrocarpum H. L. Li

科名　漆树科　Anacardiaceae

形态特征　常绿乔木，高可达40m，胸径1.5m，具板根；小枝灰褐色，具条纹和白色小皮孔，幼枝被极细微柔毛，后变无毛。奇数羽状复叶长达50cm，叶轴和叶柄圆柱形，被灰黄色极细微柔毛；小叶互生，革质，斜长圆形，极不对称，长9～13cm，宽2.5～4cm，先端渐尖，基部极偏斜，一侧急尖，另一侧圆形，全缘，叶面无毛，叶背脉腋具髯毛，侧脉8～10对，两面突起，网脉两面清晰；小叶柄长4～6mm，被灰色极细微柔毛，上面具槽。花两性。圆锥花序顶生或腋生。花萼5裂，花瓣5裂，花瓣5，绿白色。子房5室，每室1胚珠。核果近球形，径3.5～4cm，稀达5cm，形如胡桃状，但略压扁，无毛；果核木质坚硬，径约3.5cm，表面不规则凹陷，通常5室，稀2～4室，室周具薄壁组织腔；种子椭圆状三棱形，长约1.2cm，宽约0.6cm，棕色，富含油分。

分布　原产云南南部，老挝亦产，广西凭祥、南宁等地引种，广东、海南等地亦有引种。随遇植物，岩溶石山宜栽培于谷地、山坡下部。

生物学特性与适生生境 大果人面子在我国境内仅在云南省勐腊县南部的勐腊、勐捧、尚勇及徭区等乡镇有野生分布，地理位置为东经 101°20′～101°40′，北纬 21°30′～21°50′，是一个分布区十分狭窄的特有种。自然生长的大果人面子，生长地海拔 600～1200m，为热带湿性气候，常见于沟谷两旁季雨林中。喜湿热，年平均气温 20～22℃，年降水量 1500mm 左右；喜肥沃湿润的深厚土壤，酸性土或钙质土均宜生长，但在贫瘠土上生长不良；耐水湿，不耐干旱。喜光，幼树能耐荫，在阳光充足的条件下快速生长。大果人面子在雨林中常见为上层树种，多为散生，亦以有大果人面子为优势的热带季雨林，大果人面子为巨树。

大果人面子生长很快。云南热带植物研究所种植的三年生幼树，树高 7.2m，平均胸径达 10.5cm；22 年生人工林，平均高达 20m，平均胸径 36cm，其中最粗的达 51.9cm。广西凭祥石山台地栽植，25 年生树高 25m，胸径 38cm，生长速度明显快于当地乡土种人面子。

栽培技术

(1)采种与种子处理 始花年龄 10～15 年。果熟期 10 月，熟后可挂在树上约 1 月即脱落。成熟果实扁圆球形，黄绿色。在成熟盛期用竹竿敲打或摇动树枝，将果实震落后在地面捡拾。采集后将完整的果实堆沤数天，待果皮果肉软化，装入竹筐，置水中捣洗，淘去皮肉等杂质。种子千粒重 1400～1500g。果核忌失水，不能日晒或干藏。运输或贮藏均需混以湿沙，种子贮存半年后，发芽率下降 50%～60%，1 年后发芽力即丧失。

(2)育苗 大果人面子种子埋藏于骨质果核的种室内，顶部为一厚达 3～5mm 的骨质种盖所封闭，使水分难以渗入，因此，不经任何处理发芽很困难，播种 1 个月后才有少量发芽。用人工撬开种盖进行的播种试验表明，其种子并无休眠现象。为了使播种发芽整齐，先将果核用硫酸或其将果核反复浸晒 7～8d 后埋在沙床上催芽，少量种子也可用人工撬去种盖后沙播。发芽的种子可移植到大苗床上按 25cm×25cm 的间距继续培育或移入营养袋内培育，初期适当遮荫，2 周后便可揭去。经常浇水，适当施肥，促使苗木健壮生长。苗期生长甚快，3 个月生苗高可达 15～20cm，半年生苗高达 40～50cm，可以出栽。

(3)种植 造林需选择石山谷地、山坡下部土层较深厚，肥力中等以上，土壤水分条件较好的立地条件，亦可作四旁造林树种。在坡度大，土壤干旱的地段不适宜造林。裸根定植及带土造林均能成活，裸根苗出圃时要修去三分之二的叶，以保证成活。大果人面子侧根发达，种植穴应挖大穴，适当放入腐殖土或农家肥作基肥，以促进幼苗生长。裸根造林可采用苗高 80～100cm，粗 1.5cm 的 1 年生苗；带土造林宜采用半年生苗高 30cm 左右的壮苗。定植距离可视不同情况采用 4m×4m 或 5m×5m。

(4)抚育管理　造林后幼树生长极快，年高生长量在 2m 以上，栽植后宜加强抚育管理，每年抚育 2 次，连续抚育 2 年即可郁闭成林。

用途　大果人面子木材比重中等，干缩性中等，差异干缩较小，硬度中等。散孔材。边材较宽，灰黄色至浅黄褐色；心材灰褐色间深栗褐色至灰黑色条纹。木材有光泽，无特殊气味。木材耐久力中中等；因导管内含有漆毒物质，氧化后呈黑色，具有一定的防虫抗蚌能力。木材纹理交错，结构中等粗，锯解性能良好，易于刨削加工。干燥时少开裂，变形小，是一种优良的用材，适于做建筑材料，如梁、柱、人字木、门窗料、地板、板壁及室内装修材，也适于制家具、箱柜等。其心材的色泽花纹酷似核桃木(*Juglans regia*)，国外同属树种杧果人面子(*Dracontomelon mangiferum*)的心材具同样的特色，英文商品名叫做 Tableland walnut(新几内亚核桃木)，用于家具和室内装修之装饰贴面板，十分美观，在菲律宾是一种重要的工业用材，具有较高的经济价值。

大果人面子种子含油率高，无毒，是一种木本油料和干果植物，种仁甘甜，味似花生，食之极香，当地人称“山核桃”，当地少数民族常采集之作为干果食用，是一种材用、食用、观赏兼具的我国特有的珍稀树种。

岭南酸枣

Spondias lakonensis Pierre

科名　漆树科　Anacardiaceae

别名　假酸枣

形态特征　落叶乔木，高 15m，胸径 100cm；小枝灰褐色，疏被微柔毛，粗 4 ~ 6mm。叶互生，奇数羽状复叶，长 25 ~ 35cm，有小叶 5 ~ 11 对；小叶对生或互生，长圆形或长圆状披针形，长 6 ~ 10cm，宽 1.5 ~ 3cm，先端渐尖，基部明显偏斜，阔楔形至圆形，全缘，幼叶叶面疏被微柔毛，后变无毛，叶背脉上或脉腋被微柔毛；小叶柄短，长约 2mm，被微柔毛。圆锥花序腋生，长 15 ~ 25cm；花小，白色，密集于花枝顶端。核果倒卵状或卵状正方形，长 8 ~ 10mm，宽 6 ~ 7mm，成熟时带红色，中果皮肉质，味甜可食，果核木质，近正方形，4 个侧面略凹，顶端具 4 角和 4 个凹点。

分布　产龙州、宁明、右江区、武鸣等地，天峨、都安、八步区等地亦产。分布广东、海南、福建等省，越南、老挝、泰国亦有分布。随遇植物，石灰岩山地生于谷地、山坡。

生物学特性与适生生境　喜高温多湿气候，耐旱耐寒。在海南低山地热带季雨林的疏林中常见，多在海拔 300m 以下的谷底和山溪背风的立地上生长，在土壤湿润、环境较好的立地上常成小片的群状分布，颇为茂盛。在广西弄岗自然保护区，常与肥牛树、蚬木、顶果木、多花嘉榄、海红豆等混生，组成石山季雨林，岭南酸枣处林冠上层。生长迅速，弄岗自然保护区常有胸径100cm巨树。性喜光，生于向阳山坡疏林中，幼苗期稍耐荫，但耐荫期不长，其大树亦常见于林冠稀疏的单层林中，树冠为宽广的伞形，生势挺秀，稀疏林下天然下种更新良好，幼苗及幼树生长正常。

栽培技术

(1)采种与种子处理　9～10月果熟时黄红色，熟后脱落。采回或在地上捡拾果实，将其堆放3～5d，使果肉变软腐烂，然后在水中搓洗去果皮肉，晾干，即播或沙藏。果核千粒重1150g，发芽率65%。

(2)育苗　播种繁殖。作床撒播，覆土厚1～2cm，盖草淋水保湿，播后15～20d可发芽。常规苗圃管理，1年苗高50cm即可出圃造林。石山造林采用容器苗，能提高造林成活率。容器育苗，待幼苗初生叶为3张复叶、苗高4～5cm时，可移入育苗袋培育。

(3)种植与抚育管理　春季或雨季造林。随起随栽，剪除部分枝叶，有利成活。成活后每年进行2～3次松土除草，并结合施肥，以促进幼树快速生长。

用途　木材纹理通直，结构细致，材质很软而且极轻，加工容易；干燥后稍开裂，且稍有变形；不耐腐，易受变色菌和腐朽菌侵染；纵切面平滑而具光泽，横切面较难得平滑，适于作小件文具、小家具、箱板等用材。

果肉含有丰富的蛋白质、脂肪、碳水化合物、多种维生素、多种矿物质等，性味酸涩寒，具有消食滞的功效，治食滞腹痛。据《广州植物志》载：“果熟时酸甜可食，有酒香”。种子可榨油，种仁含油率34.28%，油青黄色，是很好的制肥皂原料，群众多用以点灯。

倒吊笔

Wrightia pubescens R. Br.

科名　夹竹桃科　Apocynaceae

别名　银木

形态特征　落叶乔木，高8～20m，胸径可达60cm；树皮黄灰褐色，浅裂；枝圆柱状，小枝被黄色柔毛，老时毛渐脱落，密生皮孔。叶坚纸质，每小枝有叶片3～6对，长圆状披针形、卵圆形或卵状长圆形，顶端短渐尖，基部急尖至钝，长5～10cm，宽3～6cm，叶面深绿色，被微柔毛，叶背浅绿色，密被柔毛；叶脉在叶面扁平，在叶背凸起，侧脉每边8～15条；叶柄长0.1～1cm。聚伞花序长约5cm；总花梗长0.5～1.5cm；花梗长约1cm；花冠漏斗状，白色、浅黄色或粉红色。蓇葖2个黏生，线状披针形，灰褐色，斑点不明显，长15～30cm，直径 1 ~ 2cm；种子线状纺锤形，黄褐色，顶端具淡黄色绢质种毛；毛长2 ~ 3.5cm。

分布 产龙州、宁明、右江区、陆川、博白、合浦、钦州、桂平、北流等地，隆林亦产。分布海南、广东、贵州、云南等地，印度、泰国、越南、柬埔寨、马来西亚、印度尼西亚、菲律宾、澳大利亚等地亦有分布。随遇植物，石灰岩山地生于山坡、谷地。

生物学特性与适生生境 自然分布于热带、南亚热带地区，喜高温、湿润气候，亦耐干旱，散生雨林、季雨林和干燥稀树林中。喜光树种，常见于海拔 300m 以下的山麓疏林中或村边路旁，在次生疏林中或开敞的荒野上，树干通直，树冠圆锥形至卵形，枝叶茂盛，树姿美观，幼苗及幼树亦不耐荫蔽，在密林中不常见。适生于土层深厚、肥沃、湿润而无风的低谷地或平坦地，生长良好；在干旱瘠薄的立地上亦能生长，但长势不良，幼苗、幼树亦以湿润且有适度光照的疏林中生长为多、发育正常。

栽培技术

(1) 采种与种子处理 果熟期 2 ~ 3 月。熟后开裂，种子易飞散，应在开裂前及时采收，采回果实置阳光下曝晒开裂，脱出种子，搓去种毛，阴干，即播或干藏。果实出种率约为 20%，千粒重约 30g。随采随播或混细沙短期贮藏，贮藏期 4 ~ 8 个月。

(2) 育苗 种子繁殖，也可扦插。种子无休眠习性，可随采随播。温度高于 20℃时，播后 4d 胚根伸出，约 1 周发芽完毕，新鲜种子发芽率可达 95%。整地作床撒播，床面平整，播后覆土厚 0.5 ~ 1cm，盖草淋水保湿，幼苗高 4 ~ 5cm 时移入营养袋培育。1 年生苗高 30 ~ 40cm 可以出圃造林。

扦插繁殖，春季芽未萌动前剪取 1、2 年生枝条，长 10 ~ 15cm，插于沙壤土中，保持插床湿润，经 30 ~ 40d 生根，待长出新叶时移植。

(3) 种植 选择岩溶石山山坡中下部、谷地等处造林。清除造林地恶性藤本，块状整地，清除栽植穴周边杂草，保留原生乔灌木，栽植穴规格 40cm × 40cm × 25cm。春季或雨季造林。

(4) 抚育管理 栽植后连续抚育 3 年，主要是清除恶性藤本，铲除幼苗周边杂草。

用途 倒吊笔木材纹理通直，结构很细致，材质稍软而很轻，加工极易，旋刨性能尤佳；干燥后不开裂，且不变形；不耐腐，稍易受变色菌浸染；材色鲜淡雅致、纵切面具光泽，很美观，适于作轻巧的上等家具、天花板、门、窗、高级轻箱板、铅笔杆等用材；亦可供作乐器之用，为广西热带石山区群众喜用材种之一。倒吊笔木材最宜于室内细工用材，忌渍湿，要注意防止变色菌浸染，在广州市商品材中名为“桦木”，为雕刻图章用材，亦用于制小提琴；某些植株可能由于生长立地条件的不同，其木材纵切面上形成横向椭圆形的波状纹理，特别美观，成为另一商品材，名水纹桦，价值更高，专用于乐器用材。

胭 木

Wrightia tomentosa (Roxb.) Roem. et Schult.

科名 夹竹桃科 Apocynaceae

别名 毛倒吊笔

形态特征 常绿乔木，高达20m，胸径40cm。树皮浅黄褐色，厚5~8mm，稍粗糙，呈薄片状剥落。小枝苍白色至褐色，被短柔毛，具皮孔。叶膜质，椭圆形至阔椭圆形或阔卵圆形至阔倒卵圆形，顶端急尖至尾状短尖，基部急尖，长6~18cm，宽3.5~8.5cm，叶背被绒毛或密柔毛，叶面被短柔毛至无毛；叶脉在叶面扁平，在叶背凸起，侧脉每边10~15条；叶柄长3~10mm，密被短柔毛。聚伞花序顶生，被短柔毛；总花梗长0.5~2.0cm；花梗长1~1.5cm；花淡黄色至粉红色或深红色。蓇葖2个黏生，密生白色斑点，长圆形，长14~21cm，宽3~4cm；种子线状纺锤形，长2cm；种毛为白色绢质，长3.5cm。

分布 产宁明、龙州、天等、横县、钦州、防城等地，田林、西林、隆林、天峨等亦产，分布于云南、贵州、广东，越南、印度、缅甸、泰国、马来西亚、柬埔寨亦有分布。随遇植物，岩溶石山生于谷地、山坡、石崖。

生物学特性与适生生境 自然分布热带及南亚热带山地，喜高温环境，亦有一定耐寒能力，自然分布地为无雪且无霜或轻度霜冻。喜湿润环境，但亦耐干旱，广西分布区多为南盘江干热河谷区和石灰岩山地。喜光，亦有一定耐荫蔽能力，生于山坡或沟谷疏林中，在石山或土山均能生长良好。

栽培技术 用种子繁殖。花期5~10月，果期8月至翌年3月。蓇葖果成熟后开裂，带毛种子随即飞散，应在未开裂前采集，将果曝晒，至果壳开裂，收集脱出的种子，搓去种毛，选无风天气，接近地面撒播。也可采用扦插繁殖。育苗、造林技术可参考倒吊笔。

用途 木材为散孔材。材色淡黄白至淡黄褐色，有时略带粉红色；心边材区别不显明，大树心部材色略深。生长轮不明显，在肉眼下约略可晰；宽度略均匀(4~8mm)。木材具光泽；无特殊气味和滋味；纹理直；结构甚细，均匀；材质轻至中(气干密度0.54~0.64g/cm^3)；加工性能良好。适于作雕刻、车工、装饰木雕及其他美术工艺、玩具、棋子、笔杆、镜框，是镶嵌及优良的铅笔杆用材，亦可作轻型建筑、家具、农具、乐器及室内装修等，树皮可作纤维原料；树形美观可作庭院观赏树。根及叶可提取蓝色染料。

羽叶楸

Stereospermum colais (Buch. - Ham. ex Dillwyn) Mabb.

科名 紫葳科 Bignoniaceae

别名 咸沙木、四角羽叶楸、钝刀木、四角夹子树

形态特征 落叶乔木，高达35m，胸径80cm。一回羽状复叶，长25~50cm；小叶3~6对，长椭圆形，长8~14cm，宽2.5~6cm，顶端长渐尖至尾状渐尖，基部阔楔形至圆形，全缘，无毛，小叶柄长1~2cm。花两性，聚伞状圆锥花序顶生，长20~40cm；花序轴、花梗均被微柔毛；花多数，微芳香，昼开夜闭；花萼钟状，紫色；花冠淡黄色。蒴果细长，四棱柱形，微弯曲，长30~70cm，粗约1cm，果皮厚，近木质，隔膜粗4~7mm。种子卵圆形，两端有白色膜质翅，连翅长28mm，宽约5mm。

分布 产龙州、宁明、江州区、大新、武鸣、那坡、右江区、德保、那坡、田东等地，田林、东兰等县亦产，分布云南、贵州、西藏，越南、柬埔寨、老挝、泰国、马来西亚、缅甸、印度、斯里兰卡、锡金、印度尼西亚亦有分布。随遇植物，广西热带岩溶石灰岩山地生于谷地、山坡、石崖。

另有变种广西羽叶楸(*S. colais* var. *puberula*)与原变种极相似，但小枝、叶轴、叶柄、叶脉、花序、花萼均被微柔毛，花淡白色，小苞片存在，易于区分。广西羽叶楸产龙州、右江区、田林、凌云、隆林等地及海南，在越南也有分布，生于石灰岩密林或散生，海拔400m左右，亦为广西热带岩溶石山地优良造林树种。

生物学特性与适生生境 喜温暖环境，典型热带季雨林与干热河谷稀树灌丛树种，广西分布区年平均温度20℃以上，极端最低温度0℃左右，无雪，但个别有短期-1℃低温。耐旱，喜光，耐石灰岩钙质土环境，常散生于广西热带石灰岩季雨林及其次生落叶阔叶林中，处林冠上层，但个体少，在岩溶石山谷地、坡地甚至石岩均能生长。

栽培技术

(1)采种与种子处理 约7~8年生开始开花结实，正常结实期在15年生以后，结实丰年间隔期为1年。花期5~7月，果期9~11月。果实成熟后20d左右开裂，种子脱落。果实成熟盛期，在蒴果尚未开裂时，用高枝剪将蒴果剪下。采收的蒴果在无风处置弱光下或室内摊放。蒴果开裂后轻轻抖动，种子脱落。鲜果出种率约10%，千粒重20g。种子不宜在强光下曝晒，晾干后干藏，贮藏期约为1年。

(2)育苗 种子无休眠习性，可以随采随播，亦可以贮藏至翌年春播。发芽

时日均温宜在20℃以上。发芽快，播后4d发芽，半月左右即发芽完毕。可大田育苗，培育裸苗，每平方米播种2~3g，覆土5mm，常规管理即可。石山造林，提倡容器苗造林。随采随播的种子，当年幼苗需防霜冻。育半年至1年生苗出圃。

(3)种植与抚育管理　选择岩溶谷地、石山坡地下部等土层深厚、疏松地造林，穴状整地，植穴规格50cm×50cm×30cm，株行距2m×3m。加强抚育管理，禁牧，防止牛羊的破坏。砍杂除草，每年在雨季前结合除草松土，追施复混肥，每穴100g。3~5年即可郁闭成林。

用途　木材为良好的硬材，云南称钝刀木，材黄褐色至灰褐色，似楸木，边材和心材无区别，浅色的带状木薄壁组织及射线，与褐色的木材相间，径面具悦目的花纹，材质硬重，气干密度0.76~0.95g/cm^3，木工性质优良，干燥速度快，干燥稍变形。加工容易，油漆、胶融性好，抗腐性强，为建筑、家具及室内装饰地板等用材。

羽叶楸树姿优美，冠大荫浓，花序大，蒴果长，花、叶均可观赏，适于温暖地区庭园栽植，可作庭荫树、园景树及行道树。

第11章

油脂类

千年桐

Vernicia montana(Wils.) Lour.

科名 大戟科 Euphorbiaceae

别名 木油树、皱皮桐、高桐、花桐

形态特征 落叶乔木，树高8~15m，胸径20~40cm，最粗可达85cm；主干突出，通直，幼树皮褐色。单叶互生，阔卵圆形，长15~25cm，常3~5深裂或全缘，幼叶两面被黄褐色绒毛，裂缺，底部具腺体，掌状脉5~7，网脉明显；叶柄圆形，长10~15cm，顶端与叶片接合处有2个杯状有柄绿色腺体。单性花，常雌雄异株；雄花为聚伞花序，每序数朵至200~300朵；雌花圆锥花序至总状花序，花数10~40朵以上。幼果被有黄褐色绒毛，随果实壮大逐步消失；果广卵形，不典型核果，果径4~6cm，外果皮有3条(少数4~5条)突出纵棱，并有许多不规则横棱或皱纹。每果含籽3粒(少数4~5)，种皮色淡少纹、且较扁平。

分布 广西各地均产，以桂南天然分布和人工种植较多，分布我国北热带至中亚热带南部，主要栽培区为广西、广东、福建及江西南部、湖南南部、浙江南部等地。随遇植物，在石灰岩山地常见于峰林平原、孤峰平原的溶蚀残余红土上，但石山洼地、村旁、路旁亦常见。

生物学特性与适生生境 分布区的年均气温15℃以上，≥10℃年积温4000℃以上，年降水量960mm以上。分布区地带性土壤有砖红壤、赤红壤、红壤、黄壤及红色石灰土。适应性强，耐干旱瘠薄，但不耐水湿，石山谷地、台地、路旁均生长良好。

实生繁殖下一般表现为雌雄异株，有一半为雄株，不结实或结实很少，但没有始终不开雌花、绝对不结实的雄株，也有典型雌雄同株的类型。在实生繁殖下，一般5~7年生开始开花结实，盛果期30~40年，寿命一般50~60年，高达80年以上。

栽培技术

(1)采种与种子处理　果熟期9~10月，种子成熟后果皮呈黄色，可采收。桐果采回后，堆置于阴凉处，盖上稻草，并洒适量水进行堆沤，促使果皮变软而利于剥出种子。种子不能曝晒，否则易丧失发芽力。桐籽脱壳后，置通风处适当晾干即可。种子千粒重2000~3000g。不宜长期贮藏，生产上一般是秋季采种，常温袋藏至翌年春天育苗。

(2)育苗　以培育嫁接苗为主，砧木用本砧。选择疏松、肥沃、排水良好、灌溉方便、土层深厚地作圃地。条播，播种沟宽15cm，深12cm，沟距45cm。每$100m^2$施腐熟饼肥15kg、过磷酸钙4kg、草木灰60~75kg作为基肥。2月下旬至3月下旬播种。播种前，种子用冷水浸泡24~48h，选取沉于水中的种子用于播种。点种，种粒之间相距20~30cm。将种子横放在泥土上，覆土厚3~5cm。用种量30~$40g/m^2$，种子发芽率约80%。幼苗出土后15d，及时进行松土、除草与追肥。当苗高1m左右时，摘顶，抑制苗木高生长，促进粗生长。当年秋季，地径粗约2cm即可嫁接。优良接穗的标准是枝条年龄在1年生以内，且充分木质化、径粗约2cm、芽眼饱满。芽接是千年桐嫁接的主要方法，嫁接时间以秋季为好，嫁接易成活，翌春即可出圃栽培。嫁接后至出圃前，每月中耕除草、施肥1次，经常除萌。

(3)种植　直播造林或植苗造林，千年桐实生苗有50%的植株为不结实或很少结实的雄株，产量低，应大力推广应用经选育的优良无性系的嫁接苗造林。块状整地，穴规格80cm×80cm×60cm。无性系造林密度为6m×8m。造林必须在树苗萌动前，一般在立春至惊蛰之间进行。无性系苗造林，需在林地的适当位置定植当地乡土品种实生苗作授粉树。

(4)抚育管理　栽植后每年抚育2次，主要进行松土、除草、施肥，最适农桐混作，以耕代抚。千年桐优良无性系栽培性强，1年不管理产量大减，如果连续3年不抚育管理，连桐树也要衰败死亡。桐林从第6年开始进入盛果期，必须加强抚育管理。抚育管理主要是土壤耕作和施肥。

用途　桐油是我国大宗的出口商品，桐油应用已渗入到很多领域，在印刷电路板制造、机械防腐、润滑及涂料等行业得到广泛应用，直接或间接利用桐油开发的产品有2000多种。压榨桐油后的桐饼含有机质77%，是高效有机肥料，广泛用于农作物、花卉和果树种植，尤其近年来广西桉树速生丰产林的规模栽培，对桐饼需求量猛增，价格亦快速提高，据调查2009年底广西桐饼厂家出厂价达到900元/t。

石　栗

Aleurites moluccana(L.) Willd.

科名　大戟科　Euphorbiaceae

别名　油桃、铁桐

形态特征　常绿乔木，高达 20m，胸径 40cm。嫩枝、幼叶及花序被灰褐色星状柔毛。单叶，卵形或卵状披针形，长 14 ~ 20cm，宽 7 ~ 14cm，先端渐尖，基部宽楔形或近平截，全缘或浅齿裂，基脉 3 ~ 5，侧脉 5 ~ 6 对。花序长 10 ~ 15cm；花白色。果熟时为暗绿色，密披褐色锈毛，核果肉质，内果皮骨质，卵球形，径 5 ~ 6cm，被灰棕色星状鳞毛。种子 1 ~ 2，黑褐色，扁椭圆形，表面有不规则突起。种壳骨质，厚而坚硬，种子长 2.8 ~ 2.9cm，径 2.4 ~ 2.6cm，厚1.8 ~ 2.4cm。

分布　产桂东南、桂西及桂西南，分布广东、云南、海南，越南、泰国、马来西亚、印度等亦有分布。随遇植物，岩溶石山生于山坡、谷地。

生物学特性与适生生境　喜高温、高湿的气候环境，能耐短期 0℃ 左右低温，但忌霜冻。属喜光树种，深根性，生长快速，有萌芽力，适生于湿润、肥沃的酸性土至中性土，也耐贫瘠，在公路两旁能生长成胸径 40cm 大树。约 8 年生开始结实，12 ~ 15 年生以后进入正常结实期。

栽培技术

(1)采种与种子处理　果熟期 7 ~ 8 月，果实成熟盛期用竹竿击落，从地面拾捡，或待果实自然落地后捡拾。采集的果实堆沤于湿润处，果皮腐烂后装入竹筐，置水中冲捣漂淘数次，即得净种。种子千粒重 6410g。摊晒 2 ~ 3d，普通干藏，发芽力保存 1 ~ 1.5 年。

(2)育苗　播种育苗，有后熟现象。2 ~ 3 月播种，播后 60 ~ 70d 开始发芽。发芽率约为 55%。条点播，条距 30cm，株距 15 ~ 20cm，播种约 150g/m^2。幼苗出土后半月左右进行移植、补植、定苗。1 年生规格苗高 1.2 ~ 1.5m，地径 1.2cm，可出圃定植。

(3)种植　选择石山麓、村旁、路旁等处造林。春季栽植。造林前定点挖穴，施腐熟土杂肥作为基肥，上覆表土。造林株行距为 4m × 5m。

(4)抚育管理　幼林抚育采取林粮间作，以耕代抚，促进幼树生长，增加收益。成林应加强土肥水管理，适时中耕除草和施肥，冬季深挖垦复。

用途　种仁富含油脂，种子提取的工业用油，可直接用于提炼生物柴油；也可代替桐油作为制肥皂、油漆、涂料及水中防腐剂的原料。

东京桐

Deutzianthus tonkinensis Gagnep.

科名 大戟科 Euphorbiaceae

别名 毛桐、野油桐

形态特征 常绿乔木，高25m，胸径30cm。树皮微红色，小枝被柔毛，有明显叶痕和散生皮孔。单叶，叶纸质，集生于枝条的上部，卵状菱形或椭圆状菱形，长15~22cm，宽10~14cm，先端尾状渐尖，基部宽楔形或近圆形；基出脉3，两面无毛，全缘略带波状；叶柄长12cm，无毛，顶端有2枚盘状腺体。花单性，雌雄异株，顶生伞房花序，雄花序长10~15cm，雌花序较短。蒴果近球形，具3棱，长2.8~3.5cm，径3~3.8cm，外果皮厚，硬壳质，密被褐色或灰白色绒毛，每果有种子2~4粒。种子卵形，径1.5~2cm，种皮栗色，有光泽。

分布 产龙州、宁明、江州区等地，分布云南东南部及越南北部。喜钙植物，生长于石灰岩山坡中下部或谷地。

生物学特性与适生生境 分布区年平均气温20~22.5℃，1月平均气温13.7~15.4℃，极端最高温38℃，年降水量1250~1800mm，干湿季节明显，旱季长达7个月左右。生长于山谷与峰丛的常绿林内，林内空气湿润，常年相对湿度平均在80%左右。较耐荫，幼龄树喜在庇荫下生长，成龄树也喜稀疏遮荫。喜肥沃湿润土壤，多分布于石灰岩积土深厚的峰丛中下部。弄岗自然保护区土壤肥沃、湿度大的山谷森林中，高达25m，生长茂盛，形成以东京桐为优势种的群落，东京桐在乔木各亚层都有分布，林下幼苗亦可见。在林中，东京桐常见的伴生树种有肥牛树、苹婆、任豆、人面子、海南大风子、米浓液、秋枫、山石榴等。

生长快、结实早，人工栽培3年结果，每个枝头有果6~13个，单株产果量2~3kg，野生东京桐大树每株可采果50~100kg；6年生人工林平均树高6.1m，胸径6.73cm。野生29年生树高19.5m，胸径21.8cm。

栽培技术

(1)采种与种子处理 果熟期8~9月，采种母树应选择树体结构好、生长茂盛、座果率高、果实丛生性强、单株产量高的植株，待果皮由绿色变为黄绿色、紫红色或淡褐色时采收。内果皮与种壳间充满胶质，种子不易脱出。采集的果实，需堆沤约半个月，保持湿润，待果皮充分软熟，胶质呈腐烂状，剥出种子，置水中浸泡洗净，即可用作播种。种子千粒重3100g。种子失水快，干藏2个月以上，种子就完全丧失发芽能力。用半干的细沙以1:2的比例层积堆放或拌匀贮藏，半年后发芽率仍可保持在90%左右。

(2)育苗　播种繁殖，种子没有休眠期，成熟后只要有适宜条件就可以萌发。新采的种子，剥壳后在恒温箱内，25～28℃条件下第 5 天就开始萌发。成熟落地的种子，有少量当年就能萌发，但多数到第 2 年春才发芽。选择土层深厚、肥沃湿润的砂壤土，深翻、碎土、耙平，施足基肥。播种条距 20～30cm，粒距 10～15cm，覆土 3～4cm，播后盖草，播种量 30～50g/m^2。1 年生苗高 1.2m，地径 1.5cm。提倡培育容器苗造林。

(3)种植　造林地宜选择石灰岩峰丛中下部、谷地，坡度平缓，肥沃湿润的土壤，株行距 2m×3m，裸根苗造林成活率达 90%以上。

(4)抚育管理　幼林前 3 年每年除草追肥 2 次。林地可间种黄豆、花生、红薯等经济作物，以耕代抚。

用途　种仁颗粒大，含油率 49.7%，油色金黄，属半干性油，是重要工业原料，用于制作肥皂、油漆、涂料、防腐剂等；桐饼为上等肥料；木材纹理直，结构细，材质坚韧，可供民用建筑和制作家具之用。

蝴蝶果

Cleidiocarpon cavaleriei Airy－Shaw

科名　大戟科　Euphorbiaceae

别名　唛别(壮语)、山板栗、猪油果、猴果

形态特征　常绿乔木，高达 30m，胸径 100cm。幼枝、花枝、果枝均有星状毛，叶集生小枝顶端，椭圆形至长椭圆形，叶脉在上面隆起，叶柄顶端稍膨大呈关节状，具有两个小黑腺点。果实核果状，长 3～4cm，果柄长 0.8～2cm，外果皮薄，近壳质，密被灰黄色星状绒毛，果茎下延成柄，具有宿存增大的花萼，内果皮软，骨质而坚脆，种子灰褐色，近球形。

分布　产宁明、龙州、凭祥、大新、扶绥、靖西、那坡、田东、田阳、武鸣、浦北、防城等地，凌云、田林、隆林、马山、都安、巴马、东兰、风山等地亦产，分布贵州南部、云南东南部，越南北部、缅甸北部亦有分布。随遇植物，生于石山下部、谷地次生阔叶林中。

生物学特性与适生生境　喜温暖环境，适生区年平均气温 19～22.4℃，最冷月平均气温 11.3～14.8℃，最热月平均温度 25.6～28.1℃，年积温在 7000℃以上。在分布区的北缘极端低温－2℃左右、短期霜冻，尚能生长良好，但幼苗与幼林易受霜冻。在分布区内，如遇持续 3～5d 的重霜，幼苗地上部分常受害冻死。适生区年降水量 1100～1500mm，干湿季明显。在石灰岩山地，常生长于山沟、山麓、山下部等水肥较好的地方；亦耐干旱瘠薄，在土壤整实、贫瘠的公路旁常见生长良好、结实累累的大树。喜光树种，在向阳开旷的山坡中下部，枝叶

繁茂，结果多；在山谷光照较弱的条件下，树干高生长快，冠幅小，分枝少，结果少。

幼、中龄植株萌芽力较强，10 年生左右的伐根可萌芽数条，萌芽条生长甚快，1 年生高可达 1m 以上。蝴蝶果在野生状态下初期生长较缓慢，以后逐渐加快。一般 6 ~ 7 年生树高 5m 以上，胸径 12cm，冠幅 6m。8 ~ 14 年生为结果初期，一般单株结果量 10 ~ 15kg；15 年生后进入盛产期，单株产果量可达 50kg 以上。

栽培技术

(1)采种与种子处理　选择 20 ~ 50 年生，生长健壮、结果多、果实大、果皮薄的优良类型作采种母树。8 月中下旬果皮由灰青色变为青黄色，种壳黑褐色，是种子成熟的表现，此时可采摘果实。果实采回后置室内 1 ~ 2d，待果实微裂后人工剥开果实，取出种子。出籽率 60%，种子千粒重 12000g。种子不宜久藏，不宜晒干或风干，应随采随播。需要短暂贮藏或远途调运时，须带果壳装入竹篓内，一周内发芽率尚可保持在 70% 左右。

(2)育苗　播种育苗。选择平缓坡地、排水良好、土层深厚肥沃的砂壤土。条点播。沟距 25 ~ 30cm，沟深 5 ~ 7cm，粒距 15cm，用种量约 200g/m^2。播种后 10d 开始发芽出土，幼苗阶段应勤除草、松土，并结合施速效肥。石山造林提倡容器育苗，每袋放 1 粒种子，点播时需将种子横放，切忌倒置，倒置将使苗木根茎部产生畸形。袋苗苗圃管理措施，同一般袋苗管理。半年生苗高可达 40cm 以上，可以出圃定植。

(3)种植　选择山腰、山脚的缓坡地，土层深厚肥沃，结构松软湿润，富含有腐殖质的土壤。春季种植，施足量基肥。造林密度，初植株行距 3m × 3m。

(4)抚育管理　结合林粮间种或种植绿肥，每年夏、秋两季各抚育施肥 1 次，幼树多施氮、钾肥；结果的成年树多施磷肥，以利多结果。成林每隔 2 ~ 3 年需垦复 1 次。垦复时间宜在秋天收果后进行。垦复深度是树冠内 10cm，树冠外 20cm。

用途　蝴蝶果出仁率约为 60%，含油率 33% ~ 39%、含蛋白质 14.7% ~ 18.32%、含淀粉 20.56% ~ 40.38%、含糖分 2.49% ~ 12.36%。种子蒸熟后压榨得油，油质清冽，芳香可口，可作食用，是较优质的食用油。木材为散孔材，淡黄白色，纹理直，结构略粗、较坚实，可作建筑房屋及家具等用材。

乌　桕

Sapium sebiferum(Linn.) Roxb.

科名　大戟科　Euphorbiaceae

别名　桕籽、桕木、桕子树

形态特征　落叶乔木，高达18m。树冠球形，具白色乳状汁液，汁液有毒。单叶互生，叶菱形或菱状卵形，长及宽约3～9cm，先端短渐尖，基部阔楔形；叶柄长3～7cm，顶端具腺体2枚。雌雄同株，总状花序顶生，长6～15cm，密生黄色小花。蒴果木质，卵状球形，直径1～1.5cm。种子近圆形，外被白色蜡质假种皮。

分布　广西全区各地均产，分布于我国西南、华南及华中，日本、印度亦有分布。随遇植物，石灰岩山地常见于村旁、路边及石山山脚。

生物学特性与适生生境　喜光，适应性非常强，在年平均气温15℃以上、年降水量750mm以上的平原、山区均可种植。沟边河道、路旁、宅基四周都能生长，有较强的抗涝能力。对土壤的适应幅度较宽，pH值从4.5～8.5的沙土和黏土均能生长，但以土层深厚、肥力高的平原冲积土和石灰岩发育的土壤最好。

生长快，产量高，一般栽后3～4年便开花结果。10年后进入盛果期，结果时间长，经济寿命70年以上。单株产量因品种而异，一般达30kg，多者120kg以上。

栽培技术

(1)采种与种子处理　10～11月果实成熟，果熟时果实外壳变黑，裂开，露出白色种子时可采收。选择15～30年生母树采种，采收的果穗，摊放于通风阴凉处，待果壳全部裂开，捡出种子，晾干普通干藏，翌春播种。种子千粒重约260g。

(2)育苗　通常采用嫁接苗造林，培育粗壮砧木是关键。种子外被蜡质，播种前用60～80℃热水浸泡至自然冷却，再用冷水浸种3d，取出种子除去蜡皮，晾干后即可播种。圃地应选土壤肥沃、阳光充足、排水良好的地方，深耕施肥。播种以2～3月为宜，条点播，行距20～25cm，每行播20～25粒种子，播种量为7～10g/m²。嫁接的接穗应选择优良品种的优良单株，采用1年生的粗壮枝条作接穗，腹接。

(3)种植　选择土层深厚、肥沃，且坡度较小的河滩、谷地、坡脚。施足基肥后定植，造林株行距为6m×6m。造林时间宜在春季。

(4)抚育管理　成林前期可套种其他作物，以耕代抚。乌桕成林每3～4年要深翻1次，深翻时施入土杂肥。结合采收进行修枝，剪去过密枝、病虫枝、弱枝等。

用途　种子既含油又含脂，桕脂是我国传统的出口物资和重要的工业原料。种子的蜡质层假种皮俗称“皮油”或“桕蜡”，供制蜡烛、肥皂。去蜡质层的种皮所榨的油称“梓油”或“桕油”，梓油是一种干性油，可用作制油漆、油酸、润滑油、油墨、化妆品、蜡纸、皮肤防裂油和药膏的原料，也是合成前列腺素和杀菌剂的原料。

蒜头果

Malania oleifera Chun et S. Lee. ex S. Lee

科名 铁青树科 Olacaceae

别名 山桐果、猴子果、马兰后(壮语)

形态特征 常绿或半落叶乔木，高15~25m，胸径30~50cm。主干通直，树皮灰褐色，树冠广阔。单叶互生，薄革质，长圆形或长圆状披针形，长7~15cm，宽2.5~4cm，基部有关节，嫩叶两面有棕色粉状微柔毛；叶柄长1~1.5cm，叶片搓烂有桃仁味。花小，10~15朵排成伞形花序状或总状花序状的聚伞花序，花序腋生，单序或2~3序集生在短枝上端或小枝枝梢，总花梗纤细，长1.8~2.3cm。浆果状核果，扁球形，直径3~4.5cm，长3~4cm，形似蒜头，果皮肉质，顶部具尖头。每果有种子1粒，种子球形，直径约1.8cm，淡黄褐色，种壳木质，坚硬，种仁柔软，乳白色。

分布 产龙州、大新、德保、靖西、平果、田东、田阳、右江区、隆安等地，田林、隆林、凌云、乐业、凤山等地亦产，分布云南东南部。喜钙植物，天然分布石灰岩、砂岩、页岩等母质发育起来的黑色或棕色石灰土、红黄壤、山地黄壤，但以土层肥沃的石灰岩山地的中下坡生长发育良好。

生物学特性与适生生境 喜冬暖夏凉气候，分布区年均气温19~22℃，1月平均气温12~14℃，7月平均气温27~28℃，极端最低温为-3℃，年降水量840~1700mm，干湿季节交替鲜明，为半湿润静风气候。根系发达，较耐干旱，能穿插入石缝、石穴处生长，但不耐低丘暑热，低丘地引种栽培常因气候炎热，生长不适而死亡。自然生长地大都是四周有山地作为屏障，多生长在山谷底及中下坡。幼树喜荫，随着树龄增大而逐渐喜光。多生于石灰岩石山的下坡，喜肥沃、湿润的中性至微碱性石灰岩土，pH值7~7.5最宜，强酸性土及黏重贫瘠的土地不能生长。主要伴生树种有蚬木、石山樟等。萌蘖力强，尤以10年以下的幼树萌蘖力最为旺盛，萌蘖条当年可高达1m以上，成年的大树砍伐后，亦能萌蘖。

栽培技术

(1)采种与种子处理　果熟期10月，采集的果实可就地去除果肉，运回后再洗净得种子。已处理得到的种子不能失水，忌日晒或裸露存放。可随采随播或混湿沙贮藏越冬，至翌年3月播种。鲜果出籽率约35%，种子千粒重约11kg。

(2)育苗　种子播于沙床催芽，播后约20d开始发芽，持续40d左右，待露白择阴雨天移入规格为20cm×20cm容器内培育，1年生苗高40cm可上山造林。

(3)种植　选石灰岩山下坡土层稍厚处，按照株行距2m×2m块状清理与整地，栽植穴规格 50cm×50cm×30cm。保护原有植被尤其是树木，为蒜头果幼树提供侧方蔽荫，春季择阴雨天定植。

(4)抚育管理 新造林，每年抚育 2 次，松土、施肥、除藤杂。成年树，在收果前割去高草和藤刺植物，既方便收摘果实，又起到抚育管理作用。

用途 药用、香料及油脂植物，果仁含油脂50%～55%。蒜头果油能制备麝香酮，具有芳香开窍、通经活络、消肿止痛作用，小剂量对中枢神经有兴奋作用，大剂量则有抑制作用。临床上用于冠心病心绞痛、血管性头痛、坐骨神经痛、白癜风等。蒜头果油也可食用，民间多用于食用烹调，但蒜头果油容易冷凝，多用于火锅，炒菜则宜热食。

茶条木

Delavaya yunnanensis Fra.

科名 无患子科 Sapindaceae

别名 唛壮(壮语)、鸡腰子果、米麻、假龙眼

形态特征 常绿乔木，高 12m；小枝暗红色，有凸起的皮孔。三出复叶，互生，连柄长 10～18cm；小叶薄革质，披针形至长椭圆形，顶生小叶长 8～15cm，宽 1.5～4.5cm，具短柄，侧生的稍小，长 6～10cm，近于无柄，边有锯齿。圆锥花序，长 6～12cm；花杂性，白色或粉红色；蒴果木质，倒心形，宽 2.5～3.5cm，木质，2～3 裂；种子近圆球形，黑色，直径 1～1.5cm。

分布 产龙州、宁明、大新、江州区、那坡、田东、田阳、平果、德保等地，田林、隆林、乐业等地亦产，分布云南及贵州东南部，越南北部亦有分布。喜钙植物，岩溶石山区生于山坡、石崖。

生物学特性与适生生境 自然分布热带及南亚热带南缘，喜温暖湿润气候，但在 -3℃短期低温下能安全过冬。喜光树种，但幼苗需一定的荫蔽，过荫则生长细弱。天然更新尚好，母树下常见幼苗。耐干旱瘠薄，根系发达，对土壤、水肥要求不高，多生于石山坡积土、石穴土上，在山顶石崖、石缝中也能生长成大树。在广西热带海拔 700m 以下石灰岩山地季雨林中，茶条木和海南大风子、割舌树、米仔兰、闭花木、三角车、青冈栎、金丝李等混生，为中下层林木。萌芽力强，砍伐后能萌蘖生长。

生长快，是石山一种速生树种之一，1 年生苗高达 0.8～1m，3 年生树高约 3m，造林 3～4 年可开花结实。树冠球形，形似油茶，枝条柔软，叶枝浓绿。

栽培技术

(1)采种与种子处理 9～10 月果熟，选 10～15 年生健壮母树进行采种。当蒴果由青色变黄褐色时，采种最适宜。树形不高，枝条柔软，可用人工摘果或高

枝剪剪果枝采种。种实采回后，在通风良好的室内晾干，自然脱粒，收集种子。种子富含油脂，不宜久藏和曝晒。随采随播或沙藏至翌年春播种。种子千粒重36g。

(2)育苗　播种繁殖，种子无休眠期，易发芽，为提高苗木质量，提倡二步法育苗。即先将种子放入室外沙藏催芽，待种子发芽，移植苗圃地或容器袋内培育，以后加强水肥管理，培育壮苗。当圃地苗高达80～100cm，容器苗高60～70cm，即可出圃造林。

(3)种植　植苗造林为主，亦可直播造林。造林地应选择石山中下部土壤深厚的坡积土或石穴土。石山区整地，只砍去藤刺灌丛，块状整地。造林密度不宜规定，根据土被分布，见缝插针式进行。造林季节，以春季前后的阴雨天进行为宜。造林苗木，在定植前3～5d，剪去1/2～1/3的叶片，以保证苗木的成活率。裸根苗生长过高或隔年留床苗，亦可进行截干造林，截干苗木高约5～10cm，然后浆根上山定植，造林成活率可达90%。

(4)抚育管理　林地要封山1～2年，每年抚育砍草1～2次，以促进林木生长。

用途　种子含油量很高，种仁含油约69.9%～71.5%。因油脂含有毒素，不能食，可供制肥皂等用，在广西用以润发，谓可治头虱，在云南用以治疥癣，越南也有作为一种药用使用的记载。木材干燥快，燃烧性能良好，无气味，是石山区群众常用薪炭林树种。

黄连木

Pistacia chinensis Bunge

科名　漆树科　Anacardiaceae

别名　黄力芽、楷树

形态特征　落叶乔木，高达30m，胸径1.5～2.0m；树冠广阔近圆形，树皮粗糙薄片状剥落，小枝赤褐色，老皮灰褐色，片状剥落。冬芽红色，有特殊气味。通常偶数羽状复叶，互生，小叶10～14对，长5～8cm，宽约2cm，披针形或卵状披针形，先端渐尖，基部斜楔形，全缘，幼时有毛，后变光滑，仅两面主脉有柔毛。花单性，雌雄异株，花小，密生，无花瓣，雄花序排列成密总状花序，淡绿色，长5～8cm；雌花序排列成疏松的圆锥花序，紫红色，长18～22cm；花先叶开放。核果扁球形，径5～6mm，有小尖头，初为黄白色，熟时红色或蓝紫色。

分布　产靖西、那坡、田东、田阳、右江区、龙州、宁明、隆安等地，桂林、柳州、河池等地亦产，分布广东、云南、福建、台湾、陕西、四川、湖南等。喜钙植物，石灰岩山地生于山坡、石崖。

生物学特性与适生生境　对气候适应性强，分布区自北亚热带、中亚热带、南亚热带至北热带。喜光，属强喜光树种，幼时稍耐荫。对土壤要求不严，耐干旱瘠薄，微酸性、中性和微碱性的沙质土地、黏质土均能适应，在含径粗 5～8cm 砾石较多的山坡、崖边也能良好生长，能穿透石缝绕石生长，在石缝土也能长成大乔木，但以肥沃、排水良好、湿润的山坡地生长最好。深根性树种，主根发达，侧根多且粗壮，抗风力强。萌发力强，樵采后或修枝后能萌发更多新枝，恢复生长。

栽培技术

(1)采种与种子处理　果熟期 9～10 月。选择 20～40 年生，生长健壮，产量高的母树采种。在秋季当核果由红色变为蓝紫色时及时采收，否则 10d 后自行脱落。将果实浸入混草木灰的温水中浸泡数天，或用 5% 的石灰水浸泡 2～3d，然后搓洗，除去种皮蜡质，捞出种子用清水洗净，晾干后播种或贮藏。种子千粒重 90g。

(2)育苗　播种繁殖或扦插系繁殖，以播种繁殖为主。春播或秋播，种子无需处理。条播，行距 20～30cm，播幅 5～6cm，深 3cm，播种量 15g/m^2。播后 1 个月后可出齐苗，发芽率 50%～60%。苗高 10cm 时即可定苗，株距 5～10 cm。追肥、灌水，促进苗木生长。1 年生苗高可达 80cm。

(3)种植　穴状整地。采用 1～2 年生苗木栽植，春季栽植。若苗木太高，为提高造林成活率，宜采用截干。

(4)抚育管理　造林后至郁闭期间，每年松土除草 2～3 次。到结实期，仅保留 5% 的雄株作授粉树，伐除多余雄株或用高接换冠的方法将其嫁接为雌株。

用途　优良木本油料树种，种子含油率 42.46%，种仁含油率 56.5%，油淡黄绿色，带苦涩味，也可供制肥皂及润滑油用，精制后还可供食用。黄连木还是重要的药用植物，叶、树皮可入药，治疗痢疾、霍乱、风湿疮、漆疮初起等症。木材坚韧致密，黄褐色，有光泽，易干燥，易加工，抗压耐腐，油漆和胶粘性能好，可供民用建筑、制造箱板、农具、家具等。

狗骨木

Cornus wilsoniana (Wanger.) – Sojak

科名　山茱萸科　Cornaceae

别名　光皮树、梾木、花皮树、马光林

形态特征　落叶乔木，高达 16m，胸径 30cm。树干通直光滑，具灰白花纹，树冠伞形，树皮灰白色，块状剥落。单叶对生，椭圆形，长 5～9cm，宽 3～

6cm，先端渐尖，基部宽楔形，背面密被白色短柔毛及细小的乳头状凸起。顶生聚伞花序，花两性，白色。核果球形，直径 6mm，成熟时呈黑褐色，种子黄白色。

分布 产德保、田阳、靖西、龙州、宁明等地，桂林、临桂等地亦产，分布于长江流域以南以及西南各地，以广西、广东、湖南、湖北、江西、贵州、四川等省（自治区）分布较为集中。喜钙植物，石灰岩山地生于山脚、山腰甚至石崖。

生物学特性与适生生境 热带亚热带树种，分布区年平均气温 17～20℃，年降水量 1200～1900mm。喜光、喜钙、喜肥沃湿润土壤，亦耐旱、耐瘠薄，在石灰土、紫色土等钙质土以及板页岩、四纪红壤等发育的酸性土均能正常生长，但以中性偏碱的土壤生长结实较好。深根性树种，根系扩张能力强，须根发达，在石穴土、石缝土、石崖裂缝也能生长。生长于疏林中，常与南酸枣、青冈栎、枫香、菜豆树、榔榆（*Ulmus parvifolia*）、水冬瓜等组成上层林冠。狗骨木天然更新能力强，疏林下常见其幼苗、幼树。伐后可萌芽更新，萌芽粗壮通直。

早期生长迅速，年高生长量可达 1m。在山下部、溪沟边、路边、房前屋后等地生长好、结实多。栽植后 3～5 年开花结果，每株可结果约 5kg，以后逐年增加，15 年生进入盛果期，盛果期达 50 年，寿命 200 年以上，大树年平均产干果 50kg 左右。

栽培技术

（1）采种与种子处理 果熟期 9 月中旬至 10 月下旬。成熟后果实变青黑色。采种母树应选择 10 年以上壮龄植株，将结果的小枝折下采果，浸水 1～2d 沤烂，搓去皮肉、冲净、晾干即可播种或拌湿沙贮藏待用。种子千粒重 50～60g。

（2）育苗 播种育苗或扦插育苗，播种育苗为主。种子有后熟期，播种前需反复多次用 50～60℃温水浸种，每次 30min，冷却后捞出，置温暖室内上盖草帘或湿布催芽，当一半种子裂嘴后即可播种。选土层深厚、质地疏松、湿润肥沃、排灌方便的土地作苗圃。条播或撒播，行距 10～15cm，播后覆土约 1cm，播种量 6～8g/m^2。1 年苗高可达 80cm，可出圃造林。

（3）种植 选择石山中下部，肥沃湿润的地方为好。但在高陡石穴土、石缝土，甚至土壤很浅的陡壁，裂隙及石芽众多的石缝、洞穴均可栽植。小暗穴整地，规格 40cm×40cm×20cm，株行距 2m×1m，施农家肥加钙镁磷肥作基肥。早春苗木萌动前选择阴天或小雨天起苗栽植，裸根苗造林成活率在 80% 以上。

（4）抚育管理 主要是中耕除草、施肥、整形和修剪等措施。

用途 多年生木本食用油树种。干果含油率 33%～36%，出油率 25%～30%。油色橙黄透明，清香可口，点灯无烟味，营养价值可与豆油、花生油媲美。全果精炼油含不饱和脂肪酸 77.68%，为一级食用油。木材坚硬，纹理致密，可作桥梁、枕木、家具、农具和建材。

紫荆木

Madhuca pasquieri(Dubard) Lam.

科名　山榄科 Sapotaceae

别名　木花生

形态特征　常绿乔木，高达 30m，胸径达 110cm，树体内含黄白色乳汁。树皮黑褐色，呈片状剥落。嫩枝密生皮孔，被淡黄色绒毛，老枝黑褐色，无毛。单叶互生，常聚于枝顶，薄革质，倒卵形或倒卵状长圆形，长 5 ~ 16cm，宽 2. 5 ~ 5. 5cm，全缘，先端骤然收缩，两面无毛，基部窄楔形，侧脉细密，多达 20 余对，叶柄长 2 ~ 3cm，被短柔毛。花单生或数朵簇生于叶腋。浆果椭圆形或近球形，长 2 ~ 3cm，具宿存花柱。每果有种子 1 粒，种子扁椭圆形，黄褐色或浅褐色。

分布　产宁明、龙州、大新、南宁、武鸣、防城、上思、合浦、钦州、浦北、灵山、容县、博白、岑溪等地，桂平、平南、苍梧、藤县、上林等地亦产，分布广西东南部和南部、云南东南部，越南北部亦有分布。随遇植物，石灰岩山地生于山崖、坡地。

生物学特性与适生生境　自然分布区主要为北热带季风区，年平均气温21 ~ 23℃，极端最高温 40. 8℃，极端最低气温 －1℃，最热月平均气温 28℃，最冷月平均气温 11 ~ 14℃，≥10℃年积温 7300 ~ 8100℃，年降水量 1200 ~ 2000mm。喜光树种，多生于林缘、路旁和较开阔的疏林中，密林中少见。主根发达，侧根稀少，能耐干旱环境，在岩石裸露的石缝甚至石崖都能生长。在石灰岩山地常与蚬木、海南大风子、棒柄花等乔灌木混生。

紫荆木幼龄期生长较慢，在自然条件下，树高年生长量 24cm，胸径年生长量 0. 4cm，随林龄增长，生长速度加快。

栽培技术

(1)采种与种子处理　3 ~ 4 月果实成熟，果实成熟后，易招鸟、兽采食，注意及时采收。直接采摘或摇动树枝震落在地面再捡拾。采回的果实，摊放数天，待果皮充分软熟后，浸水中搓洗去果肉，淘去果皮等杂质，洗净后稍晾干可供播种。种子富含油脂，忌脱水，不宜日晒。随采随播，短期贮运，需拌润沙。

(2)育苗　培育地点应选择日照充足环境。条点播，播种约 60g/m^2。4 月下旬播种，至 6 月上旬方始萌出根芽，6 月下旬胚芽出土，7 月上旬发芽结束。幼苗出土后需搭棚遮荫。播种前施足基肥，苗出土后每月追肥 1 ~ 2 次。育苗期间应注意松土、除草、灌水和苗木遮荫。1 年生规格苗高 30cm 以上，地径 0. 7cm 以上，可出圃造林。紫荆木幼苗主根发达、嫩脆，侧根和须根很少，裸根苗造林较难成活，提倡推广容器苗造林。

(3)种植　造林地宜选择地势开阔，阳光较足，土层深厚、肥力较高、排水良好的山坡中下部，最好在四旁种植或在疏林下混交种植。

(4)抚育管理　定植后5～7年需进行抚育管理，每年松土除草2次，并追肥1次，以促进幼林的生长。

用途　珍贵硬木和油料兼用树种。种仁含油率高，油质好，味香可食。紫荆木果实出仁率约30%，种仁出油率39%～45%。百年大树，丰年单株可产果300～400kg。外果皮肉质含糖达11%，可供食用。木材坚重，耐水湿，花纹美观，是极好的热带优质硬材，可作为高级家具、模具、雕刻、工艺品及室内装修的上等良材。

破布木

Cordia dichotoma Forst. f.

科名　紫草科　Boraginaceae

别名　狗屎木、青桐翠木、文木

形态特征　常绿乔木，高20m，胸径40～60cm。单叶，叶卵形、宽卵形或椭圆形，长6～13cm，宽4～9cm，先端钝或具短尖，基部圆形或宽楔形，边缘通常微波状或具波状牙齿，稀全缘，两面疏生短柔毛或无毛；叶柄细弱，长2～5cm。花杂性，两性花和雄花异株。聚伞花序生具叶的侧枝顶端，二叉状稀疏分枝，呈伞房状，宽5～8cm。核果近球形，黄色或带红色，直径1～1.5cm，具胶质中果皮，被宿存花萼。

分布　产龙州、宁明等地，梧州、隆林亦产，分布云南、贵州、广东、福建、台湾及西藏东南部，越南、印度北部、澳大利亚东北部及新喀里多尼亚岛亦有分布。随遇植物，岩溶石山生于石崖、山坡。

生物学特性与适生生境　泛热带分布植物，喜温暖湿润气候，分布区极端最低温-1℃以上。对土壤要求不严，在石灰岩石崖亦生长良好，但以湿润的壤土生育为最佳。

栽培技术

(1)采种与种子处理　6～7年生开始开花结实，10年生以后进入正常结实期，大小年间隔不明显。9月果熟，果实由绿转黄再转黑示成熟，成熟盛期用采种钩摇果枝，震落后在地面捡拾。采集的果实装入筐内置水中搓擦，淘出果核，通称种子。鲜果出籽率约37%，千粒重175g。种子晾干3～5d，短期贮藏可用布袋包装干藏。2个月以上的贮藏需混湿沙，贮藏期约为1年。

(2)育苗　播种或扦插繁殖，结实多，播种繁殖为主。种子有中等程度的休眠习性。即采即播，约 100d 开始萌发，持续约 90d，发芽率为 50%。室外沙藏密播，待幼苗长至约 10cm 时移至容器袋内培育。1 年生高约 30cm 出圃。

(3)种植　选择石山缓坡地、山麓等肥沃地段造林。春季雨后栽植，若苗木过大，可截干造林，成活率 90% 以上。

(4)抚育管理　新造林每年抚育 1 ~ 2 次，块状铲草，除去树盘周边杂草、藤本。混农经营，以耕代抚，效果更好。

用途　果实富含脂肪，可榨油。据测定，全果含油 22.18%、干果含油 35.94%、种子含油 51.8%。破布木结实量多，油与花生油相仿，是西藏墨脱重要食用油料树种。木材可供建筑及农具用材。树皮富纤维质，可作造纸等原料。

第 12 章

干鲜果类

冬杧果

Mangifera hiemalis J. Y. Liang

科名 漆树科 Anacardiaceae

别名 冬杧、四季杧

形态特征 常绿乔木，高达 25m，胸径达 110cm；树皮灰褐色，不规则纵裂。小枝粗壮，具条纹，无毛。叶近革质，长圆形或长圆状倒披针形，长 10 ~ 30(50)cm，宽 3 ~ 8(14)cm，先端急尖，基部楔形，无毛，中脉两面凸起，侧脉每边 18 ~ 22(26)条，斜升，两面凸起，小脉两面明显呈网状；叶柄长(1.5)3 ~ 8(14.5)cm，基部彭大。圆锥花序顶生，长 12 ~ 20cm，果期延长到 25 ~ 40cm，无毛；花杂性，淡黄色。核果肾形，长 7 ~ 11cm，宽 4 ~ 6cm，先端具长约 3 ~ 5mm 的喙，果核压扁，坚硬。

分布 产德保、龙州、隆安、上思等地。随遇植物，石灰岩山地生长于谷地、山坡疏林、密林中。

生物学特性与适生生境 零星生长在热带季性雨林内，为上中层树种，分布区年平均气温 20 ~ 22℃，极端最低温 0℃以上，极端最高温 38 ~ 40℃，年降水量 1000 ~ 2500mm，土壤是砖红壤、赤红壤或钙质石灰土。

花期 6 ~ 7 月，果期 11 ~ 12 月，也有植株花期在 4 ~ 11 月，果期在 7 月至翌年 3 ~ 4 月的，因此又名四季杧。果皮淡黄色，单果重 150 ~ 200g，最重达 374g。

栽培技术 嫁接、压条或播种繁殖。种子不耐贮藏，极易丧失发芽力，宜随采随播。种子千粒重 2000g。播种时剥去部分种壳，播于沙藏，10 ~ 20d 发芽。待大部种子发芽后，即移植于容器袋内培育。苗期生长快，1 年生实生苗即可出圃定植。

用途 果实大，与杧果相当，其形状、味道极似杧果，熟时味甜可食。华南地区杧果开花多在 2 ~ 3 月，时值低温多雨天气，授粉受到影响，结果座果率低，而冬杧果开花期多在 6 ~ 7 月，气温较高，雨量较多，座果率相对较高，如果能将野生的冬杧果进行人工培育，加强管理，能大幅提高产量，而且在隆冬时节还有杧果上市，也能解决杧果的淡季问题。

山黄皮

Clausena anisum – olens (Blanco) Merr.

科名　芸香科　Rutaceae

别名　鸡皮果、细叶黄皮、唛味黄皮(壮语)

形态特征　常绿小乔木，高 3 ~ 5m。奇数羽状复叶，互生，复叶长 14 ~ 28cm，小叶 7 ~ 15 片，两侧不对称。顶生圆锥花序，花穗长 11 ~ 20cm 或更长，每穗小花数 200 ~ 500 朵。浆果，长 1 ~ 2cm，径 0.8 ~ 1.4cm，单果重 2 ~ 3g，大者 9g，球形或长圆形，幼果青绿色，成熟后变黄白色。

分布　产龙州、江州区、宁明、大新、天等、凭祥、扶绥、隆安、横县、邕宁区、右江区、田东、那坡、靖西、平果等地，马山、金城江区亦产，分布云南、海南，越南北部地区亦有分布。喜钙植物，岩溶石山生于谷地、沟边、山缘甚至山坡下部。

生物学特性与适生生境　南亚热带及其以南树种，喜温暖湿润，好半阴环境，忌积水。多分布于黑色石灰土，尤以淋溶性黑色石灰土居多，在石山少土的石缝中尚能生长发育，在村边及石山谷地土层较厚的地方生长最好。通常实生树 5 年后可开花结果，嫁接苗定植 3 ~ 4 年后开花结果。以秋梢结果为主，枝条成花率高，花穗大而着花密，座果率高，丰产性能好。

山黄皮与同属的黄皮果相比较，果实的风味略有不同，适生环境也有差异：①黄皮果要求酸性或弱酸性环境，土壤肥沃；山黄皮多生长于岩溶石灰岩钙质土，更耐干旱和瘠薄环境，在广西热带石山区的石山中下坡隙地生长良好。②黄皮果味酸甜，多作鲜食水果；山黄皮果味甘、酸，香味浓郁，有润喉、益胃、祛积、顺气等功能，可鲜食，但主要是加工成山黄皮干、黄皮酱、盐渍山黄皮果。广西已选育出并推广了一批山黄皮良种，主要有桂研 1 号、6 号、15 号、20 号等。

栽培技术

(1)采种与种子处理　果 6 ~ 7 月成熟。选 10 ~ 15 年生健壮无病虫害、产量高的植株作采种母树。果皮由青变淡黄时即可采收，除去果皮、果肉，取出种子，并用清水将种子洗干净，稍晾干后即可播种。

(2)育苗　播种育苗是传统的方法，提倡嫁接苗造林。开沟条播，播种量 20 ~ 23g/m^2，播后用细土覆上，以不见种子为度，然后覆盖草保湿。播种后 5 ~ 8d 发芽，幼苗出土后及时揭除覆盖物，拔除杂草，间除病、弱幼苗，淋施稀浓度的腐熟人粪尿。苗高 40 ~ 50cm 即可作砧木。选用优良无性系或生长健壮、结实多的单株作采穗树，采用劈接、芽片接等方法，3～5 月和 10～12 月嫁接成活率较高。

(3)种植　种植的株行距为 3m×4m。种植时间以 2～3 月成活率最高。种植前 2～3 个月先挖宽 100cm，深 50～60cm 的种植坑，将表土与底土分开，晒 1～2 个月后再覆土回坑，每坑放土杂肥 15～20kg。选用根系发达、生长健壮、苗高 40～50cm 的嫁接苗，剪掉 1/2～2/3 叶片，将苗木按自然状态植于穴中，覆盖细泥稍压实，并淋定根水，用杂草覆盖，保持树盘土壤湿润。

(4)抚育管理　幼树的管理，主要措施有施肥、整形修剪、果园间作与树盘覆盖等。幼树施肥采用薄施勤施的原则，以速效氮肥为主，配合磷钾和腐熟的有机肥。当年种植春季第 1 次新梢长出后追施第 1 次肥料，每株用腐熟的人粪尿施用，初期用稀薄水肥，随植株生长逐渐提高浓度，每月施 2 次，10 月停止追肥。

用途　山黄皮果实为浆果，果皮、果肉可食，可食率在 70% 以上，烘干率为 11%～14%。果实总酸度为 2.28%，含总糖 9.8%，蛋白质 1.39%，维生素 C 74mg/100g，总固形物 17.5%，氨基酸总量 1710mg/100g，还含有丰富的铁、钙等各种营养元素，营养价值高。果实酸甜且香气怡人，实为夏令佳果。山黄皮以其可口的酸甜味及香气在芸香科水果中独具一格，加工成的山黄皮干、果脯、果酱、饮料的制品风味独特，具有消腻开胃之功效，深受消费者的欢迎，为广西热带石山区优质特色水果。

木波罗

Artocarpus heterophyllus Lam.

科名　桑科　Moraceae

别名　波罗蜜、树波罗

形态特征　常绿乔木，高 20m 以上，胸径可达 100cm 以上。树皮厚，幼龄时灰色，较平滑，老龄多纵裂或横裂，黑褐色，内皮红色，砍开后有白色乳液流出。小枝粗壮，圆柱形，具明显的环状托叶痕。叶互生，厚革质，椭圆形至倒卵形，长 7～15cm，先端钝而短尖，基部稍短尖；叶脉羽状，中脉显著，侧脉每边 6～8 条，网脉不明显；叶柄长 1～3cm。花单性，雌雄同株，偶有两性花。聚花果，成熟时球形或矩圆形，长 20～80cm，径 10～45cm；外皮厚，绿色或黄褐色，具稍呈六角形的瘤状凸起。瘦果包藏于肉质体内，有香气，味甜，可食。瘦果内种子 1 粒，种子椭圆形，长 2.6～3.2cm，径 1.3～2.4cm。

分布　原产印度至马来西亚一带，现已广泛栽培于世界各热带地区，垂直分布于海拔 1350m 以下。据记载我国于公元 9 世纪时由西域达买司空引进，已有 1000 多年历史。现广西、广东、海南、云南、福建、台湾等省(自治区)有栽培，其分布区域相当于我国热带和南亚热带的范围，北限可达到北回归线。随遇植物，石灰岩山地生于谷地、台地。

生物学特性与适生生境 年均气温 20 ~ 25℃，无霜冻，年降水量 1200mm 以上的地区为适生区。成年树不耐长期 6℃ 以下低温，幼苗和幼树对低温敏感，通常 0℃ 时叶片出现冻害，降温至 -4℃，枝条受冻或整株死亡。抗旱性中等，久旱常使果实发育不良或早落，花期雨水过多会妨碍授粉，尤其开花结实过程中若遇 10℃ 以下的连续阴雨，会引起落花落果。喜光树种，幼苗和幼树稍耐荫，成年树必须光照充足才能保证正常生长和结实。对土壤的适生范围较广，从酸性至弱碱性的黏壤土、砂质壤土或砾质土等均可正常生长发育，主要是要求土壤深厚肥沃，不积水。荒山荒地连片造林效果不好，而在村庄附近水肥条件好的立地零星种植，利于木波罗的生长结实，效果较佳，是优良的四旁绿化果树。

较速生，在人工栽培条件下，苗期和幼树的树高年生长量最高可达 2m，胸径年生长 1.4 ~ 2.6cm。寿命较长，树龄可达百年以上。木波罗是一种在老茎上开花的树种，主枝、主干、甚至露地的根上都可结实。开花结实年龄因植株类型和受立地环境的影响差异很大，一般 6 ~ 8 年生正常结实。在适宜环境中，健壮的母树 20 ~ 50 年生为盛果期。木波罗是最大型的水果之一，常见的单果重 3 ~ 10kg，最重者达 50kg。

栽培技术

(1) 采种与种子处理　在母株上选树干下部发育良好、果形大、外形圆整、瘤状突起较稀者作种，待果实成熟后采收，置荫凉处后熟 2 ~ 3d。将果切开，即可取出种子。种子不宜曝晒，忌失水，运输可带果或拌沙。种子出果后宜立即播种或贮藏于湿润沙床中，不宜摊放过久。种子千粒重约 6200g，发芽率 70% ~ 90%。

(2) 育苗　播种繁殖。种子随采随播，用湿细沙层积催芽，当胚根露出、芽萌动时可移入高 28cm、径 20cm 的塑料育苗袋中培育。半年苗，苗高 30cm 可出圃定植。

(3) 种植　定植时间在春季。选用苗高 25 ~ 35cm 的壮苗栽植，以零星种植作为绿化果树栽培效果较好，株间距 10m 左右。

(4) 抚育管理　苗木定植后，树盘表面可覆盖杂草或青草，减少土壤水分蒸发，保持土壤疏松，土面不板结。种植后应用竹篱围护，以防牲畜践踏。种植后两年内须适时除草，扩穴压青，每年扩穴 3 ~ 4 次，随树龄增长中耕次数可逐年减少。除冬季施有机肥作基肥外，每次抽新梢前施速效肥促梢、壮梢。

用途 木波罗具有较高的开发利用价值，有“热带水果之王”的美称，果实中含有丰富的糖和蛋白质，味甜而香气浓郁，营养价值高，含可溶性固形物 26%，果糖 22.7%，含酸 0.31%，每 100g 果汁含维生素 C 1.16mg，味香甜、可口，可食性强，可食量大，保鲜时间长，深受消费者喜爱，市场走势稳定，价格看好，一般2～4元/kg。木波罗苞肉可加工成果汁、干片或果脯，能较好保持原有风味。种子富含淀粉，可煮食或炒食，味香如芋，可作粮食代用品，是南方的木本粮食树种，是有待开发利用的粮食新资源。

番石榴

Psidium guajava L.

科名 桃金娘科 Myrtaceae

别名 番桃、鸡矢果、冬果、拔仔

形态特征 常绿小乔木或灌木，无直立主干。嫩枝四棱形，老枝变圆。树干光滑。单叶对生，革质，全缘，椭圆至长椭圆形。花单生或2～3朵聚生于叶腋，花两性，白色。浆果球形、卵形、梨形或长椭圆形，顶端有宿存萼片，果肉白色、黄色、粉红色至鲜红色；种子多，小而坚硬。

分布 原产于热带秘鲁、巴西、墨西哥等地，现已广泛栽培或逸生于世界泛热带至南亚热带，广西柳州以南常见，分布台湾、海南、广东、福建、云南等省。随遇植物，广西热带岩溶石山常有野生群落，生于石山谷地、坡麓。

生物学特性与适生生境 热带果树，能耐高温，在岩溶石缝土亦生长茂盛。不耐低温，在温度－2～－1℃时，幼龄树会受冻致死，成年树出现冻害；－4℃时成年树地上部大多受冻枯死。耐湿性强亦耐干旱，生长发育阶段需有较多水分，但果实成熟期间水分过多，会使果味变淡。在年降水量1000～3000mm的地区，雨量分布较均匀，能获得高产。喜光，也较耐荫，阳光充足处才会生长、结实良好，品质更佳。对土壤要求不严，但以土层深厚、排水良好、富含有机质的砂壤为佳。

番石榴为番石榴属（*Psidium*）果树，该属约有150种，其中果实供食用的有番石榴、草莓番石榴（*Ps. littorale*）、巴西番石榴（*Ps. guineense*）、哥斯达黎加番石榴（*Ps. friedrichsthalianum*）和黄沙罗番石榴（*Ps. molle*）等。经人工栽培，培育了许多栽培品种，广西主要栽培的优良品种为胭脂红番石榴、珍珠番石榴，品质较野生种大幅度提高。

栽培技术

（1）育苗 可采用圈枝、扦插和嫁接等方法繁殖，嫁接为主。选择排灌方便、日照充足、土层深厚、肥沃壤土为苗圃地。采集成熟果实的种子稍晾干即可播种。播后约30～40d发芽，苗5～8cm高、有3～4对叶时便可分床移植。苗木长至30～40cm高、径粗0.5～0.8cm时便可嫁接。嫁接时间以3～6月或8～10月为宜，采用切接、靠接法。接穗取自当年老熟半年生树梢，嫁接后要加强管理，翌年春季当苗木嫁接口上枝条木质化，枝梢 40cm 以上，径粗 0.8cm 以上时可出圃定植。

(2)种植　选择谷地缓坡地建园，挖深、宽各 80cm 的植穴或植沟，分层埋施杂草、绿肥、有机肥，每株施有机肥 15～20kg，过磷酸钙或钙镁磷肥 1kg。种植以春季 2～4 月为佳，种植密度一般 4m×5m。栽后在四周做一树盘，淋透定根水，用杂草覆盖树盘，剪去部分叶片以减少水分消耗。

(3)抚育管理　新造幼林 3 年内每年抚育 1～2 次，铲除树盘周边杂草，结合抚育进行施肥，以农家肥为主，配施少量速效氮肥。

用途　番石榴味道甜美，芳香沁人，营养丰富，含有粗蛋白、脂肪、碳水化合物等，维生素 C 含量高，还含有丰富的其他维生素及矿物质，特别是富含磷、钙、铁等。果实除鲜食外，还可加工制成果汁、果酱、果冻、果粉和混合饮料。

番荔枝

Annona squamosa L.

科名　番荔枝科　Annonaceae

别名　麦螺陀、洋波罗、佛头果、释迦果

形态特征　半落叶灌木或小乔木，株高 2～3m，枝条稍下垂。单叶互生，全缘。两性花单生或 2～4 枚着生在短枝上。果实为大聚合果，由雌蕊和花托聚合而成，外表有突鳞和凹沟，颇似荔枝，直径 5～8m，单果重 150～250g，成熟时绿褐色，果内有 10～20 枚黑褐色种子。

分布　番荔枝原产南美洲，现已广泛栽培于世界热带和较温暖的南亚热带地区。我国主要栽培区为广西、广东、海南、台湾等省(自治区)，广西主要栽培区在钦州、北海、崇左、南宁等地。随遇植物，石灰岩石缝土栽培亦有较高产量和品质。

生物学特性与适生生境　喜温暖干燥气候，不耐霜冻和低温，要求温暖的气候，年均温需在 21℃以上。虽较耐旱，但适量灌溉有利于开花和结果，大气湿度低于 70%时，会大量落花和影响座果。对土壤适应性广，无论沙质土或排水良好的黏质土、酸性土或钙质土均能生长，甚至岩溶石山山崖、山顶都能生长。番荔枝栽培管理容易，植株生长健壮，结实早，丰产稳产，种植后第 2 年即可开花挂果，株产达 5kg，第 3 年株产可达 13kg，正常年景每公顷产量 13000kg。树体只要有发梢能力就可开花挂果，每年 8 月至翌年 3 月均可供果，供果期长达 7 个月。

栽培品种多，广西主要栽培的为 AP 非洲骄傲番荔枝和凤梨释迦(*Annona cherimola*×*Annona squamosa*)。

栽培技术

(1)育苗　播种繁殖和嫁接繁殖，播种繁殖的实生苗主要用作砧木。种子经洗净晾干，即可播种，或在翌年 3～4 月播种，播后约 20d 出芽，幼苗期越冬时要采取防寒措施。砧木对嫁接成活和果的品质有较大影响，应注意选择较佳的砧穗组合，通常选用刺番荔枝(*A. muricata*)作砧木。采用枝接或芽片贴接法。

(2)种植　选择石灰岩缓坡地种植，造林密度可采用 3m×3m。定植时间 2～4 月，选择雨后栽植。

(3)抚育管理　幼树施肥以勤施薄施为原则，一般每抽 1 次新梢，施肥 2 次，即在萌芽期、梢长 30～40cm 时各施 1 次，以复混肥为主。结果树施肥可分为施促花肥、壮果肥、采果后肥，促花肥以氮肥为主，壮果以钾肥为主，采果后肥氮磷钾均衡施肥。

用途　著名热带水果，果肉香甜，营养丰富，含蛋白质 2.34%，脂肪 0.3%、糖类 20.42% 及丰富的维生素 C 和烯类物质，兼具食疗功能。果实肉质细嫩，芳香诱人，味甜，适合我国南方及其东南亚国家消费者的口味，极受人们喜爱，被称之为世界五大热带水果之一。

澳洲坚果

Macadamia ternifolia F. Muell.

科名　山龙眼科　Proteaceae

别名　昆士兰坚果、澳洲胡桃、泡波儿坚果、夏威夷果

形态特征　常绿乔木，树高可达 20m。茎直立，树皮灰白色，粗糙。叶革质，3～4 片轮生于节上，披针形或长椭圆形，叶缘无刺或少刺。总状花序，腋生，下垂，两性花。蓇葖果，未成熟果皮青绿色，成熟果皮褐绿色，球形或近于球形，径 2.5cm 或稍长。果熟后果皮沿缝合线开裂，内有 1 枚种子，少有 2 枚。种子由种壳和种仁组成，种壳坚硬，由厚壁细胞和石细胞构成，种仁由两片肥大呈半球形的子叶和一个球形小胚组成。

分布　原产澳大利亚东部沿海昆士兰东南部与新南威尔士州北部。现世界上种植的国家和地区有中、南美洲，东、南非洲以及东南亚等，主要生产国为美国和澳大利亚。我国广西、四川、广东、云南、四川和福建等省(自治区)有引种栽培。随遇植物，石灰岩洼地栽植，生长好，产量高。

生物学特性与适生生境　澳洲坚果种植要求年均气温 20℃ 以上的地区，可耐短时间的 -5℃ 低温和 45℃ 高温。自然分布区年降水量为 660～3300mm，最适宜生长发育的年降水量为 1200mm 以上。需要有明显雨季，以利于生长发育。对强风很敏感，选择能避免大风的地方种植。在龙州县岩溶石山洼地种植，4～5

年后开花结果，10～12 龄进入盛产期。

栽培品种主要是澳大利亚和美国选育出的品种。我国从 1974 年开始，先后已引进澳洲坚果品种 36 个，经对比试验，在广西表现较好的品种有 695 号、788 号、900 号等。

栽培技术

(1) 育苗　播种繁殖、嫁接繁殖或高压繁殖，主要采用嫁接繁殖。9～11 月，果实成熟后立即脱皮，将脱皮后的壳果播在沙床上。幼苗长出 2 片叶后移至容器袋或苗圃地，当苗木径粗 1cm 时进行嫁接。适宜嫁接的时间是秋末或春季，可采用枝接、切接或合接法。

(2) 种植　选择石山洼地种植，株行距 6m×6m。种植时期以春季定植最佳。

(3) 抚育管理　澳洲坚果树冠紧密，最适混农经营，与红薯、花生、蔬菜等混作，以耕代抚。

用途　澳洲坚果是世界著名的高级干果，营养丰富，富含不饱和脂肪酸、蛋白质、多种矿物元素和维生素。种仁经制作，香酥可口，有特殊的奶油甜香味，被认为是当今世界最佳的食用坚果之一，有“干果皇后”之美称。

人面子

Dracontomelon duperreanum Pierre

科名　漆树科　Anacardiaceae

别名　人面果、人面

形态特征　常绿大乔木，高达 30～40m，胸径 2.5m，树干通直，有明显板根。奇数羽状复叶，嫩叶被浅绒毛，后脱落，每羽片有小叶 9～17，圆锥花序顶生或腋生。核果球形或扁球形，上半部具小瘤体，熟时黄色，中果皮肉质；核骨质，深褐色，顶部有孔数个，表面侧端有裂状凹纹，状如人面。种子无胚乳，子叶厚，平凸状。

分布　产宁明、龙州、凭祥、那坡、武鸣、陆川、田东、田阳等，平南、藤县、钟山等地亦产，分布广东、云南、海南等，越南、菲律宾亦有分布。随遇植物，石灰岩地区生于谷地或山坡疏林中。

生物学特性与适生生境　亚洲热带与南亚热带树种，分布区年均气温 20～22℃，最热月均气温 28℃，最冷月均气温 12℃，极端低温 -1℃，年降水量 1000mm 以上，相对湿度 80%。抗寒力低，忌霜冻，南宁郊区圃地育苗冬季洼地常因霜冻造成苗木死亡。喜光树种，喜生于温热湿润环境，对水肥条件要求较高，在土层深厚、肥沃、湿润的中性至微酸性土壤上生长发育良好，尤以村旁、沟边等地生长最好。在干旱、贫瘠、排水不良的土壤上生长不良。

栽培技术

(1)采种与种子处理　果熟期10～11月。10年生左右开始开花结实，15年生以后进入正常结实期。果熟盛期用竹竿敲打或摇动树枝，震落在地上再收捡。将采集的果实洒上草木灰，堆沤数天，然后在水中冲洗，淘去果皮及杂质，可得种子。种子忌失水，干藏，贮藏期在半年以内。鲜果出籽率约15%，千粒重约为2500g。

(2)育苗　播种繁殖。幼苗忌霜冻，苗圃地宜选土层深厚、疏松、背北朝南的缓坡地。随采随播，种子有休眠习性，10月播种，至翌年2月才开始发芽，发芽持续时间4个月以上，由于发芽时间长，一般先将种子密播于沙床，种子萌发后移至苗圃或容器中培育。1年苗高30cm左右，即可出圃造林。

(3)种植　选择石山谷地、村旁、路边、溪边等水肥条件好地段造林。高大乔木，株距8m以上，因具有板根，大树的板根会影响路面和附近的建筑物，种植时应稍远离建筑物，也不适宜水泥地面旁种植。

(4)抚育管理　幼树需加强抚育工作，每年施肥2～3次，冬季做好防霜抗寒工作。

用途　果酸甜，有香味，可生食，嫩果腌食或加工成人面苏、人面酱等，风味独特，为广西特产。种仁可榨油，作工业用，含油率为69.7%。材质结构均匀，能耐腐，属优质用材，为制作各类家具、器具、天花板等良材。

红龙果

Hylocereus undatus Britton et Rose

科名　仙人掌科　Cactaceae

别名　火龙果、芝麻果、霸王花、霸王鞭、剑花

形态特征　攀缘肉质灌木，长3～15m，具气根。分枝多数，延伸，具3角或棱，长0.2～5m，宽3～8(～12)cm，棱常翅状，边缘波状或圆齿状，深绿色至淡蓝绿色，无毛，老枝边缘常胼状，淡褐色，骨质；小窠沿棱排列，相距3～5cm，直径约2mm；每小窠具1～3根开展的硬刺；刺锥形，长2～5(～10)mm，灰褐色至黑色。花漏斗状，长25～30cm，直径12～25cm，浆果红色，长球形，长7～12cm，直径5～10cm，果脐小，果肉白色。种子倒卵形，长2mm，宽1mm，厚0.8mm，黑色，种脐小。

分布　产桂西南各地，分布闽南、粤西南、海南、台湾等，中美洲至南美洲北部、澳大利亚亦有分布。随遇植物，岩溶石山生于洼地、山坡下部。

品种繁多。乡土种，俗称霸王花、霸王鞭、剑花、量天尺，开花不结实或果实发育不良，瘦小，但抗病、抗旱力强，可作嫁接砧木或授粉植株。乡土种也是

很好采花种，石山地区沿石壁栽植，藤茎沿石壁自然攀爬，产量高、品质好，优良菜蔬。近年，广西从台湾引进了许多果用品种，主要有白火龙果、红火龙果、黄火龙果等。白火龙果，红皮白肉，鲜食品质一般，产期在 6～10 月，授粉率好，抗病力强，产量高。红火龙果，红皮红肉，鲜食品质比白火龙果好，产期 5～11 月，但自花亲和率低，易裂果。黄火龙果，黄皮白肉，鲜食品质佳，甜度在 18°Brix 以上，且有香味，是目前口感最好的种类，果实不裂果。

生物学特性与适生生境　较耐热，在 50～55℃的高温下仍能存活，并能正常开花结果；但耐寒性较差，不耐霜冻，在 4～8℃时会有冻伤。喜光，无直射光照射时不开花结果。耐旱性强，充足的水分是正常生长必需的，干旱高温会导致休眠，但高湿环境会诱发枝梢产生生理病害。对土壤要求不严，在平地、水田、山坡或旱地均可栽培，在肥沃、排水良好的中性或微酸性壤土中生长良好。具气生根，根多强壮，生命力极其旺盛。

茎节生长攀缘根，可攀附在墙壁、水泥柱上。植株生长迅速，一年可长 7～10m。在温度适宜时自茎节下着生花苞，花芽分化至开花一般需 40～50d。火龙果花雌蕊与花柱等长或较短，自然条件下自花授粉受精不良，着果率低，生产上必须人工授粉。傍晚开花，凌晨开始逐渐凋萎，至阳光照射后完全凋谢。授粉后 35～40d 当果顶盖口出现皱缩、果皮有光泽时即可采收。5～11 月为开花结果期，一年可开 12～13 批次，若管理得好开花可达 15 次。火龙果定植后第 2 年即可结果。

栽培技术

(1)育苗　主要采用扦插苗或嫁接法繁殖。扦插育苗，春季进行，插条选生长充实的茎节，截成长 15cm 的小段，待伤口风干后插入沙床，15～30d 可生根，根长到 3～4cm 时移植到苗床。嫁接育苗，选择无病虫害、生长健壮、茎肉饱满的本地种作砧木，于晴天进行嫁接。将接穗用刀切平面，把接穗插入，对准形成层，用棉线绑牢固定，在 28～30℃条件下，嫁接后 4～5d 伤口接合面即有大量愈伤组织形成，接穗与砧木颜色接近，说明接穗与砧木二者维管束已愈合并嫁接成功，然后可移进假植苗床继续培育。

苗床宜选通风、向阳、土壤肥沃、排灌方便的田块。整细作畦，施足基肥，然后按株行距 3cm×3cm 将火龙果小苗栽种于苗床，浇透水，并喷洒多菌灵 500 倍 1 次，每隔 10～15d 施复混肥 1 次，等长出第 1 节茎肉饱满的茎段，就可出圃。

(2)种植　石山区栽培，坡下部可栽培以食品花用的乡土种霸王花，沿石壁种植。谷地可栽培果用火龙果，柱式栽培，立水泥柱或木柱，在该柱的周围种植 3～4 株火龙果苗，让火龙果植株沿着立柱向上生长的栽培方式。春、夏栽植。

(3)抚育管理　火龙果较耐旱，定植初期 2～3d 浇水 1 次，以后保持土壤潮湿即可。结果期保持土壤湿润，树盘用草或菇渣覆盖。天气干旱时，3～4d 灌 1 次水。冬季覆盖 1 次腐熟有机肥，每株 10kg 左右，增强植株保温抗寒能力。火龙果园采用生草法，每年割 3～4 次用于覆盖树盘保湿。

用途 霸王花具有较高的营养价值和食用价值，是一种较有发展前景的花类蔬菜，其主要营养素的含量与黄花菜差不多，食用方法也相似，为岭南名蔬。霸王花还是一种保健食品，具有较佳健脑抗衰老功能，适于神经过度疲劳的人食用，还有利于预防老人智力衰退。火龙果形似大杧果，颜色桃红，清甜可口，富含维生素及钙、磷、铁等矿物质，为最佳的天然维生素来源，是一种低热量、低脂肪、高纤维素的水果。

第 13 章

饲料类

肥牛树

Cephalomappa sinensis (Chun et How) Kosterm.

科名 大戟科 Euphorbiaceae

别名 昂树、米硬(壮语)

形态特征 常绿乔木，高 20m，胸径 40cm。树皮灰褐色，老干树皮片状剥落；小枝灰褐色，嫩时被柔毛，呈蜿蜒状；树冠广阔，枝密叶绿。单叶互生，革质叶肉稍厚，两面光滑，嫩时略带淡紫红色，叶片长椭圆形或倒卵形，长 8～15cm，宽 4～6cm，叶缘钝锯齿状，叶有短柄，长 4～6mm。腋生穗状花序，花单性雌雄同株，雄花生于花序上部，雌花生于花序下部。蒴果近球形，径约 1.6cm，密生小瘤点，每果有种子 3～4 粒，种子近球形，径 0.6cm。

分布 产龙州、凭祥、宁明、天等、大新、隆安、靖西、德保、上思等地，田林亦产，越南北部有分布。喜钙植物，生于石灰岩山地山坡、石崖、谷地。

生物学特性与适生生境 喜湿热气候，原产地年平均气温 20～22℃，能忍受短时间 -7℃的低温和较长时间干旱。中性偏阴树种，幼年期要求庇荫的环境。虽以生长在湿润肥沃地方为好，但由于根系粗壮，穿插力强，可生于高陡岩缝间，坡石延伸，攀生于悬崖之隙缝中。北热带石灰岩季雨林主要建群种，常参与蚬木杂木林的建群，但在深狭的园洼地和坡底部位，日照短促的荫蔽地形上，耐阴性强的肥牛树更有蓬勃发展，形成单优杂木林，蚬木和其他树种均在不同程度上受到排挤，包括蚬木在内，处于从属或极为从属的地位，除蚬木外，其他主要伴生树种有东京桐、米浓液、倒吊笔、割舌树、闭花木、海南大风子等。

肥牛树幼龄生长慢，3～5 年后生长加快，广西凭祥人工种植 9 年平均树高 3.5m，平均胸径 4.2cm。

栽培技术

(1)采种与种子处理 6～7 月果实成熟。果熟时种子易脱落，鸟兽喜食。在种子未脱落前及时采收蒴果，阴干或弱光下晒干，脱出种子，出种率约 52.5%，千粒重约345g。种子含油脂，易丧失发芽力，不宜久藏，随采随播。

(2)育苗　播种或扦插繁殖。苗圃地宜选在疏松肥沃钙质土，排水良好的缓坡地。播种繁殖，撒播，每平方米播种量15~22g，播后盖草保温保湿，严防鼠害。7~10d便可发芽出土，1个月左右长出1~2片真叶，场圃发芽率一般60%~70%。苗期生长缓慢，2年生苗木才能出圃造林。石山造林地立地条件差，提倡容器苗造林。扦插繁殖，1~3月，剪取1~2年生健壮枝条扦插，扦插成活率在80%以上。产区群众亦有移植母树周围自然生长苗木造林习惯，果实成熟落地前结合抚育，清除结实母树周边杂草并适当松土，肥牛树果实成熟自然落地，约半个月发芽生长，当年底及翌年结合采叶、采草，除去影响幼苗生长杂草，第3年春择阴雨天即可移苗造林。

(3)种植　选择石山下部、溪谷两旁或封闭式弄地作造林地。石山造林地岩石多裸露，宜采用局部砍山块状整地方式。饲料林宜密植，株行距1m×1.5m或1m×2m，根据露石情况，见缝插针，挖穴规格以40cm×40cm×30cm为宜，暗穴整地，除净穴内树根。2~4月，择阴雨天定植。裸根苗种植应尽量缩短起苗到定植的时间，当天起苗当天种植，种植前去除嫩叶并用黄泥浆根，苗高50cm以上时还应采取截干造林。

为提高土地利用率，提高地面覆盖率，应根据造林地立地混交造林。平缓耕地，可与花生、玉米等农作物混种，以耕代抚。土被40%以上坡地，可与象草混种，春夏生长旺季，采收象草喂养牲畜，秋冬季再采收肥牛树叶。土被率低、坡度大或交通不便的造林地，可营造肥牛树×任豆混交林，任豆为上层林木，为肥牛树幼树提供适当遮荫。

(4)抚育管理　肥牛树幼树抵抗力较弱，不耐强光照，需一定荫庇生长环境。造林后每年要抚育1~2次，抚育以块状抚育为主，铲除树旁周围杂草，不全面铲草或不全垦抚育。

肥牛树萌芽力强，可进行矮林作业，为了方便采摘鲜叶，当高约1.5m时，在离地面20cm处砍断，留桩。当年则萌发大量丛生枝叶，萌芽条生长快，砍后1年可以长1~2m。

用途　优良木本饲料树种，鲜叶和嫩枝含有丰富的营养物质。干叶中含有粗脂肪8.94%、粗蛋白质7.44%、粗纤维24.93%、氨基酸5.83%，每100kg叶子含粗蛋白质相当于580kg稻草或200kg青草。隆安县布泉乡和天等县驮堪乡的石山区居民，有栽培肥牛树养牛的传统习惯。肥牛树成了当地的当家树种，村民在房前屋后、路边、地角零星或成片种植。每户种有肥牛树500~1000株，可圈养黄牛5~10头。肥牛树鲜叶是马、牛、羊的优良饲料，尤其是隆冬季节，青饲料缺乏之时，牲畜还能吃到鲜美可口的饲料。据调查，在天等县全部采用鲜叶喂的耕牛，平均每头每月增重7.8kg，而用肥牛树鲜叶和青草各50%混合饲料喂养牛，平均每头每月增重4.9kg。1年生黄牛价值1000元左右，2年龄黄牛值2000元，种植肥牛树，喂牛养羊已成为广西隆安、天等石山区部分群众的致富之路。

构 树

Broussonetia papyrifera（L.）L'Hért. Vent.

科名 桑科 Moraceae

别名 沙纸树、沙皮树、皮树、褚树、麻叶树

形态特征 落叶乔木，高达16m，有乳汁。单叶互生，卵形至长圆状卵形，长7~20cm，宽6~15cm，不分裂或不规则3~5深裂，边缘有粗锯齿，上面粗糙，下面密被柔毛。花单性，雌雄异株，均生于新枝叶腋；雄花序为柔荑花序，雌花序头状。聚花果球形，肉质，成熟时红色或砖红色，内含多数小核果。

分布 产广西区内各地，尤以桂西石山地区普遍。分布广，北自华北、西北，南到华南、西南均有分布，为低山、平原习见树种，越南、印度、日本亦有分布。喜钙植物，在石灰岩山地常见，生于石山山腰、山脚、谷地甚至悬崖。

生物学特性与适生生境 野生构树是典型的先驱植物，适应性强，能耐北方的干冷和南方的湿热气候；耐干旱瘠薄，也能生长在湿地；喜钙质，也可在酸性、中性土生长。强喜光，又能在林荫下正常生长；萌芽力强，速生；根系发达，侧根系分布幅度大，形成网络状，在石山坡积土、石穴土、石缝及悬崖峭壁上均能生长。易繁殖，种子自播和根蘖萌生新株的能力强，砍后萌条多，3~5年生构树地下走根每株每年可萌生新植株20~35株。抗风防沙强，对粉尘、烟尘和二氧化硫等有毒气体抗性很强，病虫害极少。

在贵州贞丰裸露岩溶石灰岩山地进行构树不同干扰条件下萌株种群生物量研究（魏媛等，2007），构树生物量构成表现为中度干扰较多，强度干扰次之，弱度干扰较少，因此适度的干扰可以刺激构树潜在萌发能力，并且更新产生大量竞争、生存能力较强的萌株，特别是人为干扰频繁的岩溶石山地区，构树依靠萌株进行无性繁殖的现象极为普遍。构树在恶劣条件下能快速进行根蘖更新，是生态恢复的优选树种。

栽培技术

(1)采种与种子处理 果熟期7~9月，成熟期不一致，分批采收。桑果成熟变红色，即可采摘果实，采果后放在细眼箩筐，浸入水中，用手搓揉，将外种皮搓烂，冲水使种子下沉，经过多次淘洗分离，即得到纯净种子。随采随播，也可普通干藏至翌年春季育苗。鲜果出种率约6.6%，每千克种子33万~50万粒，发芽率约80%。

(2)育苗 分根、插条、压条或播种等方法繁殖，但以播种繁殖为主。圃地

宜选择土壤疏松、肥沃、排水良好的砂质壤土。条播，播幅宽6cm，行距25cm，种子与细土按1:1混匀后播下。播后约15～20d发芽出土，当幼苗形成4片真叶时，带土分床移植，移前适当剪叶，移植距离30～35cm。1年生苗高达40cm时可出圃。

(3)种植　石灰岩山地的石穴、缓坡地、谷地均可种植。秋冬季节先挖穴整地，挖穴规格以造林地土被情况而定，作为饲料林经营，造林株行距为1m×1m或1m×0.5m，栽植穴规格为40cm×40cm×20cm。构树也可利用封育成林或用种子点播造林。

(4)抚育管理　造林当年应加强管理，铲除种植穴周边杂草。造林当年，树高可达2m，为促进萌芽条生长，每年春季萌芽前应采伐地上部分。在采伐萌芽条同时，清理杂草及杂灌。

构树采伐后萌芽条很多，每年3～4月将大部分萌条摘去作饲料，每伐蔸留条3～5条，秋后至翌年春萌芽条高2m以上时，又可采伐利用。采割的枝条除去叶和幼嫩枝梢作饲料，趁鲜剥皮，为高档造纸原料。

用途　构树叶粗蛋白质含量达24.0%，仅次于大豆，其含量是大米、玉米的3倍，小麦的2倍；粗脂肪含量相当于玉米，仅次于大豆，是大米、小麦的2倍；无氮浸出物含量高于大豆，次于大米、玉米、小麦，是优于玉米而仅次于大豆的上等畜禽饲料。构树叶畜禽喂养试验表明，以构树叶作饲料喂养畜禽优于配合饲料与混合饲料，效果显著，喂养增效46%～108%。广西、贵州大部分地区均有利用构树叶养殖家畜的习惯，尤其是在岩溶山区，构树叶是主要的饲料原料之一。

银合欢

Leucaena leucocephala (Lam.) de Wit

科名　含羞草科　Mimosaceae

别名　澳洲相思

形态特征　落叶灌木或乔木，树高6～20m，胸径达20～30cm。树皮薄，表面粗糙，浅褐色，皮孔明显。二回羽状复叶，羽叶5～17对，小叶11～17对，披针形，全缘，先端尖，基部盾形。花序头状，花白色，单生于叶腋内，具柄1.5～2cm，每个花序有小花约160朵，密集生长在花托上，显球状。荚果革质，下垂，薄而扁平，带状，宽2～2.5cm，长10～22cm，熟时开裂。每荚果有10～30粒种子，种子扁卵形，两面均有马蹄形线纹，有光泽。

分布　原产中美洲热带地区，后引入东南亚及太平洋地区种植和发展，现广泛分布于热带低海拔地区。20世纪20年代传入广东，以后在一些地方渐渐逸为野生状态，广西广泛分布，尤以桂南常见。随遇植物，石山坡地稀林、谷地均能生长。

银合欢为丛生灌木型，高约 5m，开花早，结实多。我国 1961 年引进新银合欢(*L. leucocephala* ‘Salvador’)，南方各省纷纷试种。新银合欢是银合欢的一个优良品系，为高大乔木，高可达 20m，树干粗壮分枝高，叶、荚果、种子大，含羞草碱(素)含量低，为优良饲料树种。经试种发现其植株生长势和生长量等方面均优于早期引进的普通银合欢，广东、广西、福建、云南等地大面积种植，主要作饲料林、水土保持林、薪炭林经营。银合欢，特别是新银合欢生长非常迅速，在适宜条件下造林当年高 3 ~ 4m，胸径 3.5 ~ 4.5cm；5 年生高 15 ~ 20m，胸径 16 ~ 18cm。

生物学特性与适生生境　热带性树种，生长最适气温 25 ~ 30℃，能耐 40℃以上高温，也能耐 0℃短暂低温，一般 10℃以下停止生长，最冷月平均气温 10℃是其分布界限。年降水量 1000 ~ 3000mm 地区生长好，耐旱能力较强，在年降水量 <700mm 地区也能生长。喜土层深厚、排水良好、肥沃、水分充足的中性至微碱性土壤，pH 值 4.0 的酸性土壤上长势较差。喜光，较耐庇荫。根系发达，主根粗壮，能从土壤深处吸收水分和养分；根系有根瘤菌，具固氮改土能力。成熟早，1 年生即开花结实，果实多，种子产量高。更新能力强，既能天然下种更新，又能萌芽复壮，生命力非常强，造林成功以后很难消灭它，即使全部伐除，种子埋存地下 2 ~ 3 年还能发芽，生长成林，有学者将银合欢列入生物入侵种。银合欢的任何部位砍伐均能萌芽复壮，采伐后能 100% 萌芽，每桩能萌芽 5 ~ 10 根萌条，萌芽条生长比实生苗快。

栽培技术

(1)采种与种子处理　银合欢 1 年开花结实多次，种熟期不一致，但主要花期在春、秋季，种熟期为冬春和夏季。荚果由青转为褐色时可采收。荚果易开裂，采种要及时。摘果后晒 1 ~ 2d 脱出种子，装袋干藏。出种率约 35%，千粒重 50g，发芽率 85% ~ 95%。

(2)育苗　播种育苗。种子用 70 ~ 80℃热水烫 1 ~ 2min 再置冷水中浸泡 24h 后取出种子。苗圃按常规作床后点播、撒播、条播均可。容器苗或裸根苗，容器苗 20 ~ 30cm 即可出圃，裸根苗 3 ~ 4 个月小苗或 1 ~ 2 年大苗均可，大苗截干造林成活率高。

(3)种植　选择岩溶山地中部以下地方造林。采用块状清理杂草穴状整地。植穴规格 40cm × 40cm × 30cm。造林密度 0.5m × 1m。银合欢可植苗造林，也可直播造林，饲料林经营以直播为主。直播造林，雨季将处理好的种子在事先准备好的种植窝内直接点播，每窝播种 3 ~ 4 粒，干旱天气应避免种子直接与肥料接触，播种后盖土厚 2 ~ 3cm 即可。植苗造林，在 3 ~ 4 月雨后定植。

(4)抚育管理　造林当年抚育松土 1 次。饲料林每次采收后，清除杂草、灌木，并追施有机肥或氮磷钾复混肥100~200g/株，采用沟施，施肥后覆土。

在株高1.5m时利用，可放牧或刈割青饲。刈割的，留茬30cm，每隔40~60d刈割1次，在10~11月应停止利用，以利越冬。为保证多年不衰，要注意培育母树，即每100m²保留1~2株作为母株，不砍伐，不让牛羊损毁，让其结实自播繁殖，永续利用。收割后的银合欢可制草粉，也可直接鲜喂，也可用水煮法和发酵法进行脱毒，其中以发酵法最为适用简便，效果最好。

用途 银合欢年产嫩枝叶37.5~70 t/hm²，其枝、叶、豆、荚营养丰富。据分析，鲜幼嫩枝叶含水量74.45%、干物质25.55%，干物质中含粗蛋白质24.42%，粗脂肪4.39%、粗纤维20.27%，无氮浸出物44.62%、粗灰分6.30%，同时含有丰富的动物必需氨基酸和胡萝卜素。银合欢嫩枝叶适口性好，为牛、羊、兔等草食动物所喜食。但银合欢含有含羞草素，有一定毒性，尤其是单胃动物，对其耐受性较差。长时间食用银合欢，家畜会发生中毒，表现厌食、脱毛、过度分泌唾液和生长缓慢。反刍家畜牛羊的喂量不超过总喂量干物质的30%，或在日粮中加入适量硫酸铁也可避免中毒。在放牧条件下，牛、羊进食适度，无中毒症状。

木 豆

Cajanus cajan（L.）Millsp.

科名 蝶形花科 Papilionaceae

别名 印度木豆、鸽豆、树豆、三叶豆、柳豆

形态特征 直立灌木，高1~3m。多分枝，小枝有明显纵棱，被灰色短柔毛。叶具羽状3小叶；托叶小，卵状披针形，长2~3mm；叶柄长1.5~5cm，上面具浅沟，下面具细纵棱，略被短柔毛；小叶纸质，披针形至椭圆形，长5~10cm，宽1.5~3cm，先端渐尖或急尖，上面被极短的灰白色短柔毛，下面较密，呈灰白色。总状花序长3~7cm，花冠黄色、红色或红黄相间。荚果线状长圆形，长4~7cm，宽6~11mm，于种子间具明显凹入的斜横槽，被灰褐色短柔毛，先端渐尖，具长的尖头；种子3~6颗，近圆形，稍扁，种皮暗红色，有褐色斑点。

分布 原产于印度，现广泛引种栽培于北纬30°以南至南纬30°以北的广大地区。1500年前由商人传入中国，零星种植，50年代开始用于紫胶生产，在广西隆林、西林、贵州兴义、安龙等地逸为野生，本地品种因遗传原因，产量低、生育期过长、感病严重、籽粒小且含有高量的胰蛋白酶抑制剂，不宜直接食用，不适于广泛种植。近年我国规模从印度引入良种资源，在广西、云南、贵州、海南、广东、福建、江西、湖南等省（自治区）广为栽培，隆安、田阳等县均规模栽培。随遇植物，石山坡地、谷地、台地生长良好。

生物学特性与适生生境 木豆栽培要求年均温 17.5℃以上、≥10℃年积温 5500℃以上、最低月均温 10℃以上、极端最低气温 0℃以上，全年无霜或少霜，年降水量 800mm 以上。具强大根系，能适应不同土壤，根深可达 2m 以上，根横向生长范围为 60cm 左右，耐旱、耐瘠，抗逆性强，通过根瘤菌固氮作用，可改善土壤结构。能适应干旱、少土的岩溶石灰岩山地生长，在石山圆洼地四壁山坡上、石头间的小块泥土上都能生长，充分表现其耐瘠耐旱的特性。木豆为短日性植物，光照愈短，愈能促进花芽分化，提早开花成熟。

根据熟期可分为早熟品种(从播种到收获需 160 ~ 180d)、中熟品种(从播种到收获需 180 ~ 200d)、晚熟品种(从播种到收获约需 200d)。

栽培技术

(1)采种与种子处理 木豆品种繁多，国际半干旱研究所共收集 15000 多个品种，各品种的农艺性状表现不尽相同。广西通过引种驯化、杂交育种等技术措施，培育出了适应广西栽培环境的多个木豆优良品种，其中以桂木 9 号最为优秀，它根系发达，叶色浓绿，株型半松散，植株再生能力强，产量高，每公顷产鲜饲料 72000 ~ 75000kg，每公顷干籽粒产量 2250 ~ 3000kg。

进行木豆种子繁殖时，必须采取有效的隔离保纯措施。一般认为，木豆两个品种之间的安全隔离区至少在 200m 以上。木豆种子易遭虫蛀、霉变，采收后要及时晒干并进行防虫处理。

(2)育苗 直播栽植为主，也可育苗后栽植。育苗栽植主要用于与玉米等短期作物进行轮作种植，在早玉米地收获后及时栽种木豆，增加复种指数。木豆育苗可培育裸根苗，也可培育容器苗，为缩短缓苗期，提倡使用容器苗。

(3)种植 木豆不耐水涝，选地时应避免低洼易积水地块。造林前犁土 15cm 深，犁后起畦，畦面平整，畦宽 1.5 ~ 2.0m，畦深 3 ~ 4cm，每畦种 2 行，形成大小行条植模式。如用作生态植物，栽植前无需进行土壤耕作，开穴植苗或直播即可。

用作青饲料，以收鲜生物产量为目的播种期宜早，一般在 3 月上旬，播种量 22.5 ~ 30.0kg/hm^2。开行条播，行距 100cm，播种深度 3 ~ 5cm。播后 7d 左右出苗，如出苗不理想，要尽早补苗，一般不需间、定苗。以收种子为目的，播期选择在 5 月中旬为好，播种量 6.0 ~ 7.5kg/hm^2。开穴点播，每穴 3 ~ 4 粒，株距 70 ~ 100cm，行距 100cm，播种深度 3 ~ 5cm。间、定苗要在木豆长出 4 ~ 5 片真叶前进行，每穴保留 6 株壮苗即可。用作生态植物，宜早播，当气温稳定在 15℃时即可播种，雨后播种效果更佳。选择在有土的地方开坑点播，每坑 2 ~ 3 粒，坑与坑之间的距离以 100 ~ 150cm 为佳，用种量为 7.5 ~ 15.0kg/hm^2。

(4)抚育管理 播种前施足基肥，一般每公顷施含 N、P、K 复合肥 150kg，或施农家肥 15000kg。苗高 30cm 左右，注意防除杂草。饲料用木豆林，刈割次数以 3 ~ 4 次/年为宜，刈割前后 10d 内施肥促进生长，每次施肥量以 NPK 复混肥 150 ~ 200kg/hm^2，穴施或撒施。

木豆主要用途有青饲料（牧草）、饲料豆、食品豆及生态林等。牧草刈割，当木豆植株高达 80 ~ 100cm 进行刈割，留桩高度 20cm 左右，可直接饲喂、也可进行青贮或晒干贮藏到冬春枯草期直接饲喂牲畜。雨季，6 ~ 8 周采割 1 次。桂木 9 号为无限结荚习性，成熟期不一致。观察豆荚成熟度，当 80% ~ 90% 的豆荚变成褐色时，将结有豆荚的枝条割下，晒干、脱粒、干藏。

用途 木豆为世界第 6 大食用豆类，可作粮食、蔬菜、饲料、放养紫胶虫、工业原料、药用植物、蜜源作物、防护林、绿肥和薪柴等。木豆种子含蛋白质 21%，淀粉 64.2%，脂肪 3.8%，此外，还含有 8 种人体必需的氨基酸、多种维生素和矿物质。木豆嫩荚、青粒和成熟的种子，都可以作为蔬菜。嫩荚、青粒可以炒食、做汤或制成罐头，成熟的种子可以做豆芽、豆腐、豆瓣酱等副食品。作为青饲料，含粗蛋白 31%，粗纤维 10.7%，脂肪 1.7%，灰分 2.3%，是饲养牛、羊、免等的优质饲料。

象　草

Pennisetum purpureum Schumach.

科名 禾本科 Gramineae

别名 紫狼尾草

形态特征 多年生丛生大型草本，有时常具地下茎。秆直立，高 2 ~ 4m，节上光滑或具毛，在花序基部密生柔毛。叶鞘光滑或具疣毛；叶舌短小，具长 1.5 ~ 5mm 纤毛；叶片线形，扁平，质较硬，长 20 ~ 50m，宽 1 ~ 2cm 或者更宽，上面疏生刺毛，近基部有小疣毛，下面无毛，边缘粗糙。

分布 原产非洲，适宜在热带和亚热带地区种植，我国在 20 世纪 30 年代从印度尼西亚、缅甸等国引入，并在云南、海南等省逸为野生，广西南部各地均有种植。随遇植物，石灰岩山地坡地、谷地都能生长。

生物学特性与适生生境 原产热带，喜欢温暖湿润的气候，在轻霜地区，虽然部分叶片枯萎，但地下部分能安全越冬，翌年气温在 17℃ 左右则继续生长，适宜气温在 25 ~ 32℃；在土层深厚、肥沃潮湿的地方，只要有充足的水肥，在 35℃ 以上的高温情况下，仍生长茂盛；在 4℃ 以下有重霜冻的气候下，则整株腋芽易被冻坏，但茎基部分与地下茎则仍然存活。须根发达，扩展范围广，丛生分蘖多，一般为 30 ~ 100 个。对土壤适应性强，酸性土、钙质土均能生长，极适应岩溶石灰岩钙质石灰土生长，在山坡中下部石穴土上都有较高产量。湿润肥沃土壤产量更高，而干旱、贫瘠土壤的产量较低，增施氮肥能显著提高产量。

栽培技术

(1)良种资源　象草属多种植物为优良牧草，包括象草、矮象草(*Pennisetum purpureum* 'Mott')等。1992 年广西畜牧研究所采用从美国引进的杂交狼尾草(*P. americanum* × *P. purpureum*)为母本，矮象草为父本进行杂交育成比亲本质量更好、产量更高的牧草新品种—桂牧 1 号杂交象草。该草具有生长快、耐刈割、产量高；适应性广、抗逆力强；病虫害少，全年不必用药防治病虫害；适口性好，营养价值高；种 1 次可使用多年等优越性，适合于牛、兔、猪、鹅、羊、鱼等动物，目前已在广西及我国南方大面积推广种植，是广西主推禾本科草种。

(2)种植　象草结实率低，故通常采用无性繁殖。石质山地栽培，选山沟、山弄等水肥较好的土地栽培，露石 50% 以下坡地也可种植。冬季全垦整地，除净杂草，无需起畦即可栽种。结合耕翻每平方米施农家肥 3 ~ 6kg 或氮磷钾复混肥 150g 作基肥。

整地后，开穴，行株距 30 ~ 50cm，穴深 20 ~ 30cm。选用新鲜粗壮无病虫害的种茎切 2 ~ 3 节为一段，种茎用量为 3000kg/hm^2。定植时，将茎节横卧或芽朝上斜插入穴内，每穴用种茎 2 根，覆盖土 3 ~ 4cm，种茎顶端外露 1 ~ 2cm，压实。栽植最佳季节为 2 月下旬至 3 月下旬，最迟不超过 5 月下旬。栽植 10 ~ 15d 后即可出苗。象草可成片栽种，也可与肥牛树、任豆、香椿等混交栽植，混交栽植能提高土地利用率。

(3)抚育管理　象草前期生长较慢，苗期应特别注意及时中耕除杂和追肥。中耕除杂时严禁松动草蔸，待草生长至 40cm 以上时可适当追肥，追肥以尿素、碳酸氢铵、硫酸铵等氮肥为主，每公顷追施尿素 200kg。

象草在栽后 45 ~ 55d 即可收割利用，生长旺季再生草 20 ~ 25d 可利用。割青过早影响草的产量，过晚又影响草的质量。草高 60 ~ 100cm，下部茎用手折断而无纤维相连时刈割产量高，质量好，利用率高。首次开镰的草地留茬 3 ~ 5cm，以后每隔 20 ~ 60d 刈割，每次都可割平地面，这样可使分蘖增加，幼苗粗壮。每次割青后每公顷对水追施 200kg 尿素。施氮肥，可提高产量、增加分蘖，还可大幅度提高鲜草中粗蛋白质的含量，降低粗纤维的含量，提高草食动物对草的适口性和利用率。

用途　象草产量高，再生能力强。桂牧 1 号杂交象草在中等水肥条件下年割青 6 ~ 8 次，每公顷产鲜草 20.0 ~ 25.5t。象草品质好，营养丰富。据分析测定，桂牧 1 号杂交象草干物质中粗蛋白含量为 13.1% ~ 16.5%，粗脂肪 33.8%。在广西热带石灰岩地区，每年从 3 月中旬到 12 月下旬都是青绿期，利用时间达 250 ~ 270d。象草密封地面快，覆盖强度大，拦截泥沙能力强。由于其根系发达，固土保水性能强，种植在石质山地，对保持水土有很好的效果。

第 14 章

纤维类

海南椴

Hainania trichosperma Merr.

科名 椴树科 Tiliaceae

形态特征 半常绿乔木，高达15m；树皮灰白色，粗糙；小枝、花序和花萼外面密生黄色星状短柔毛。单叶，叶长7~14cm，宽5~12cm，基部心形或近截形，边缘微波状或有小齿，上面几无毛，下面密生淡黄色短绒毛，基出脉5或7条；叶柄长2.5~5.5cm。圆锥花序顶生，长达30cm；花白色，直径约1cm。蒴果倒卵形，长2~2.5cm，生短绒毛，有5或4棱，裂为5或4瓣；种子长约4mm，密生黄褐色长毛。

分布 产龙州、宁明、大新以及十万大山等地，分布海南，是特产于我国的单种属植物。随遇植物，岩溶石山生于山坡杂木林中，在石崖上也能长成大树，为桂西南热带岩溶石山常见种。

生物学特性与适生生境 热带性树种，自然分布在热带季雨林中，喜温度高，热量丰富的环境，其分布区年平均气温在21℃以上，≥10℃年活动积温7400℃以上。海南椴也具有一定的抗寒能力，在桂林植物园（年平均气温19.2℃）生长良好，并能开花结实。在室外，1年生小苗能安全度过短期-2℃低温，在-6℃低温并伴有大雪时，4年生植株部分嫩叶受冻枯死，多数叶完好，顶梢生长受到一定程度影响，从第2年萌发大量侧枝。喜肥沃、湿润立地，亦耐干旱，有明显发达的主根，在深厚、肥沃、湿润的土壤上，海南椴生长快，主干通直圆满，落叶较少；在石灰岩山上岩石裸露、土层浅薄、干旱的地方，其根系深入石缝中，也能正常开花结实，但主干弯曲，分枝多，生长慢，落叶较多。喜光树种，不耐荫蔽，在林中为上层乔木，在荫蔽的林下很难见到小树，幼苗也很少，偶然见到个别植株，也生长不良。在稀疏的针叶林下或林中空地上定植的苗木，生长迅速，主干粗壮，在阔叶林下的苗木则生长缓慢，主干纤细、软弱。开花结果一般在顶端或向阳的侧枝上，而下半部或偏阴的侧枝很少开花。苗圃地8个月生小苗就开始激烈争夺阳光，如果密度过大而没有及时间苗，部分苗木很快就会因得不到足够的阳光而生长衰弱甚至死亡。在广西热带岩溶石山区，海南椴常见的伴生树种有肥牛树、东京桐、石山樟、顶果木、单果阿芳(*Alphonsea monogyna*)、割舌树、米浓液、三角车等，林下植物有弄岗金花茶、单穗鱼尾葵(*Caryota monostachya*)、粤万年青(*Aglaonema modestum*)、小花蜘蛛抱蛋(*Aspidistra minaiflora*)等。在林中，海南椴一般为上层乔木，林下幼苗很少见到。

海南椴植株生长较快，在适宜条件下，年高生长可达 2m 以上，直径生长 2cm 以上。海南椴为半常绿树种，每年 1 月底 2 月初部分落叶。6 年生实生苗便开始开花结实。

栽培技术

(1)采种与种子处理　果熟期 11 月，蒴果由青灰色变成黄褐色时，即可采收。果熟后不立即脱落，仍悬吊在果枝上较长一段时间，需人工采集。采下的果实置于室内通风处晾干，晾干后部分果开裂，但一部分果不开裂，需人工脱出种子。每一果内有种子 10 粒左右。种子千粒重 23.8g。晾干后干藏，贮藏时间以 6 个月内为宜，发芽率仍保持 80% 以上。

(2)育苗　播种繁殖。春播，随采随播(冬播)因没有足够温度，种子当年不能萌发，要到第 2 年春才发芽。播种地宜在地势平缓，半阳或半阴的地方，土壤以疏松、湿润、排水良好的砂壤土为宜。施足基肥，整地起畦。采用条状点播，株行距 5cm×10cm，覆土 1~2cm，用稻草覆盖，以保持苗床湿润。3 月初播种，4 月下旬开始发芽出土，20d 左右发芽完毕，发芽率 80% 以上。

苗期需要充足光照，为了充分利用土地和种子，苗期需要移栽 1 次。可以移入容器袋，也可以移栽苗地。容器袋移植，容器袋规格宜选 10cm×15m，容器苗管理容易，可以早一些移植，苗木出齐后 20d 即有 2~3 片真叶时就可以移栽。1 年生平均高达 50cm，地径 0.5cm，可出圃栽植。

(3)种植　选择山坡、山谷等地造林，造林措施同一般石山造林。

(4)抚育管理　按照石山常规造林技术管理，块状抚育，及时清理藤灌及亚性杂草，保留侧方避荫，3~4 年即可成林。

用途　海南椴树皮纤维拉力强、耐水、耐磨，纯纤维素含量达 44.85%，自然束拉力与栽培黄麻接近，纤维拉力强，耐磨，耐水，是制造绳索类的优质原料。海南椴耐干旱瘠薄，适应性强，是石灰岩地区荒山绿化的优良树种。

山黄麻

Trema orientalis(L.) Bl.

科名　榆科　Ulmaceae

别名　麻桐树、山角麻、山王麻

形态特征 常绿乔木，高达20m，胸径达80cm；树皮浅灰至深灰色，平滑或老干具不规则浅裂缝，小枝灰褐色，混生有较长的近直立的单细胞毛与较短的但交织的常为多细胞的毛，嫩枝上的较密。叶革质，坚硬但易脆，卵状矩圆形或卵形，长10～18(～22)cm，宽5～9(～11)cm，先端常渐尖或锐尖，基部心形，多少偏斜，边缘有细锯齿，两面异色，干时叶面淡绿色或灰绿色，稍粗糙，常有皱纹，叶背灰白色或淡绿灰色，密被绒毛(毡毛)，混生有较稀疏、直立、较长的单细胞毛与紧密交织的较短的常为多细胞的毛(干时有的变红色)。基出脉3，其侧生的一对达叶片的中上部，侧脉4～6对，在近边缘不明显网结；叶柄长8～20mm，毛被同嫩枝；托叶条状披针形，长5～9mm。雌雄异株，雄花序长1.8～2.5(～3.5)cm，毛被同嫩枝；雌花具梗，花被片5～4，三角状卵形，长1～1.5mm。核果卵状球形或近球形，稍压扁，直径2.5～3.5mm，长3～5mm，成熟时稍皱，黑色，具宿存的花被。种子阔卵珠状，稍压扁，直径2～3mm。

分布 产龙州、大新、天等、凭祥、宁明、扶绥、右江区、那坡、靖西、武鸣、南宁、横县、宾阳、上思、容县、博白、玉林等地，梧州、平南、苍梧、贺州、金秀、东兰、金城江、凌云、乐业、田林、隆林等地亦产，分布云南、广东、海南、贵州、湖南、台湾，热带非洲、喜马拉雅南坡、印度、斯里兰卡、孟加拉国、缅甸、中南半岛、马来半岛、印度尼西亚、菲律宾、日本和南太平洋诸岛亦有分布。随遇植物，石灰岩山地生于谷地、路旁等。

生物学特性与适生生境 热带性树种，喜热怕寒，不甚耐霜冻，冬月低温时，植株的部分叶片，出现因受冻害而枯黄的现象。多生于山坡、灌丛、疏林、林缘或路旁，为华南及西南地区次生林和旷野间常见树种。典型速生先锋树种，喜光、生长很快、适应性强，根系发达，叶面多表皮毛，具有较强的耐旱，在撂荒地和轮歇休闲地能迅速发展起来，形成单优群落并把荒地覆盖，或在退耕还林地上首先长成山黄麻林次生植被，为进一步的植被演替奠定基础。山黄麻林存在数年后，当喜阴、生长慢的树木逐步在林内发展起来，山黄麻便逐渐死亡，完成其先锋和促进植被演替的过渡作用。自然生长迅速，在土壤较疏松的新修公路边，1年生高0.7m；4年生高3.3～5.6m，胸高直径3～11cm，冠幅2.2～5.5m，萌生力强，砍伐后易于萌发新枝，可行萌芽作业。

栽培技术

(1)采种与种子处理 果实9月至翌年5月成熟，10月至翌年2月为果成熟盛期，果实成熟后4～5d自然脱落。核果小，果实呈红色时，则可选择健壮的母树，在树下铺帆布或塑料布承接，后上树摘取红色的果实。清除杂物，获得纯净种子。种子小，千粒重2.57g。

(2)育苗 山黄麻易于种子繁殖。先将种子放在清水中浸泡12h，采用撒播法育苗，播种量30～40g/m^2，用小木板将种子压实后，筛盖表土以不见种子为度，以保持床面湿润，早、晚淋水，大约 7d 天开始发芽，延续 10d 左右发芽结束，发芽率 70% ~80%，当小苗长出 2 对真叶时按 15cm × 15cm 的株行距分床，或移入育苗袋中培育。山黄麻苗期生长较快，8 ~ 10 个月苗高 60 ~ 70cm 时就可以出圃造林。

(3)种植　选择石山谷地、沟边、路旁等土壤结构疏松的地段造林为宜。初春或雨季造林，株行距 2m × 2m 或 2m × 3m。

(4)抚育管理　定植后当年雨季末期，进行穴状锄草，第 2、3 年每年雨季前、后各抚育 1 次，并结合抚育追肥。山黄麻生长较快，加强管理措施，2 年可郁闭成林。

用途　山黄麻不仅宜作荒坡荒地绿化，易于快速成林，为保持水土和改善生态环境的先锋树种，而且是具有多种用途的经济植物。据有关资料记载：其茎部韧皮含纤维素 55.77%，晒干物中纤维量占 39%，纤维长 11 ~ 25mm，为制人造棉、织粗布、造纸和搓绳索的好原料；树皮还含鞣质，可提制栲胶。木材散孔材，材色黄褐色或红褐色，心边材不明显，干燥容易，切削容易，握钉力弱，质地轻软，干缩率小，不耐腐，木材供作家具、包装箱、门、天花板及室内装修用材和民间生活用品等。

第 15 章

森林蔬菜

鳞尾木

Urobotrya latisquama (Gagnep.) Hiepko

科名 山柚子科 Opiliaceae

别名 山芥兰、尾球木

形态特征 常绿灌木或小乔木，高约4m，枝条淡绿色，干后黄褐色，无毛，具不明显的条纹。叶无毛，阔披针形至狭披针形，稀卵形或倒卵形，长(7～)11～18(～23)cm，宽(3～)4～6(～7)cm，顶端渐尖或急尖，基部楔形；侧脉7～10(～12)对，在两面均突起，边全缘；叶柄长1～3mm，无毛。花序通常单个生于叶腋，亦生于枝条已落叶腋部或主干上，花序轴长7～11cm，无毛。核果红色，外形似大枣，长1.3～2.5cm，直径0.7～1.5cm；果梗长5～6mm。

分布 产龙州、天等、扶绥、田阳、隆安等地，隆林亦产，分布云南，尼泊尔、锡金、印度东北部、缅甸、泰国、马来西亚、印度尼西亚、老挝、越南亦有分布。喜钙植物，广西热带石灰岩山地在山坡、石崖、沟谷中常见。

生物学特性与适生生境 鳞尾木在云南主要分布于热带、南亚热带和中亚热带地区，年均温15℃以上；在广西仅见于桂西南热带岩溶石山地区，年平均气温20℃以上。阴性植物，需湿润环境，自然生长于相对潮湿的沟箐、山谷或山坡密林中，生长地潮湿且含有一定石砾的壤土地带，主根非常发达，侧根很少，在山区经人工刨挖后移栽，成活率极低。生于蚬木、石山樟、任豆、石山楠(*Phoebe calcarea*)、岭南酸枣林下，多为带状分布，成片纯林少见。由于生境独特、种子胚乳丰富、极易腐烂，人工育苗难，出苗率低，不经任何处理的常规法播种育苗，种子出苗率约30%，成苗率则更低。

栽培技术

(1)采种与种子处理 果熟期7～8月。鳞尾木果实属大粒种子，外形似大枣，果实成熟后金黄色。鲜果堆沤，极易腐烂变质，当天采收的鲜果如不采取相应措施自然堆放或水浸，第2d腐烂率约20%左右，第3d腐烂60%～70%，第

4d 则几乎全部腐烂。采回后水浸 2 ~ 3d，漂洗、脱皮，去除果肉等杂质，稍晾后即得净种。千粒重 2800g。鳞尾木果实内含丰富的胚乳，蛋白质含量高，不耐贮藏、极易腐烂，宜即采即播，短途贮运需混湿沙进行。

(2) 育苗　播种繁殖，用清洁河沙层积催芽 15 ~ 20d，待种子露白(胚根长至 0.3 ~ 0.5cm)时即可上袋培育。育苗点选择阴凉地，前期遮荫，10 月后可去除荫网。半年苗高 30cm 即可出圃栽植。

(3) 种植与抚育管理　选择具有一定上层木的疏林地、灌木林地造林，这样可使林内种植的鳞尾木既得到上层林木的自然遮荫，同时也保证了生长过程所需的湿度条件。对定植后的地块要采取一定的防护措施，禁止牛、羊等牲畜进入。

用途　花序及嫩茎、嫩叶是一种优良的森林蔬菜，味鲜美可口，为不可多得的森林野菜，广西热带石山区群众有食用的习俗。

第 16 章

药 用

扶芳藤

Euonymus fortunei (Turcz.) H. – M.

科名 卫矛科 Celastraceae

别名 蔓卫矛、爬行卫矛、爬墙虎

形态特征 常绿匍匐或攀援灌木。茎枝常有许多细根，小枝绿色，有细密疣状皮孔。叶薄革质，椭圆形，稀长圆状倒卵形，长 2 ~ 8cm，宽 1 ~ 4cm，先端短尖或渐尖，基部阔楔形，边缘有钝锯齿；叶柄长 4 ~ 8cm。聚伞花序腋生。蒴果近球形，淡红色，径约 7mm，稍有 4 条浅沟；种子有红色假种皮。

分布 产广西各地，分布我国华东、华中、华南、西南、西北及华北的部分地区，朝鲜、日本、缅甸等亦有分布。随遇植物，石灰岩山地生于谷地。

生物学特性与适生生境 耐寒性强，亦耐高温，可抗 –30℃以下低温，在广西热带岩溶石漠化裸地栽培亦生长良好。喜湿亦耐旱，雨量充沛、云雾多、土壤和空气湿度大的条件下，植株生长健壮。由于气生根发达，爬蔓能力强，根系多、分布面积大，且茎条中的水分能逆向流动。在年降水量不足 300mm 的地区均能正常生长，且能保持全年不落叶。喜光，但也极耐荫，在华北地区建筑物的北面全年不见阳光的条件下能正常生长。扶芳藤在透光率只有 20% 的林下、遮荫网下栽培时亦能生长良好。对土壤适应性强，在酸性、碱性及中性土壤均能正常生长，耐贫瘠，能在风沙地、水沙地、石灰岩、砂岩、火成岩、页岩等不同土壤或母质上正常生长。在广西大化七百弄石灰岩山区用扶芳藤扦插苗在大石块的周围，扶芳藤茎枝能生根并攀于石壁上，种后 3 年，茎枝掩覆整个大石块，可连年选采入药。

栽培技术

(1) 育苗　扶芳藤扦插极易成活，较好条件下成活率在 95% 以上，扦插繁殖可在全年进行，且枝条的任何部位均可用作插穗。气温高于 10℃，即可在室外进行扦插育苗。使用细河沙作扦插介质，全光喷雾条件下，10℃气温 10 ~ 12d 即可出现愈伤组织，15d即可生根，30d左右即可移栽；在气温25～30℃时，6～8d即出现愈伤组织，扦插10d后生根，20～25d可移栽。地上部分扦插后即生长，苗木移栽5～6d后即可恢复生长。

（2）种植　育苗造林或直接扦插造林，在沟边、畲地等水肥条件较好的地方春季扦插造林可取得较好效果。石灰岩山地造林宜选择山坡下部土层较厚、水肥较好处栽植。将石块外围30cm土壤翻松、打碎，捡净草根、杂物。按25cm的株距沿石壁开穴，每穴施入腐熟厩肥1kg作基肥，与土拌匀。3～5月栽植。将扦插生根苗用黄泥浆浆根后种植，每穴1株，将小苗往石壁上靠，覆土踏实。

（3）抚育管理　生长期间经常铲除杂草，每隔2个月施肥1次，沼气液肥1kg/株，每年冬末春初进行1次松土，并开穴施入土杂肥1kg/株淋施。然后培土护根。

扶芳藤定植后第2年开始采收。选择秋冬季晴天，于距离地面20～30cm处割取地上部分，清除杂质后，晒干，捆扎，即成商品。

用途　扶芳藤带叶茎枝，味甘、苦、微辛，性微温。归肝、肾、胃经，有益气血、补肝肾、舒筋活络的功效。《本草拾遗》记载："扶芳藤，味苦，小温，无毒。主一切血，一切气，一切冷，去百病。久服延年，变白，不老……大主风血"。近年来研究证明，扶芳藤对抗癌有一定作用，在抗衰老方面也有独特功效。

毛金银花

Lonicera hypoglauca Miq.

科名　忍冬科　Caprifoliaceae

别名　菰腺忍冬、腺背忍冬、金花、银花、双花、忍冬花

形态特征　木质藤本；幼枝被淡黄褐色短柔毛。叶对生，叶片坚纸质至薄革质，卵形至卵状长圆形，长3～10cm，宽1.5～5cm，先端短渐尖，基部钝或圆形至近心形，全缘而反卷，叶面绿色，除中脉被糙毛外余部无毛；背面粉绿色，密被柔毛，并杂有具极短柄或无柄的橘黄色或橘红色蘑菇状腺体。双花总花梗单生或有时多对集生，短于叶柄或有时较长，被淡黄褐色短柔毛。果近球形，直径7～8mm，熟时黑色，有时具白粉；种子椭圆形，长约4mm，中部有凹槽及脊状突起。

分布　产平果、靖西、田阳、武鸣、邕宁、龙州、横县、玉林等地，梧州、藤县、临桂、昭平、三江、凌云、乐业、隆林、忻城、都安、马山等地亦产，分布浙江、安徽、江西、福建、台湾、湖南、湖北、广东、贵州、四川等省，日本也亦有分布。喜钙植物，石灰岩山地生于谷地、山坡。

我国各地作金银花药用的忍冬属40多种不同植物的花蕾，广西自然分布约

23种3变种，最常见或规模产花的有8种(含变种)，其中以毛金银花、净花菰腺忍冬(*L. hypoglauca* ssp. *nudiflora*)、山银花(*L. confusa*)、褐毛忍冬(*L. fulvotomentosa*)、灰毡毛忍冬(*L. macranthoides*)5种最为常见。传统上以河南和山东为金银花道地产区，其质量为最好，河南产称之谓“密银花”，山东产称之谓“济银花”或“东银花”，南方诸省产的金银花统称为“南银花”或“山银花”。广西产金银花以有效成分绿原酸含量高而受到消费者和厂家欢迎。

生物学特性与适生生境 喜温暖湿润气候，适应性强，耐寒又抗高温，但花芽分化适温为15℃左右，生长适温为15～25℃。低于5℃或高于32℃虽可生长，但长势差。喜充足阳光，光照对植生长发育影响很大，阳光充足能使植株生长发育茂盛而健壮，从而增加花的产量和质量。在土层深厚、排水良好，肥沃疏松的砂质壤土中生长繁茂。根系发达，细根多、生根力强，插枝和下垂触地的枝，在适宜的温湿度下15d左右便可生根，10年生植株根冠分布的直径可达3～5m，根深1.5～2m，主要根系分布在10～15 cm深的表土层，须根则多在5～30cm的表土层中生长。

栽培技术

(1)育苗 可用种子繁殖、分株繁殖、压条繁殖、扦插繁殖等多种繁殖方法。种子繁殖时间长，生长慢，生产上不实用。毛金银花生根力很强，无性繁殖效果好，方法简单易行，见效快，生产上较为实用。分株繁殖法，在秋末初冬或翌春进行，将优良母株周围萌蘖幼苗连根带土挖出，即可定植。压条繁殖法，在5～9月进行，选取母株上较长的藤条，将藤节处埋于土中10～15cm深，半月后即可生根，翌年春与母株割断分离出压条苗，即可定植。分体压藤繁殖，将母株上较长的藤条剪下，带回苗床培育，在扦插床上开沟深度4cm、行距10m，将藤条平铺沟内，覆盖沙或细土2～3cm，让部分叶及芽枝露出床面，约20d节眼生根发芽，此时就节间剪断，让其分体定根，每节即为1株苗。扦插繁殖，5～9月选取1至2年生健壮藤条，在节下2～4cm处用利刀剪成15～20cm的插穗，插穗保留2～3节，去掉基部叶片，上部叶片去掉1/3，插入经翻耕、细碎、平整好的苗床内，1个月后即能生根，翌春即可取苗定植。

(2)种植 可在石灰岩山地坡位中部以下地方栽植。根据地形而挖穴，不强调株行距整齐，约2m×3m。在岩穴(缝)中挖坑，坑深约40cm。每坑施用土杂肥5～6kg，覆土回坑并与肥料拌匀。若岩穴(缝)土层太浅薄，可从其他地方挖土填充。在2月中下旬雨后阴天或细雨天及时移栽。

(3)抚育管理 新栽植的要注意松土、除草，有利于幼苗生长。已成活的花墩，除草时先从花墩外围开始，由远而近，先深后浅，切勿损伤根部。用小木棒或竹枝附在岩石旁，让小苗往岩石上面生长。随着植株的长大，藤蔓增多，再依岩石的形状进行牵引，使藤蔓能合理分布。每年秋季或冬季将植株中的老、弱、密、枯、病藤蔓剪去，减少养分消耗，并有利于通风透光，使植株生长健壮。

用途　《本草纲目》记载，金银花，又名忍冬、鸳鸯藤、通灵草，藤生，凌冬不凋，故名忍冬；其花长瓣垂须，黄白相伴，而藤左缠，故有金银、鸳鸯诸名。金银花是列入国家重点保护中药材之一，用途广泛，实用价值高。《本草纲目》把金银花列为"消肿，清热解毒、治疮之要药"，"久服轻身延年益寿"。金银花性甘、温、无毒，具有清热解毒，广谱抗菌，通经活络之功效。在2007年"非典"(SAS)及2009年甲型流感流行期间，大量临床研究证明，金银花对预防和治疗"非典"、甲型流感效果显著，为中国国家卫生部推荐用药。

剑叶龙血树

Dracaena cochinchinensis(Lour.) S. C. Chen

科名　龙舌兰科　Agavaceae

别名　山海带、山铁树、刕蹓蔗

形态特征　乔木状灌木，高5～15m；树皮灰白色，光滑，老时灰褐色，片状剥落；幼枝有环状叶痕。叶聚生茎或枝顶端，互相套叠，剑形，薄革质，长50～100cm，宽2～3cm，向基部略变窄而后扩大，包茎，无柄，基部和茎、枝顶端带红色。圆锥花序，长40cm以上。浆果近球形，直径约8～12mm，橘黄色，具1～3种子。种子肾形，坚硬，褐色。

分布　产凭祥、龙州、宁明、江州区、大新、靖西、博白等，分布云南西南部，越南、柬埔寨、老挝亦有分布。专性钙土植物，广西热带岩溶石山山坡、石崖、山顶常见。

生物学特性与适生生境　适生于干热气候和石灰岩石隙生境，为强耐旱、强喜光、喜钙树种。分布区年均气温20～22℃，最热月平均气温25～28℃，极端最高温41℃，最冷月平均气温10～14℃，极端最低温－1℃。年降水量1100～1500mm，冬春为旱季，长达6～7个月。所生长之处几乎全是裸露岩石，土壤散存于岩缝、石隙间，蓄水力弱，雨水绝大部分以地表径流或沿岩缝渗漏而消失，旱害威胁严重。它能在恶劣的生境生长，组成以它为标志种的藤刺灌丛，以伞状树形突出于群落之上，主要伴生种有华南云实(*Caesalpinia crista*)、南蛇筋藤(*C. minax*)、细叶楷木(*Pistacia weinmannifolia*)、雀梅藤等。

栽培技术

(1)采种与种子处理　果实1～2月成熟，3月脱落，成熟果实橙红色。果实成熟后用采种刀将果穗采下，去除果穗，将收集的果实堆沤2～4d，或直接置缸内加水浸泡，待果肉软烂时，加少许细沙，踩搓，置水中淘洗，清除果肉等杂质以及飘浮的瘪粒种子，取出沉水种子，即为播种材料。鲜果出种率35%，种子千粒重250g。随采随播或拌等量湿沙贮藏，贮藏时间以不超过6个月为宜。

(2)育苗　播种繁殖。播种前用温水浸种24h，密播于沙床或圃地，保持床面湿润。约50d发芽，发芽持续期约200d。剑叶龙血树为强喜光植物，育苗无需遮荫。苗期注意除草、松土和灌溉。幼苗高5～10cm时，移植于容器袋内培育，2年生苗出圃。

(3)种植　造林地宜选择石山中下部，肥沃湿润的地方为好。但在较高较陡的山坡或悬崖上的穴土、石缝土，甚至土壤很浅的陡壁、裂隙及石芽多的石缝、洞穴，都可以栽培。造林时间宜在春季，这时气温开始回升，雨季开始，湿度大，土壤湿润，有利剑叶龙血树存活。

(4)抚育管理　剑叶龙血树为强喜光树种，忌上方遮荫，造林后头两年，每年砍草抚育1～2次，清除周围杂灌。

用途　剑叶龙血树树干能提取名贵中药“血竭”。《本草纲目》谓血竭“能散滞血诸痛”，《本草经疏》有“散瘀血，生新血之要药”的论述。主要用于治疗外伤出血、溃疡不敛、跌打损伤、瘀滞作痛等症。据《全国中成药产品集》(1989)，全国中成药产品中含血竭者有膏丹丸散片及气雾剂等14种剂型62个品种，遍布25个省市的296厂家，特别是以血竭为主药的久负盛名的“七厘散”和“跌打丸”两个品种就有125家药厂在生产。

苏　木

Caesalpinia sappan Linn.

科名　苏木科　Caesalpiniaceae

别名　戈梅芳、苏枋木

形态特征　常绿至半落叶小乔木，高10m，胸径12cm，树干有刺，幼枝细，有铁锈色短绒毛。二回羽状复叶，长30cm，羽片18～26枚，小叶20～30，短圆形，偏斜，长1～1.5cm，宽0.6～0.9cm，先端圆而微缺，基部近截形，两面近无毛，有腺点。花两性，圆锥花序顶生或腋生。荚果倒卵状矩圆形，红棕色，偏斜，木质，厚，先端有尖，有喙，长6～10cm，宽3～4cm。每果有种子3～5粒，种子扁椭圆形，黄褐至暗褐色，有光泽。

分布　产田阳、右江区、龙州、凭祥、陆川、合浦等，隆林、乐业、桂平等地亦产，分布海南、广东、贵州、云南、台湾等省，越南、缅甸、泰国、马来西亚、印度亦有分布。随遇植物，岩溶山地生长于坡地、谷地。

生物学特性与适生生境　生于热带、南亚热带地区，要求温暖湿润气候，广西分布区平均气温19～22℃，最热月平均气温27～29℃，最冷月平均气温12～14℃，年降水量1000～2000mm，相对湿度80%左右。苏木在广西热带地区正常年份无寒害，特别寒冷的年份嫩枝受冻害，能耐轻霜及短期 0℃左右低温，但忌长期低温霜冻，苗木及幼树需在无霜环境中方可安全越冬。喜光亦耐庇荫，可在山谷丛林中生长，苗期尤需庇荫。树干基部和断根极易萌芽，萌芽条生长迅速，1 年生萌芽条高达 2～3m。

栽培技术

(1)采种与种子处理　6 年生以后进入正常结实期，连年结实繁多。每年果熟 2 次，以 9～10 月成熟的果较好，应在此时采种。果熟时荚果呈黄褐色至暗褐色，荚果不开裂、不脱落，采后敲打荚果取出种子。出种率 25%～35%，种子千粒重 600～850g。种子易受虫蛀，宜拌少量石灰干藏。普通干藏，至 4 个月以后发芽率急剧下降，7 个月后几乎丧失发芽力。

(2)育苗　播种繁殖，种子无生理性休眠。播前用冷水或初始温度为 45℃的水浸泡 12h。种子发芽日均气温要求 20℃左右。点播，株行距为 8cm×30cm。播种量 $25g/m^2$。播种地不能积水，以免影响出苗和幼苗生长。播后 7～10d 种子发芽，发芽率为 40%～70%。苗期需搭棚遮阴。1 年生苗高 50cm 以上、地径 1cm，可出圃造林。

(3)种植　选择岩溶石山山坡的中下部为造林地。株行距为 1.5m×1m。在早春新梢萌发前用裸根苗造林，在雨季前后用容器苗造林或直播造林也可取得好的效果。

(4)抚育管理　造林后 1～2 年加强抚育，加强除草、松土、施肥等工作，每年除草施肥 2 次，促进幼树生长，使其尽快形成主干。5～6 年生间伐，可收得第 1 批药材。对砍伐的树蔸进行施肥培土，促进其萌芽条生长。

用途　苏木心材入药可作为清血剂，有活血、祛痰、止痛之功效。西晋的《南方草木状》记载，“此人用染色者出自南海昆仑来，交州、爱州亦有之。树似庵罗，叶若榆叶而无涩，抽条长丈许，花黄，子生青熟黑”。枝干可提取红色染料，根可提取黄色染料，为高档食用色素，市场需求量扩大，产品供不应求，发展前景较好。

苦丁茶

Ilex kudingcha C. J. Tseng

科名　冬青科　Aquifoliaceae

别名　登茶(大新县)、苦丁茶冬青、富丁茶

形态特征　常绿乔木，高 6～20m。小枝粗壮，灰褐色，无毛，当年生枝有明显棱角。叶互生，厚革质，长圆状椭圆形或倒披针形，长 14～28cm，宽 6～8cm，两面无毛，上面有光泽，顶端短渐尖或钝，基部渐狭，边缘有小锯齿，叶

柄粗短，长 1.7～2cm。雌雄异株，花多数排成假圆锥花序，雄花序每一分枝有 3～9 朵花成聚伞状，雌花序每一分枝有 1～3 朵花。果球形，径 1～1.2cm，红色或褐色，外果皮厚，分核 4 颗。

分布 产大新、龙州、天等、凭祥、武鸣等地，分布海南、广东、云南，越南亦有分布。最早将苦丁茶用于饮料为广西大新，旧本《辞海》有："苦丁茶者，广西特产名茶也，产于大新县苦丁乡"，即现在的大新县龙门乡苦丁村。随遇植物，广西热带岩溶石山生于坡地、石崖、谷地。

生物学特性与适生生境 主产地广西大新县，地处云贵高原南缘，属温暖多雨北热带季风气候，年平均气温 21.3℃，极端最高温度 39.8℃，极端最低气温 -2.2℃，年平均降水量 1326mm，降雨多集中在夏秋季，冬春干旱。苦丁茶多分布在低山丘陵地，喜生于温暖湿润、土层深厚肥沃地带，钙质土或酸性土上都能生长，土壤 pH 值 4.5～8.5。幼树稍耐荫，大树中性偏喜光。

栽培技术

(1)采种与种子处理 苦丁茶开花结实年龄较迟，且雌雄异株，零星分布，结实率很低，种子量较少。11 月果实成熟，熟时呈朱红色，麻雀喜食，应及时采收。核果用水浸泡 2～3d，待果皮和果肉充分软熟后搓擦，淘洗，除杂质后得到的分核即为播种材料，通称种子。种子忌曝晒，晾干即可贮藏。鲜果出籽率约 15%，种子千粒重 12g。苦丁茶种子宜采用混沙层积法贮藏，种子生活力可保持 1 年以上。

(2)育苗 播种繁殖和扦插繁殖，大规模生产多以扦插繁殖。种子具有休眠习性，播种后需 6～8 个月才能萌发。采用恒温箱催芽，温度 42～44℃，盖湿润毛巾保温，催芽约 30d 可发芽，待种子露白进行芽苗移植。容器袋规格为口径 5cm，高 10～12cm。移植后用遮光度 75% 的遮阳网覆盖遮荫保湿。苗期管理及时除草、追肥、淋水保湿等工作。

扦插繁殖。5～6 月，采集半木质化或刚木质化的嫩枝，截成 5cm 长，每段有两个芽眼即可，剪去下端叶片，100mL/m^3 ABT 生根粉溶液浸泡 2～4h，插于已消毒的苗床，密集深插，搭荫棚遮荫，保证较高湿度。1 个月后即生根长叶，待插条根系完整后，择阴雨天移于育苗容器袋内，淋水并盖遮荫网，加强管护，翌年 3～4 月苗高 20～30cm，即可出圃种植。

(3)种植 造林地应选择土层深厚、疏松肥沃的土壤，以山下坡缓坡地和石山谷地最好。茶园整地应细致，最好是全垦，三犁三耙再挖种植穴，穴规格 50cm×50cm×30cm。茶园以矮林经营为好，定植密度 0.8m×1.2m，2 年后即可采摘嫩叶制作高档优质保健苦丁茶。

(4)抚育管理 茶苗定植后，每年中耕除草 2～3 次。幼龄茶树，行间可种植花生、黄豆等农作物。成林树，要多施氮肥，重施农家有机肥料。

用途 苦丁茶是用苦丁茶树的嫩叶加工而成，此茶独特，既可泡茶饮，又可作药用，具有消炎解毒、杀菌、止痒等作用，主治耳鸣、耳聋、活血脉，含服能止牙痛，还可防治胃炎、肝炎、咽喉炎、鼻炎、肚泻、痢疾、高血压等症。唐代陆羽的《茶经》“之源”载：“茶者，南方之嘉木也”，“其树如瓜卢”。苦丁茶历代均负盛名，驰誉于海内外，深受中国港澳地区及东南亚、日本等国的青睐。

第 17 章

竹藤类

麻　竹

Dendrocalamus latiflorus Munro

科名　竹亚科　Bambusoideae

别名　大头竹、甜竹、八渡竹

形态特征　地下茎合轴丛生。大型竹，秆近直立，秆高20～25m，直径10～20cm。秆箨呈宽铲状，质地坚脆，背部稀疏贴生短而易落之深棕色小刺毛；箨耳极小；箨舌微具齿裂；箨叶呈卵形兼披针形，长6～15cm，宽3～5cm，腹面具有淡棕色的小刺毛。枝条常生于秆的上部，主枝较其侧枝为长。叶在每小枝上为7～10片；叶鞘上部贴生黄棕色细毛；叶耳不明显，鞘口无缝毛；叶片大，叶片长椭圆形兼广披针形乃至矩形兼披针形，长15～50cm，宽4～13cm，上表面无毛，下表面有突起而具小锯齿的中脉，侧脉11～15对，小横脉清晰可见，先端具小尖头，基部呈圆形。

分布　产龙州、凭祥、大新、天等、田东、田阳、平果、容县、玉林、北流等，桂平、藤县、苍梧、田林等县亦产。麻竹为我国华南地区分布最为广泛的丛生竹类，东至台湾，西至云南，北部可达湖南衡阳、四川南部，南至海南。随遇植物，岩溶石山生于谷地、山坡。

生物学特性与适生生境　适应性广、抗逆性强，要求年均气温18℃以上，1月平均气温6℃以上，年降水量1200mm以上。在我国中亚热带以南地区均生长良好，不择土壤，对气温适应范围广，常见生长于江河两岸、河滩、丘陵荒坡、房前屋后以及石灰岩山脚等土层深厚肥沃的地方。

麻竹地下茎，包括秆柄和秆基两部分，秆柄与母竹相连，母竹养分与水分通过秆柄供给秆基和主秆；秆基上有12～16个笋芽，在1年内，每个秆基有3～5个芽可出笋成竹，其余的不出笋。4～5月笋开始萌动，5～10月竹笋出土，5～8月出的笋多，笋体粗壮，成竹质量好。竹笋从出土到新竹高生长停止60～90d。早期出土的竹笋当年即可抽枝展叶。9～10月出的笋要到翌年春季，甚至夏季才抽枝展叶。

栽培技术

(1)育苗　无性繁殖。麻竹竹蔸、竹秆、竹枝均具有休眠状态的隐芽，有较强的萌蘖再生能力，可用来繁殖竹苗。最为常用的是插枝育苗。麻竹枝和竹蔸一样都有笋芽和根点，犹如缩小的母竹，可用作育苗或直接造林。采集种枝时，要选取枝芽饱满、无病虫害的直径 1.5cm 以上的 1 年生主枝和次生枝，削去枝梢，只留基部 2～3 节，保湿贮藏或随取随育。1～3 月插枝，培育 1 年，翌年春即可上山造林。具体的育苗时节要观察圃地周围竹子生长，如发现有个别竹丛窜出新叶时，即可以扦插。将枝条斜插入育苗沟中，基部埋土深 6～10cm，踏实后盖草淋水。约 1 个月，幼苗出土。5 月下旬至 6 月中旬枝蔸逐渐生根。整个生长期注意保湿、除草，出根后适时追肥。

(2)种植　麻竹以经营笋用林为主要目的，因此要选择石山洼地、山脚或缓坡地、溪边、村前屋后等水肥较好地块栽植。全垦、带垦或块状整地，株行距 4.5m×4.5m 或 4m×4m，挖种植穴，穴 50cm×50cm×40cm。施足基肥，每穴施厩肥、绿肥、草皮泥等 10～15kg 或复混肥 1000g。2～4 月初造林，可采用竹苗造林或移母竹造林。

(3)抚育管理　新造幼林当年和第 2 年，每年要除草松土 2 次，第 1 次在5～6 月，第 2 次在 7～9 月。成林抚育，每年 7～8 月除草 1 次，每 1～2 年松土 1 次，松土应在冬季进行，深约 20cm。

用途　麻竹是我国高大的巨型竹之一，笋期长，产量高，丰产林每年可产笋 22.5～30t/hm^2，其笋体洁白粗大，笋味鲜美，品质上等，具“嫩、脆、香、甜”的特点，鲜笋洗净切片即可生食，含糖量 2.4%，是我国 30 多种笋用竹中含糖量最高的、品质最优良的品种之一；其加工品质亦好，常加工成笋干、笋丝、旅游小吃、酸笋和罐头等，大量销往国外。麻竹竹材产量是竹类之首，每公顷可采伐竹材 15t。竹材纤维含量 49.2%，纤维长度 2820μm，纤维长宽比 193，是造纸企业发展纸浆基地的首选，可在广西热带大面积发展为笋纸兼用林。

吊丝竹

Dendrocalamus minor (McCl.) Chia et H. L. Fung

科名　竹亚科　Bambusoideae

别名　乌药竹

形态特征　地下茎合轴丛生。秆近直立，秆高 6～8m，直径 3～6cm，顶端呈弓形弯曲下垂，节间长 30～40cm，幼秆被白粉，尤以箨鞘包裹处更显著，无毛；节稍隆起，幼秆基部数节于秆环和箨环下方，各有一黄棕色毯状毛环。箨鞘青绿色，干后为枯草色，呈长圆口铲状，顶端两侧广圆，背面贴生棕色刺毛，以中下部较多，边缘上部有细毛；箨耳极微小，繸毛细弱，易脱落；箨舌高3～6mm，顶端截平形，边缘被流苏状毛，以两侧较长，长可达6～8mm；箨叶卵状披针形或披针形，反折，背面无毛，腹面基部及两边缘有细刺毛。叶片矩状披针形，通常长10～25cm，宽1.5～3cm，较大的叶片长30～35cm，宽6～7cm，两面无毛。笋期6～10月。

分布 产广西各地，以西部、西南部为主要栽培区，分布广东、贵州。随遇植物，石灰岩地区生于石山山坡、山麓、山谷的石穴土、石缝土及坡积土上。

生物学特性与适生生境 热带、亚热带竹种，性喜温暖湿润环境，生长要求年平均气温18℃以上，1月平均气温在6℃以上，极端最低气温不低于－5℃，年平均降水量1200mm以上。喜光、耐旱、喜钙、耐瘠薄，在酸性土及石灰岩土均能正常生长，是广西石山地区主要的经济竹种。在石山坡地、谷地甚至山顶石穴土都能生长良好，石灰岩地区可单独栽培成纯林，也可与任豆、香椿、海南菜豆树等高大石山树种混生。分枝高，枝条细小，林相较整齐，在石灰岩山区人工栽培，枝叶茂密，林下浓荫，成林后林下植被稀少，仅有少量耐荫的灰毛浆果楝、马连鞍、蕨类等。吊丝竹属丛生竹类，通常在3月初竹叶萌动，4～5月秆基的笋芽萌动，6月下旬竹笋陆续出土，一直持续至10月，出笋期达5个月。从竹笋出土到竹秆高生长停止需80～120d。

栽培与采收技术

（1）育苗 母竹带蔸埋秆育苗。2～3月，选择生长健壮、无病虫害、直径2～4cm、1～2年生母竹，在竹蔸秆柄处切断，将母竹挖起，砍去梢部，留3～4节。随挖随种，如长途运输，需做好保湿措施。育苗时，将竹秆平放于育苗沟中，秆柄向下，芽朝两侧，盖土5～10cm，踩实后盖草，及时淋水并防止积水，出现露秆要培土。秆节上的芽先出土，每节出芽多数，当芽苗出土3cm左右时，加强锄草松土、施肥培土、保湿。1年苗可用于造林。

（2）种植 石灰岩山区各种立地，甚至山顶石穴土都可栽植，根据土层分布、土壤厚度、岩石裸露等实际情况确定种植密度，见缝插针，不强调整齐的株行距。在冬季挖好种植穴，穴规格40cm×40cm×20cm。造林前每穴施厩肥、绿肥等10～15kg或复混肥500g。基肥必须与土拌匀，才可定植。移母竹造林或竹苗造林都可获得较高成活率，2～3月选择阴天或小雨种植。移母竹造林时，母竹只需留秆3～4节，秆长80～120cm即可。利用竹苗造林时，选用地径1cm以上的1年生竹苗，起苗前剪去梢部枝叶，留苗秆高60cm左右，将竹苗挖起，1～3竿作1丛，保湿运往造林地，种植时将竹苗垂直放入穴内，回填表土踏实，填土以超过竹苗的土痕3～4cm为宜，盖草保湿。

（3）抚育管理 每年锄草松土2次，平缓的造林地实行林粮间种，以耕代抚，将杂草、农作物的秸秆铺在竹蔸周围或埋入土中。每年施肥 2 ~ 3 次，速效化学肥料应在 6 ~ 9 月出竹笋初期和盛期施肥，每次每丛施尿素或碳酸氢铵 100 ~ 300g 或复混肥 500g。农家肥宜在秋冬季结合深挖抚育开沟施肥，每丛施 10 ~ 15kg。冬季将竹丛中生长衰老的小竹清除，减少竹林养分消耗。造林后 3 年，竹林可郁闭成林，应加大施肥量，护笋养竹。秋冬季节竹子生理活动缓慢时，可采伐成熟的植株，利用竹材。

3 年生的吊丝竹竹株发笋能力开始减弱，应及时采伐利用。每年冬季利用环状砍伐法，即先沿竹竿周围将竹皮砍断，接着砍竹肉，避免竹竿开裂，尽量平地面砍，降低伐根，提高竹材利用率，同时有利于来年的砍伐和抚育工作。合理经营的竹林，每年可砍伐 2250 ~ 3000 株/hm^2，约 12 ~ 15t/hm^2。吊丝竹宜以材用为主要经营目的，采笋要合理，通常采收 9 月下旬以后生长的末期笋。

用途　吊丝竹主要产品是竹材，竹壁较厚，篾性好，可编织竹席、箩筐等竹器，是广西石灰岩山区发展编织业的主要原料。吊丝竹纤维含量 47.84% ~49%，纤维长度 2284 ~ 2920μm，纤维宽度 10 ~ 17μm，长宽比 137 ~ 292，是优良造纸原料；竹竿还可用作搭棚架及农具等。

撑绿杂交竹 3 号

Bambusa pervariabilis × *Dendrocalamopsis daii* #3

科名　竹亚科　Bambusoideae

别名　杂交竹

形态特征与分布　地下茎合轴丛生。秆高 10 ~ 12m，直径 5 ~ 8cm，节间长 20 ~ 30cm，圆筒形，幼秆具厚白粉，无毛；节平，秆环平；箨环稍隆起，基部 3 ~ 4 节秆环被褐色毯毛，箨环亦被毛。秆箨脱落性，长圆形，长 25 ~ 30cm，宽 20 ~ 25cm，背面贴生褐色针状毛，被薄粉，顶端平或稍凹陷，宽 7 ~ 10cm；箨耳窄，长 1.2 ~ 1.5cm，宽 0.2 ~ 0.3cm，波状皱折；箨舌高 5mm，边缘齿状；箨叶直立，卵状披针形，长 20 ~ 26cm，宽 6 ~ 10cm，易脱落，背面贴生褐色针状毛，尤以基部密集。出枝习性高，分枝多数，主枝比侧枝粗大，长 1.5 ~ 2m，直径约 1cm，初具白粉，无毛。每小枝有叶 4 ~ 8 片，叶鞘背面无毛；叶耳退化，鞘口缝毛纤细；叶片长 10 ~ 30cm，宽 3 ~ 5cm，侧脉 8 ~ 11 对，两面无毛。

撑绿杂交竹，除杂交竹 3 号外，还选育了杂交竹 6 号、8 号和 30 号等优良无性系，但以杂交竹 3 号表现最为优异。

分布　广泛栽培于广西全区各地，云南、四川、重庆、湖南、江西、广东等省均有引种栽培。随遇植物，栽培于石灰岩山坡中部以下及谷地，生长良好。

生物学特性与适生生境　杂交竹 3 号适宜生长在中亚热带以南地区，人工栽培区域年均气温在16～23℃，能耐短暂的41℃高温和－5～－3℃低温。四川宜宾、湖南衡阳引种栽培，生长良好，未见有冻害。年降水量1000mm以上，喜温暖湿润环境，对土壤要求不严，在酸性土或石灰质土上都能正常生长，在石灰岩石穴土上亦生长良好。笋期5～10月，以6～8月出笋最多，笋体粗壮，成竹率高。竹笋出土至高生长停止需70～90d，初期出土长成的新竹当年抽枝发叶，成为竹子。8月底以后出土的竹笋新竹当年不能抽枝发叶，翌年春季新竹开始自上而下先抽枝，后出叶。

生长快，造林后3年成林。产量高，杂交种每丛平均成竹30竿，最多59竿，盛产期年产鲜竹材30t/hm^{2}以上。笋质好，笋期长，笋体大，味美可食，一般单笋重达3～4kg。材质好，是当前最优良的造纸竹种之一。易繁殖，采用主枝扦插、小母竹和母竹移植等方法育苗，成活率均达92%～100%。适应性强，在海拔1000m，坡度20°的山地，或干旱贫瘠的缓坡也能正常生长。

栽培技术

(1)育苗　主枝扦插、小母竹和母竹移植等方法育苗，以母竹埋秆育苗繁殖最快、成本最低。选择1年生发枝低、隐芽饱满、健壮、无病虫害、胸径3～4cm的竹株为母竹，从竹蔸处将母竹挖起，砍去梢部，留40～60cm长，保湿，或随挖随种。2～3月，沿苗床走向开纵向育苗沟，沟内放基肥。将竹秆平放于育苗沟中，秆柄向下，节间芽朝两侧，盖土5～10cm，踩实后盖草淋水。10～15d母竹根系恢复，约30d第1代幼苗出土。苗期管理主要内容是除草、浅松土、淋水保墒、施肥培土、防治病虫害等。

(2)种植　选择石山坡中部以下、谷地、溪边、村前屋后等作造林地，株行距3m×3m或2m×3m，穴50cm×50cm×40cm。施基肥，每穴施厩肥、垃圾滤泥等10～15kg或复混肥500g，基肥必须与土拌匀。2～3月初造林，采用培育好的竹苗或挖母竹造林，竹苗截秆，留高50cm左右，母竹留秆40～60cm。

(3)抚育管理　幼林每年应除草松土2次，也可套种绿豆、花生、黄豆等农作物，以耕代抚；成林每年7～8月除草松土1次，将杂草均匀铺在林地上。

秋冬季竹子生理活动较弱，竹材含水量降低，可砍伐利用。平地面环状砍伐3年以上的竹株，砍伐后保留每丛立竹量20株左右。经营较好的竹林每年可伐7500条/hm^2，产量为25.5t/hm^2。

用途　杂交竹竹材纤维含量高，杂交竹3号含量达到47.36%，纤维长度达到2060mm，纤维长宽比141。经四川长江造纸厂、广西大学及广西柳江造纸厂等单位对撑绿杂交竹3号1～3年生竹材纸浆得率及破裂强度试验分析，其纸浆得率为47.9%，是优良造纸原料。

黄　藤

Daemonorops margaritae (Hance) Beccari

科名　棕榈科　Palmae

别名　红藤

形态特征　有刺、丛生、攀缘木质大藤本，藤茎长可达 50m 以上，带鞘茎粗 3.0 ~ 5.0cm，去鞘茎粗 0.8 ~ 1.2cm。叶羽状全裂，长 2 ~ 3m，叶轴顶端延伸成爪状刺的纤鞭；裂片近对生，50 ~ 75 对，条状披针形，长 25 ~ 45cm，宽 1 ~ 2cm，顶端渐尖；叶轴有大小不等下弯或劲直的刺；叶鞭无纤鞭，有扁平的刺。肉穗状花序，单性，雌雄异株，花序轴上的佛焰包舟状，外被褐色扁平刺。果实球形，直径 1.5 ~ 2.0cm，成熟时果皮呈黄色，具光泽，果肉胶质，褐色。种子肾状，坚硬，褐色。

分布　产龙州、博白、合浦、陆川、上思等地，苍梧、天峨、金秀亦产，分布海南、广东、福建、台湾、云南等，越南亦有分布。随遇植物，岩溶石山生长于山坡下部、谷地。

生物学特性与适生生境　分布区气候环境复杂，分布区北部大瑶山的金秀县年平均气温 17.0℃，最冷月(1 月)平均气温 8.3℃，历年极端最低气温 −5.6℃，≥10℃的年积温 5233.9℃。而在其广西分布区南部的龙州县年平均气温 22.0℃，最冷月(1 月)平均气温 13℃以上，≥10℃年积温 7433℃。生长需要较强的光照条件，但能忍耐荫蔽的森林环境。黄藤对土壤适应性较强，在酸性的黄壤、红壤、赤红壤、砖红壤及碱性的钙质石灰土上均有分布，但以肥沃、湿润的土壤生长为好。

栽培技术

(1)采种与种子处理　种子成熟期 11 ~ 12 月，用枝剪或采种钩刀截断总果梗，敲打果穗，脱下或摘下果实。果肉不易脱去，采回的果实需先用铁锤轻击果实，去皮后把果实置水中浸泡 1 ~ 2d，待果肉软烂后捞出渗沙搓踩，水洗除净果肉、果皮等杂质，稍晾干即得净种。种子千粒重 1600g。种子忌曝晒、失水，不宜裸露存放，包装运输时需拌湿沙。即采即播，亦可混湿沙短期贮藏。

(2)育苗　沙床播种催芽，当种胚突破床面生长到叶簇高 2cm 左右，心叶含苞未展时即移植于容器袋中继续培育。容器规格 8cm × 15cm 或 10cm × 15cm。苗期需要一定庇荫，80% 的相对光照适于苗木生长。培育 1 年，苗高 40 ~ 45cm，即可出圃造林。

(3)种植　选择岩溶石山谷地或山下部造林。石山造林，无需林地清理，造林密度 1500 ~ 2000 丛/hm^2，根据土被情况，确定挖穴位置，稍加清理植穴周围植被，暗穴整地，规格 40cm×40cm×30cm。采用丛栽方式，即在同一种植穴内种植 2 株，待春季雨后即可定植。

(4)抚育管理　岩溶石山造林，需维持适度侧方庇荫，仅需铲除苗木周围的恶性杂草。结合抚育，每年应施肥 1 次，每株施尿素 20~40g，过磷酸钙 100~150g，或复混肥 180g。

用途　中茎藤种，藤茎具良好工艺特性，是藤编家具及工艺品的优良材料。以黄藤为经营目的，经营周期至少 50 年。在较好立地条件下，12 年生的黄藤丛，平均株数可达 50 株以上，主茎平均长大于 8m，成丛的总茎长大于 120m，首次采收产量可达 10t/hm^2。

小白藤

Calamus balansaeanus Becc.

科名　棕榈科　Palmae

别名　白藤

形态特征　茎细长、从生，攀缘状，初时直立，蔓茎长 4~10m，叶长 80~85cm，羽状全裂，羽片 25~30 对，常 3~4 片成组聚生，长披针形，长 15~25cm，宽 1~1.5cm，先端渐尖、叶面边缘有微刺，背面叶中轴上有倒钩刺；叶柄边缘具针刺，针刺长 5~10mm。花序顶端具细"刺鞭"；果球形、直径 0.8~1cm；外果皮表面的鳞片单黄色，边缘有 1 条暗色带，中央具狭沟槽。

分布　广西全区有分布，分布海南、贵州南部，越南、柬埔寨、泰国也有分布。随遇植物，岩溶石山生于谷地、山坡、石崖。

本种变种褐鳞省藤(*Calamus balansaeanus* var. *castaneolepis*)亦为广西热带石山地常见种，与小白藤主要区别是叶及羽片较小，羽片 2~4 片成组或近等距排列，背面的叶脉上具微刺，与小白藤同为经济价值较高的经济藤种。

生物学特性与适生生境　小白藤喜温亦较耐寒，以桂南、桂西南为主要分布区，桂中、桂东北虽有分布，但多生于低海拔谷地。适宜的气候条件是年均气温 19℃以上，最冷月平均气温大于 8℃，极端最低气温 -3℃以上，≥10℃的年积温在 6000℃以上；年降水量 1000mm 以上，年平均相对湿度在 79% 以上。小白藤生长需要有一定郁闭度的森林环境，但成藤后能忍耐全光照条件。适于小白藤生长的土壤类型有红壤、赤红壤、砖红壤及石灰土。无主根，但须根发达，能从石缝中吸收养分，有一定耐旱能力，在岩溶石山石崖、石壁生长良好，但仍以沟谷、坡底等阴湿处次生林下生长最好。

栽培技术

(1)采种与种子处理　小白藤 3~4 年植株始花，当年开花，翌年果熟，果熟期为 3 月。果实为浆果状核果，果肉富含糖分、蛋白质等营养物质，鸟兽喜食，且成熟后的果实易脱落，应及时采收。果熟盛期用枝剪或采种钩刀截断总果梗，敲打果穗，脱下或摘下果实。果实堆沤数日后置水中搓洗，淘去果肉即得净种。果实出种率约 80%，千粒重 260g。种子忌失水，不宜裸露存放，运输时需拌湿沙。

(2) 育苗　播种繁殖，种子有休眠习性。发芽时日均气温需在 20℃以上，育苗前种子需进行沙床播种催芽，播后约 100d 发芽，新鲜成熟种子发芽率可达 90%。当种胚突破种壳生长到叶簇高 2cm 左右，心叶含苞未展时即移植于容器袋中继续培育。苗期需要一定庇荫，50% ~65% 的相对光照适于苗木生长。培育 1 年，苗高 25 ~30cm，出圃造林。

(3) 种植　小白藤幼苗期喜阴，宜选在山坡中下部次生林下或灌木林下及谷地种植。块状清理林下杂灌，穴状整地，规格 40cm × 40cm × 30cm，造林密度 1650 ~3300 丛/hm^2。采用丛栽方式，在同一种植穴内种植 2 株。春季择雨后土壤湿润时定植。

(4) 抚育管理　连续抚育 3 年，包括除草、松土、扩穴。结合抚育，每年应施肥 1 次，每株施尿素 20 ~40g、过磷酸钙 100 ~150g，或复混肥 180g。造林后严禁上山打柴、放牧、采石等。

用途　小白藤具有很高的经济价值，去鞘藤茎(藤条)表皮乳白色、抗拉强度大，是编织和制作家具的优良材料，用其制作的家具和工艺品畅销国际市场，是我国重要的创汇来源。

第 18 章

生态与园林类

榕　树

Ficus microcarpa L. f.

科名　桑科　Moraceae

别名　小叶榕、细叶榕

形态特征　常绿乔木，树高达 20 ~ 30m，胸径达 2m，树冠扩展很大，具奇特板根露出地表，宽达 3 ~ 4m。植株具乳汁。有气生根细弱悬垂及地面入土生根，形似支柱；树皮灰褐色。叶革质，椭圆形或卵状椭圆形，有时呈倒卵形，长 4 ~ 10cm，全缘或浅波状，先端钝尖，基部近圆形，单叶互生，叶面深绿色有光泽，无毛。瘦果，果肉骨质，包藏于花序托内，花序托外形近似果，也有称为隐花果或榕果，近球形，初时乳白色，熟时黄色或淡红色；每花序托内有瘦果数十粒，每果有种子 1 粒，多数为瘪粒，种子颗粒极少，卵形或椭圆形，长 0. 6 ~ 1. 2mm。

分布　产广西全区，但以桂南、桂西南最为常见，分布云南、贵州、广东、海南、台湾、浙江、四川、重庆等省(直辖市)，印度、缅甸、越南、马来西亚等亦有分布。喜钙植物，岩溶石山山坡、石崖、坡顶均有生长。

生物学特性与适生生境　热带性树种，喜温暖湿润气候，但能耐一定霜雪，幼树对低温敏感，大树则抗低温能力较强。地处中亚热带的广西阳朔，全年有霜日 43d，最低气温 -4. 3℃，有 1 株 1400 年树龄的古榕，胸径 7m，生长良好，但当地培育榕树小苗，冬季常受霜害。喜光树种，喜大水大肥，也耐干旱和瘠薄，能在石缝中生长，也能在水中生长，在石山山顶、水塘旁、田埂边都能见直径 1m 大树。对土壤适应性强，在酸性红壤、赤红壤、砖红壤，碱性钙质的石灰土都能生长。榕树气根发达，村旁、沟边常能见到发达的气根深入土壤中形成“独树成林”的景观。榕树抗风力强，榕树生长快，人工栽培，6 ~ 8 年生，树高 6m，胸径 8 ~ 12cm。在广西热带岩溶石山区，榕树常与海南蒲桃、任豆等形成石灰岩季雨林，榕树为上层林木。

栽培技术

(1)采种与种子处理　榕树在广西热带地区 1 年开花、结实 2 次，第 1 次 1 月开花，5 月果熟；第 2 次 5 月开花，9 月果熟。当果实的色泽呈现黄色或淡红色时采摘，或用竹竿在树上敲打，落地后在地面捡拾。堆沤数天，充分软熟后装入紧密布袋，置水中搓揉，反复搓擦漂淘，除去肉渣、皮屑、空瘪粒等杂质，以在水中下沉的瘦果作为播种材料，通称种子。榕果出籽率 2% ~4%，千粒重约 0.25g。种子忌日晒，不宜失水。洗净的种子在室内稍加晾干即可播种。

(2)育苗　播种或扦插繁殖，但扦插繁殖主干不通直，多分枝，冠形差，较少采用。种子无休眠习性，随采随播，发芽时日均气温需在 20℃ 以上。撒播，将种子播于沙盘内，播后 10d 左右开始发芽，发芽率 8% 左右，待幼苗转木质化时移至容器中继续培育。1 年生苗高约 30cm，可出圃移至大田继续培育或上山造林。

(3)种植　榕树适应性强，石山谷地、坡地、溪边、路旁、村边都可栽植。块状整地，根据树体大小，确定定植穴大小，小苗造林植穴规格 30cm × 30cm × 20cm 即可。榕树栽植容易，在南亚热带以南地区全年可移栽。

用途　榕树四季常绿，树冠遮荫效果好，树干长有下垂生的气根，观赏价值高，适应性强，抗污染能力强，少病虫危害，可植为行道树、庭荫树、园景树或石山生态治理，是热带岩溶石山区优良造林树种树种。

扁　桃

Mangifera persiciformis C. Y. Wu et T. L. Ming

科名　漆树科　Anacardiaceae

别名　哇介(壮语)

形态特征　常绿乔木，高达 30m、胸径 100cm；树冠广卵形，枝叶浓密，树皮灰黑褐色，老树皮不规则浅纵裂。幼枝浅绿色，叶集生枝端，窄矩圆形、短圆形或长披针形，中脉在两面稍凸起，侧脉明显。圆锥花序顶生。核果熟时淡黄色，果核坚硬，有浅沟，并附着粗纤维。

分布　原产广西南部及西南部、贵州南部、云南南部及东南部，垂直分布在海拔 120 ~280m 的丘陵中下部、台地和平缓沟谷两旁。现广泛引种到我国南亚热带以南地区，为广西、广东两省区南部最主要的园林绿化树种。随遇植物，岩溶石山生于谷地、山坡下部。

生物学特性与适生生境　热带树种，适生于年平均温度 20 ~22.3℃，≥10℃ 年积温在 7000℃ 以上，年降雨量 1000 ~1600mm 地区，短期 −3℃ 低温大树仍能生长良好，但小苗不耐寒，5℃ 即受冻害，−1.5℃ 时冻死。对土壤要求不严，在酸性土、钙质土均能生长，但在广西热带岩溶区以谷地最为常见，石山坡地下部土层稍厚处亦有零星生长。喜湿润肥沃土壤，具一定耐旱能力，在广西热带岩溶地能天然更新并生长良好；不耐积水，移植时常因积水而失败。幼年稍耐庇荫，不喜强光直射，成年树喜光。幼树生长较慢，3～5 年生后生长逐渐加快。

栽培技术

(1)采种与种子处理　果熟期 7 月，果实由青色变黄绿色，果实柔软即示成熟。采回的果实，稍堆沤，水洗去果肉，得净果核。鲜果约 60 个/kg，果核 80～100 粒/kg。果熟期值高温夏季，果核极易发生变质，应随采随播。运输也宜快，果核堆沤或摊晒 3～5d 即失去发芽力。

(2)育苗　两步法育苗，新鲜果核洗净后密播于沙床，保持沙床湿润，约 7d 种子萌发，约 10d 待 70% 种子发芽即可移栽。选择阴凉处，取肥沃表土，采用规格 15cm×20cm 规格塑料育苗袋，去除幼苗根尖，将经催芽后的幼苗移入育苗袋。移入后即淋透水，并加盖遮荫网，适时淋水、松土、除草，施少量稀薄速效性肥，促其生长。在越冬期间，注意防霜冻，1 年生苗，高达 30～40cm，可以出圃移至大田培育。作四旁和行道绿化用的大苗，应培养 4～6 年生大苗，株行距 60cm×80cm。待苗高 3m 以上，地径 4～5cm 或更大时带土团栽植。

(3)种植　植穴规格 70cm×70cm，深 60cm。路树植距 8m 左右，定植前需修剪部分枝叶，施足基肥。

(4)抚育　抚育管理，主要是除草松土、施肥、修枝整形，每年 4～5 月和 8～9 月各抚育 1 次，在幼树周围扩大穴位。

扁桃幼树主要受杧果横线尾夜蛾危害严重。杧果横线尾夜蛾危害主梢，使梢部萎蔫枯死。成虫白天在树干荫蔽处栖息，夜间出来活动，1 年 8 代，相继为害。每年 2 月，新梢抽出 5～7cm 长时，用 80% 敌敌畏乳剂或 90% 敌百虫结晶等 800 倍液喷洒，可将成虫、幼虫杀死，隔 10～15d 再喷洒 1 次。4 月中下旬，可用久效磷 2000 倍液喷洒，以杀死钻入嫩梢内的 3 龄以上幼虫。由于该害虫每年世代多，用药需持续至 11 月，效果才显著。

用途　扁桃树体高大常绿，干形粗壮，树姿端正雄伟，树冠伞形，枝叶繁茂浓荫，结构紧密、抗风力强，寿命长。扁桃树对烟、毒的抗性比较强，对净化空气、减轻污染起到一定的作用，是热带南亚热带城镇绿化的优良树种之一，在广西、广东等地城镇广泛种植，已成为广西南宁市街道上绿荫树的品牌，受到人们的赞赏。

海南蒲桃

Syzygium cumini（Linn）. Skeels

科名　桃金娘科　Myrtaceae

别名　乌墨、黑墨树、乌贯木、乌口树

形态特征　常绿高大乔木，高25m，胸径80cm。叶片革质，阔椭圆形至狭椭圆形，长6～12cm，宽3.5～7cm，先端圆或印，有一个短的尖头，基部阔楔形，稀为圆形，上面干后褐绿色或为黑褐色，略发亮，下面稍浅色，两面多细小腺点，侧脉多而密，脉间相隔1～2mm，缓斜向边缘，高边缘1mm处结合成边脉；叶柄长1～2cm。圆锥花序腋生或生于花枝上，偶有顶生，长可达11cm；有短花梗，花白色，3～5朵簇生。核果状浆果，果实卵圆形或壶形，长1～2cm，上部有长1～1.5mm的宿存萼筒，熟时由紫红色变紫黑色，具光泽，果皮多汁如墨，尝之乌口，故又名乌墨、乌口树。种子1粒，紫棕色。

分布　产扶绥、宁明、龙州、大新、靖西、德保、那坡、右江区、田阳、平果、武鸣、合浦、博白、横县、邕宁等地，分布福建、广东、云南等省，越南、马来西亚、印度、印度尼西亚、大洋洲亦有分布。随遇植物，石灰岩山地生于山谷、台地等。

生物学特性与适生生境　热带性树种，喜温暖湿润气候，分布区年平均气温20℃以上，极端最低气温大于－1℃。喜光树种，较耐干旱瘠薄，耐高温、抗风、耐火、萌生力强等特性，根系发达，主根深，对土壤要求不严，常见于平地次生林及荒地上，是海南稀树旱生林中唯一的旱季不落叶而生长旺盛的用材树种，在肥力中等的土壤都能生长成材。生长快，在广西热带岩溶区谷地、台地、坡下部的次生林中或村边、路旁常见胸径60cm以上大树。

栽培技术

(1)采种与种子处理　6～7月果熟，果由青变紫黑色即示成熟。果味甜，易遭鸟食及象鼻虫危害，应及时采摘。采回的果实易腐烂变质，及时搓洗去皮肉，室内晾干，忌日晒。出种率26%～30%，种子千粒重300～460g。种子不宜久藏，即采即播。

(2)育苗　播种繁殖。沙床密播，半个月后发芽出土，发芽率70%～90%。待小苗长出4～5片叶时，可将小苗移栽至10cm×15cm塑料容器中，基质采用肥沃森林表土，择阴雨天或早上与傍晚移植，移后淋足水，盖70%遮光网约1个月，待小苗恢复生长后去除遮光网。半年生袋苗高60～80cm，可出圃栽植。

(3)种植　选择山坡谷地、缓坡地及四旁为造林用地。造林前，应先整地，株行距2.5～3m。以春季种植为好，雨后种植可以提高成活率。

(4)抚育管理　植后当年夏、秋季应进行抚育，连续2～3年，促进苗木生长。采用块状铲草方式，保留行间杂草。

用途　木材淡褐色，容重0.656g/cm^3，结构细致，纹理交错，有光泽，耐腐，不受虫蛀，不易翘裂，可作造船、建筑、桥梁、枕木、家具和农具等，是优质用材。树皮含单宁，可作栲胶原料。叶片鲜亮，极具观赏价值，为行道树种、

农田防护林树种、四旁绿化造林的优良观赏树种。

假苹婆

Sterculia lanceolata Cav.

科名 梧桐科 Sterculiaceae

别名 九层皮、赛苹婆、红郎伞

形态特征 常绿乔木，高10~20m，有板根，小枝幼时被毛。叶椭圆形、披针形或椭圆状披针形，长9~20cm，宽3.5~8cm，顶端急尖，基部钝形或近圆形，上面无毛，下面几无毛，侧脉每边7~9条，弯拱，在近叶缘不明显联结；叶柄长2.5~3.5cm。圆锥花序腋生，长4~10cm，密集且多分枝；花淡红色。蓇葖果鲜红色，长卵形或长椭圆形，长5~7cm，宽2~2.5cm，顶端有喙，基部渐狭，密被短柔毛；种子黑褐色，椭圆状卵形，直径约1cm。每果有种子2~4个。

分布 产宁明、龙州、大新、那坡、上思、宾阳、岑溪等地，上林、隆林、天峨、东兰、环江、罗城、柳江、金秀等地亦产，分布广东、海南、云南、贵州和四川南部，缅甸、泰国、越南、老挝亦有分布。喜钙植物，酸性土上有分布，但以石灰岩钙质土分布最为集中，生长于岩溶石山山谷、山坡、山沟阴处、疏林地、灌木丛中及密林中。

同属树种苹婆(*S. nobilis*)，叶形稍大，长8~25cm，宽5~15cm，树形亦较高，高20m，亦为广西热带岩溶石山常见树种和优良石山绿化树种，生物生态学特性、栽培技术与假苹婆相似。

生物学特性与适生生境 分布区为亚洲热带至南亚热带，我国属自然分布区的北缘，为热带性树种，但抗寒力较强，能耐较长期3~5℃低温及短期-4℃左右低温，耐较轻霜冻及较轻冰雪。能耐高温及长期暑热天气，喜湿润空气，也较耐干燥，在石灰岩岩溶石山悬崖、石缝等恶劣环境亦能成大树。对光的适应性较强，幼龄期较耐荫，成龄树在山坡、谷地、悬岩等稀疏遮荫或全光照下，均能生长良好。对土壤的适应性较强，自然分布多为石灰山土，在酸性土也能正常生长，要求肥力中等以上、结构较疏松的土壤。根系发达，能穿插石缝、石隙，攀附岩壁，能很好地覆盖石山、保持水土。广西热带岩溶石山，假苹婆常与无忧花、海南风吹楠、金丝李、苹婆、假肥牛树混生，假苹婆处乔木第2林层林冠。树命长，萌芽力强，能多代萌芽更新。生长较快速，一般8年生，可以绿树成荫。

栽培技术

(1)采种与种子处理 选择15年生以上的生长健壮、无病虫害的母树采种。7~8月果熟，果实成熟时鲜红色，果壳微裂。用钩刀或人工上树剪下果枝，采取果实。采回果实摊放于通风处 1 ~ 2d，让其自然开裂或用力压裂，剥取种子。种子忌脱水，忌日晒，应随采随播，不耐贮藏。贮藏需混以湿沙，贮藏期 1 个月以内。种子干粒重 700 ~ 850g，新鲜种子发芽率 95% 以上。

(2) 育苗　播种或扦插繁殖，种子结实量大，播种繁殖为主。种子不需作任何处理即可播种，发芽时气温需在 22℃ 以上。通常采用容器育苗，将新鲜种子直接播于育苗容器，播后约 3d 发芽，约 1 周即发芽完毕。种子属大粒种子，育苗容器宜大，12cm × 15cm；播种深度宜深，播后覆土约 2cm。播后注意及时淋水和水肥要求。翌春苗高 40cm 左右可出圃造林。

(3) 种植　选择石山山坡下部、谷地、稀疏林地、溪边、路旁栽培。宜春季或雨季移栽，栽培管理较粗放，采用容器苗，小穴整地，春季造林，造林成活率能达到 85% 以上。

(4) 抚育管理　栽植后连续抚育 3 年，铲除栽植穴周边杂草，砍除藤刺。

用途　树冠浑圆，枝叶茂密，生性强健，适应性强，是石山绿化、城市郊区生态风景林的好树种，亦可作为城市园林风景树和绿荫树加以利用。茎皮纤维可作麻袋的原料，也可造纸、人造棉、编制绳等用；种子富含淀粉、脂肪，种仁含油脂 22.5%，可炒熟或煮熟供食用，也可榨油；材质中等，宜做农具等短小径用材。

木　棉

Bombax malabaricum DC.

科名　木棉科　Bombacaceae

别名　攀枝花、英雄花、红棉

形态特征　落叶大乔木，高可达 30m，胸径 1m 以上。主干笔直，树干和枝条均具有短粗的圆锥状刺。掌状复叶，互生，小叶 5 ~ 7 枚，长圆形至长圆状披针形，长 10 ~ 20cm，叶缘有细锯齿，叶面光滑无毛，革质，有湿润感。早春叶前开花，花聚生于近枝顶，形大，通常红色或粉红色；花萼肥厚，花瓣肉质，倒卵状长圆形，长达 10cm，两面均被白色星状毛。蒴果木质，长椭圆形，内壁具绢状纤维；种子倒卵形，光滑。

分布　产宁明、龙州、凭祥、大新、天等、扶绥、江州区、右江区、田东、田阳、平果、靖西、德保、那坡、隆安等地，分布四川、云南、广东及海南等省，热带亚洲及热带大洋洲亦有分布。随遇植物，岩溶石山地区生于坡下部、谷地以及峰林平原的台地。

生物学特性与适生生境　天然分布区年均气温 19 ~ 25℃，年降水量 1000mm 以上，干湿季节交替明显。强喜光树种，性喜干热，耐高温，亦有较强耐寒力，耐旱、耐湿，对土壤要求不严，自然分布地都为干热河谷或受焚风影响的背风面及石灰岩干旱地。在干热河谷地或石灰岩谷地可独自成林，亦常与千年桐、山合欢(*Albizia kalkora*)、羽叶白头树、假木豆(*Dendrolobium triangulare*)、盐肤木(*Rhus chinensis*)等混生，形成木棉疏林，木棉为高大乔木，显著地居林冠之上，十分显目。生长快，萌芽力强。2年生树高达2～3m，4年生树高达6～8m，8年生即进入成熟龄，年年盛花，无大小年。花期3～4月，叶前开花，花谢落不久即萌发新叶。

栽培技术

(1)采种与种子处理　果熟期6～7月。木棉植株高大，树干及枝条均有刺，直接上树采摘比较困难。果实成熟后，棉絮携种子飞落，可在地面捡拾，棉絮极轻，易散失，应及时收集。分离纤维与种粒，取出种子。种子千粒重约35g。

(2)育苗　种子含油，极易变质失去发芽力，宜随采随播。容器育苗，容器规格12cm×15cm，采用腐殖质土作为营养土，适当加入磷肥或复混肥。采用点播方法，播种前用0.3%高锰酸钾进行消毒，洗净后稍晾干即可播种。播种深度为1.5～2cm，播后覆盖1cm厚的营养土，稍压，然后淋水。种子发芽率可达75%～90%，苗期管理要细致，轻轻洒水，以免种子被水冲出，或将幼苗冲倒。土壤不宜过湿，以免发生病害。1年生苗高50m左右时即可出圃。

(3)种植　选择岩溶石山下部、溪边、台地等处造林，造林密度3m×3m。木棉适应性强，人工块状清理杂灌，穴状整地，穴规格40cm×40cm×25cm，选择春季发叶前栽植，造林成活率可达95%以上。

(4)抚育管理　木棉为强喜光速生树种，幼林抚育十分重要，造林后每年块状铲草抚育2次，除去顶部遮荫，连续抚育2年，第3年树高3m以上时即可停止抚育。木棉树冠稀疏，广西热带岩溶石山区群众，有混农经营习惯，与玉米、红薯、花生、黄豆、甘蔗等混作，以耕代抚，效果较好。

用途　木棉树体美观，枝叶繁茂，先花后叶，满树红花，十分壮丽，是十分理想的绿化树种。木棉木材松软，可做建筑、农具、家具等用材，广西石山区群众喜用。

楹　树

Albizia chinensis(Osb.) Merr.

科名　含羞草科　Mimosaceae

别名　合欢、中华合欢、夜合树

形态特征　落叶大乔木，高达25m，胸径达1m。二回羽状复叶，羽片6～18对；小叶20～40对，狭矩圆形，长6～8mm，宽约2mm，先端急尖，基部近截形，背面粉绿而疏生毛；托叶膜质，半心形，长可达 2.5cm，早落。头状花序 3～6 个，呈圆锥状排列，顶生或腋生，总花梗密生绒毛；花黄绿色，连雄蕊长 12～25mm。荚果条形，扁平，长 7～15cm，宽约 2cm，嫩荚疏生毛，后变无毛。

分布　产广西各地，但以桂西南干热地区为多。分布广东、福建、云南、四川、浙江、湖南等省，越南、缅甸、马来西亚、泰国、印度、锡兰亦有分布。随遇植物，石灰岩山地多生长在山坡疏林地。

生物学特性与适生生境　分布于亚洲热带、亚热带地区，垂直分布多在海拔 500m 以下。为极喜光树，幼苗亦不耐荫蔽，在密林中极少见其生长，只见于开敞或疏荫的立地上，枝叶伸延开展，树冠平伞形，在母树附近下层植物不密而又润湿的环境中天然下种繁殖容易，幼苗、幼树生长正常，多零星分布于疏残林、林缘或溪边等阳光充足处。萌芽性力强。对土壤肥力要求不甚苛，但自然生长多在土层深厚、肥力中等以上的山腰下部或村边。生长快速，落叶及根系改良土壤效果良好。

栽培技术

(1)采种与种子处理　果熟期 10～11 月。熟时果荚黄褐色或灰褐色，悬挂树上，不易脱落，亦不开裂，但种子在果荚内贮存过久，易受虫蛀，成熟后应及时采下。果荚不宜湿水或久堆，置日光下曝晒，敲打出种子，晒干后袋藏。鲜果出种率 18%，种子千粒重 19～30g，发芽率 30%～50%。

(2)育苗　播种前用 80℃热水浸种至冷却后续浸 1d，取出稍加晾干后播种。种子发芽时所需温度较低，当日平均温在 15℃左右时，即可发芽。经过浸泡的种子，播下约 1 周开始发芽，发芽后第 1 周内为盛期，发芽全程约为 3 周。播种量为 $1g/m^2$。用条播法，覆土厚约 0.5cm，幼苗出土后半月至 20d，可以间苗补苗。常规管理，1 年生规格苗高 1m 以上，地径 1.4cm。石山造林，用容器培育，能缩短育苗时间，提高造林成活率。

(3)种植　选择石灰岩山地中部以下地段，稀疏草丛或退耕还林地及四旁绿化。整地及栽植方法同一般树种造林。

(4)抚育管理　抚育管理，与一般树种造林措施相同，强调及时清除藤灌及大型恶性杂草，保障上方足够光照。

用途　生长迅速，枝叶茂密，耐旱耐瘠，优良石山造林树种。木材纹理通直，结构细致，材质稍硬，但很轻，加工容易、切面光滑；干燥后不开裂，亦不变形，不耐腐，易受虫蛀和变色菌侵染；纵切面具光泽，材色鲜淡。可作普通家具、文具、农具、箱板等用材；心、边材宜分别利用，心材颇佳，商品材名为楹木。树皮含单宁，可作提制栲胶，单宁含量为 22%。

凤凰木

Delonix regia（Boj.）Raf.

科名 苏木科 Caesalpiniaceae

别名 红花楹、凤凰花、凤凰树

形态特征 落叶乔木，高达20m，胸径1m左右，树皮银灰色或暗灰色，二回偶数羽状复叶，长20~50cm，羽片15~20对，长7~15cm，每羽片有小叶20~40对，小叶长椭圆形，长0.6~0.8cm，宽0.2~0.3cm。伞房花序顶生或腋生，长20~40cm，花瓣红色，有黄或白色花斑，近圆形，有长爪；雄蕊10枚，红色。荚果大，扁平，条形，熟时为暗褐色，荚果木质，长25~60cm，宽4.5~5cm。每果内有10~20粒种子，种子呈长圆形，两端钝圆，中部扁而稍弯，种壳骨质，极坚硬，暗褐色，略有光泽，种子长1.5~2cm，宽0.6~0.75cm，厚0.38~0.5cm。

分布 原产马达加斯加岛，热带地区的印度、缅甸、泰国、老挝、马来西亚、中南半岛、菲律宾等国家也有分布。据《植物名实图考》记载，凤凰木早在16世纪传入我国，被引种到澳门的凤凰山，故称为凤凰木，现广泛植于广西、广东、海南、福建、云南等省（自治区）的热带和南亚热带地区，并逸为野生。随遇植物，凭祥、宁明、江州区、龙州、大新、龙州、天等、扶绥、平果、田东、田阳、右江区等石灰岩山地及路旁多见野生植株。

生物学特性与适生生境 原产地属热带雨林气候，11月到翌年3月为雨季，4~10月为旱季，热量丰富，雨量充沛，年均气温28~33℃，年降水量600~1200mm。我国引种成功地区的年平均气温20~24℃，最冷月平均气温大于11℃，绝对高温43℃，绝对最低温-1℃，无霜或霜期极短，年降水量700~2500mm。在红壤、赤红壤、砖红壤等土层深厚、质地疏松、湿润、腐殖质含量高，排水良好的微酸性土壤上生长良好。在石灰土上生长也很好，在崇左市郊一石山山顶，有1株胸径50cm的野生凤凰木大树。生长快，年平均高生长1~2m，胸径生长1.5~2.5cm，且冠幅宽大，开花结实多。喜光，野生仅见于路旁、石缝等光照充足处，人工栽培从播种育苗到造林，均需在全光照进行。

栽培技术

（1）采种与种子处理 果熟期11~12月，果实成熟时上树采收，荚果置于烈日下曝晒，待干枯后用木棒打碎，种子脱出，去荚壳，并用风选法去夹杂物，即得种子。种子晒干后可袋装干藏，常温下贮藏发芽力可保持1年以上。在3~5℃低温环境中可贮藏2年。种子千粒重约400g。

（2）育苗 种子无生理休眠，适宜的发芽温度为20℃以上。种壳坚硬，不易吸水膨胀，在播种前须进行种子处理，用 70～80℃热水浸种至自然冷却，再换清水浸泡 24h 后播种，可促进种子发芽，播后 3d 即可发芽，15d 发芽率在 65% 以上。可先播于沙床，当种子发芽出土 1 个月，苗高达 10～15cm 时，移至圃地或容器中培育。圃地移植株行距 30～50cm。4～8 月，每月追施氮肥 1 次，9 月施磷肥 1 次，促进苗木木质化，以利越冬。1 年生苗高 1.8m 以上，可出圃。

(3)种植　凤凰木通常为四旁零星栽植。栽植以春季发叶前为好，也可在雨季种植。

(4)抚育管理　栽植后加强土壤管理，在种植的当年松土 1～2 次，施追肥 1 次，并及时清除根部萌芽条。

用途　凤凰木冠形扩展，姿态自然。春来嫩叶翠绿，盛夏红花鲜艳，秋天果实累累，冬季显露曲枝，具典型热带季雨林变化的景色。特别是在春夏时节红花几乎覆盖整个冠幅，绿叶衬托，显得更加艳丽多姿，为优良的绿化树种。木材致密，质轻而有弹性，作桩木可维持百年之久，是制家具、作板材和造纸原料的好材料。

无忧花

Saraca asoca (Roxb.) W. J. de Wilde

科名　苏木科　Caesalpiniaceae

别名　四方木、火焰花、唛坚、唛梅马(壮语)

形态特征　乔木，高达 20m，胸径 80cm；树皮灰褐色，纵裂。羽状复叶，小叶 4～6 对，长圆形，椭圆状长卵形或椭圆状倒卵形，长 10～30cm，先端尖或钝，基部圆楔形或楔形，下面无毛；小叶柄长 6～8mm。伞房花序，花密生；小苞片黄色、橙黄或绯红色。荚果带状，长圆形，黑褐色，网纹明显。每荚果有种子 4～8 粒，种子长圆形，扁平，长 4～5cm。

分布　产田阳、右江区、那坡、靖西、扶绥、龙州、凭祥、宁明、防城等，分布云南、台湾等，印度、孟加拉国、缅甸、越南、马来西亚、斯里兰卡等亦有分布。喜钙植物，岩溶石山生于谷地、山坡下部。

生物学特性与适生生境　为热带性树种，分布区年均气温 20℃以上，最冷月均气温在 11℃以上，耐轻微霜冻，抗寒力较强，能耐短期 -2℃低温，大树在北回归线以南地区可露地越冬。喜湿润气候，分布区年降水量在 1200mm 以上，稍耐旱，自然生长多在谷地、溪边林中。较耐荫，中幼龄树在半荫环境中生长，有利于形成主干，成龄大树喜充足光照，为自然林上层树种。对土壤肥力要求较高，在土层深厚，湿润肥沃、排水良好的地方生长较好，干旱贫瘠的土地生长不良。酸性土、钙质土均能生长良好，但自然分布地多为石灰岩山地洼地、山坡下部或石灰岩与酸性风化岩交接处。无忧花在热带石灰岩山地常与望天树、蚬木、顶果木、海南风吹楠等混生，为上层林冠树种。

栽培技术

(1)采种与种子处理　果熟期8月。果实成熟后易开裂，种子脱落，应及时采收。果实采集后，摊放在室内通风处稍晾干，果荚开裂即得种子，出种率约50%，千粒重约6800g。种皮薄，忌失水，忌日晒或裸露存放，宜随采随播。

(2)育苗　播种繁殖。种子无休眠习性，宜随采随播，属大粒种子，发芽率高，可直接点播于育苗容器袋内，每袋点播种子1粒，覆土约1cm，加强水分管理，一周内即发芽完毕。幼苗喜阴湿，宜搭遮荫棚培育半年以上，并加强水分管理，经常保持土壤湿润。秋后去除遮荫材料，适当减少淋水，提高苗木抗性。半年生苗高40cm以上可出圃造林。

(3)种植　选择石山下部或谷地等水肥条件较好地造林，亦是四旁绿化优良树种。保护原生植被，按照2m×2m密度，除去栽植穴周边杂草，穴状整地。规格40cm×40cm×25cm。春季雨后定植。

(4)抚育管理　栽植后连续抚育3年，每年块状铲草2次，除去藤灌及幼树周边杂草。

用途　无忧花常年枝叶浓绿，开花期长，花形、花色奇特，花橙黄色或红色，金花灿灿或似火焰，极为艳丽，故亦称"火焰花"，花期4～5月，花量大，是优良生态园林树种。材质优良，纹理密致，宜作家具等。

尖果栾树

Koelreuteria bipinnata Fr. var. *apiculata*（R. et W.）How et Ho

科名　无患子科　Sapindaceae

别名　毛叶栾树、西南栾树、全缘叶栾树、黄山栾树

形态特征　落叶大乔木，高20m，胸径达1m。二回奇数羽状复叶，长60～70cm；小叶小叶7～15片，互生，卵状长圆形，长5～9cm，宽2～4cm，先端渐尖，基部偏斜，边缘有小锯齿，下面中脉有稀疏柔毛，脉腋间具簇生毛，总轴及叶柄具毛。大圆锥花序，顶生，分枝广展，被柔毛；花黄色。蒴果囊状卵形，长4～7cm，宽3.5～5cm，顶端圆形而有小凸尖，成熟时红色，3瓣裂；种子球形，黑色。

分布　产龙州、大新、靖西等地，桂林、灵川、全州、阳朔、荔浦、贵港、凌云、乐业、南丹等地亦产，分布广东、广西、江西、湖南、湖北、江苏、浙江、安徽等。随遇植物，广西岩溶石灰岩地区生于谷地、村边、路旁等地。

正种复羽叶栾树(*K. bipinnata*)在广西热带岩溶区亦有分布，小叶边缘有稍

密、内弯的小锯齿，易于区别，也为优良园林树种。

生物学特性与适生环境　分布于热带、亚热带、温带地区，喜温暖湿润气候，亦耐寒，在江苏南京、河南郑州等地能露地栽培；喜光树种，幼树耐荫，在广西热带岩溶区多孤立生于路旁村等阳光充足地；对土壤要求严，在微酸性、中性土均能生长，在石山土多见于土层较厚的山麓坡积土和石穴土，在肥力差的地方生长尚好。深根性，不耐修剪。根系深长，萌蘖性强。生长快，2～3 年幼苗高生长可达 3m。

栽培技术

(1) 采种与种子处理　果熟期 9～10 月，果熟后果实留存树枝数月，但作育苗用，宜尽早采集。收集果实，搓去果壳，扬净杂质，装袋干藏，翌春播种。密封干燥贮藏，发芽能力可以保存 10 年左右。种子千粒重 26.4g。

(2) 育苗　播种繁殖为主，也可扦插育苗。有短期后熟现象，可采取湿沙层积处理等方法处理，亦可用 45℃温水浸种 3～7d 可使发芽率达 98%。选择日照中等、排灌方便、疏松肥沃、湿润的砂质壤土作为圃地。将经催芽后的种子，均匀地撒播到湿沙床上，然后用焦泥灰覆盖种子，以不见种子为度，保持苗床内的温度和湿度。播种后 15～20d，种子开始破土发芽，1 周内芽苗出齐，种子发芽后要及时松土除草，视土壤情况适当喷水。4 月中下旬，当苗高达 5cm 以上时间苗，间苗宜在阴雨天进行，结合间苗进行小苗移栽，成活率达 90% 以上，间苗后每 $10m^2$ 留苗 120 株，株行距为 15cm × 30cm，并浇定根水，保持苗床湿润，适当遮荫。

(3) 种植　石山造林，可作为先锋树种，栽植在土层深厚的坡麓坡积土和石穴土上，亦可作四旁及庭院绿化树种栽植。块状清理，穴状整地，穴规格 40cm × 40cm × 30cm，造林密度 3m × 3m。早春或雨季栽植。

(4) 抚育管理　种植后加强水肥管理，头 3 年每年扩穴、松土、施肥 1 次，抚育时及时除去藤刺等恶性植物。尖果栾树萌蘖性强，抚育时应及时除去多余萌条，促进主干生长。

用途　尖果栾树树枝叶茂密，树冠大且荫浓，初秋开花，金黄色夺目，约半个月就有淡红色灯笼似的果实挂满树梢，十分美丽，宜作庭荫树、行道树及园景树栽培，也可用于居民区、工厂区及农村四旁绿化。适应性好，抗性强，耐瘠薄、干旱、水涝、盐碱和风沙，易栽培，管理省工，亦可作防护林、水土保持和石山绿化树种大规模栽植。

幌伞枫

Heteropanax fragrans (Roxb.) Seem.

科名　五加科　Araliaceae

别名 阿伞婆、凉伞树、五加通、大蛇药

形态特征 常绿大乔木，高达30m，胸径70cm；树皮淡灰棕色；小枝粗。3~5回羽状复叶，长达1m，小叶椭圆形，长5.5~13cm，先端短渐尖，基部楔形，全缘，无毛，侧脉6~10对；叶柄长15~30cm，无毛。花序长30~40cm，密被锈色星状绒毛，后渐脱落；伞形花序密集成头状，径约1.2cm；花序梗长1~1.5cm，总状排列，分枝长10~20cm。果扁，约7mm，厚3~5mm；果柄长约8 mm。种子2，扁平。

分布 产龙州、大新、宁明、右江区等，分布云南东南部、广东南部和海南，印度、孟加拉国、锡金、不丹、缅甸、印度尼西亚、越南亦有分布。随遇植物，石灰岩山地生于谷地、山坡、石崖。

生物学特性与适生生境 为热带性树种，喜高温多湿，分布区的年平均气温多在21℃以上，1月平均气温在11.5℃以上，极端最低温一般在0℃以上，但抗寒力较强，能耐霜冻及较轻冰雪，广西北部的桂林市，引种栽培可以越冬。能耐低丘平原地区的高温暑热，城市街道绿化亦生长良好。喜稀疏遮荫，幼龄树在半遮荫条件下，生长快速；成龄树也喜在郁闭环境中群生；亦耐强光，为广西热带岩溶石山上层乔木种。耐旱，稍耐水湿，在石崖亦可长成高大乔木。喜疏松森林土，在黏重土上生长不良；在酸性土、石灰岩钙质土上均生长良好。

栽培技术

(1)采种与种子处理 果熟期2~3月。选择成年健壮、严重病虫害的植株为采种母树，在3~4月，果实呈紫红至紫黑色时采收。将果实堆沤2~3d至果肉软烂，在水中用水轻搓洗净肉质种皮，然后用清水漂洗干净，阴干，随即播种。鲜果的出种率约60%，千粒重95g。种子忌失水，不宜日晒。普通干藏，贮藏期一般在3个月内。

(2)育苗 播种繁殖或扦插繁殖，母树结实量大，以播种繁殖为主。苗木抗性强，裸根苗雨季造林亦有较高成活率。选择地形平坦，地势较高，灌溉方便、肥沃、疏松地作圃地，深耕细耙后打碎作畦，宽1.0~1.2m，畦高20~25cm，步道宽30~40cm，畦面平整细致，在畦面上覆盖3~5cm厚的黄泥心土。在3~4月，按150~200g/m^2的播种量，均匀撒播在畦面上，播种后覆盖火烧土0.7~1.0cm，以不见种子为度，然后用稻草等覆盖畦面。播种后，每天早淋水1次，保持土壤湿润。播种后20d左右，当50%以上的幼苗出土后，傍晚揭除覆盖物，搭50%透光度的荫棚。及时做好除草管理工作。1年苗苗高40cm以上可出圃造林。

(3)种植 采用穴垦，穴规格50cm×50cm×30cm。造林前30d左右，穴内先回填一半表土时施基肥，每穴施复合肥100g，并拌匀，再回填心土至平穴备栽。春季或雨季，选择雨后或阴天栽植。

(4)抚育管理　栽植后，连续抚育 3 年，每年 2 次，铲除幼树树盘杂草及藤灌。

用途　幌伞枫树干通直，树姿美雅。大型多回羽状复叶仿佛张开的伞，亭亭玉立，十分秀丽，为优美观赏和石山绿化树种。木材材质偏软，耐腐力低，可作普通家具。

糖胶树

Alstonia scholaris（L.）R. Br.

科名　夹竹桃科　Apocynaceae

别名　面条树、盆架子、黑板树

形态特征　常绿乔木，高达 20m，直径约 60cm；枝轮生，具乳汁，无毛。叶 3 ~ 8 片轮生，倒卵状长圆形、倒披针形或匙形，稀椭圆形或长圆形，长 7 ~ 28cm，宽 2 ~ 11cm，无毛，顶端圆形，钝或微凹，稀急尖或渐尖，基部楔形；侧脉每边 25 ~ 50 条，密生而平行，近水平横出至叶缘联结；叶柄长 1.0 ~ 2.5cm。花白色，多朵组成稠密的聚伞花序，顶生。蓇葖 2，细长，线形，长 20 ~ 57cm，外果皮近革质，灰白色，直径 2 ~ 5mm；种子长圆形，红棕色，两端被红棕色长缘毛，缘毛长 1.5 ~ 2cm。

分布　产那坡、凭祥、宁明、龙州、大新、南宁、博白、玉林等，分布云南、广东、台湾，尼泊尔、印度、斯里兰卡、缅甸、泰国、越南、柬埔寨、马来西亚、印度尼西亚、菲律宾和澳大利亚热带地区亦有分布。喜钙植物，酸性土上有分布，但以石灰岩钙质土分布最为集中，广西热带岩溶石山生于谷地、山坡、石崖。

生物学特性与适生生境　分布区为热带，我国是自然分布区北缘，年均气温 21 ~ 23℃，最冷月均气温 12 ~ 14℃，极端最低温 0℃左右，抗寒力稍强，成年树能耐轻霜及较长期 5℃低温，广西北回归线以南及西部河谷，可在露地越冬。喜湿润空气，生于丘陵山地疏林中、路旁或水沟边，为石灰岩次生阔叶林主要树种；亦较耐干燥，云南部分自然分布区的年降水量在 1000mm 以下，干热季节长达半年以上，也能正常生长。耐荫也耐强光，郁闭林中及辐射热高的裸露地，均能生长良好。对土壤的适应性也较强，酸性土及碱性土均能生长，根系穿插力强，在石灰岩峭壁及缝隙中能长成中小乔木，并能形成奇特老树桩，但以土层深厚、肥沃湿润地的植株生长快速，并能长成高大乔木。

栽培技术

(1)采种与种子处理　果实成熟期 4 ~ 5 月。果实成熟后要及时采收，以防开裂后种子飞散。用采种钩刀或高枝剪连同总果梗一起采下。采得的果实置于阳光下避风处曝晒，待开裂后轻轻敲打或搓擦，去除果壳杂质即得纯净种子。果实出种率为14%～16%，种子净度为80%，千粒重10g，新鲜种子的发芽率高，达85%以上。随采随播或短期低温贮藏。

(2)育苗　播种繁殖或扦插繁殖，结实量大，发芽率高，以播种繁殖为主。种子无休眠习性，宜随采随播，发芽时气温宜在20℃以上，在高温条件下，播种后约1周即可发芽。种子细小，幼苗较细嫩，石山造林宜以两步法育苗。选择肥沃圃地，密播培育小苗，待幼苗全部出齐，真叶展开后，苗高平均约10cm，可将幼苗装袋。半年生苗高30cm可出圃栽植。

(3)种植　糖胶树为喜光、速生树种，选择石山中下部、谷地、溪边、路旁等地造林。穴状整地，穴规格40cm×40cm×25cm。造林密度3m×3m。纯林，食叶害虫危害严重，提倡混交造林，能减轻危害。

(4)抚育管理　速生树种，栽植后抚育2年即可郁闭成林。结合除草，每年施肥1次。

用途　树枝轮生，叶片多轮如托盘，果实垂挂如长条，树冠端整，叶色亮丽，老蔸古朴苍劲，形态奇特，尤具观赏价值。幼年树可修剪成盘状或曲枝造型，老蔸可培育为多种形态的盆栽桩景。木材纹理细致，结构均匀，材质轻软，易加工，但耐腐性较差，宜作箱盒及室内装修等用。乳汁干后为胶，味甜而香，为制作口香糖原料，故名糖胶树。根、皮及叶均入药，能镇咳、消炎退热，止血生肌，治疟疾、气管炎、百日咳、哮喘、外伤、疮嫡等。抗氯、二氧化硫等有害气体的能力强，叶易遭食叶害虫为害，严重者叶片食光，但能迅速恢复生长。

猫尾木

Markhamia cauda－felina（Hance）Craib.

科名　紫葳科　Bignoniaceae

别名　猫尾

形态特征　常绿乔木，高15m以上，胸径40～50cm，树皮平滑。羽状复叶，复叶长30～50cm，幼嫩时叶轴及小叶两面密被平伏柔毛，老时近无毛；小叶6～7对，长椭圆形或卵形，长16～21cm，宽6～8cm，先端短尾尖，基部宽楔形或近圆，全缘，纸质，两面无毛，侧脉8～9对，侧生小叶近无柄，顶生小叶柄长达5cm。花萼长约5cm，与花序轴均密被褐色绒毛；花冠黄色，长约10cm，径10～15cm，花冠筒基径1.5～2cm，漏斗形，下部紫色，无毛；裂片椭圆形，长约4.5cm。蒴果长30～60cm，径达4cm，厚约1cm，密被褐黄色绒毛，似猫尾。种子边翅长5.5～6.5cm。

分布　产那坡、靖西、宁明、龙州、大新、凭祥等地，分布于广东、海南、云南南部，缅甸、泰国、柬埔寨、老挝、越南亦有分布。随遇植物，岩溶石山生于谷地、山坡。

生物学特性与适生环境　热带性树种，分布区年均温 20℃以上，最冷月均温 11.5℃以上，极端低温 0℃左右，年降水量在 1200mm 以上，相对湿度 80%左右。抗寒力较强，能耐短时间 -1℃左右的低温和轻霜。耐高温、喜湿，稍耐水湿，但不宜长期积水；有一定耐干旱能力，为广西热带石灰岩季雨林上层乔木种。喜光，适生于低海拔的阳坡、疏林边缘；在土层深厚、肥沃湿润的土壤上生长较好。生长速度中等，寿命长，50 年生大树尚可开花结实；天然更新能力强，萌芽力较强，亦可截干造林。

栽培技术

(1)采种与种子处理　果期 4~5 月，果实成熟后约 15d 开裂，种子散落，及时采收。采集的果实置日光下曝晒或放在通风处，蒴果开裂即得种子。种子千粒重 50~60g。

(2)育苗　播种繁殖。种子无休眠习性，可随采随播。先密播于沙床，待幼苗长至 10cm 时再移植到容器中培育。1 年生容器苗高 30cm，即可出圃造林。

(3)种植　选择石山山坡下部、谷地、溪边等土层稍厚、土壤肥沃地造林，亦是四旁绿化、庭院绿化优良树种。块状整地，规格 40cm×40cm×25cm。初春或雨季栽植。

(4)抚育管理　种植后加强水肥管理，头 3 年每年扩穴、松土、施肥 1 次，抚育时及时除去藤刺等恶性植物。

用途　猫尾木枝叶浓密，叶绿中带紫红，花淡黄至金黄色，花朵美丽；果实垂挂，长达 60cm，密被黄褐色钻毛，状似猫尾，观赏价值高，是集观叶、赏花和赏果为一体的优良观赏树种，为优良石山生态树种，亦适于热带南亚热带地区在小区、公园、庭院、街道等种植。材质为散孔材，纹理通直，结构细致，易加工，不变形，稍耐腐，剖面有光泽，可供建筑、雕刻、家具、桥梁、农具等用。

桄　榔

Arenga pinnata (Wurmb) Merr.

科名　棕榈科　Palmae

别名　砂糖椰子

形态特征　乔木状，茎较粗壮，高 12m，直径 15~30cm，有疏离的环状叶痕。叶簇生于茎顶，长 5~6m 或更长，羽状全裂，羽片呈 2 列排列，线形或线状披针形，长 80~150cm，宽 2.5~6.5cm 或更宽，基部两侧常有不均等的耳垂，顶端呈不整齐的啮蚀状齿或 2 裂，上面绿色，背面苍白色；叶鞘具黑色强壮的网状纤维和针刺状纤维。花序腋生，花序长 90 ~ 150cm，花序梗粗壮，下弯，分枝多，佛焰苞多个，螺旋状排列于花序梗上。果实近球形，直径 4 ~ 5cm，具三棱，顶端凹陷，灰褐色(未熟果实干后呈黑色)。种子 3 颗，黑色，卵状三棱形，胚乳均匀，胚背生。

分布 产龙州、宁明、凭祥、大新、田阳、右江区、钦州、防城、合浦等，田林、巴马亦产，分布海南、广东、云南、西藏，越南、印度、斯里兰卡、马来西亚、菲律宾、澳大利亚等亦有分布。随遇植物，岩溶石山生于沟谷、山坡密林中。

生物学特性与适生生境 为热带山地雨林、季雨林组成树种之一，我国属自然分布的北缘，适生地区为年均气温在 20℃以上、1 月平均气温在 11.5℃以上的地区，抗寒力较低，忌霜冻，能耐较长期 4 ~ 5℃的低温阴雨天气。较耐荫，可长期在郁闭度较高的森林内生长，也耐烈日直射。适生于土层深厚、肥沃湿润的石灰山钙质土或酸性土，不耐干旱，忌积水，排水不良的重黏土及干燥贫瘠土均不适宜生长。在岩溶山地，虽土层浅薄，但林内湿度高，石缝土中的桄榔生长良好。天然下种繁殖效果良好，树冠周围地上有幼苗和幼树颇多，生长正常。广西龙州弄岗自然保护区，石山密林下常见与蚬木、肥牛树、假肥牛树、海红豆等混生，处林冠下层。

栽培技术

(1)采种与种子处理 果实约在开花后 2 ~ 3 年成熟，果实成熟时，由青绿变黄色至黑褐色，果实成熟后可保留在树上半年以上，故结实母树终年有果悬挂于树干。用采种刀割断总果梗，摘取果实。采得的果实堆沤至果肉软化后，置竹箩浸于水中，用木棒捣去果皮果肉。搓洗时切勿直接与皮肤接触，以免引起皮肤过敏。洗净种子，稍晾干即可。果实出种率为 40% ~ 60%。新鲜种子干粒重约 2500g。普通干藏，可贮藏 1 年左右。

(2)育苗 播种繁殖。种子宜在播在稀树冠下或密播沙床催芽。经常淋水保湿，约 10 ~ 15d 种子开始露白，种子发芽后可用芽苗移入育苗袋内或分床育苗。1 年生苗高约 40 ~ 50cm 可以出圃栽种。

(3)种植 选择海拔 500m 以下的山谷、河流两岸低丘平缓地，土壤湿润、肥沃、疏松砂质壤土，净风环境地带为宜。块状清理，穴状整地，规格 40cm × 40cm × 25cm，株行距 3m × 3m，早春或雨季阴雨天栽种为佳。桄榔适应石山次生林郁闭环境，可在次生林下挖小穴直播造林。

(4)抚育管理 幼苗栽种后初期生长缓慢，加强抚育管理措施。定植 3 个月后，要进行穴状除草、松土、扩穴。除掉的杂草可铺盖在幼树周围，松土应稍离植株，免伤根系。

用途 桄榔花序的汁液可制糖、酿酒；幼嫩的种子胚乳可用糖煮成蜜饯；幼嫩的茎尖可作蔬菜食用；叶鞘纤维强韧耐湿耐腐，可制绳缆。树干髓心含淀粉，可供食用，为广西特产“桄榔粉”原料，具清肺解暑、止渴生津功效，可作为治疗伤寒、痢疾、咽喉炎症和小儿疮积、发烧的辅助药物。春夏间是生产桄榔粉的季节，砍倒健壮的桄榔树，剥去皮层，将髓心切成碎片，捣磨成粉，装入布袋，放在水缸里搅拌，淀粉随水从布孔渗出，经过 3 次沉淀，捞取湿粉晒干，便成为灰白、细滑、闪光的桄榔粉。每棵树可得粉数十斤至百来斤。宋代文学家苏轼曾写过“雪粉剖桄榔”的诗句。

鱼尾葵

Caryota ochlandra Hance

科名　棕榈科　Palmae

别名　青棕、假桄榔

形态特征　乔木，高达 30m。茎通直，单干，茎黄绿至灰褐色，节环间距约 20cm，无分枝。叶二回羽状深裂，长 2～3m，宽 1.1～1.7m，每侧羽片 14～20，羽片轴被棕褐色毛及鳞秕，羽片两侧各有裂片 11～13，顶裂片扇形，先端有不规则啮蚀状缺齿，侧裂片菱形或不规则长三角形，长约 20cm，内侧边 3/4 以上有齿，以下及外侧全缘，先端尾尖，近对生；叶鞘抱茎，圆筒形，长约 1.7m，中部以下密被灰褐色棉毛状鳞秕，上部两侧具黑褐色棕丝。佛焰花序圆锥状，长 1.5～3m，下垂。浆果状核果，球形，径 1.5～2cm，熟时淡红褐色，每果有种子 1～2 颗，暗褐色。

分布　产广西南部各地，以龙州、宁明、凭祥、大新、天等、靖西、那坡、陆川等热带地最为集中，分布福建、广东、海南、云南、贵州等南亚洲热带以南地区，亚洲热带、亚热带地区及大洋洲亦产。随遇植物，岩溶石山生于谷地、山坡下部。

生物学特性与适生生境　喜温暖、湿润气候，要求年均气温在 19℃以上，大树较耐寒，能耐短期 -4℃的短期低温霜冻。幼树耐荫，大树需充足阳光。耐干旱，稍耐水湿，但不能积水，在湿润肥沃的酸性土及钙质土上均生长良好。广西南部酸性土上山谷及石灰岩山地下部，常见高大的鱼尾葵，或高耸于林冠上层，或独立生长于荒草灌丛中。根系浅，无主根，但须根发达，根茎部气生根粗壮，易移栽，根系再生能力强。鱼尾葵是棕榈科绿化树种中较耐寒的一种，也是大苗移植恢复较快的一种棕榈植物，近年成都、重庆等地从广西规模引进作绿化苗，春、夏季栽植，当年能恢复生长，表现较好。

苗期生长稍慢，1 年苗高约 30cm，2 年后生长加快，4 年生树高可达 4m，地径 20cm，是棕榈科类生长较快的树种。10 年生开始开花结实，正常结实期在 15

年生以后。

栽培技术

(1)采种与种子处理　果期8月至翌年4月。果实成熟不甚整齐，同一果穗的果实大部分呈红色时，用钩刀连果穗采下。采下的果实堆沤数日，在水中洗净果核，称为种子；或将果实摊放于通风处，待果皮干缩剥出果核。果皮、果穗含有毒素，可刺激皮肤发痒，处理时应注意防护。鲜果出籽率为25%～30%，千粒重为2100～2600g。常温短期贮藏，可采用普通干藏；若拌湿润细沙贮藏，贮藏期半年左右。

(2)育苗　发芽时日均温宜在20℃左右，播后3个月方开始发芽，发芽率约为70%。通常先将种子播于沙床，苗高10cm左右移至容器中培育1年。

(3)种植　选择在石山下部、溪边、路旁种植，栽植时间以早春或雨季为宜。

(4)抚育管理　栽植后加强抚育管理，每年施肥1～2次。

用途　鱼尾葵树形美观，树干通直，长而下垂的金黄色花序和果序，是其主要的观赏特色，尤其是果序像一串串长长的念珠，分外醒目；具有较强的抗SO_2等有害气体能力，可作为街道绿化、行道树，也可在庭院、草坪、公园及风景区种植。茎富含淀粉，可作桄榔粉代用品；边材坚硬耐腐，可用于制造家具、工具及手杖、筷子等工艺品。

董　棕

Caryota urens L.

科名　棕榈科　Palmae

形态特征　乔木，高可达25m，直径25～45cm，茎黑褐色，有光泽。树干中下部常膨大如瓶状，具明显的环状叶痕。叶聚生于顶部，二回羽状复叶，长5～7m，宽3～5m，老叶弓状下垂；叶柄粗壮，长1.3～2m，叶鞘、叶柄及叶轴上被黑褐色糠秕状鳞片。穗状花序长1.5～2.5m，下垂，花序轴粗壮，分枝花序多达400～500个，花极多，每3朵聚生，雌花位于中间，两侧是雄花。果为浆果状核果，球形至扁球形，熟时深红色。种子黑色，近球形或半球形。

分布　产龙州、宁明、凭祥、大新、百色、那坡、靖西等地，分布云南，印度、斯里兰卡、缅甸、马来西亚至中南半岛亦有分布。喜钙植物，岩溶石山生长于谷地、山坡。

生物学特性与适生生境　分布区为热带地区，广西属分布地北缘，分布区气候夏季炎热，冬季温暖，年平均气温20℃以上，1月平均气温在12℃以上，极端最低温在0℃以上，7月平均气温28℃以上，基本无霜，能耐暑热及轻霜。广西桂林和云南蒙自有引种，最低气温－7～－5℃，冬季有雪，董棕露地栽培，无保护措施，能安全越冬并正常结实。分布区内干湿季节明显，董棕能耐半年干旱，能生长在土层深厚的地方，亦可扎根于土壤较少的石崖，在土层深厚、肥沃、湿润、疏松、排水良好的土壤生长良好，岩石裸露的石缝隙里也能生长。自然分布石山岩石裸露地，自山脚至半山腰都可见，并且因树体高大，位于林冠上层而十分显目。自然分布区为石灰土，但引种到 pH 值 4.2 的酸性土亦能正常生长。董棕苗期需要荫蔽，1 ~2 年生苗适宜在 60% ~80% 荫蔽度下生长，大苗逐渐喜光。天然更新良好，老树附近多幼苗。

栽培技术

(1) 采种与种子处理　董棕果实成熟期不一致，植株间、不同果穗间差异较大，以 3 ~10 月最为集中，成熟果实可挂半年以上，熟时果皮深红色，果仁为坚硬乳白色体。浆果状核果，刚采回的果实，果皮坚硬不易剥离，需放入水池中用水浸泡，直至果皮全部腐烂，搓洗去果皮和果肉方可取出种子。在浸泡过程中为加速其果皮腐烂，可在水中放入少量生石灰。董棕果实会使人体皮肤产生肿痒、过敏等反应，故在采收及处理过程中，须戴手套操作。种子千粒重约 1125g。

(2) 育苗　发芽较慢，播种后需 3 ~6 个月才能发芽，发芽持续 50d 左右。由于董棕苗期生长较慢，一般采用沙床催芽后移至容器培育。当沙床苗长到 10cm 左右时移植，培育 1 年苗的营养袋规格以 15cm ×20cm 为宜，营养土的配制为 7 份表土或塘泥 +3 份草木灰混合均匀，再按 1% 的比例拌匀磷肥，从沙床起苗后，用黄泥浆根，以保证移植苗木成活率。幼苗期需要一定荫蔽，1 年生苗在不同蔽荫度下，生长有较大差别，在荫蔽度为 40% 的条件下，苗木瘦小，部分植株最老一片叶枯死，大部分叶片上有枯死的斑点，明显表现出光照过强；在 60% ~80% 的荫蔽度下，大部分叶色青绿，生长良好。3 年生以后，逐渐喜光，可以在全日照下正常生长。2 年生苗高约 40cm 即可出圃。

(3) 种植　选择石山谷地、山坡下部次生林下种植。栽植应在气温回升较稳定的春末夏初的阴雨天进行，不要在高温烈日的天气栽植。种植穴规格 40cm ×40cm ×25cm。

(4) 抚育管理　栽植后加强除草、施肥管理。

用途　董棕是国家二级保护植物，植株雄伟壮观，树形美丽挺拔，四季常绿，观赏价值高，是优良的庭院绿化观赏树种。董棕木质坚硬，可作水车、水槽等；髓心富含淀粉，可食用；叶鞘纤维坚韧，可制棕绳。

参考文献

1. 安和平，聂朝俊．1999．南、北盘江流域(贵州部分)防护林立地分类与评价研究．贵州林业科技，27(2)：1－8.
2. 柴宗新．1989．试论广西岩溶区的土壤侵蚀．山地研究，7(4)：255－260.
3. 陈桂芬，黄玉溢，等．2007．岩溶地区土壤微量元素分布的研究．广西农业科学，38(5)：653－656.
4. 陈强，常恩福，等．2007．滇东南岩溶地区两种地类的水土流失比较．水土保持，14(1)：281－283.
5. 陈羡德，陈礼光，等．2008．不同种源苦楝幼林试验初步研究．福建林学院学报，28(1)：23－26.
6. 邓艳，蒋忠诚，等．2004．弄拉典型峰丛岩溶区青冈栎叶片形态特征及对环境的适应．广西植物，24(4)：317－322.
7. 方瑞征，白佩瑜，等．1995．滇黔桂热带亚热带(滇黔桂地区和北部湾地区)种子植物区系研究．云南植物研究，(supp.)，111－150.
8. 费世民，彭镇华，等．2004．我国封山育林研究进展．世界林业研究，17(5)：29－33.
9. 高华端，杨世逸．1994．乌江流域水源涵养林水土保持林立地评价研究．贵州农学院丛刊，(1)：56－68.
10. 国务院西部地区开发领导小组办公室，国家环境保护总局．2002．生态功能区划技术暂行规程．2002；http：//www. zhb. gov. cn/
11. 何贵平，陈益泰，等．2005．枫香地理种源幼林生长性状变异研究．江西农业大学学报，27(4)：585－589.
12. 何贵平，陈益泰，等．2007．南酸枣地理种源幼林生长性状变异研究．林业科学研究，20(1)：40－44.
13. 黄大勇，戴启惠．2009．广西竹类植物．广西：广西科学技术出版社.
14. 黄正秋，张万儒．1989．年珠林场杉木人工林立地分类与评价的研究．2(3)：林业科学研究，286－290.
15. 江香梅，肖复明，等．2008．闽楠种源苗期生长性状地理变异及遗传参数估算．江西农业大学学报，30(4)：666－670.
16. 蒋树芳，胡宝清，等．2004．广西都安喀斯特石漠化的分布特征及其与岩性的空间相关性．大地构造与成矿学，28(2)：214－219.
17. 蒋勇军，袁道先，等．2006．典型岩溶流域土地整理的生态评价——以云南小江流域为例．中国岩溶，25(4)：308－329.

18. 兰安军，张百平，等．2003．黔西南脆弱喀斯特生态环境空间格局分析．地理研究，22(6)：733－741.
19. 李纪元，潘德寿，等．2001．枫杨种源苗期生长及生物量地理变异研究．林业科学研究，14(1)：60－66.
20. 李瑞玲，王世杰，等．2004．喀斯特石漠化评价指标体系探讨——以贵州省为例．热带地理，24(2)：145－149.
21. 李潇晓，卢品宪．2009．广西田阳县竹子经营现状与可持续发展对策．世界竹藤通讯，7(3)：1－4.
22. 李因刚，周志春，等．2007．乳源木莲苗生长和形态的地理种源分化．林业科学研究，20(1)：35－39.
23. 李治基，王献溥，等．1964．从植被地理分布的规律略谈划分广西热带南亚热带的依据及其特征．植物生态学与地植物学丛刊，22(2)：253－256.
24. 梁瑞龙，杨章旗．1996．广西马尾松(人工林)立地得分表的研究．广西林业科学，25(1)：50－56.
25. 梁有旺，彭方仁，等．2007．不同种源香椿苗期生长差异比较．林业科技开发，21(2)：38－41.
26. 刘光正，岳军伟，等．2008．枫杨种源苗期生长性状的初步研究．30(6)：1085－1089.
27. 刘正周，沈元勤，等．2008．香椿种源试验研究．河南林业科技，(1)：22－23.
28. 卢立华，黎明，等．2003．广西马山县石灰岩溶区生态重建技术研究．广西林业科学，32，(2)：88－90.
29. 陆福盛．1988．弄岗自然保护区森林考察报告．广西植物，(supp.)229－256.
30. 吕仕洪，李先琨，等．2006．广西岩溶乡土树种育苗及造林研究．广西科学，13(3)：236－240.
31. 吕仕洪，陆树华，等．2005．广西平果县石漠化地区立地划分与生态恢复试验初报．中国岩溶，24(3)：196－201.
32. 吕仕洪，陆树华，等．2007．桂西南石漠化山地土壤种子库的基本特征及植被恢复对策．植物资源与环境学报，16(1)：6－11.
33. 吕涛．2002．3S 技术在贵州喀斯特山区土地石漠化现状调查中的应用．中国水土保持，(6)：26－27.
34. 罗良才．2002．滇产 15 种热带材识别与利用初步研究．云南林业科技，(3)：80－85.
35. 罗良才．1989. 云南经济木材志．云南：云南人民出版社.
36. 骆文坚，何贵平，等．2007．南酸枣地理种源幼林生长性状变异和种源选择．江西农业大学，29(3)：365－371.
37. 麦雄发，李玲．2004．喀斯特石漠化危险度的模糊模式识别——以广西都安瑶族自治县为例．广西师范学院学报：自然科学版，21(3)：47－50.
38. 毛志忠．张波．1987. 茂兰喀斯特森林区地质特点．贵州农学学报，(2)：51－60.
39. 潘国兴．1995．石灰岩树种菜豆树根的解剖研究初报．华南师范大学学报：自然科学版，(3)：71－75.
40. 任美锷，刘振中．1983. 岩溶学概论．北京：商务印书馆.

41. 苏宗明，李先琨．1990. 广西石灰岩山地封山育林效果的分析．广西植物，10(4)：343－350.
42. 孙长忠，沈国舫．2001. 我国人工林生产力问题的研究(Ⅱ)—影响我国人工林生产力的人为因素与社会因素探讨．林业科学，37(4)：26－34.
43. 谭宏伟，周柳强，等．2006. 广西亚热带岩溶地区石灰性土壤钾素特征研究．中国生态农业学报，14(3)：58－60.
44. 唐兰芳．2005. 石灰岩地区生态公益林营造技术．广东林业科技，21(1)：56－59.
45. 唐文秀，黄仕训，等．2003. 稀有树种任木种子繁殖试验．广西植物，23(2)：161－164.
46. 陶金川，宗世贤．1990. 银鹊树生物学特性的初步研究．安徽林业科技，(2)：24－26.
47. 王宏志．1985. 热带亚热带主要树种采种育苗技术．广西：广西人民出版社.
48. 王宏志．1988. 热带亚热带主要树种物候图谱．广西：广西人民出版社.
49. 王瑞江，姚长宏，等．2001. 贵州六盘水石漠化的特点、成因与防治中国岩溶．20(3)：211－216.
50. 王世杰，李兵阳，等．2003. 喀斯特石漠化的形成背景、演化与治理．2003，第四纪研究，23(6)：657－664.
51. 王献溥，刘玉凯．1994. 生物多样性的理论与实践．北京：中国环境科学出版社.
52. 王献溥，孙世洲．1997. 广西石灰岩山地常绿落叶阔叶混交林分类的研究．植物研究，17(3)：235－273.
53. 王献溥，孙世洲等．1998. 广西石灰岩季节性雨林分类的研究．植物研究，18(4)：428－460.
54. 王献溥．1995. 论生物多样性的保护问题．农村生态环境，11(4)：40－44.
55. 韦启番，吴志东，等．1983. 广西弄岗石灰岩土地球化学特征．土壤学报，20(1)：30－42.
56. 魏媛，喻理飞，等．2007. 喀斯特地区不同干扰条件下构树萌株种群生物量构成．南京林业大学学报：自然科学版，31(1)：123－127.
57. 吴征镒，路安民，等．2003. 中国被子植物科属综论．北京：科学技术出版社.
58. 吴征镒．1979. 论中国区系的分区问题．云南植物研究，(1)：1－20.
59. 谢义林，周琼，等．2006. 桂西南石灰岩小叶榕和乌桕的茎、叶生态结构比较．广西农业生物科学，25(1)：69－74.
60. 熊康宁．2002. 喀斯特石漠化的遥感—GIS 典型研究—以贵州省为例．北京：地质出版社.
61. 许兆然．1993. 中国南部和西南部石灰岩植物区系的研究．广西植物，23(Supp. Ⅳ.)，5－54.
62. 杨传强，丰震，等．2005. 21 年生侧柏种源的地理变异及种源选择．山东农业大学学报：自然科学版，36(2)：198.
63. 杨秀好，蒋军林．2005. 广西森林病虫灾害经济损失评估．广西林业科学，34(1)：21－25.
64. 姚小华，孙银祥，等．2002. 樟树种源/家系早期性状变异及选择研究．江西农业大学学报，24(3)：330－335.
65. 袁道先，蔡桂鸿．1988. 岩溶环境学．重庆：重庆出版社.

66. 曾志光，肖复明，等．2005．木荷地理种源苗期性状遗传变异研究．林业科学研究，18(1)：27－30.
67. 曾志光，肖复明，等．2003．山杜英种源苗期性状和木材材性遗传变异的研究．江西农业大学学报，25(6)：815－818.
68. 张美良，邓自强．1994．我国南方喀斯特地区的土壤及其形成．贵州工学院学报，23(1)：67－75.
69. 张萍，周志春，等．2006．木荷种源遗传多样性和种源区初步划分．林业科学，42(2)：38－42.
70. 张万儒，周政贤，等．1992．中国森林立地分类系统．林业科学研究，5(3)：251－262.
71. 中国地质调查局．2004．区域环境地质调查总则(DD2004－02).
72. 中国高等植物图鉴．http：//pe. ibcas. ac. cn/tujian/tjsearch. aspx
73. 中国药材公司，国家医药管理局中成药情报中心．1989．全国中成药产品集．山西：山西科学教育出版社.
74. 中国植物志．http：//frps. plantphoto. cn/pdf. asp
75. 周铁烽．2001．中国热带主要经济树木栽培技术．北京：中国林业出版社.
76. 周应书，何兴辉，等．2008．毕节喀斯特山地植被恢复立地类型划分．林业科学，44(12)：123－128.
77. 周运超．1997．贵州喀斯特植被主要营养元素含量分析．贵州农学院学报，16(1)：11－16.
78. 周志春，范辉华，等．2006．木荷地理遗传变异和优良种源初选．林业科学研究，19(6)：718－724.
79. 朱德浩．1984．试论热带岩溶地貌研究中不同观点分歧的实质——以桂林地区为例．中国岩溶，(2)：
80. 朱积余，廖培来．2006．广西名优经济树种．北京：中国林业出版社.
81. 朱石麟，马乃训，等．1994．中国竹类植物图志．北京：中国林业出版社.

附录

附录1　广西热带岩溶石灰岩其他优良树种简介

树种	生物生态学特性	栽培技术	利用价值
云南苏铁 *Cycas siamensis* Miq.	常绿木本植物，树干低矮，通常30～180cm，基部突然膨大成盘状茎，上部渐细窄成圆柱形或圆球状。羽状叶集生树干顶端。喜钙植物，岩溶石山生于山坡、石崖。分布广西及云南西南部，越南、泰国、缅甸亦有分布。北热带植物，不耐寒，多生于常绿阔叶疏林下或次生灌丛间	种子繁殖或分蘖繁殖，结实量大，播种繁殖为主。果熟期8～9月。种子近圆卵形，千粒重5480g。种子寿命短，不宜久藏。果实采收后播于沙床，1～2个月即可发芽出苗。幼苗期生长缓慢，须加强苗期管理	茎和根含淀粉，产区群众称之为“神仙米”，可制成食品，亦可酿酒。种子和茎顶部树心有小毒。生长慢，树形优美，可作盆景
垂柏 *Cupressus funebris* Endl.	常绿乔木，高达30m。随遇植物，岩溶石山山坡中下部、谷地生长良好。产广西全区，分布我国黄河以南各省（自治区）。喜光树种，喜温暖湿润气候，侧根和须根多，耐干旱，在石山中下部的坡积土、石穴土、石缝土上都能生长。生长较快，寿命长	播种繁殖，果熟期10～11月。采收成熟果实，曝晒脱种，种子千粒重5g。干藏至翌春播种。苗期生长稍慢，宜采用2年苗木造林。须根发达，早春裸根苗栽植亦有较高成活率	材质优良，耐水湿，抗腐性强，供建筑、造船、家具等用材。适应性强，为石灰岩山地优良绿化树种
地枫皮 *Illicium defengpi* K. I. B. et K. I. M.	常绿灌木，高2m。专性钙土植物，生于石山顶部丛林中。广西特有种，产天等、德保、田阳、靖西、龙州等地，马山、都安亦产。耐干旱，喜光。萌蘖力强，能萌蘖更新	种子繁殖。果熟期8～10月。种子近圆形，千粒重31g	根皮及树皮有驱风除湿、行气止痛之效，为名贵中药材之一
单果阿芳 *Alphonsea monogyna* Merr. et Chun	树高15m，胸径50cm。随遇植物，岩溶石山生于山坡密林或疏林中，常与蚬木、石山樟等混生。分布海南、云南及广西南部，热带分布种，喜暖热湿润气候和深厚肥沃土壤。阴性树种，喜湿润环境，在沟谷林中生长旺盛	播种繁殖，果熟期9月。种子扁椭圆形，千粒重532g，2年生苗出圃造林	木材淡黄褐色，材质坚硬，群众喜用作支柱、农具或建筑；果熟时可食；花芳香，可提取芳香油。可植于石山沟谷、山脚

（续表）

树种	生物生态学特性	栽培技术	利用价值
山蕉 *Mitrephora maingayi* Hook. f. et Thoms.	常绿乔木，高15m。随遇植物，岩溶石山生山坡。产隆安、靖西、龙州、大新等，都安亦产。分布广东、海南、贵州、云南，东南半岛亦有分布。热带性树种，喜温暖气候。阴性树种，生林分第二层	播种繁殖，果熟期7～8月	木材材色黄绿，具光泽，纹理直，结构细，均匀；材质略重（气干密度0.80g/cm^3），加工性能良好，适于作建筑、造船、家具等。花大而美，亦为优良园林植物
斜叶澄广花 *Orophea anceps* Pierre	乔木，高8m。随遇植物，岩溶石山生谷地、山坡、石崖。产龙州、大新、靖西等，东兰、忻城亦产。分布海南、云南，东南半岛亦有分布。喜温暖气候，热带性树种。喜荫湿环境，在广西热带岩溶区常为蚬木林下层林木；亦耐强光，为石山灌丛常见种。萌蘖力强，耐修剪	播种繁殖，果熟期8～11月	木材坚硬，结构细，作细木工等用。枝条细软，树冠美观，亦为优良园林植物
海南澄广花 *Orophea hainanensis* Merr.	乔木，高8m。随遇植物，岩溶石山生谷地、山坡、石崖。产龙州、宁明，分布海南。喜温暖气候，热带性树种。阴性植物，要求湿润及荫蔽环境，常为下层林木	播种繁殖，果熟期6～12月	木材坚硬，结构细，作细木工等用
黔桂黄肉楠 *Actinodaphne kweichowensis* Yang et P. H. Huang	常绿乔木，高10m，胸径25cm。喜钙植物，石灰岩山地常见于谷地、山坡甚至山顶，生于密林中。热带性树种，分布于广西南部、云南东南部及东部、贵州南部	播种繁殖，果熟期10月。可植于石山沟谷及山麓	木材作薪炭材和家具等
丛花厚壳桂 *Cryptocarya densiflora* Bl.	常绿乔木，高20m，胸径40cm。随遇植物，岩溶石山生于山坡。产防城、龙州、宁明，分布广东、云南。热带性树种，喜湿热环境，耐荫性强，生于密林中	播种繁殖，果熟期6～9月。成熟期不一致，成熟果实紫蓝色。随采随播，容器育苗，翌春造林。选择山坡下部疏林下栽植	木材黄褐色，有光泽，纹理直，材质稍硬（气干密度0.554g/cm^3），作家具、建筑、车辆等用材
潺槁树 *Litsea glutinosa* (Lour.) C. B. Rob.	常绿乔木，高15m。随遇植物，岩溶石山生于谷地、山坡。分布广东、广西、云南、福建及云南南部，南亚热带至热带树种，喜光，耐干旱，耐瘠薄，对土壤要求不严，在干旱山坡也能正常生长，但在沟谷及山麓灌丛中生长最好	播种繁殖，果熟期9～10月。浆果球形，成熟时黑色。成熟后易遭鸟食，及时采集。采回的浆果，堆沤1～3d，待果肉充分软化后，水中搓洗除去果肉。随采随播或润沙短期贮藏。种子千粒重约70g，发芽率约60%。常规育苗措施，1年生苗高30cm以上可出圃	木材黄褐色，稍坚硬，耐腐，可供家具用材；树皮和木材含胶质，可作粘合剂；种仁含油率50.3%，供制皂及作硬化油

（续表）

树种	生物生态学特性	栽培技术	利用价值
柿叶木姜 *Litsea monopetala* (Roxb.) Pers.	常绿乔木，树高 19m，胸径 110cm。随遇植物，岩溶石山生于谷地。分布广东、广西、贵州西南部、云南南部，南亚热带至热带树种，喜温暖湿润环境，常生于谷地、山麓等肥沃立地。生长快，萌蘖力强，幼年喜荫蔽环境，成年树喜光	播种繁殖，果熟期 6~7 月。浆果球形，成熟时黑色。采回的浆果，堆沤 1~2d，待果肉充分软化后，水中搓洗除去果肉。随采随播。常规育苗措施，半年生苗高 30cm 以上可出圃	木材纹理直，结构细而匀；质轻（气干容重 $0.517g/cm^3$），甚软；干缩小；强度弱至中。木材供建筑、机械模型、旋切单板、家具等用
第伦桃叶木姜子 *Litsea dilleniifolia* P. Y. Pai et P. H. Huang	常绿乔木，高 30m，胸径 100cm，具板根，叶大型，最长达 60cm。随遇植物，岩溶石山生于山坡、谷地。产龙州、宁明、大新、那坡、江州区等，分布云南南部。热带性树种，散生于我国西南部北热带偏干性季节性雨林，生于沟谷雨林湿润处。中生性，具一定耐旱能力，龙州弄岗自然保护区岩溶石山谷地、坡中下部有以其为优势种林分。幼苗具有一定的耐阴性，但大树喜光	播种繁殖，果熟期 7 月。成熟果实紫色，有光泽，种子富含油脂（含油量 34.53%），需及时处理。鲜种浸于水中，2d 后果肉软熟，搓擦去果皮等，得净种。种子千粒重 2400g。随采随播，播种 5d 即发芽。半年苗高 40cm 即可出圃。石山造林，宜选择坡下部、谷地，容器苗造林，成活率高	种粒大，种子含油量高，油脂主要成分为月桂酸，为重要工业原料。木材轻而软，耐腐性差，可作模板、包装、胶合板原料等
石山楠 *Phoebe calcarea* S. Lee et F. N. Wei	常绿乔木，高 20m，胸径 60cm。专性钙土植物，生石山山坡。产田阳、龙州、大新、天等等地，平乐、阳朔、柳州、融安、都安、环江、马山等地亦产，分布贵州。喜光树种，常生于疏林中，但在密林下亦生长正常。耐干旱	种子繁殖，果熟期 7 月	树干通直，分枝高，材质优良，适应性强，为石山绿化优良树种
尾叶紫薇 *Lagerstroemia caudate* Chun et How ex S. Lee et L. Lau	高大乔木，高 30m，胸径 40cm。花白色，石灰岩山地常抱石而生，并因干旱条件，基部膨大。喜钙植物，常生于石山中下部疏林中或路旁、林缘。产龙州、大新、武鸣等，阳朔、灵川、全州、桂林等地亦产，分布广东、江西。喜光，稍耐荫。萌芽力强	种子繁殖，亦可扦插繁殖。果熟期 11~12 月。将采集的果实曝晒脱种，去杂，普通干藏至翌春播种。千粒重 5g。1 年苗高 30cm 可出圃栽植。选择岩溶石山山坡中部以下山地造林，小穴状整地，早春栽植，成活率高	木材坚硬，纹理细致，淡黄色，适于上等家具、室内装修、细工或雕刻等用材。树干光滑，基部膨大，形态优美，用红花紫薇嫁接后，为优良观赏植物。适应性强，萌芽力强，优良石漠化造林树种

（续表）

树种	生物生态学特性	栽培技术	利用价值
秀丽海桐 *Pittosporum pulchrum* Gagnep.	常绿灌木，高 3m。叶厚，革质，聚生枝顶，密集簇生。喜钙植物，石灰岩山地生于山坡、石崖甚至山顶。产龙州、大新、田阳、田东等，越南北部亦有分布。喜光植物，抗逆性强，为石山特有种类之一。虽生于石缝中，但根能穿过石缝向四周伸展。生长慢，树形不高，近基部分枝	播种繁殖，果熟期 9～10 月。蒴果，新鲜果实掺草木灰或石灰搓洗，去除果肉，得净种。种子肾形或三角形，千粒重 25g。随采随播或干藏至翌春播种，沙藏催芽，芽苗移栽，2 年苗出圃	种子鲜红，叶片光亮，树干近基部之字型，树型美观，耐修剪，优良园林与石山绿化植物
大叶刺篱木 *Flacourtia rukam* Zoll. et Mor.	半落叶乔木，高 15m。树干基部具刺。随遇植物，石灰岩山地生于谷地。产龙州、宁明、防城、北流、右江区、那坡、靖西等，分布云南、海南、广东、台湾及贵州南部。热带性树种，喜湿热环境，喜光，耐旱	播种繁殖，果熟期 9～11 月。浆果球形，成熟果实黑红色。水洗去果肉，净种千粒重 80g。种子有深度休眠习性，宜播于湿润沙藏催芽，翌春芽苗或小苗移栽，容器育苗	果可食，还可制成果酱及蜜饯。木材质坚重，结构细密，可作各种农具柄
广西大风子 *Hydnocarpus kwangsiensis* Tsiang et Ling	常绿乔木，高 25m。喜钙植物，生岩溶石山山坡。产宁明、龙州、凭祥、扶绥、隆安，云南有分布。稀有树种，分布范围窄。热带树种，喜湿热环境	播种繁殖，果熟期 9 月。蒴果，种子近卵形，千粒重 840g	材质优良，黄色至浅红色，致密，坚重，耐腐，供建筑、桥梁、家具、器具等用。种子油供药用，攻毒，杀虫。治麻疹、疥癣、过敏性皮疹、麻风等
毛果扁担杆 *Grewia eriocarpa* Juss.	小乔木，高 8m。随遇植物，岩溶石山生于山坡。产隆安、宁明、龙州，分布海南、云南、广东、贵州、台湾、四川等地。喜光，亦较耐荫，山坡草地、疏林甚至密林中均能生长良好。耐旱，岩溶石山、干旱河谷地均能生长；喜高温，分布区为南亚热带以南地区	播种繁殖，核果近球形，采成熟果实，除去果肉，随采随播	茎皮纤维可用来编织麻袋、麻布等
广西芒木 *Eriolaena kwangsiensis* Hand. - Mazz.	半落叶小乔木，高 11m。随遇植物，石山区生于山坡、谷地。产南宁、大新、宁明、龙州、都安、东兰、凌云、乐业、隆林、西林、右江区、平果、德保等，分布云南。适应范围广、喜光、耐旱、耐瘠薄、生长快，野生树 1 年生可达 70cm，最高年生长量达 1.7m。萌芽力强，萌芽条当年生长 5～10m	播种或扦插繁殖。果熟期 10～12 月。蒴果成熟，开裂后种子即行飞出，必须在果实成熟未开裂前采下，取出种子，干藏至翌春播种	树皮含纤维 54.5%，可造纸、人造棉、制绳。木材供建筑、农具等

（续表）

树种	生物生态学特性	栽培技术	利用价值
瑶山梭椤树 *Reevesia glaucophyla* Hsue	落叶乔木，高20m。随遇植物，岩溶石山生于谷地、山坡疏林中。产龙州、宁明等，桂林、阳朔、金秀、象州、八步区等地亦产，分布广东、湖南。喜光，较耐旱	播种繁殖，果期10月。蒴果成熟时开裂，具翅种子易飞散，及时采种。采回果实曝晒至蒴果开裂，脱出种子，搓除种翅。干藏或即播。1年苗出圃	茎皮纤维可代麻，木材作建筑用
粉苹婆 *Sterculia euosma* W. W. Sm.	常绿小乔木，高7m。喜钙植物，石山生于谷地、山坡，甚至石崖均能生长。产龙州、田阳、靖西等，平乐、柳州、宾阳、武鸣、凌云、乐业、都安、天峨等地亦产，分布云南南部。偏喜光植物，耐干旱，生活力强，石壁上都能生长。萌蘖力强	播种繁殖，果熟期8月。成熟蓇葖果鲜红色，种了黑色。采回果实，取出种子。种种富含淀粉，易变质，宜即采即播。直接播于育苗容器，翌春半年苗出圃	韧皮富含纤维，为造纸原料。树冠浓绿，果实鲜艳，优良庭院绿化植物
小苹婆 *Sterculia hainanensis* Merr. et Chun	常绿小乔木。随遇植物，岩溶石山生山坡、谷地。产龙州、宁明、钦州、防城、上思，分布海南、广东，越南亦有分布。热带性树种，喜湿热环境，生于山谷密林中	播种繁殖，果熟期8月。成熟蓇葖果红色，种子黑褐色。采回果实，取出种子。种子富含淀粉，易变质，即采即播。直接播于育苗容器，翌春半年苗出圃	韧皮富含纤维，为造纸原料。树冠浓绿，果实鲜艳，优良庭院绿化植物
火果 *Baccaurea ramiflora* Lour.	常绿乔木，高15m。随遇植物，岩溶石山生于谷地。产东兴、防城、上思、江州区、大新、扶绥、宁明、龙州、那坡、靖西等，分布云南、广东。热带性树种，喜湿热环境，生于山谷、溪边、路边杂木林中	播种繁殖，果熟期6月。采收成熟果实，搓洗去除肉质假种皮，得净种。种子千粒重400g。种子忌日晒、失水，随采随播。播于沙床，约10d后发芽，芽苗移栽，半年苗出圃栽植	成熟果实红色，生于老干上，成串生长，极美观，优良观赏树种。果实多汁，味酸可食。木材可作家具和细工木材等
禾串树 *Bridelia insulana* Hance	乔木，高17m。随遇植物，岩溶石山生山坡。产防城、上思、宁明、龙州、隆安、右江区，东兰、天峨亦产，分布福建、广东、台湾、四川、贵州、云南等。喜高温高湿，喜光，亦耐阴，对土壤要求不严，生性强健	播种繁殖，果熟期9～11月	树皮含单宁25.89%，树皮易剥取，优良单宁树种。木材黄棕色，纹理稍通直，结构细致，气干重0.6g/cm^3，干燥后不开裂、不变形、耐腐，容易加工，优良家具用材

（续表）

树种	生物生态学特性	栽培技术	利用价值
土密树 *Bridelia monoica* (Lour.) Merr.	常绿乔木，高5m。随遇植物，石山生山坡、谷地。产龙州、宁明、钦州、贵港、博白、陆川、北流、容县等，分布广东、海南、云南、台湾等。热带性树种，分布区为热带地区。耐瘠、耐旱、喜光，常生于荒坡地、灌丛、疏林或溪边、村旁	播种繁殖，果熟期10～11月。核果，果鸟类喜食，及果采收。种子千粒重160g	纹理直，结构细，材质中等，干燥少开裂，供细木工用材。枝条细长，略下垂，优良庭院植物
假肥牛树 *Cleistanthus petelotii* Merr. ex Croiz.	常绿乔木，高18m。专性钙土植物，石山生于山坡、山谷、石崖。产龙州、宁明、大新、江州区、扶绥等，分布越南。喜湿热环境，广西热带岩季雨林常见种，有时成片生长，组成次生森林的优势种。中性，亦耐荫，石山次生林下能天然更新	播种繁殖，果期7～8月	材用，亦为石山绿化优良树种
网脉核实 *Drypetes perreticulata* Gagn.	常绿乔木，高16m。随遇植物，岩溶石山生于山坡、石崖。产龙州、宁明、大新，分布海南、广东、云南，越南亦有分布。热带性树种，广西热带岩溶季雨林常见种，喜温湿环境。耐旱，石崖上亦可长成大树；喜光，具一定耐荫能力，石山次生林下能天然更新	播种繁殖，果熟期7～8月。核果，千粒重1250g	材用树种，木材干燥有挠裂，干燥宜慢。加工容易，削面光滑，固钉力强，油漆、胶粘性能好，宜作船舶、建筑、家具等用材
圆叶乌桕 *Sapium rotundifolium* Hemsl.	落叶乔木，高12m。随遇植物，岩溶谷地、陡坡、山顶甚至石崖都能生长。产龙州、宁明、大新、天等、靖西、那坡、右江区、田东等地，桂林、柳州、河池等地亦产，分布广东、湖南、贵州及云南等地。喜光树种，但幼苗期不耐强光。耐高温干旱，根系穿插力很强，遇狭窄石缝也能插入扎根生长。生长速度中庸，幼中龄期生长期较快，中龄以后生长较慢，常为岩溶次生林上层树种。萌蘖力强，生长快	播种繁殖，果期10月。蒴果，采集果实，曝晒脱种后干藏至翌春播种。种子近球形，千粒重250g。1年苗出圃栽植，亦可直播造林	种子含油32.4%，可作机械润滑油、制皂等用。叶大，嫩叶紫红色，老叶深红色，适应性强，亦是石山及园林绿化优良树种

（续表）

树种	生物生态学特性	栽培技术	利用价值
臀形果 *Pygeum topengii* Merr.	常绿乔木，高25m。随遇植物，岩溶石山生长于山坡。产龙州、宁明、右江区、那坡、上思等，分布福建、海南、广东、云南、贵州等。喜暖湿气候，不耐严寒。喜光，不耐荫蔽	播种繁殖，果熟期2～3月。采收成熟果实，搓洗去果肉，种子千粒重325g。随采随播，1年生苗出圃	心材橙红色，纹理通直，结构细致，材质硬重，切面光滑，宜作上等家具及工艺品。种子可榨油
豆梨 *Pyrus calleryana* Decne.	落叶乔木，高9m。随遇植物，岩溶石山生于谷地、缓坡地。广西全区各地都产，分布我国长江以南各地。喜温暖湿润气候，喜光，耐瘠薄，耐湿涝黏重土壤；根系发达，萌蘖力强，生于溪边、路旁及杂木林中	播种繁殖，果熟期9～10月	适应性强，可作沙梨砧木。果实可醇酒。木材细致，可用于器具、雕刻材
蒙自合欢 *Albizia bracteata* Dunn	落叶乔木，高20m。随遇植物，岩溶石山生谷地、山坡。分布云南、四川、贵州。喜光，耐干旱瘠薄，适应干热环境，生于干热河谷地的山坡、林缘和溪边。萌蘖能力强，萌芽生长快	播种繁殖，果熟10～11月。采收成熟果荚，曝晒，取净种，干藏。种子表面具蜡质，播种前种子需沸水处理	木材轻（气干重0.492g/cm^3）而软，易受虫蛀，宜作造纸、包装箱、旋切单板等。树干挺拔，适应性强，可作庭院绿化及行道树
山合欢 *Albizia kalkora* (Roxb.) Prain	落叶乔木，高15m。随遇植物，岩溶石山生于山坡。分布范围广，北自河北中南部，南抵两广。极喜光，不耐荫，常见于阳坡。耐干旱瘠薄，具较强适应性，生于谷地、路旁、山坡、溪边	播种繁殖。果熟期10～11月，荚果褐色即示成熟。荚果采回后曝晒，收集种子。干藏。播种前需沸水浸种处理	树皮含单宁22.13%，可提取栲胶。木材材性软，宜作造纸、包装箱、旋切单板等。花艳丽，适应性强，亦为优良绿化植物
肥荚红豆 *Ormosia fordiana* Oliv.	常绿乔木，高15m，胸径60cm。随遇植物，岩溶石山生于山坡、谷地。产宁明、龙州、那坡、右江区、上思等，昭平、金秀、南丹、田林等地亦产，分布海南、云南、广东，越南亦有分布。热带性树种，喜温暖湿润环境，不耐干旱，自然生长于谷地、沟边等湿润地。耐荫，林下天然更新良好，萌蘖能力强	播种繁殖，果期9～10月。荚果，种子千粒重130g。种子不宜曝晒，忌脱水贮藏，易遭虫蛀或霉坏变质，宜随采随播。种子具深度休眠习性，沙藏催芽	木材淡黄色，结构粗，纹理直，材质中等，供建筑、家具、农具等

（续表）

树种	生物生态学特性	栽培技术	利用价值
花榈木 *Ormosia henryi* Prain	常绿乔木，高15m。随遇植物，岩溶石山生于缓坡地。产龙州、宁明、田阳、右江区等，全州、临桂、融水、罗城、罗城等地亦产，分布长江及其以南地区。亚热带树种，喜湿暖，亦耐低温。较能耐旱耐瘠，但过于瘠薄生长不良。喜光，幼树耐荫。萌蘖能力强	播种繁殖，果熟期10～11月。当果荚呈蓝色，种皮呈红色时示成熟。种子千粒重250g。随采随播，播前温水浸种12h，播于沙床，小苗移栽于容器内培育	材质硬度适中，切面光滑，心材暗赤带黄色，心纹美观，是制作高级家具和雕刻、镶嵌等工艺良材
枫香 *Liquidambar formosana* Hance	落叶大乔木，高25m，胸径1m。随遇植物，岩溶石山谷地、山坡都有生长。广西全区都产，分布黄河以南地区。喜温暖湿润气候，亦耐低温、高温及干旱环境，但岩溶石山多生于谷地、山坡中下部等土层稍厚处。强喜光树种，萌蘖力强，土层稍厚的裸地、新开公路边，能天然更新或萌蘖更新	播种繁殖，果熟期10～11月。果实转黄示成熟。曝晒出种，种子具翅，千粒重5g。随采随播或干藏至翌春播种。石山造林，1年苗苗高30cm出圃	耐火性强，萌蘖力强，适应性强，秋季叶色红，极美观，优良石山谷地、缓坡地绿化树种。木材纹理美观，硬度适中，优良木地板材
东南栲 *Castanopsis jucunda* Hance	常绿大乔木，高26m。随遇植物，岩溶石山生于谷地。产龙州、宁明等，分布长江以南各省。中性偏阴，喜生于土层深厚、肥沃山坡、沟谷地带。萌蘖力强，天然更新好	播种繁殖，果熟期9～10月。种子富含淀粉，易遭虫蛀和霉变，新鲜种子浸水1～2d后，播于沙床催芽，早春萌芽后播于圃地或移于容器袋内培育。苗期喜荫，宜选择荫凉处育苗，并盖荫网	木材淡棕色，纹理直，致密，中等硬度，耐腐蚀，供家具、细木工材等用材。果富含淀粉，可食用
槟榔柯 *Lithocarpus areca* A. Camus	常绿大乔木，高32m，胸径130cm。随遇植物，岩溶石山生于谷地、山坡及石崖。产龙州、扶绥、那坡等，金秀、昭平等亦产。分布云南，越南亦有分布。喜阴湿环境，亦耐干旱，岩溶石山石崖生长良好	播种繁殖，果熟期11月，种子千粒重14220g	材用树种，纹理直，致密，中等硬度，耐腐蚀，供家具、细木工材等用材。种子富含淀粉，可食用
青冈栎 *Quercus glauca* Thumb.	常绿乔木，高20m，胸径100cm。随遇植物，岩溶石山生于石崖、山坡。产大新、龙州、靖西、德保、那坡、武鸣等，桂林、兴安、全州、临桂、阳朔、宜州、隆林等亦产，分布我国黄河以南各省。喜光，但幼苗期喜荫润环境。根系发达，能在石缝、岩石间隙生长。萌蘖力强	播种繁殖，果熟期9～10月，种子千粒重1250g。种子富含淀粉，易变质及受虫蛀，随采随播或湿润沙藏至翌年春播种，容器育苗，1年苗出圃	木材坚硬，耐磨擦冲击，抗腐蚀性强，可作造船、桥梁、建筑等

（续表）

树种	生物生态学特性	栽培技术	利用价值
大叶朴树 *Celtis philippinensis* Bl.	落叶乔木，高15m。随遇植物，岩溶石山生谷地、山坡、石崖。产龙州、大新、田阳、那坡、横县等，天峨、东兰、凌云、隆林、田林亦产，分布云南、贵州、福建、广东、台湾等，东南亚地区亦有分布。喜光树种，喜光；耐干旱，在岩石裸露的石缝中生长正常	播种繁殖	木材黄白色，坚致，供建筑、家具等用。茎皮纤维可造人造棉
东京榆 *Ulmus tonkinensis* Gagn.	常绿乔木，高18m，胸径50cm。随遇植物，岩溶石山生于谷地、山坡、石崖。产龙州、宁明、大新、天等、靖西、那坡、德保等，都安、柳城等地亦产。分布云南、广东、海南等，越南亦有分布。耐干旱，在岩石裸露的石缝中生长正常	播种繁殖	木材坚致，纹理直，供建筑、家具等用，优良材用树种
见血封喉 *Antiaris toxicaria* Lesch.	常绿大乔木，高40m，胸径80cm。随遇植物，岩溶石山生于谷地。产龙州、宁明、凭祥、博北、北流等，分布云南、广东、海南，印度、中南半岛亦有分布。热带性树种，喜湿热环境，喜肥沃，自然生长于村旁、路边、溪边等水肥较优越地	播种繁殖，果熟期7~8月。瘦果，搓洗去果肉后得净种。种子千粒重650g。随采随播，种子无休眠期。1年生苗可出圃栽植	树液有剧毒，有医药研究价值。木材可作家具、建筑
胭脂 *Artocarpus tonkinensis* A. Chev. ex Gagnep.	常绿乔木，高16m。随遇植物，岩溶石山生于山坡。产龙州、宁明、凭祥等，平南、南丹、金秀等地亦产。分布海南、广东、云南、贵州等，越南等亦有分布。热带性树种，喜湿热环境	播种繁殖，果熟期6月。采收果实，堆放1~2d，搓洗去果肉得净种，种子千粒重260g。种子不能失水，忌日晒。随采随播，半年苗可出圃栽植	果可食。木材坚硬，不受虫蛀，供船、车用材
高山榕 *Ficus altissima* Bl.	常绿大乔木，高30m。具发达气生根，村边、路旁常见其独木成林景观。随遇植物，岩溶石山生于谷地。产龙州、凭祥、宁明、大新、邕宁、上思、那坡、北流等地，云南、广东、海南、贵州等地亦产。热带性树种，喜高温气候，喜湿润，亦耐干旱。喜光树种，处于林冠或独立生长	播种或扦插繁殖，结实量大，播种繁殖为主，果熟期8~9月，种子千粒重0.13g。繁殖与栽培技术同榕树	优良生态与园林植物，可孤植，亦可列植于道路两旁。具板根，栽植时需与道路、建筑物等保持一定距离

（续表）

树种	生物生态学特性	栽培技术	利用价值
大耳榕 *Ficus auriculata* Lour.	常绿乔木，高10m。随遇植物，岩溶石山生于谷地。产右江区、德保、平果、龙州、扶绥、大新、横县等，隆林、都安、宜州、龙胜等地亦产。分布广东、海南、云南、贵州。喜湿热环境，生于低山、沟谷、潮湿地带	播种繁殖或扦插繁殖，播种繁殖为主，果熟期5～8月。繁殖与栽培技术同榕树	叶大型，树冠浓绿，果红褐色，生于枝干，极多，极美观，优良园林树种。果可食，嫩叶可作为蔬菜
光榕 *Ficus glaberrima* Bl.	常绿大乔木，高30m。随遇植物，岩溶石山生于谷地、山坡、石崖。产龙州、扶绥、大新、德保、那坡等，隆林、田林、乐业、天峨、巴马、金城江区等亦产，分布云南、贵州、广东等。喜光，喜温暖气候，不耐寒；喜湿润环境，但不耐积水，耐旱，在岩石裸露的石缝中生长正常	播种繁殖或扦插繁殖，播种繁殖为主，果熟期5～8月。繁殖与栽培技术同榕树	叶大型，叶片光亮，树冠浓绿，优良园林树种
石山榕 *Ficus virens* Ait. var. *sublanceolata* (Miq.) Corner	常绿乔木，高15m。随遇植物，岩溶石山生长于山坡、石崖。产龙州、宁明、那坡、靖西、田东、田阳等地，乐业、隆林、天峨等地亦产，分布广东、海南、云南、贵州、四川、西藏等。喜光树种，极耐旱，根系发达，向四周伸展，能穿缝绕石而生，水肥条件较好时，枝叶繁茂，成乔木状；在石壁、山岩，植株矮化，成灌木状。萌蘖力强，常见巨大树干基部膨大的桩景状植株	播种繁殖或扦插繁殖，果熟期9月。繁殖与栽培技术同榕树	适应性强，树干基部膨大，优良庭院绿化植物及石山绿化树种
米浓液 *Teonongia tonkinensis* Stapf.	常绿乔木，高16m。喜钙植物，岩溶石山生山坡、石崖。产龙州、大新、宁明、江州区、右江区等，分布云南、广东、海南等，越南亦有分布。热带性树种，广西热带石灰岩季雨林常见种。深根性，喜荫，通常生长在比较阴湿肥沃的棕色石灰土和淋溶石灰土上，但在石缝亦能生长。天然更新能力强	播种繁殖或扦插繁殖，果熟期8～11月	树干乳汁能制成橡胶。木材坚硬，可作建筑、家具等用材

（续表）

树种	生物生态学特性	栽培技术	利用价值
火麻树 *Dendrocnide urentissima* (Gagnep.) Chew	乔木，高 15m，胸径 20cm。喜钙植物，生岩溶石山山谷、石崖。产龙州、宁明、靖西、德保等，凌云、隆林、凤山亦产，分布云南，越南亦有分布。偏喜光植物，生于疏林。叶、枝和花序的毛有毒，慎接触	播种繁殖，果熟期 9～10 月	抗逆性强，生长快，可作为石山造林先锋树种
楝叶吴茱萸 *Evodia meliifolia* Benth.	落叶乔木，高 20m。随遇植物，岩溶石山生山坡。产龙州、上思等，分布福建、广东 、云南，越南亦有分布。喜光树种，喜肥沃环境，常生于灌木林中，村边、溪边亦习见	播种繁殖，果熟期 9～10 月。蓇果，采成熟果实，晒干脱种粒，除杂得净种，种子千粒重 12g。随采随播或干藏至翌春播种	木材坚硬，可作家具。秋叶黄色或红色，极艳丽，亦为优良园林树种
九里香 *Murraya paniculata* (L.) Jack	常绿灌木或灌木状小乔木。随遇植物，岩溶石山生于谷地、山坡。广西各地均产，以桂西南最为常见。分布云南、广东、福建、台湾等地。喜温暖环境，不耐严寒，能耐短期霜雪，桂北荔浦县栽培，冬季嫩叶常受霜冻，但不致死。喜光树种，亦耐阴，喜肥沃环境，亦耐干旱瘠薄。萌蘖力强，可修剪成各种形态	播种繁殖，果期 9 月至翌年 4 月。核果，采收鲜红色成熟果实，搓洗除果皮，凉干得净种，种子千粒重 80g。随采随播，1 年生小苗造林，或直播造林	叶亮绿，花洁白，极香，果鲜红，耐修剪，优良园林树种。花可提取芳香油。木材致密，供细木工用
毛鸦胆子 *Brucea mollis* Wall.	常绿灌木或小乔木。随遇植物，岩溶石山生于谷地、山坡、石崖。产凭祥、龙州、天等、靖西、那坡等，分布云南、广东、海南。喜温暖，热带性树种，分布地为热带，广西为分布最北端。喜光，生于疏林。耐旱，在石缝亦能生长	播种繁殖，果熟期 8～10 月。核果	药用
苦木 *Picrasma quassioides* Benn.	落叶小乔木。随遇植物，岩溶石山生于山坡、石崖。产龙州、宁明、容县等地，岑溪、巴马、凌云、隆林等亦产，分布黄河以南地区。喜光，喜湿润及深厚肥沃土壤，但在荒坡贫瘠地亦能生长	播种繁殖，亦可分根繁殖。果熟期 8～10 月，果皮红色示成熟。搓洗去果皮。种子千粒重 50g。种子具休眠习性，随采随播或自然条件下层积至翌春 3 月播种	枝叶药用，具抗菌消炎、祛湿解毒功效。木材轻，心材黄色，供制器具、家具等一般用材

（续表）

树种	生物生态学特性	栽培技术	利用价值
乌榄 *Canarium pimela* Koen.	常绿乔木，高25m。随遇植物，岩溶石山生于谷地。广西热带地区各地有栽培，尤以龙州、宁明、凭祥最多，产果量亦多。分布海南、广东、福建、台湾、云南等地。喜高温，抗寒力差，为热带性树种，栽培地最低温度不低于-2℃。喜光，喜湿润、肥沃立地，亦耐贫瘠，但果用栽培以栽植于村旁、屋边、路旁、溪边等水肥条件好的地方，产量高	播种繁殖或嫁接繁殖，果用林以选择优良无性系进行嫁接繁殖，结果早，产量高。果熟期7～8月，果实紫黑色时示成熟。剥去果肉，得净种，种子千粒重3500g。果核播于沙床，保持沙床湿润，芽苗移栽于育苗容器中，1年苗出圃	果肉可食，广西热带岩溶区群众喜用盐渍后作菜，俗称“榄角”。木材纹理直，结构细致，材质稍软，作一般家具用材
羽叶白头树 *Garuga pinnata* Roxb.	落叶乔木，高10m。随遇植物，岩溶石山生于谷地。产龙州，分布云南、四川、广东。喜温暖气候，分布区为热带气候。喜光，生于河谷灌丛、山坡疏林或杂木林中	播种繁殖，果熟期4～10月。栽培技术参照多花嘉榄	边材黄褐色，心材栗褐或红褐色，有光泽，纹理交错，结构细匀，轻软，易干燥，边材易腐，供一般家具、农具等用材
米仔兰 *Aglaia odorata* Lour.	常绿灌木至小乔木，高7m。随遇植物，岩溶石山生于山坡、谷地。产龙州、宁明、扶绥、靖西、田阳等，广西区内各地有园林栽培，分布福建、广东、云南、四川等。荫性植物，喜温暖湿润环境，自然生于谷地或山坡密林中	播种繁殖，果熟期4～10月。种子千粒重286g。种子宜即采即播	叶四季青翠，茎多分枝，耐修剪，作园林观赏。花芳香，提取芳香油。木材纹理细致，色黄美观，作家具或细木工
梨果米仔兰 *Aglaia roxburghiana* Miq.	常绿乔木，高20m。随遇植物，岩溶石山生于谷地。产龙州、宁明等，分布广东、海南等。喜温暖气候，热带性树种；喜湿润、耐荫蔽，多生于山地湿润山谷密林中	播种繁殖，果熟期9～10月。种子宜即采即播	心材深红色，美观，有光泽，木材中至重（气干重0.77g/cm^3），木材作造船、建筑、车辆及高级家具用材
四瓣米仔兰 *Aglaia tetrapetala* Pierre	常绿乔木，高20m。随遇植物，岩溶石山生于山坡。产龙州、大新、田阳、靖西、德保、平果等，分布云南、贵州、广东、海南，越南亦有分布。喜荫湿及温暖环境，常生于低海拔的沟谷、溪边、山坡的雨林或常绿阔叶林中	播种繁殖，果熟期8～9月。种子宜即采即播	木材纹理直，结构细，质坚重，供建筑、造船、高级家具用材

（续表）

树种	生物生态学特性	栽培技术	利用价值
红果樫木 *Dysoxylum binectariferum* Hook. f.	乔木，高20m。随遇植物，岩溶石山生于谷地。产龙州、合浦、防城等，分布海南、广东、云南，越南、印度亦有分布。性喜温暖而湿润的山谷地带，幼时耐荫蔽，大树则偏喜光，热带雨林上层树种，母树下天然更新良好。对土壤肥力要求较高	播种繁殖，果熟期11～12月。蒴果呈红色时可采集，收集的果实阴干，脱出种子。随采随播，不宜久藏	心材鲜红褐色，纹理通直，结构细致，材质硬而稍重（气干重0.70g/cm³），生长轮略现花纹，为上等家具材，国外商品材称玫瑰桃花心
海南樫木 *Dysoxylum hainanensis* Merr.	乔木，高20m。随遇植物，岩溶石山生于谷地。产龙州、宁明、隆安、扶绥、大新，分布海南、广东、云南。热带性树种，生于热带低海拔山地的密林或疏林中。喜湿润环境，自然生长于谷地等水肥条件优越处	播种繁殖，果熟期10～11月	木材坚硬，耐腐，供建筑等用
小栾树 *Koelreuteria minor* (Hemsl.) T. Chen	落叶乔木，高10m。喜钙植物，岩溶石山生于山坡、石崖。产大新、龙州、宁明、靖西等，南丹、天峨、凤山、临桂、桂林、灵川、平乐亦产。分布于广东、广西、湖南、贵州。热带、亚热带岩溶石山常见种，广西全区各地石山常见种，耐旱，喜光，适应性强，自然生长于石山山坡、石崖，散生于石山灌丛，有时亦可形成优势种的林分	播种繁殖，果熟期8～9月。蒴果，种子千粒重40g。栽培技术可参考尖果栾树	种子油工业用。木材供工业用
肖韶子 *Dimocarpus confinis* H. S. Lo	常绿乔木，高6m。随遇植物，岩溶石山生于谷地及山坡下部。产扶绥、龙州、平果、靖西、横县等，阳朔、上林、田林、巴马等地亦产，分布云南、贵州，越南、老挝亦有分布。喜湿润环境，生于沟谷杂木林中，极少见于干燥的山坡上	播种繁殖，果熟期7～8月。种子不耐贮藏，宜即采即播	木材优良，作建筑、家具等用。果皮及假果皮似荔枝，熟时有香味，亦甜，但种子有毒，不能食用
粗柄槭 *Acer tonkinense* H. Lec.	落叶乔木，高15m，胸径50cm。喜钙植物，岩溶石山生于山坡、山顶、石崖。产龙州、大新、平果、靖西等，田林、都安、阳朔、灵川、全州等地亦产。分布云南、西藏等，越南亦有分布。喜光，亦耐荫，喜生于肥沃湿润的地方，但在干旱少土的裂缝及岩间凹处，甚至山顶亦能生长。根系发达，适应性及穿插力强，其侧根沿着露岩四面攀走，遇缝即插入。天然更新良好	播种繁殖，果熟期4～5月。果在成熟后自行脱落四处飞散，采种应及时。翅果，种子连翅，千粒重45g。种子不耐贮藏，宜随采随播	树姿优美，叶大，秋后变橙黄色，为极佳园林观赏植物

（续表）

树种	生物生态学特性	栽培技术	利用价值
细叶楷木 *Pistacia weinmannifolia* J. Poiss.	常绿乔木，高25m。喜钙植物，岩溶石山生于山坡、山顶、石崖。产贵港、邕宁、武鸣、龙州、大新、那坡、靖西、田阳等，凤山、都安亦产，分布云南、四川。喜光，耐干旱，生于山坡至山顶疏林中，在山顶灌丛中亦生长良好	播种繁殖，果期9月。核果球形，成熟时红色。栽培技术可参考黄连木	叶可提取芳香油。种子油工业用
盐肤木 *Rhus chinensis* Mill.	落叶小乔木或灌木，高10m。随遇植物，岩溶石山生谷地、山坡中下部。产广西大部地区，我国大部地区有分布。喜光、喜湿、耐旱，适应性强，喜生长在阳光充足的山坡上，在深谷、溪间两旁也能正常生长。浅根性，萌蘖力强	播种繁殖，果熟期10～11月。种子千粒重10g	五倍子的寄主树种，具较高栽培价值
岩柿 *Diospyros dumetorum* W. W. Sm.	落叶灌木，高3m。随遇植物，岩溶石山生于山坡、石崖。产龙州、大新、靖西、德保等，上林、都安、柳州、隆林等亦产。分布云南、四川、贵州等。喜光植物，生活力强，石山中部至顶部的石缝或石壁中仍能正常生长	播种繁殖，果期10～11月，浆果，种子千粒重55g	极耐旱，可作绿化石山的先锋树种
乌材 *Diospyros eriantha* Champ.	常绿小乔木，高15m。随遇植物，岩溶石山生山坡、石崖。产龙州、宁明、上思等，分布海南、广东、福建、台湾等。热带性树种，耐轻霜，但忌严寒	播种繁殖，12月果熟。浆果，成熟果实紫黑色。搓洗，去果肉。种子千粒重250g。种子不宜久藏，随采随播。1年苗出圃	木材纹理稍斜，强韧，材质脆弱易折，仅供农具等用途
枝辣柿 *Diospyros siderophylla* H. L. Li	常绿乔木，高6m。喜钙植物，岩溶石山生于谷地、山坡、石崖。产靖西、那坡、龙州等。偏阴性植物，生于疏林，通常是林中第二层乔木	播种繁殖	枝、叶、树皮有毒，可作农药
铁榄 *Mastichodendron wightianum* Van Royen	常绿灌木至小乔木。随遇植物，岩溶石山生山坡、石崖。产宁明、龙州、大新、靖西、上思等，罗城、柳州、苍梧亦产。分布广东、云南、贵州，越南亦有分布。喜光，极耐干旱瘠薄，具较强生命力，在石山石缝、石壁上都能生长	播种繁殖，果熟期10～11月。水洗搓去外皮，湿沙贮藏至翌春播种	适应性强，枝叶繁茂，岩溶石山优良绿化树种。木材纹理直，结构细，质重，可作家具、农具等

（续表）

树种	生物生态学特性	栽培技术	利用价值
毛叶山胶木 *Sinosideroxylon pedunculatum* H. Chuang var. *pubifolium* H. Chuang	乔木，高12m。喜钙植物，岩溶石山生于山顶、石崖。产天等、凭祥、宁明等。阳性植物，极耐干旱，在岩溶石山顶、石壁能长成大树	播种繁殖，果熟期9～10月。浆果，成熟时紫黑色，采下成熟果实，洗去外种皮，阴干得净种。随采随播或翌春播种	适应性强，石山优良绿化植物
平顶紫金牛 *Ardisia depressa* C. B. Clarks	小乔木，高8m。随遇植物，岩溶石山生于谷地、山坡。产右江区、田阳、龙州、大新、上思、武鸣等，西林、隆林、田林、东兰、都安、凤山等地亦产。分布广东、云南、贵州、四川。中性树种，极耐荫，生密林荫湿处沟谷林中	播种繁殖，果熟期8～11月	石山绿化植物
广西密花树 *Rapanea kawangsiensis* Walk.	常绿乔木，高20m。喜钙植物，岩溶石山生山坡、石崖。产宁明、龙州、江州区、那坡、靖西、德保等，金城江区、东兰、都安、凤山、隆林、凌云、天峨、环江等亦产，分布贵州、云南、西藏。中性植物，亦耐荫，多生于山谷或山坡密林中	播种繁殖，果熟期9～11月。成熟果实紫色	心边材区别不明显，材色黄褐色微红，硬度大（气干重0.90g/cm^3），切面光滑，优良家具材。树皮药用，可作厚朴代用品
密花树 *Rapanea nerlifolia* (S. et Z.) Mez	小乔木，高9m。随遇植物，岩溶石山生于山坡、石崖。产宁明、龙州、合浦、防城、上思、那坡等，隆林、金城江区、罗城等亦产。分布我国长江以南各地。中性植物，亦耐荫，多生于山谷或山坡密林中	播种繁殖，果熟期10～11月。成熟果实紫黑色。采收成熟果实，洗去皮肉，得净种。随采随播，不宜久藏	木材纹理细致，坚硬，切面平滑而光泽，径切面呈现花纹，优良家具材，亦可作车杆、车轴，也为优良薪炭材
个溥 *Wrightia sikkimensis* Gamble	乔木，高10m。喜钙植物，岩溶石山生于石崖。产龙州、靖西、右江区等，罗城、天峨、西林、凌云等亦产。分布云南、贵州等，越南、印度等亦有分布	播种繁殖，果熟期7～8月。栽培技术参考倒吊笔	优良材用树种，木材作建筑、家具等用

（续表）

树种	生物生态学特性	栽培技术	利用价值
水冬瓜 *Adina racemosa* Miq.	落叶乔木，高15m。随遇植物，岩溶石山生谷地、山坡、石崖。产靖西、右江区、平果、龙州等，桂林、灵川、临桂、阳朔、融安、罗城、天峨等亦产，分布我国长江以南。阳性树种，耐干旱，生于石缝、石穴及山脚坡积土，小块状群生。萌蘖力强，可萌蘖更新	播种繁殖，亦可扦插繁殖。果熟期10月，蒴果紫黑色，种子细小	适应性强，可作石山绿化树种。木材轻韧，可作造纸等一般用材
黄梁木 *Anthocephalus chinensis* Hassk.	常绿大乔木，高30m。随遇植物，岩溶石山生谷地。产宁明、龙州、凭祥、江州区、防城等，分布云南。热带性树种，幼苗忌霜冻。极喜光，喜肥沃立地，速生，瘠薄、板结粘土上生长不良	播种繁殖，果熟期1～2月。聚合果球形，内有多数小坚果。搓洗，得净种，种子千粒重0.05g。干藏。早春播种，3月苗龄即可出圃	材质轻软，纤维粗大且长，极易腐及受白蚁危害。速生，优良造纸材树种
铁屎米 *Canthium dicoccum* Merr.	常绿灌木至小乔木。喜钙植物，岩溶石山生山坡、石崖。产上思、龙州、靖西、那坡等，天峨、南丹、桂林、阳朔、平乐等亦产，分布广东、海南、云南。强喜光树种，耐干旱瘠薄，根系发达，穿插力强	播种繁殖，果熟期9～10月。核果，成熟果实黑色，搓洗去果皮。随采随播，种子不耐久藏	适应性强，石山绿化优良树种。木材坚硬，暗红棕色，切面光滑，可作车辆、造船、家具、建筑、工艺品等
大叶鱼骨木 *Canthium simile* Merr. et Chun	小乔木，高10m。随遇植物，岩溶石山生山坡、谷地。产上思、龙州、武鸣、扶绥、靖西、博白等，田林、都安等亦产。分布广东、海南、云南。偏阴树种	播种繁殖，果熟期10～11月。核果，成熟果实黑色，搓洗去果皮。随采随播，种子不耐久藏	优质用材，木材作梁、柱、家具等
土连翅 *Hymenodictyon flaccidum* Wall	落叶乔木，高15m。喜钙植物，岩溶石山生山坡、石崖。产龙州、大新、靖西等，分布云南、四川、贵州，越南、印度等亦有分布。较喜光，喜温暖湿润气候	播种繁殖，果熟期10～11月。蒴果	适应性强，枝叶繁茂，优良绿化树种

（续表）

树种	生物生态学特性	栽培技术	利用价值
上思厚壳树 *Ehretia tsangii* Johnst.	小乔木，高5m。喜钙植物，生石灰岩山坡、石崖。产上思、龙州、田阳、靖西等，田林、天峨亦产，分布贵州、云南。喜光树种，生活力强，生于石山山坡，在石缝或石壁上也能长成枝叶繁茂的小乔木	播种繁殖，果熟期6月。将采回的果实洗净外种皮，即行播种	木材纹理直，结构细，材质重，作建筑、家具、板等用
木蝴蝶 *Oroxylon indicum* Vent.	落叶乔木，高12m。随遇植物，石山谷地、山坡甚至石崖均有生长。产合浦、邕宁、龙州、武鸣、百色、田林、隆林、凌云、宜州等地。分布广东、福建、云南、贵州、四川、台湾等，印度、马来西亚、越南亦有分布。喜光，自然生长多在疏林中	播种繁殖，果熟期10月。蒴果成熟而未开裂前采回，阴干，脱种，种子千粒重75g。干藏至翌春播种	木材轻软，作造纸
美丽菜豆树 *Radermachera frondosa* Chun et How	小乔木，高7m。喜钙植物，岩溶石山生于谷地、山坡、石崖。产龙州、宁明、大新，分布广东、海南。喜光，喜温暖环境，耐干旱	播种繁殖，果熟期10～11月。蒴果成熟而未开裂前采回，阴干，脱种，种子千粒重20g。干藏至翌春播种	花洁白，蒴果圆柱形，树冠浓密，优良观赏树种。木材质轻，耐水湿，适用于建筑、家具等用材
菜豆树 *Radermachera sinica*（Hemsl.）	小乔木，高10m。喜钙植物，岩溶石山生谷地、山坡。产龙州、宁明、大新等，阳朔、临桂、桂林、恭城、柳州、上林、都安、东兰等地亦产。分布广东、贵州、云南、台湾、湖南等。喜光，喜温暖环境，耐干旱	播种繁殖，果熟期10～11月。蒴果成熟而未开裂前采回，阴干，脱种，种子千粒重5g。干藏至翌春播种	花大，白至淡黄色，蒴果圆柱形，极长，树冠浓密，优良观赏树种。木材质轻，耐水湿，适用于建筑、家具、美工等用材
短穗鱼尾葵 *Caryota mitis* Lour.	常绿小乔木，丛生。随遇植物，岩溶石山生谷地、山坡。产广西南部，分布海南、广东。热带性树种，惧重霜，喜肥沃湿润环境，喜光，亦耐荫蔽	播种繁殖。果熟期10～12月。浆果，成熟果实蓝黑色。搓洗去果肉，净种千粒重1167g。随采随播，两步法育苗，播于沙床，苗高约10cm移于育苗容器内继续培育	叶浓绿，丛生，叶似鱼尾，优良观赏植物。茎髓含淀粉，可食用

（续表）

树种	生物生态学特性	栽培技术	利用价值
单穗鱼尾葵 *Caryota monostachya* Becc.	常绿丛生灌木。随遇植物，岩溶石山生谷地、山坡。产龙州、宁明等，分布云南、贵州、广东等。热带性树种，惧重霜，喜肥沃湿润环境，极耐荫，常生密林林下	播种繁殖，果熟期7～10月。浆果，成熟果实紫红色。搓洗去果肉，稍凉干，得净种。随采随播，两步法育苗，播于沙床，苗高约10cm移于育苗容器内继续培育	叶浓绿，丛生，优良观赏植物
石山棕 *Guihaia argyrata* S. Lee, F. N. Wei et Dransfield	常绿，灌木状，主杆多弯曲。嗜钙植物，岩溶石山生于石崖、山坡。广西各地石山均产，分布广东、云南，越南亦有分布。喜光植物，能适应石山恶劣环境，石缝、石穴等处都能生长，为桂西南石山灌丛主要建群种	播种繁殖，果熟期9～10月。核果，种子千粒重60g	茎秆低矮，优良园林观赏植物
蒲葵 *Livistona chinensis* R. Br.	常绿乔木。随遇植物，岩溶石山生于谷地。原产华南至中南半岛，产广西各地，栽培历史悠久。喜高温、多湿的热带气候，要求年均气温在20℃以上。喜阳光，亦能耐阴，苗期、幼树应在遮荫环境中栽培，大树喜光	播种繁殖，果熟期10～11月。果皮黑色示成熟，采收成熟果实，堆沤数日，去果皮。种子千粒重1050g。随采随播，两步法育苗，种子播于沙床，苗高约10cm移至育苗容器中继续培育，1～2年苗出圃栽植	蒲葵为较耐寒棕榈植物，叶色翠绿，亭亭玉立，是优美的绿化观赏植物
棕竹 *Rhapis excelsa* Henry ex Rehd.	常绿灌木。随遇植物，岩溶石山生于山坡、石崖。产于我国东南至西南部，以广西、云南及贵州的分布和资源最多。喜湿润气候，耐高温，稍耐寒，适生区年均气温在19℃以上。喜荫，亦耐强光照。稍耐干旱，也耐水湿，但不能积水。萌蘖力强	播种繁殖，果熟期10～11月。成熟果实绿黄色至黑色。采收成熟果实，堆沤数日，搓去果皮及杂质。种子千粒重约210g。随采随播，两步法育苗，种子播于沙床，苗高约10cm移至育苗容器中继续培育，2年苗出圃栽植	棕竹常年翠绿，自然生长成丛，有层次感，观赏价值高，可盆栽观赏，亦可露地在小区、工矿区、公园及风景区种植

（续表）

树种	生物生态学特性	栽培技术	利用价值
龙州棕竹 *Rhapis robusta* Burr.	常绿灌木。随遇植物，岩溶石山生于山坡、石崖。狭域分布种，仅产龙州、大新等，越南北部有分布。喜荫，亦耐强光照。稍耐干旱，岩溶石山石崖、灌木林亦生长良好；亦耐水湿，但不能积水。萌蘖力强	播种繁殖，果熟期6～7月。成熟果实绿黄色至黑色。采收成熟果实，堆沤数日，搓去果皮及杂质。随采随播，两步法育苗，种子播于沙床，苗高约10cm移至育苗容器中继续培育，2年苗出圃栽植	常年翠绿，自然生长成丛，有层次感，观赏价值高，可盆栽观赏，亦可露地在小区、工矿区、公园及风景区种植
鸡窦簕竹 *Bambusa funghomii* McClure	乔木状丛生竹。随遇植物，岩溶石山生于谷地、村边。产龙州、宁明等，分布广东	无性繁殖，采用移母竹造林，亦可埋竹秆育苗后造林	竿材坚实，作棚架、支柱；亦可用于营造围篱或作防风林

附录 2　植物中文名索引

（按笔画为序）

五画

六画

七画

八画

九画

十画

十一画

十二画

十三画

十四画

十五画以上

附录 3　植物拉丁名索引

（按英文字母为序）

A

B

C

D

E

F

G

H

I

J

K

L

M

N

O

P

T

U

V

W

Z